Hanspeter Oschwald
Vatikan – die Firma Gottes

HANSPETER OSCHWALD

# Vatikan –
# die Firma Gottes

Piper
München Zürich

ISBN 3-492-03997-9

© Piper Verlag GmbH, München 1998
Gesetzt aus der Sabon
Gesamtherstellung: Ebner Ulm
Printed in Germany

# Inhaltsverzeichnis

# III
## Verschwörung gegen den Vatikan
## DIE MACHT BRÖCKELT

# IV
## Bei geschlossenen Türen
## DIE SUCHE NACH DEM NEUEN PAPST

7

# Vorwort

## *Warum dieses Buch – und warum »die Firma Gottes«?*

Über keinen Papst wurden zu Lebzeiten mehr Bücher geschrieben als über Johannes Paul II., über den Papst, der aus der Kälte kam, den ersten ausländischen Papst seit 455 Jahren, den Heiligen Vater der Medien oder auch den eiligen Vater. Sie alle wollten hinter das Geheimnis der Wirkung dieses ehemaligen Erzbischofs von Krakau kommen und dessen Folgen für die Kirche, die Gesellschaft und die Politik analysieren. Es scheint, daß alle Bände zusammengenommen auch alles über diesen Papst gesagt hätten. Was bleibt da noch übrig?

Am Abend seines Pontifikats stellt sich jedoch eine andere Frage, die mich zu diesem Buch veranlaßt hat. Es ist nicht mehr die Frage nach diesem Papst allein. Nicht wer oder was ist dieser Papst, sondern der neugierige Blick geht jenen »W« nach, die jeder Journalist in jedem Beitrag beantworten soll: Wer, was, wann, warum, wo und wie. Ich bin Journalist, und das Buch soll ein journalistisches sein.

Meine Fragen sind: Wie funktioniert also der Papst als Person, als Kirchenführer, als Chef einer Bürokratie? Wie funktioniert dieser Apparat, der alles genauso verwaltet wie jede Firmenleitung einen Betrieb führt? Als Titel für dieses Buch hatte ich deshalb zunächst an »Die Vatikan GmbH« gedacht, weil analog zur ironischen Bezeichnung für die Bundesregierung und ihre »Deutschland GmbH« die Parallelen sich aufdrängten. Hier Staat, dort Kirchenstaat, dem allenfalls die Form einer gemeinnützigen Gesellschaft mit beschränkter Haftung, einer gGmbH, hätte zugebilligt werden können. Der Titel hätte aber vielleicht zu sehr beim unvorbereiteten Leser den Eindruck erweckt, es handle sich um ein Buch über die finanziellen Machenschaften der Kurie. Das kommt hier zwar auch vor, ist aber ein Detail.

Das Faszinierende an der Vatikan-Gesellschaft ist, daß sie Religion verwaltet. Und: Statt auf eine Geschäftsordnung oder eine Verfassung des Kleinstaates Vatikan berufen sich die Religionsfunktionäre auf Gott und die Wahrheit.

Das alles ist zwar nicht neu. Die Zusammenschau macht aber den Reiz aus, der mich zu diesem Buch veranlaßt hat. Das Ganze vor einem aktuellen Hintergrund: In den nächsten Jahren wird bei mehreren Gelegenheiten über den Vatikan berichtet werden. Tagelang wird er wieder im Mittelpunkt der Medien stehen. Das ist absehbar, weil sich große Ereignisse schon jetzt ankündigen. Einige sind unvermeidlich. Andere bestimmt der Kalender. Fragen werfen alle auf:

Der gesundheitliche Verfall von Papst Johannes Paul II. ist bei jedem öffentlichen Auftritt und jeder Fernsehübertragung nicht mehr zu übersehen. Was geschieht in Rom, wenn dieser Papst stirbt? Wie wird seine Nachfolge geregelt? Wer hat Aussichten und wie hat Karol Wojtyla vorgesorgt?

Die Jahrtausendwende beschäftigte schon Jahre vor dem Ereignis viele Menschen. Hotels werden bereits 1997 für die Silvesternacht ins Jahr 2000 gebucht und Pläne geschmiedet. Die Stadt Rom und der Vatikan bereiten sich auf das Heilige Jahr 2000 vor.

Der Papst möchte das Jahr, das schließlich urchristlich ist, weil es an den Geburtstag von Jesus Christus erinnert, am liebsten als großer Einiger der Christenheit mit allen monotheistischen Religionen im Heiligen Land feiern.

Reichen dafür seine ökumenischen Zögerlichkeiten, seine Schuldbekenntnisse gegenüber zahlreichen Opfern von Untaten der Kirche im vergangenen Jahrtausend aus?

Welche heiße Eisen hat er liegen lassen oder zurückgelegt, die nun als Erblast den Beginn des dritten Jahrtausends belasten: die Rolle der Frauen, den Priestermangel, die Auszehrung der offiziellen Kirchen, die Glaubwürdigkeit des Lehramtes?

Neben den großen Zielen und universalen Perspektiven eröffnet der Blick auf den Vatikanstadtstaat den Zugang zu einer Welt, in der wie in einem Mikrokosmos vorexerziert wird, warum die katholische Kirche im Großen nicht funktionieren kann. Viele neugierige Rompilger wollen nicht nur den Weg in die vatikanischen Museen, in den Petersdom und in die vatikanischen Gärten gewiesen bekommen. Sie wollen nach meinen Erfahrungen in sechs Jahren Leben als Korrespondent in Rom, der bei der Ewigen Stadt seit über zwanzig Jahren einen Wohnsitz hat und viel mit Rombesuchern zusammenkommt, auch wissen, wie es sich hinter den vatikanischen Mauern lebt. Beten die Prälaten ständig, oder sind es Menschen wie du und ich, die da meist in schwarzen Anzügen durch ehrwürdige Paläste eilen? Welche Rolle spielt der Glauben in ihrem Alltag? Ist der Vatikan vielleicht nur ein riesiges Kloster?

Mit einem Blick hinter die Kulissen wollte ich diese Fragen beantworten, so prägnant, leicht verständlich und dennoch umfassend, daß mit ihm jeder Laie die Ereignisse der nächsten Jahre verstehen kann, ohne sich intensiver mit der katholischen Kirche beschäftigen zu müssen.

Persönliche und berufliche Erfahrungen in über 40jähriger Auseinandersetzung mit der katholischen Kirche lieferten das wesentlichste Rüstzeug für das Buch. Sie begannen für mich als Gruppenleiter in der katholischen Jugend und über die journalistische Ausbildung in einer katholischen Tageszeitung, später als Propagandist des Internationalen Bauordens, schließlich als Redakteur u. a. für Kirchenfragen in der Zentrale der Deutschen Presse-Agentur in Hamburg und danach als dpa-Korrespondent in Rom.

Nach Jahren in Paris und Bonn konnte ich dann als Ressortleiter Ausland des neuen Nachrichtenmagazins Focus in München mich wieder beruflich mehr um mein »Hauptnebenfach« Vatikan kümmern. Eine Reihe von Artikeln über vatikanische Themen trugen dazu bei, auch Stoff für dieses Buch zu recherchieren. Dafür möchte ich an dieser Stelle Focus-Chefredakteur Helmut Markwort danken.

Mal hautnah, mal aus der Ferne erlebte ich die Kirchenzentrale. Versuche mit einem ersten Buch über den französischen Armenseelsorger Abbé Pierre, dem weitere über Giulio Andreotti, den Palermitaner Anti-Mafia-Bürgermeister Leoluca Orlando und schließlich die nobelpreisverdächtige römische Reformgemeinde Sant'Egidio folgten, ließen den Gedanken reifen, auch über die Institution selbst zu schreiben, die im Hintergrund dieser Publikationen immer erschien.

Es entstand ein faktenreiches Buch, das nicht nur die Neugier des Rombesuchers und des an Kirchenfragen interessierten Gläubigen oder Nichtglaubenden befriedigen soll. Es soll erklären, warum die katholische Kirche so ist, wie wir sie heute erleben, und aufzeigen, daß ihre historische Gestalt wenig mit ihrem religiösen Inhalt zu tun hat. Als eine sehr menschliche Institution, die Geschichte und Geschichten macht, unterliegt sie Änderungen. Das wiederum heißt nichts anderes, als daß sie auch wesentlich verändert, also verbessert werden könnte.

München / Trevignano Romano, Sommer 1998

Hanspeter Oschwald

# Statt einer Einleitung

*Gerüchte, Gehässigkeiten und immer etwas*
*Wahrheit, aber keine Zeugen*

Es rumort in der Stadt. Gerüchte schwirren, Spekulationen blühen. Es ist Papstwahlzeit. Ogni morte di papa, bei jedem Tod eines Papstes, also alle Jahrzehnte einmal, so weiß es das kollektive Gedächtnis der Ewigen Stadt, gehen ihre Bürger einem Lieblingssport nach. Dem Lotteriespiel: Wer wird der neue Papst? Der Volksmund weiß darauf eine Fülle von Antworten. Nostradamus, der französische Wunderseher und erste Futurologe der Neuzeit, und sein Zeitgenosse Malachias rechneten angeblich aus, daß es nach Johannes Paul II. vielleicht noch zwei Päpste geben werde. Dann sei Schluß mit dem Papsttum.

Die Römer treiben Wortspiele mit den Anfangsbuchstaben der Kandidaten. Einem, dessen Familiennamen mit R beginnt, müsse einer ohne folgen, so wie Montini (Paul VI.) auf Roncalli (Johannes XXIII.) auf Pacelli (Pius XII.) und Ratti (Pius XI.). Nach Paul VI. stimmte es nicht mehr. Albino Luciani wurde Johannes Paul I. und Karol Wojtyla Nr. II mit dem gleichen Namen.

Die Römer leben im Bewußtsein einer Jahrtausende alten Geschichte. Da stören solche Abweichungen von der Norm nur am Rand und nähren allenfalls neue Spekulationen. Gerade haben sie 1997 das 2750jährige Bestehen ihrer Stadt gefeiert, denn wie schon der Lateiner am humanistischen Gymnasium als Gedächtnisstütze lernt: 7 5 3 – Rom schlüpft aus dem Ei. Die Welt nahm das Jubelfest kaum wahr. Römische Geschichte geht einfach zu weit zurück, und außerdem ist die Stadt so voller Erinnerungen, daß sie als Gesamtkunstwerk sowieso Tag für Tag einen Grund zum Feiern hätte. Die Römer wissen es und scheren sich keinen Deut drum, außer wenn die ganze Welt sozusagen Ex Officio, von Amts wegen, nicht darum herum kommt, an den Tiber zu blicken. Das schafft kaum noch eine der vielen Regierungen, nicht einmal mehr die Mafia, an die sich das In- und Ausland gewöhnt hat. Das bewirkt nur noch der Papst. Und das ist noch immer am intensivsten beim Tod eines Papstes. Das zelebrieren dann Groß und Klein, Obere und Niedere, verbal bei jeder Gelegenheit. Beim letzten Mal 1978, als die Kaffeesatzleser gleich zweimal in zwei Monaten das Spiel mit den purpurroten Unbekannten treiben durften. Nach der Purpurfarbe ihrer Soutanen nennen die Italiener die Kardinäle die Porporati, die Purpurnen. Unter ihnen läuft schon jetzt der neue Papst herum, denn alle Kardinäle, die jünger als 80 Jahre sind, wählen unter ihresgleichen den nächsten Stellvertreter Gottes auf Erden, wie der ambitiöseste Titel des Kirchenoberhauptes noch bis in unsere Tage hieß.

Spekulationen haben es in sich. Das wissen auch die Römer. Deshalb endet stets jede Debatte über den aussichtsreichsten Papabile, Papstkandidaten, mit der Erkenntnis, daß wer als »Papst« ins Konklave einzieht, als Kardinal wieder herauskommt. Die Favoriten werden meistens nicht gewählt. Ausnahmen bestätigen die Regel, das war bei Paul VI. der Fall, der Favorit der Kardinäle wie auch des gerade verstorbenen Vorgängers Johannes XXIII war.

Das alles hielt im Sommer 1978 besonders die professionellen Vatikanbeobachter, die Vaticanisti, die Journalisten, die sich in Rom mitunter jahrelang ausschließlich um Vatikanthemen kümmern, nicht davon ab, Tag für Tag die Zeitungsspalten mit dem neuen Stand der Recherchen nach dem nächsten Papst zu füllen. Mitunter mit grotesken Enthüllungen.

Ich blende zurück: In einem Palast am Tiberufer, kurz vor der zum Vatikan hinüberführenden Brücke am Ende des Corso Vittorio Emanuele, versammeln sich in einer neugegründeten Vereinigung zum Zweck der religiösen Information zwölf Korrespondenten – zehn Italiener, ein Spanier und der Autor dieses Buches als einziger Deutscher. Sie treffen sich hier in einem spartanisch eingerichteten Konferenzraum fast täglich, um ihre Erkenntnisse auszutauschen.

An einem heißen Tag in jenem Sommer 1978 hatte ich über die deutschen Einschätzungen zu referieren. Ich trug vor, was in Deutschland an Meinungen und Erwartungen auf dem Markt war, welche Hoffnungen geäußert wurden und was mir einige Theologen berichtet hatten.

Am nächsten Morgen las ich nicht wenig erstaunt die Zeitungen. Das größte italienische Blatt, der damals linksliberale Mailänder »Corriere della Sera«, wartete mit einem zwei volle Spalten füllenden Bericht über die Geheimnisse auf, die der deutsche Episkopat in den Personen seiner Kardinäle ins Konklave nehmen würde. Die Quelle war ein »deutscher Purpurträger«. Die Informationen waren genau das, was ich am Tag zuvor als persönliche Eindrücke erzählt hatte. Für die Länge eines Zweispalters auf der ersten Seite war ich zum Kardinal aufgestiegen.

Die Episode könnte schmunzelnd abgelegt und vergessen werden. Im Grunde stimmten ja alle Informationen. Nur die Quelle war abenteuerlich verfremdet worden. Ich erinnerte hier nicht daran, wenn es nur eine amüsante Nebensächlichkeit wäre. Das Erlebnis ist bezeichnend für die Vatikanberichterstattung und die Darstellung der katholischen Kirche. Das meiste, was über Vatikan und Kirchenspitze veröffentlicht wird, trifft irgendwie schon zu, nur nicht immer so, wie es da geschrieben steht. Der Grund ist ganz einfach: Kaum ein Insider steht mit seinem Namen zu seinen Informationen.

So hat beispielsweise der amerikanische Jesuit Thomas J. Reese in einem Buch voller Erkenntnisse über das vatikanische Innenleben Hunderte Personen befragt. »Alle erzählten bereitwillig und hatten auch nichts gegen die Verwendung ihrer Berichte. Nur: keiner wollte mit seinem Namen genannt werden«, sagt Reese. Er zitierte deshalb namentlich nur inzwischen verstorbene Zeugen. Mir geht es nicht anders, zumal kein Vatikanist durch eine unvorsichtige Namensnennung eine wichtige Quelle »zuschütten« möchte.

Der ehemalige und inzwischen jung verstorbene Vatikanmitarbeiter Bernhard Hasler und der damalige Rom-Korrespondent des kurzlebigen katholischen Wochenblattes »Publik«, Helmut Herles, zogen es deshalb 1971 vor, ein Buch über vatikanische

Alltäglichkeiten mit dem Titel »Vatikan intern« als anonymes Autorenpaar »Hieronymos« zu veröffentlichen. Dem einen hätte die Kurie noch berufliche Schwierigkeiten machen können, dem anderen wären Beziehungen und damit Informationen verlorengegangen.

Wie weit die Berichterstatter dabei selbst in einen Teufelskreis geraten, weil sie Kritik wegen angeblicher Manipulation nicht widerlegen können, ist schwer abzuschätzen, muß aber in Kauf genommen werden, weil sonst umfassende Information über den Vatikan selbst verstummen müßte. Auszuschließen ist natürlich nie, daß auch vatikanerfahrene Journalisten auf Fehlinformationen hereinfallen, weil sie einem Informanten und dessen Zielen ins Geschäft passen.

Bleibt ein Trost, den ich selbst nach 35jähriger Beschäftigung mit Kirchenthemen gefunden habe: Man braucht kein so langes Gedächtnis wie die katholische Kirche, die gerne in Jahrhunderten denkt. Oft kommen schon nach wenigen Jahren die wirklichen Tatbestände heraus. Gottes Mühlen mahlen im Zeitalter der Massenkommunikation auch nicht mehr ganz so langsam.

Die Tatsachen kommen schneller ans Licht als die Wahrheitshüter im geistlichen Gewand es mögen. Was nicht ausschließt, daß mancher Prälat nicht ganz unglücklich ist, wenn seine frühere Darstellung durch die Fakten dementiert wird – gelogen oder geleugnet hat er schließlich nicht aus eigenem Antrieb. Er hat nur Journalisten gelegentlich gegen besseres Wissen falsch informiert. Big Brother, nicht der im Himmel, sondern der in Rom, hätte es sonst karriereschädigend mißbilligt.

Nähern wir uns also über die Via della Conciliazione, die Straße der Versöhnung, vom historischen Stadtkern Roms über den Tiber geradewegs St. Peter, neben dessen gewaltiger Kuppel auf 0,44 Quadratkilometern der kleinste Staat der Welt und die letzte absolute Monarchie und der einzige christliche Gottesstaat in einem liegen. Die Urteile über ihn gehen weit auseinander, vor allem über den göttlichen Anspruch. Der Korrespondent der »New York Times« zur Zeit des Zweiten Vatikanischen Konzils, Paul Hofmann, meinte einmal trocken, daß im Vatikan über alles geredet werde, nur nicht über Christus.

Das Geschäft der Kirchenregierung lasse für die eigentliche Daseinsberechtigung, Christi Botschaft, das Evangelium, zu verkünden, anscheinend wenig Zeit und Raum. Die Regierungsgeschäfte wiederum scheinen auch nicht immer so optimal zu laufen, glaubt man einem anderen Kenner der internen Szene, dem Erzbischof Paul Marcinkus. Der bis zu seinen Finanzskandalen hochangesehene Reisemarschall des Papstes und Leiter der Vatikanbank, der gerne Havannas rauchte und Golf spielte, sprach von dem kurialen Personal verächtlich als von Klatschweibern.

Zwei Zeitzeugen, die neugierig machen auf einen Blick hinter die Kulissen dieses seltsamen Kirchen-Staates, der mal Vatikan, mal Heiliger Stuhl, mal Staat der Vatikanstadt genannt wird und niemals dasselbe meint. Mal erinnert er an eine Gesellschaft mit beschränkter Haftung für irdisches und überirdisches Heil. Mal darf er aber auch als eine Gesellschaft mit berechtigter Hoffnungslosigkeit gelten.

Das Restaurant liegt nicht weit vom St.-Anna-Tor entfernt. Durch diesen Torbogen eilen, schlendern oder schreiten würdevoll alle, die im Vatikan arbeiten. Gegenüber dem zweifach bewachten Tor liegt der Borgo Pio, ein enges, altes Stadtviertel, das den Kahlschlag überlebt hat, den der faschistische Duce Benito Mussolini zur Ehre des Vatikans, des Papstes, aber vor allem für die eigene Größe hat abreißen lassen. Mit einem freien Blick auf den Vatikan schuf er sich weniger einen besseren Durchblick auf die Ewigkeit. Er gab vielmehr mächtig damit an, die römische Frage beigelegt zu haben. Er ließ die Versöhnung zwischen dem italienischen Staat und dem Vatikan in einem Konkordat 1929 demonstrativ feiern. Mussolini brauchte Platz für die Straße der Versöhnung, die Via della Conciliazione, die heute durch den schier ständigen Pilgerstrom zum Petersdom vergessen läßt, daß sie als Protzstraße faschistischer Selbstdarstellung angelegt worden war und viele Familien aus der angestammten Wohngegend und Heimat vertrieb.

In diesem Viertel liegen aber noch bis heute zahlreiche urrömische kleine Lokale. Die Touristen kennen viele, vor allem jene, für die ein Heer von Ragazzi für ein Taschengeld Werbezettel an die Besucher verteilt, um sie an die Tische ihrer Auftraggeber zu locken – in allen gängigen Sprachen der Welt, neuerdings sogar in Japanisch. Polnisch, wie der Papst spricht, hat sich nicht durchgesetzt. Polnische Pilger geben nicht soviel Geld für Restaurants aus. Sie leben aus der Vespertasche und ziehen die Essensrast auf Kirchentreppen den Stühlen in den Lokalen rund um St. Peter vor. Unser Ristorante verzichtet auf ausschwärmende Lockvögel. Der Wirt kann auf seine Stammkundschaft zählen. Mittags gegen 13.30 Uhr bei Schichtende im Vatikan strömt sie herbei. Aus dem St.-Anna-Tor. Meistens nicht allein. Der Vatikan hat zwar drei Kantinen, die aber nicht allen Kurialen zugänglich sind. Manche wollen auch dort nicht essen, zumal die Arbeitszeit am Mittag endet. Die Kirchenzentrale bezahlt aber auch nicht so gut, daß ihre 2500 Mitarbeiter auf eigene Rechnung jeden Tag im Restaurant essen gehen könnten. Einladungen sind an der Tagesordnung. In diesen kleinen Lokalen sprudeln deshalb die ergiebigsten Informationsquellen. Hier zeichnet sich ein Bild von der Kirchenspitze, wie es in keinem Romführer steht und wie es die mehr oder weniger frommen amtlichen Reiseleiter lieber verschweigen.

Der ungeübte Beobachter kann nicht auf Anhieb erkennen, ob hier ein Bischof oder ein höherer Monsignore aus der Kurie einen ausgiebigen Meinungsaustausch pflegt. Viele haben es sich angewöhnt, außer Sichtweite des Apostolischen Palastes, wo der Papst residiert, den steifen Klerikerkragen abzulegen. Im gedeckten Grau unterscheiden sich Monsignori und Laien, wie die nicht geweihten Katholiken zum Beweis ihrer unterstellten Ahnungslosigkeit in der katholischen Kirche genannt werden, kaum.

Allenfalls ein gelegentlicher Blick in die Runde und ein kurzes angespanntes Lauschen zu den benachbarten Tischen verraten, daß das, was hier gesprochen wird, nicht für jedermanns Ohren gedacht oder geeignet ist. Hintergrundgespräche nennt man dies im journalistischen Fachjargon. Informelle Treffen bei Pasta, römischem Lammbraten, Käse, Wein aus den naheliegenden Castelli und Grappa, der die Zunge löst. Zuerst muß man sich aber versichern, welche Sprache am Nebentisch gesprochen wird. Italienisch ist die Amtssprache im Vatikan, doch die Mitarbeiter kommen aus der ganzen Welt und unterhalten sich am liebsten und am geschütztesten in ihrer Muttersprache, wenn kein Landsmann daneben sitzt, der alles verstehen könnte.

Die alte Kirchensprache Latein spielt nur noch in offiziellen Akten eine Rolle, die sowieso nur von historischem oder wissenschaftlichem Wert sind. Erstens beherrschen selbst viele Pfarrer nur noch das unbedingt notwendige Altarlatein, und zweitens haben alle Versuche, moderne Begriffe lateinisch zu umschreiben, nur Heiterkeit ausgelöst, liebenswerte intellektuelle Spielereien, denen sich einige Kardinäle hingeben. Nur ein kleines Häuflein der Nostalgiker der alten lateinischen Messe hofft bislang vergeblich auf eine Wiedergeburt. Die hat nicht einmal der traditionalistische Papst aus Polen durchsetzen können, obwohl der Kreis jener Katholiken immer größer wird, die in der Kultsprache Latein ein religiöses Klima suchen, wie es Buddhisten mit Gebetsmühlen erzeugen. Zu dem Häuflein hat sich inzwischen, wie er in seiner 1981 endenden Autobiographie verrät, auch der deutsche Kurienkardinal Joseph Ratzinger bekannt. Im nachhinein fiel ihm der Abschied von der volksfernen lateinischen Messe schwerer, als er früher zugeben wollte.

# Teil I

*In den Schuhen des Fischers*

## DER CHEF

# Der Pontifex

*Applaus für den Papst, aber keiner hört hin*

An Titeln ist ihm in dieser Welt keiner gleich, auch wenn der erste, der ihm amtlich zugebilligt wird, nur der eines normalen Bischofs ist: Johannes Paul II., Bischof von Rom. So steht es im Universal-Handbuch der katholischen Kirche, dem Annuario Pontificio. Doch dann kommt es dick: Vikar von Jesus Christus, übersetzt: Vertreter von Jesus Christus. Früher wurde daraus noch anspruchsvoller: Stellvertreter Gottes auf Erden. Die Formel ist noch in Gebrauch, gehört aber nicht mehr zu den amtlichen Bezeichnungen des Papstes im päpstlichen Jahrbuch.

Das purpurrot gebundene Jahrbuch zählt aber nicht nur einfach die Titel auf. Es hebt durch die Schriftgröße den Stellvertreter besonders hervor. Alles andere ist zweitrangig: Nachfolger des Apostelfürsten, gemeint ist der unfürstliche Fischer Petrus; Oberster Pontifex (Brückenbauer) der Universalkirche; Patriarch des Abendlandes; Primas von Italien; Erzbischof und Metropolit der römischen Provinz sowie Souverän des Staates der Vatikanstadt.

Soviel historischer und göttlicher Anspruch auf einmal kann aber nichts daran ändern, daß es die päpstliche »Papierform« ist, Theorie und Spiegel der Papstgeschichte. Selbst gebildete Katholiken, die wissen, woher die einzelnen Bezeichnungen stammen, tun sich mit dem Allmachtsanspruch schwer. Den meisten ist die biblische Begründung des Papstamtes als eher legendär noch in Erinnerung: »Du bist Petrus, der Fels, auf dem ich meine Kirche bauen will.« Je gebildeter die Katholiken gar sind, desto weniger hat ihnen der Pontifex maximus, der aus dem altrömischen Imperium überlieferte Oberste Brückenbauer, noch etwas zu sagen.

Daran ändert nichts, daß seine öffentlichen Auftritte das Gegenteil zu vermitteln scheinen. Rund 20 Prozent der Katholiken gehen in Deutschland regelmäßig oder ab und zu noch in die Kirche. Ebenso hoch ist nach einer Repräsentativumfrage von Sample im Auftrag des Münchner Nachrichtenmagazins Focus der Anteil der Bevölkerung, der sich durch den derzeitigen Papst im Glauben sehr gestärkt (vier Prozent) oder eher gestärkt fühlt. Auf den Glauben von 50 Prozent hat dieses päpstliche Lehramt dagegen keinen Einfluß. Bei 27 Prozent hat Papst Johannes Paul II. den Glauben eher geschwächt oder gar sehr geschwächt. 90 Prozent der Absolventen von Hochschulen bleiben indifferent oder kreiden ihm an, ihrem Glauben geschadet und ihn verringert zu haben.

Für die Institution Kirche hat der Papst weitaus mehr geleistet als für den individuellen Glauben: 43 Prozent bescheinigen ihm, der Kirche genützt zu haben, 48 geschadet. Zwei unversöhnliche Lager.

Dabei hatte alles so verheißungsvoll begonnen. Der am 16. Oktober 1978 als erster Nichtitaliener seit 455 Jahren zum Papst gewählte Erzbischof von Krakau, Karol Wojtyla, wurde ein Medienheld, wie es ihn bisher nicht gegeben hatte. Die Papst-Euphorie verdrängte jahrelang kritische Stimmen, bis die Krise nicht mehr zu leugnen war. Dabei war sie von vornherein abzusehen.

Ein Beispiel: Wenige Monate nach der überraschenden Wahl pilgerten Mitglieder des katholischen Frauenbunds Italiens in die Ewige Stadt. Der Mailänder »Corriere della Sera« beschrieb die Frauen anderntags: »Sie kamen zu 150000 auf den Petersplatz, applaudierten dem Papst, die Antibaby-Pille in der Tasche.« Kürzer wurde auch später nicht mehr Wesentliches über diesen Papst formuliert: über seinen großen Publikumserfolg und seine geringe Wirkung.

Der Widerspruch zwischen öffentlichem Aufsehen und dem tatsächlich schwindenden Einfluß bei den Katholiken wurde zum ungewollten Leitmotiv des Papstes Johannes Paul II.

Der römische Schriftsteller und Vatikankenner Giancarlo Zizola, der den Papst auf vielen seiner über 80 Auslandsreisen begleitet hat, sagt es 16 Jahre später mit anderen Worten:» Man jubelt dem Sänger zu. Aber keiner kümmert sich um den Liedtext.«

Das beruht auf Gegenseitigkeit. Der Papst selbst hört auch nicht hin, wenn ihm die Botschaft nicht paßt. Diese bittere Erfahrung machte jedenfalls der größte katholische deutsche Theologe dieses Jahrhunderts, Karl Rahner (1904–1984). Der aus Freiburg stammende Jesuit schilderte seine Papstaudienz mit den Worten:» Was war ich für ein Narr. Ich redete und redete und redete. Aber alles war für die Katz.« Rahner fühlte, daß dieser Papst verkünden und lehren wollte. Im Dialog war er nicht geübt. Der war ihm fremd und entsprach nicht seiner Erziehung zum autoritären polnischen Kleriker.

» Er ist ein traditioneller polnischer Bischof, geprägt von einem Land und einer katholischen Kirche, die weder die Reformation noch die Aufklärung noch die moderne Demokratie erlebt hat«, beobachtete Hans Küng,» Demokratie ist für diesen Papst gleichbedeutend mit Konsumismus und amerikanischer Kultur. Er lehnt das zutiefst ab.« So urteilten deutsche Besucher nach Tischgesprächen mit ihm.

Der französische Schriftsteller und Autor eines Erfolgsbuchs über den historischen Jesus, Jacques Duquesne, stimmt ihnen zu:» Eigentlich frage ich mich, ob es dem Papst trotz seiner vielen Auslandsreisen nicht an Weltoffenheit mangelt. Ihm fehlt es an jeder Spontaneität. Er lebt an der Wirklichkeit vorbei.« Die Wirklichkeit des Papstes ist die des Stellvertreters Gottes auf Erden, eines absoluten Monarchen.

Diese Form der selektiven Wahrnehmung hat Johannes Paul II. schon auf tragische Weise getäuscht. 1990 würdigte er in Kigali die blühende katholische Kirche Ruandas, ein Beispiel für erfolgreiche Mission. Die Realitäten des Landes entgingen ihm. Wenige Jahre später wütete dort einer der blutigsten Bürgerkriege des Jahrhunderts. Katholiken ermordeten Katholiken. Korrekturen durch klärenden Widerspruch sind amtskirchlich nicht vorgesehen. Duquesne:» Man kann in der Kirche über vieles nicht sprechen. Das ist schlimm.«

Den noch verbliebenen sonntäglichen Kirchgängern würden

nur vorgestanzte Meinung und Interpretation zu den biblischen Texten geliefert.» Das wiederholt sich Jahr für Jahr. Die Kirche nimmt den Notschrei der Gesellschaft nicht auf.« Duquesne weiter:» Nicht einmal der Protest gegen das Pillenverbot wurde verstanden. Der Klerus hat es bis heute versäumt, den Widerstand zu hinterfragen. Wären es Firmenchefs, würde man sie wegen Unfähigkeit vor die Tür setzen.«

Der Chefredakteur der in Frankreich einflußreichen, unabhängigen katholischen Wochenzeitung» Témoignage chrétien« (Christliches Zeugnis), Georges Montaron, weiß auch, warum:» Es gibt keine großen Theologen mehr. Nur Mittelmaß. Die vatikanische Personalpolitik, die Unterdrückung der Kritik haben Spuren hinterlassen.«

» Wo sind die Nachfolger der großen Konzilswegbereiter, die Congar, Chenu, Rahner . . .?« fragte Montaron. Für ihn ist es typisch, daß ein Psychologe, Eugen Drewermann, weit und breit als einziger katholischer Priester noch die Massen mobilisiert.

Ist der Papst daran schuld? Giancarlo Zizola will Rahners Erfahrung, der Papst höre zu wenig zu, nicht gelten lassen.» Das Problem liegt woanders. Der Papst überwindet die größte Kluft seines Pontifikats nicht.«

Diese Kluft wurde vom Fall der Mauer aufgerissen. Papstanhänger verweisen auf den entscheidenden Beitrag des Papstes für den Zusammenbruch des Kommunismus. Küng und mit ihm mehr realpolitisch denkende Analytiker erkennen nur an, daß » die pure Existenz eines polnischen Papstes die Russen zögern ließ, die polnische Solidaritäts-Gewerkschaft des Lech Walesa zu liquidieren. Darüber hinaus wird die Rolle des Papstes doch überschätzt.« Der Vatikan habe immer nur die Freiheiten für die Kirche genutzt, die ihm die politischen und wirtschaftlichen Entwicklungen bescherten – nicht umgekehrt.

Rom reagierte nur und manövrierte sich am Ende selbst in eine Sackgasse. Jahrelang hatte sich der Papst aus Polen im Interesse des unterdrückten Ostens für die Menschenrechte eingesetzt. Nicht aber in der eigenen Kirche. Die hatte sich schon gegen die Menschenrechte der Aufklärung und der Französischen Revolution gewehrt. Zizola:» Jetzt bekamen die vom Kommunismus unterdrückten Völker die lang vermißte Freiheit und machten anderen Gebrauch davon, als der Papst es sich vorgestellt hatte.« Seine Polen wählten ein westliches Gesellschaftsmodell mit abnehmender Bindung an die Einheit von Kirche und Nation. Auch in Polen setzte sich langsam die Überzeugung durch:» Eine Kirche, die politische Macht ausübt, ist eine Irrlehre.« Das aber wiederum kann und will Karol Wojtyla überall einsehen, nur nicht in seiner Heimat Polen. Küng:» Wojtyla ist sein Modell abhanden gekommen.« Zizola:» Daran leidet er schwer.« Deshalb hielt er sich in Italien politisch bedeckt. Er verurteilte politisierende Pfarrer in Lateinamerika wie den Jesuiten Ernesto Cardenal, der in Nicaragua Minister wurde. Er lehnte die Befreiungstheologen ab, die in den Basisgemeinden politisch-gesellschaftliche Ämter übernahmen, weil es sonst keiner tat.

Wojtyla kann es nicht fassen, daß die national-katholischen Polen von ihrem individuellen Gewissen Gebrauch machen und dem Papst dort nicht folgen, wo seine Gebrauchsanweisungen fürs tägliche Leben mit ihrer Lebenserfahrung nicht übereinstimmen. Dabei hatte er nichts anderes gewollt,» als sein Polen zu retten. Das ist ihm gelungen. Im Grund denkt er aber an nichts anderes«, so ein enttäuschter italienischer Papstvertrauter der ersten Jahre.

Die polnischen Katholiken handeln aber nicht anders als ihre westlichen Glaubensbrüder. So bestätigten beispielsweise 52 Prozent der Österreicher in einer Umfrage die FOCUS-Untersuchungsergebnisse aus Deutschland. Sie kümmern sich nicht um päpstliche Empfehlungen. 33 Prozent nehmen sie zur Kenntnis, folgen ihnen aber nur bedingt. Nur 13 Prozent bemühen sich, sie zu erfüllen.

Hat der Papst selbst diesen Autoritätsverlust verursacht, oder war die Entwicklung der Gesellschaft stärker als er? Ein Rückblick schließt nicht unbedingt mit einer negativen Bilanz. Beim Amtsantritt 1978 fand Johannes Paul II. eine Kirche vor, in der die Mehrheit die Orientierung verloren hatte. Das Konzil wollte die Kirche modernisieren. Doch viele Bischöfe fanden nach der Rückkehr aus Rom dazu die Kraft nicht mehr. Der Züricher Jesuit und Konzilskommentator Mario von Galli damals:» Von dieser Bischofsgeneration ist nichts mehr zu erwarten. Das Konzil war ihr Lebenswerk. Es hat sie verbraucht.«

Die Katholiken daheim wurden mit den Neuerungen nicht fertig. Die Mehrheit ging in die innere Emigration. Bei einer Pastoralvisite meinte ein betagter Katholik in Stuttgart zum gerade aus Rom heimgekehrten Rottenburger Bischof Carl Joseph Leiprecht kategorisch:»Ihr könnt machen, was ihr wollt, ich bleib' katholisch.« Und damit unverändert. Eine Minderheit mobilisierte die Medien und eine militant progressive Basis. Diese Minderheit ist heute noch kleiner. Die Aktivgruppen von damals sind nur noch Nostalgikern des Aufbruchs der 70er Jahre ein Begriff.

Der Papst aus Polen gab dafür den der Tradition Verhafteten neue Hoffnung und bestätigte sie in der wankenden Lehre. Die Restauration begann. Die angebliche »schweigende Mehrheit« konnte wieder offen die Mehrheit sein, und der Traditionalistenbischof Marcel Lefebvre durfte wieder amtlich die Messe lateinisch lesen. Neue Bischöfe entsprachen dem Profil ihrer vorkonziliaren Vorgänger. Die Protestierer beschleunigten den Exodus aus der Kirche. Die abendländische Kirchenwelt war kleiner, aber wieder fein, frohlockten die Hinterbliebenen.

Es war so zu erwarten. Als Wojtyla gewählt wurde, wußten nur wenige etwas mit ihm anzufangen. Das ultrarechte, aus dem spanisch-katholischen Fundamentalismus hervorgegangene Opus Dei hatte einige Vatikanisten pfundweise mit Wojtyla-Reden versorgt, sogar in Deutsch. Doch 1978 wollten selbst die papstbegeisterten Progressiven nichts zur Kenntnis nehmen, was ihre Hoffnungen gleich zerstört hätte.

In den Reden hatte der Kardinal Wojtyla aus Krakau bei häufigen Rom-Besuchen schon alles gesagt, was er später praktizierte: ein klares Nein zu Frauen als Priestern, zu verheirateten Priestern, zu empfängnisverhütenden Methoden. Als ich in dem linkskatholischen Frankfurter Blatt »Publik-Forum« einen kritischen Papstbericht mit dem Titel »Tschenstochau in Rom« brachte, wurde ich als antipolnischer Revanchist und arroganter Deutscher angegriffen.

Über 18 Jahre später hat die Zeit der Hoffnung wieder begonnen wie in den letzten Amtsjahren von Paul VI. Bei Kirchengesprächen in Rom klingt es heute wie vor 1978. »Der nächste Papst wird das ändern. Wenn nicht«, so Küng heute, »wären die

Folgen verheerend.« Die wirkliche Größe Pauls VI. wurde erst nach seinem Tod anerkannt – vor allem seine Fähigkeit, die Konflikte nicht autoritär abzuwürgen, sondern sie zu ertragen. Genauso könnte das Urteil über Johannes Paul II. in der Zeitgeschichte und in der Heilsgeschichte der Kirche ganz anders ausfallen, als die Kritik an ihm heute vermuten läßt. Schon erwählt ihn das amerikanische Magazin TIME zum Mann des Jahres 1994, muß aber in einer der nächsten Nummern sich gegen mißverständliche Interpretationen wehren. Der »Mann des Jahres« sei nicht als reine Würdigung anzusehen. Die Wahl sei vielmehr getroffen worden, weil der Papst so viel bewegt habe. Kirchentreue Katholiken hatten den TIMES-Titel blanko als höchstes Lob vereinnahmt.

Mit dem Pontifikat von Johannes Paul II. wird nicht nur die offensichtliche Annäherung an das Judentum verbunden werden. Zwei fundamentale Punkte nennt Zizola:

Johannes Paul II. hat das Papsttum entmythologisiert, auch wenn der Papst nach dem Attentat des Türken Ali Agca 1981 nicht mehr so leicht »zum Anfassen« war.

Und: Die Katholiken sind keine geschlossene Herde mehr – das katholische Milieu endet, was der Papst eher unfreiwillig erreicht hat. Aber das Ergebnis zählt, zumal ein harter Kern aus seinem Umkreis lieber das Gegenteil hätte. Sie träumen von einer neuen geschlossenen Kirche ohne Spannungen und Widerspruch, ohne Dynamik nach außen, notfalls sogar eine geschrumpfte, vorkonziliare Minderheitenkirche.

Selbst diese Nostalgiker machen für die Entwicklung der Kirche Sinn: »Nach dem Zweiten Vatikanischen Konzil, beendet 1965, war es normal, daß große Teile versuchen würden, zur Sicherheit der alten, abendländischen, autoritären Kirche zurückzukehren. Erst wenn diese Restauration scheitert, werden die Reformen wirklich greifen können.«

Dann wird die Kirche aber auch ein ganz anderes Gesicht bekommen. Auch in der Person des Papstes: »Auf jeden Fall bescheidener«, meinen Zizola, Küng, Duquesne und Montaron unabhängig voneinander. Montaron träumt von einem neuen Johannes XXIII. Küng und Duquesne wünschen sich einen urchristlichen Papst, damit »ich der katholischen Kirche weiterhin dankbar sein darf, durch sie Jesus auch heute noch als eine lebendige Person entdecken zu können«.

Für Zizola müßte dies ein spirituellerer Papst sein, der nicht dogmatisiert: »Ein Papst, der schweigt.« Montaron: »Am ehesten ein Italiener.« Der könnte die Wärme, die viele Katholiken, so Duquesne, in ihrer Kirche nicht mehr finden, wiederherstellen »durch Bescheidenheit und ohne Apparatschiks, ohne Repression und ohne Prinzipienreiterei«.

Die Jahrtausendwende dürfte der Papst trotz seiner Krankheiten erreichen, rechneten seine Mitarbeiter noch im Frühsommer 1998. Ärzte, die die Befunde kennen, meinen: »Der Papst leidet sicher viel. Aber ein Alterskrebs kann lange dauern. Da stirbt man nicht gleich.«

Hinter den Mauern des Vatikans gibt es andere Sorgen um die Gesundheit des Papstes. Am 22. Februar 1996 präsentierte der Sekretär des Kardinalskollegiums, der argentinische Erzbischof Jorge Maria Mejia eine Apostolische Konstitution, »Universi Dominici Gregis«, über die Regelung der Wahl eines Nachfolgers, aber nicht nur im Todesfall, sondern auch bei »gültigem Rücktritt«.

Wird Johannes Paul II. zurücktreten, wenn er »sein Amt nicht mehr ausüben kann«, wie der Text zu verstehen gibt?

Oder wenn er seinen letzten Kampf für gewonnen hält und die Kirche ins dritte Jahrtausend geführt hat?

Professor Giorgio Di Matteo drückte aus, was in Rom spätestens im Frühjahr 1996 vermutet wurde. Der Präsident der italienischen Chirurgenvereinigung zweifelte daran, daß Papst Johannes Paul II. nach der Frankreichreise am Blinddarm operiert werden mußte, wie der Vatikan offiziell mitgeteilt hatte. Di Matteo ging davon aus, daß eine einfache Entzündung des Blinddarms bei einem 76jährigen Mann nicht operiert zu werden brauche. Ein akuter Fall dürfe dagegen nicht zwei Wochen hinausgeschoben werden. Der Vatikan blieb demonstrativ bei seiner Version.

Die Informationspolitik der Kurie über die Gesundheit des Papstes geriet wieder ins Zwielicht, nachdem Vatikansprecher Joaquín

Navarro-Valls Anfangs September 1996 erstmals zugegeben hatte, daß der Papst an einer Krankheit leide, die die Ärzte bisher nicht in den Griff bekämen. Von einer CMV-Infektion (Cytomegalovirus) war die Rede. Dieses weitverbreitete Virus wirkt sich nur bei abwehrgeschwächten Patienten verhängnisvoll aus.

Abwehrgeschwächt, so heißt es in der Kurie, sei der Papst seit der Verletzung beim Attentat 1981. Drei Möglichkeiten werden genannt: ein Behandlungsfehler 1981 nach dem Attentat, bei dem der Papst durch einen Schuß des Türken Ali Agca in den Unterleib schwer verletzt wird und mindestens drei Liter Blut verliert. Dafür sprechen viele Aussagen aus dem römischen Vatikanambiente. So sollen die Ärzte, zunächst angesichts des fast tödlich verletzten Papstes selbst handlungsunfähig, nicht gewußt haben, was sie tun sollten.

Erst das beherzte Zugreifen eines jungen Arztes, der keine Scheu vor dem hohen Patienten hatte und ihm wie jedem anderen Schwerverletzten das Hemd aufriß, soll verhindert haben, daß noch mehr Zeitverlust die Rettung des Papstes unmöglich gemacht hätte.

Zweitens: Ein für gutartig erklärter Tumor sei doch bösartig. Drittens: Anzeichen für die Parkinsonsche Krankheit, worauf das Zittern der Hände schließen lasse.

Wegen einer Infektion im Darmbereich mußte der Papst am 20. Juni 1981 erneut für mehrere Wochen ins Krankenhaus. Seither halten sich Gerüchte über fehlerhafte Behandlung auch noch lange nach dem Anschlag.

1992: Als gutartig bezeichnet der Vatikan offiziell einen Darmtumor, der dem Papst am 15. Juni entfernt wird. Der Papst selbst kündigt seine Operation eine Woche vor dem Eingriff an.

1993: Am Ende einer Audienz am 11. November rutscht der Papst aus und fällt zu Boden. Er renkt sich dabei die rechte Schulter aus. Im Juli schon mußte er zu einer Kontrolle ins Krankenhaus.

1994: Ein künstliches Gelenk wird dem Papst am rechten Bein eingesetzt, nachdem er am 29. April im Bad seiner Wohnung im Apostolischen Palast gestürzt ist. Ein Monat Krankenhaus bis zum 27. Mai. Seither kniet er bei Auslandsreisen gleich nach der

Ankunft im Gastland nicht mehr auf den Boden, um die gastliche Erde zu küssen. Beim 81. Besuch, der ihn vom 21. bis 25. Januar 1998 nach Kuba führte, hielten ihm vier weißgekleidete Kinder auf dem Flughafen von Havanna ein Körbchen hin mit kubanischer Erde in der Form der karibischen Insel.

1995: Den Segen URBI ET ORBI, für die Stadt und den Erdkreis, muß der Papst am 25. Dezember wegen eines Fieberanfalls unterbrechen. Über Fernsehen ist die ganze Welt direkt Zeuge des Schwächeanfalls.

1998: Am Jahresanfang tauft der Papst traditionell einige Kinder. Dieses Mal findet die Feier in der Sixtinischen Kapelle statt. Plötzlich hält der Papst inne und stützt sich auf seinen Hirtenstab. Ein Priester hält ihn fest. Angehörige der Täuflinge berichten über den Zwischenfall, der vom Vatikan wieder heruntergespielt wird. Ein Augenzeuge: »Er war mindestens eine Minute lang wie völlig weggetreten.«

Ein Rücktritt wäre eine Sensation. Zum letzten Mal trat ein Papst vor fast genau 700 Jahren zurück. Am 13. Dezember 1294 zog sich der gerade erst am 29. August zum Papst Coelestin V. gewählte Mönch Pietro del Murrone, enttäuscht von den Intrigen am päpstlichen Hof, wieder in die Einsamkeit seines Klosters zurück. Dort starb er am 19. Mai 1296. Der Nachwelt wurde er durch den größten italienischen Dichter, Dante, verewigt. Der beförderte Coelestin in seiner »Göttlichen Komödie« in die Hölle.

Die wichtigste Persönlichkeit bei einem Rücktritt oder beim Papsttod, bei einem »vakanten Stuhl«, könnte das »andere Ich des Papstes«, der Kardinalstaatssekretär, sein. Als Chef der zentralen Kurienbehörde weiß er am meisten Bescheid und arbeitet vermutlich schon lange an der Nachfolgeregelung, im eigenen Interesse und auf eigene Rechnung. Der heutige erste Mann nach Papst Johannes Paul II., Kardinalstaatssekretär Angelo Sodano, könnte deshalb die Antwort geben.

Sodano schweigt, nicht nur, weil er sehr diskret und loyal ist. Alles, was mit einer Papstwahl zu tun hat, unterliegt der strengsten Geheimhaltung. Wer aus einem Konklave über die Hintergründe einer Papstwahl plaudert, wird automatisch exkommuniziert, also aus der Kirche ausgeschlossen.

Der Staatssekretär hat nach Informationen aus italienischen Kurienkreisen bereits die Rücktrittserklärung des Papstes unter Verschluß. Sie ist nicht datiert, aber für den Fall ausgefertigt, daß der Papst geistig sein Amt nicht mehr ausüben kann. Nach allen Informationen zu diesem brisanten Thema wird ein Rücktritt aus anderen als geistig-seelisch bedingten Gründen ausgeschlossen.

Das Vorgehen für den Rücktritt: Wenn ein Ärztegremium feststellt, daß der Zustand des Papstes sich so verschlimmert hat, daß er nicht mehr weiß, was er tut (wenn er beispielsweise Alzheimer bekommt), kann nach diesen Informationen Kardinalstaatssekretär Sodano die Rücktrittserklärung herausholen. Danach müßte aber auch er selbst von seinem Spitzenamt Abschied nehmen. Denn in jedem Fall sieht die Konklaveregelung vor, daß alle Kurienämter mit dem Tod des Papstes erlöschen. Analog, auch wenn nicht ausdrücklich erwähnt, würde dies auch für den Rücktritt gelten.

Vakanter Stuhl Petri heißt, daß es keinen amtierenden Papst gibt. In diesem Fall bleibt nur der Substitut, also Sodanos »Innenminister«, der Verwaltungschef der Kurie, im Amt. Er regelt die alltäglichen Geschäfte und gilt traditionell als der starke Mann der Kurie, auch wenn er höchst selten nach außen in Erscheinung tritt. Das war unter Paul VI. der energische Erzbischof Benelli und ist heute der Substitut Giovanni Battista Re.

Auf jeden Fall soll ein monate- und jahrelanges Siechtum des Papstes die Kirchenspitze nicht mehr handlungsunfähig machen. Ein Vatikan-Insider begründet diese Vorsorge: »Das kann sich die Kirche heute nicht mehr leisten.« Er erinnert sich noch, wie unter dem greisen und verknöcherten Pius XII. (gestorben am 9. Oktober 1958) jahrelang alle wichtigen Entscheidungen blockiert waren.

Einen solchen Grund für den Rücktritt kann es für Papst Johannes Paul II. trotz aller Dementis geben. Es sind die Spätfolgen des Attentats von 1981. Der Türke Ali Agca hatte den Papst vermutlich im Auftrag kommunistischer Geheimdienste, letztendlich von Moskaus KGB, angeschossen, weil der polnische Papst als Stütze der Solidaritätsgewerkschaft in Polen Moskau bedrohlich wurde. Nach den schweren Verletzungen war der Blutkreislauf so lange zusammengebrochen, daß die Sauerstoffversorgung des Gehirns unterbrochen war.

Die Folge: Nervenschäden, Ausfälle, die mit dem Alter zunehmen. Der Papst leide an Depressionen. Manchmal erscheine er unansprechbar und müsse auf starke Aufputschmittel zurückgreifen. Diese Leiden könnten sein Motiv gewesen sein, eine Rücktrittsvollmacht hinterlegt zu haben, bevor Verstand und Willenskraft ihn verlassen.

Solange er aber noch sein Tagewerk verrichten kann, verdrängt Johannes Paul II. jede Vorstellung an einen Rücktritt. Vielmehr scheint er sich mit schwindenden Kräften geradezu stur zu zwingen, die selbstgestellten Ziele noch auf jeden Fall zu verwirklichen: die Schwelle ins nächste Jahrtausend zu überschreiten an der Spitze einer geläuterten Kirche.

Dieses Tagewerk wird von den Kurienkennern sehr unterschiedlich beurteilt. Ein altgedienter Prälat aus römischer Kurientradition widerspricht dem offiziellen Bild vom überlasteten Kirchenoberhaupt.»Der Papst ist faul. Von der Kurie versteht er nichts, will er auch nichts verstehen. Und die meisten Texte werden ihm unterschriftsreif vorgelegt. Selbst seine Bücher sind von Ghostwritern geschrieben.«

Das Urteil mag auf den ersten Blick vernichtend klingen. Die einzelnen Vorwürfe treffen ja auch nachweislich zu. Die Schlußfolgerung aber nicht unbedingt. Der Papst pflegt schon beim Frühstück die ersten Kontakte. Er erweckt den Eindruck eines geselligen Menschen, der gerne anderen zuhört. So ist es extrem selten, daß er ohne Gäste frühstückt. Das gilt ebenso für Mittag- und Abendessen. Er liest viel, darunter mehrere italienische Tageszeitungen. Und er konferiert so viel wie jeder Präsident, der über die Arbeit von zwei Dutzend Ministerien und Behörden die Oberhoheit hat, selbst wenn ihm die ganze Religionsbürokratie zuwider sein sollte.

Was dem weltzugewandten römischen Monsignore dennoch als Faulheit aufstößt, ist etwas ganz anderes. Der Papst aus Polen ist der mystischste Papst dieses Jahrhunderts. Das wiederum erscheint in der Kurie fremdartig. Einmal suchte ihn einer seiner

Sekretäre in seinen Privatgemächern. Eine polnische Schwester verwies ihn auf die Papstkapelle. Vermutlich treffe sie ihn dort beim Beten. Der Sekretär schlich sich vorsichtig in die Kapelle und sah niemanden. Die Schwester zweifelte aber nicht daran, daß der Papst dort bete. Der Sekretär kehrte also zurück und wartete eine Weile, bis er sich mehr an das Dämmerlicht gewöhnt hatte. Dann sah er auch den Papst. Er kniete nicht, wie üblich, auf seinem Gebetsstuhl, sondern lag auf dem Bauch mit kreuzförmig ausgebreiteten Armen auf dem Boden vor dem Altar. Der Sekretär entfernte sich leicht verwirrt.

Diese Inbrunst des Gebetes, vor allem zu Maria, der Muttergottes, läßt sich in den Liveübertragungen des Fernsehens nicht vermitteln. Diese Seite des Papstes wird von der medienwirksameren verdeckt, obwohl sie die glaubwürdigere wäre. Die persönliche Frömmigkeit, die verschwiegene und vertuschte Krankheitsgeschichte sowie den Alltag des Papstes rechnet die Kurie zum absoluten Intimbereich, auf den die Öffentlichkeit keinen Anspruch habe.

Das äußert sich schon in den widersprüchlichen Angaben über seinen Tagesablauf. Gewöhnlich steht er um 6.30 Uhr auf. Er duscht, und nach einer halben Stunde erwarten polnische Ordensschwestern den Papst in der Privatkapelle zum Gebet, häufig zusammen mit Gästen, die Privatsekretär Stanislaw Dziwisz eingeladen hat.

Um 7.00 Uhr folgt die erste heilige Messe. Die Frühstücksgäste sind eingeladen. Sie erhalten danach vom Papst einen silbernen Rosenkranz. Um 8.00 Uhr folgt das Frühstück, meistens mit Gästen bei Cappuccino, Brot, Butter und Marmelade. Bereits um 8.30 Uhr zieht sich der Papst in sein Privatbüro zurück, um zu lesen und Post zu unterschreiben.

Ab 9.00 Uhr arbeitet der Papst für zwei Stunden an Texten (Reden, Botschaften, Rundschreiben), immer in Polnisch. In der Sommerresidenz Castelgandolfo ging er früher häufig in dieser Zeit schwimmen.

Um 11.30 Uhr stehen die Audienzen in der Bibliothek auf dem Programm. Um 13.30 Uhr folgt das Mittagessen im Kreis von Mitarbeitern oder Gästen, sehr frugal: Pasta, Reis, Fleisch, Käse, ein Glas Rotwein. An besonderen Tagen gibt es polnischen Käse-kuchen. 14.30 Uhr Gebet und Ruhe.

Nach 16.00 Uhr beginnt er zu regieren: Gespräche mit den Kurienkardinälen, seinen Ministern, nach festen Terminen, da-nach Spaziergang und Rosenkranzgebet auf der Dachterrasse des apostolischen Palastes, häufig zur Madonna von Fatima. 19.30 Uhr Abendessen, sehr leicht mit viel Gemüse. Fernseh-nachrichten. 20.30 Uhr kurzer Gang auf die Dachterrasse, Lek-türe im Privatbüro. Um 23.30 Uhr geht der Papst nach einem 16 bis 17 Stunden zählenden Tagwerk schlafen.

Andere, ältere Angaben sehen den Papst schon um 5.45 Uhr aufstehen. Vielleicht wollen sie aber auch nur unterstreichen, wie sehr das Kirchenoberhaupt beschäftigt ist. Eine wirkliche Home Story hat der Papst des Fernsehzeitalters nicht filmen oder schrei-ben lassen. Er räumt letzten Endes den Medien ebenso wenige Rechte ein wie dem eigenen Kirchenvolk: Seid untertan, demütig und zufrieden mit dem, was Wir für euer Heil für richtig halten.

Wie sagte doch der pensionierte Rota-Richter über den Vatikan an der Schwelle des dritten Jahrtausends: »Wir leben noch im Mittelalter.«

# Der Lehrer

*Rundschreiben und Hausmitteilungen,*
*wie der Papst befiehlt*

Das Spektakel ist überwältigend, die Inszenierung gelungen, der Beifall begeistert. Kaum war der Hubschrauber mit dem Papst in einer dichten Staubwolke herniedergegangen, erhob sich ein frenetischer Beifall. Die Kameras zogen ihre Zoomobjektive auf die weiße Lichtgestalt, die sich behend auf das hölzerne Podium zubewegte. Es war die erste Auslandsreise von Johannes Paul II. Sie führte ihn (nach dem Besuch im heimatlichen Polen) auf die Hochebene Mexikos, hier in die Indiohochburg bei Oaxaca. Das Fernsehen folgte meisterhaft der Inszenierung. Wer es sich nur vor den Bildschirmen in der Hauptstadt bequem gemacht hatte, um den Papstbesuch aus zivilisierterer und klimatisierter Lage zu verfolgen, zeichnete ein Bild aus Begeisterung, Verständnis und Wärme, ja Herzlichkeit. Wer dagegen mit auf die sandige Ebene gezogen war, um vor Ort hautnah die Begegnung des Kirchenoberhauptes mit den Menschen, hier den unterprivilegiertesten, mitzubekommen, verstand danach die Berichte nicht mehr.

Schon damals, 1979, verschwiegen die Kameras, was hinter den Kulissen der phantastischen Begeisterung sich abspielte. Unterhalb des Papstes, von den Kameras nie gezeigt, stand ein Weihbischof, amtlich ein Hilfsbischof, und dirigierte die Indiomassen, die gegen das Versprechen von freier Fahrt, Getränken und einer Vesper aus dem ganzen Hinterland hierhergekarrt wurden. Sie klatschten auf seine Handzeichen hin an der richtigen Stelle. Was hätten sie auch anderes tun sollen? Von den Worten des Papstes verstanden die der spanischen Landessprache kaum mächtigen Indios wenig. Übersetzt wurde ihnen auch nichts.

Fast 20 Jahre später hat sich daran nichts geändert. Auf seiner 81. Auslandsreise besuchte Johannes Paul II. Kuba. Zwölf Ansprachen hielt er vor einem Publikum, das nur bei oberflächlicher Betrachtung als katholisch zu bezeichnen war, weil die meisten getauft waren. Die afrikanische Naturreligion Santeria, die Heiligenverehrung, die nur mit christlichen Bezeichnungen für die heidnischen Naturgötter einen katholischen Anschein erweckt, zählt 80 Prozent der Kubaner zu ihren Anhängern. Die Kirche wandelt nur langsam ihr Urteil über die Werte solcher synkretistischer Religionen.

Der Papst wurde bei vier Messen nicht müde, christliche Werte zu vermitteln, Abtreibung zu geißeln und Moral zu predigen. Wer sich unter das neugierige Volk, vor allem die jungen Zuhörer, mischte, konnte wie in Mexiko sein blaues Wunder erleben. Alle verstanden zwar diesmal das päpstliche Spanisch. Doch der Inhalt blieb den Menschen verborgen, weil es seit drei Jahrzehnten keine religiöse Unterweisung mehr gab. Theologische Kenntnisse oder Vorstellungen von Papst und Kirche sind so sporadisch punktuell vorhanden, daß die wenigsten die Papstworte inhaltlich verstanden. Der Jubel zu dem weißen Mann, den die Santeria-Anhänger Obbatala, älterer Heiliger, nannten, galt überwiegend der Autorität des Besuchers, von dem sich die Kubaner ein Ende der amerikanischen Handelsblockade erhofften, die überall spürbar das Land in die Armut drückte. Der Papst, wer hätte es gedacht, als Bote des Wohlstandes, obwohl er doch einmütig mit Fidel Castro die westliche Konsumgesellschaft noch mehr ablehnte als wirkliche Demokratie in beider System.

Unermüdlich wie kein Papst vor ihm hat Johannes Paul II. weit über die mediterranen Spuren des biblischen Völker- und Reiseapostels Paulus hinaus die Welt bereist und den Anschein erweckt, als würde er nicht nur überall sehnsüchtig erwartet, sondern werde auch tiefgreifende Spuren in den lokalen Kirchen hinterlassen. Am Ende seines Pontifikats stellt sich deshalb mehr denn je die Frage: Hat es sich denn gelohnt? Was hat der Heilige Vater denn weltweit erreicht? Hat er den Menschen, hat er der Kirche gedient oder war alles nur ein gewaltiges mediales Spektakel, nur der Eintritt der katholischen Kirche in das Medienzeitalter, das nach Neil Postman riskiert, sich zu Tode zu amüsieren, selbst bei den Nachrichten, der Infounterhaltung? Eine Antwort kann vorweggenommen werden. Die Erfolge in den einzelnen Ländern sind eher bescheiden. Die jubelnde katholische Bevölkerung fiel bald wieder in ihren Alltagstrott zurück. Das Beispiel Mexiko mit den verständnislosen Indios bleibt für die übrigen über 80 Reisen bezeichnend. Die unmittelbaren Zuhörer waren oft gar nicht angesprochen. Sie stellten die Kulisse für eine Botschaft, die ganz andere Adressaten meinte. Die Reisen öffneten dem Papst Plattformen, die seine Vorgänger nicht erreichen konnten. Er nützte sie als Foren für seine Verkündigung. Wie weit sind aber die Reisereden und Notizen für alle Katholiken verbindlich, wenn der Papst schon nicht nur zu seinen unmittelbaren Zuhörern sprechen wollte?

»Wenn sich der Papst beim Rasieren schneidet und ihm dabei ein Fluch entfährt, ist das keineswegs eine lehramtliche Äußerung, die von allen Katholiken geglaubt werden müßte.« Der Scherz eines Kapuzinerpaters, der für seine deftigen Sprüche bekannt ist, soll relativieren, was zu den mißverständlichsten Eigenheiten des Papsttums überhaupt gehört. Wo beginnt und wo endet die Lehrautorität?

Beim Ersten Vatikanischen Konzil 1870 in Rom wurde die Unfehlbarkeit des Papstes erklärt, wenn er ein Dogma verkündet. Davon hat zuletzt Pius XII. Gebrauch gemacht, als er 1950 die leibliche Aufnahme Mariens in den Himmel (Mariä Himmelfahrt) verkündet hat. Das war eindeutig eine Ex-Cathedra-Verkündung. Das bedeutet, der Inhaber des Stuhls Petri benutzt diesen höchsten Lehrsitz, seine Cathedra, um eine verbindliche und allen Katholiken zum Glauben vorgeschriebene Lehre bekanntzugeben.

Voraussetzung für die Unfehlbarkeit ist, daß »der Inhalt der Lehre im Prinzip bereits von der gesamten Kirche akzeptiert ist, so daß eine Ex-Cathedra-Entscheidung eigentlich nur die Gültigkeit einer allgemein geteilten Lehre festschreibt, nicht aber eine wirklich neue Lehre verkündet«. Das mußten sich Ende 1997 auch jene 4,5 Millionen Gläubigen sagen lassen, die erwartet hatten, daß sie durch ihre Unterschriftensammlung den Papst zwingen könnten, die Muttergottes als Miterlöserin neben Jesus selbst dogmatisch als gottgleich anzuerkennen. Dazu gab nicht einmal der sonst so marienfromme Johannes Paul II. seinen Segen. Wochenlang hatte er zwar in seinen Audienzen immer wieder auf die Rolle Mariens hingewiesen. Er weckte falsche Hoffnungen, weil die Marienanhänger aus 157 Ländern nicht richtig hinhören wollten. Der Papst wiederholte immer wieder die traditionelle Lehre der Kirche, daß Maria trotz leibhaftiger Aufnahme in den Himmel (was trotz Dogma und Feiertag die wenigsten Katholiken noch wörtlich glauben) nur Vermittlerin zu Gott sei. Von einer Vierfaltigkeit, die an die Stelle der Dreifaltigkeit von Vater, Sohn und Heiligem Geist hätte treten sollen, konnte keine Rede sein. »Kein neues Mariendogma«, versicherten Vatikankenner umgehend. Nicht einmal der polnische Papst mit dem M für Maria im Wappen wäre dazu bereit gewesen. Er hätte auch nicht eine wichtige Voraussetzung für ein Dogma auf die Schnelle erfüllen können. Trotz der von den Päpsten beanspruchten absoluten Machtfülle, die es ihm eigentlich ermöglichen würde, hätte Johannes Paul II. paradoxerweise und einem ungeschriebenen Gesetz folgend nicht so ohne weiteres ein Dogma verkünden können. Er hätte der Tradition folgend feststellen müssen, ob die göttliche Rolle Mariens zum überlieferten Glaubensgut der Katholiken schlechthin gehört. Zumindest hätte er dazu die Bischöfe der ganzen Welt befragen müssen. Das hätte erfahrungsgemäß ein neues Konzil oder jahrelange Konsultationen verlangt.

Die katholische Kirche legt eben nicht nur Wert auf die Bibel, die christliche Frohbotschaft, sondern auch auf das, was die Kirche in zweitausend Jahren daraus gemacht hat. Wenn sie sich Jahrhunderte lang geirrt haben sollte, könnte der Papst theoretisch ohne weitere Rücksprache mit Kardinälen oder Bischöfen auch einen Irrtum als ein Dogma verkünden, wenn er eben der Überlieferung, der Tradition entspricht. Wie der Widerspruch, daß er eigentlich alles darf, wenn er nur will, dann doch lieber nicht tun darf, was er soll, zu lösen ist, haben die Päpste auf einfache Art beantwortet. Sie verzichten heute lieber auf Dogmen. Ihr Einfluß in der Kirche reicht auch so.

Das Vatikanum I hat dazu so nebenbei 1870 und weitaus bedeutsamer als die Unfehlbarkeit die oberste Jurisdiktionshoheit des Papstes festgelegt – in einer politischen Lage, in der italienische Einigungstruppen gerade seiner weltlichen Macht mit Gewalt ein kriegerisches Ende bereitet hatten. Zum Ausgleich ließ er sich selbst über die Welt erheben. Was der Papst seither anordnet, ist für die katholische Kirche verbindlich. Absolutistische Herrscher wie der Papst können ihren Untergebenen alles befehlen. Die Menschenrechte sind in einem solchen Staat allein von der Gunst des Fürsten abhängig.

Die meisten Fürsten begnügen sich damit, ihre Länder zu regieren und mit den Abgaben ihrer Untertanen sich ein mehr oder weniger angenehmes Leben zu leisten. Kaum einer sieht seine Aufgabe darin, die Welt durch Appelle und Lehren zu verbessern. Dies ist aber der oberste Zweck des Kirchenoberhauptes: er missioniert die Menschen, indem er ihnen die Frohbotschaft, das Evangelium, verkündet und die praktische Nutzanwendung dazu. Die klassische Rolle meinte Verbindlichkeit. Kann man nur katholisch sein, wenn man den päpstlichen Aufforderungen folgt? Der Kirchenvater Augustinus hat vor eineinhalb Jahrtausenden das Gewissen über die Lehre gestellt. Die Taufe kann einem Christen niemand nehmen. Nicht einmal Kirchenstrafen wie die Ex-Kommunikation (Ausschluß von Amt und Gemeinschaft) können das unantastbare Zeichen der Taufe als Kirchenmitgliedschaft tilgen. Und selbst Kardinal Ratzinger hat so viele Wege zu Gott ausgemacht, wie es Menschen gibt.

Das gilt aus römischer Sicht alles natürlich nur grundsätzlich. Konkret stellt Rom ganz andere Forderungen. Paul VI. hat beispielsweise mit seiner Pillenenzyklika »Humanae vitae« 1968 die künstliche Empfängnisverhütung untersagt. Alle Katholiken sollen sich daran halten, auch wenn Empfängnisverhütung kein Dogma ist. Außerdem macht die Lehre von einer Verhütungstechnik wenig Sinn. Technik aber hat mit der Sexualmoral nichts zu tun. Noch paradoxer wird die päpstliche Pillenauffassung, wenn gleichzeitig grundsätzlich Empfängnisverhütung, wie es amtlich heißt, »zur verantwortungsbewußten Elternschaft« erlaubt ist. Der Papst hat damals gegen den Rat der Mehrheit seiner Fachkommission entschieden. Zu den Gegnern des Verbots gehörten übrigens auch der Erzbischof von Brüssel, Leo Suenens, und der von München und Freising, Julius Kardinal Döpfner, zwei der vier Moderatoren des Zweiten Vatikanischen Konzils und später anerkannte Autoritäten als Vorsitzende der deutschen beziehungsweise der belgischen Bischofskonferenz.

Humanae vitae könnte jederzeit korrigiert werden. Auch da ist die katholische Kirche flexibel. Aufgrund neuerer Erkenntnisse könnte das Verbot abgeschafft werden, wie die Kirche ja auch Darwins Entwicklungstheorie des Menschen aufgrund jüngerer Forschungsergebnisse heute akzeptiert. Der Glaubwürdigkeit römischer Lehräußerungen dient dies natürlich alles nicht.

Dennoch verkündet der Papst Jahr für Jahr neue Texte mit seiner Lehrmeinung. Für strenge Katholiken sind es verbindliche Vorschriften, für andere wiederum Meinungen aus Rom, die man bestenfalls ernsthaft zu bedenken habe, wie man eben alle Äußerungen ernstzunehmender und aufrichtiger Menschen nicht einfach übergehen sollte. Die Kirche sieht jedenfalls in jeder Enzyklika eine Lehräußerung mit der »Verpflichtung zu gehorsamer Annahme«.

Johannes Paul II. hat in seiner langen Amtszeit sich an alles gehalten, nur nicht an die Empfehlung aus dem Kreis kritischer römischer Katholiken. Sie rieten dem obersten Lehramt zu einem Sabbatjahr, einer längeren Enthaltsamkeit von Lehräußerungen. Allein ein Dutzend Enzykliken legte der Papst bisher (1998) vor. Das sind eigentlich nur Rundschreiben an die Bischöfe. Ihre feierliche Form und die Anlässe in der Kirchengeschichte haben sie jedoch zu der autoritärsten Form kirchlicher Lehräußerungen werden lassen, gleich nach dem Dogma.

Traditionell werden sie so abgefaßt, daß die Anreißer, also die ersten Worte, zugleich den Namen des Rundschreibens abgeben. Der Urtext ist gewöhnlich in Latein, eine der großen Ausnahmen machte die Enzyklika »Mit brennender Sorge«, in der Pius XI. 1938 auf deutsch den Nationalsozialismus verurteilte.

Die erste Enzyklika (aus dem Griechischen: Kyklos gleich Kreis, also ein Kreis- oder Rundschreiben), »gedruckte Rundschreiben zu Fragen der Zeit«, so die offizielle Kurzdefinition, legte Papst Johannes Paul II. schon ein halbes Jahr nach seiner Wahl, am 4. März 1979, vor, eine Art Regierungserklärung mit dem Titel »Redemptor hominis«, Jesus Christus der Erlöser des Menschen.

Das war vergleichsweise schnell, denn Enzykliken sind keine Launen eines Papstes, der sich an einem freien Vormittag mal an seinen Schreibtisch setzt und zwischen Frühstück und Mittagsaudienz eine Lehrmeinung formuliert wie Chefredakteure einen Leitartikel. Gewöhnlich werden mehrere Autoren unter der Federführung eines »Ghost writers« beauftragt, den Text zu entwerfen, den dann der Papst vielleicht noch redigiert, auf jeden Fall aber feierlich besiegelt und unterschreibt.

Da kann es dann auch schon mal passieren, daß die Verfasser sich nicht einigen oder im Vatikan die Veröffentlichung aus kirchenpolitischen Erwägungen auf die lange Bank geschoben wird. Deutsche Jesuiten waren gerade vor dem Zweiten Weltkrieg begehrte Autoren, darunter der Frankfurter Altmeister der katholischen Soziallehre, Oswald von Nell-Breuning, und Gustav Gundlach.

Gundlach arbeitete an einer Enzyklika mit, die erst 1995 und gegen den Willen des Papstes veröffentlicht wurde. Sie schrieb die Kritik am Nationalsozialismus von »Mit brennender Sorge« weiter und sollte die Judenverfolgung verurteilen. Doch der Entwurf von »Humani Generis Unitas« (»Die Einheit des Menschengeschlechts«) versandete im Getriebe der Vatikan-Bürokratie, nachdem Pius XI. als Auftraggeber im Februar 1939 gestorben war. Sein Nachfolger, der Diplomat Eugenio Pacelli, Architekt des Reichskonkordats, das 1933 Hitler international salonfähig machte, hielt anscheinend wenig vom Plan seines Vorgängers.

Heftige Debatten lösten 1995 endlich der Benediktinerpater Georges Passelecq und der Historiker Bernard Suchecky, beide Belgier, aus, als sie das Ergebnis einer achtjährigen Recherche nach der bis dahin verschollenen Enzyklika in Frankreich veröffentlichten. Ihr Buch eroberte schnell die Bestsellerlisten. Schon der Buchtitel »Die unterschlagene Enzyklika« signalisiert, daß 1938 im Vatikan Kräfte am Werk waren, die eine Konfrontation mit Hitler verhindern wollten – entweder aus Furcht vor Repressalien gegen die Kirche oder aus strategischen Überlegungen, die im Nationalsozialismus ein willkommenes »Bollwerk gegen den Bolschewismus« sahen.

Die Autoren meinen, – wenn auch nicht mit letzter Sicherheit – herausgefunden zu haben, wie der von Pius XI. in Auftrag gegebene Entwurf, von drei Geistlichen, darunter eben der Deutsche Gundlach, unter Führung des amerikanischen Jesuitenpaters John LaFarge formuliert, drei Monate lang zurückgehalten wurde. LaFarge habe den Text zuerst seinem Ordensoberen, dem polnischen Jesuitengeneral Wladimir Ledóchowski, übergeben. Der sah, wiewohl kein Freund der Nazis, vor allem in der Sowjetunion die große Gefahr und habe die Weitergabe des Entwurfs wohl verzögert. Jedenfalls erhielt der Papst den Text erst, als er schon todkrank war.

Eine Veröffentlichung der Enzyklika hätte gewiß zu scharfen Reaktionen in Deutschland, weniger in Italien geführt, wo Mussolini zwar gerade antijüdische Gesetze erlassen hatte. Der Antisemitismus war dort aber nie so ausgeprägt wie nördlich und westlich der Alpen.« ... unter dem Vorwand, die Gesellschaft vor einer bestimmten Gruppe zu schützen« sei der Rassismus »ein Angriff auf die Grundlagen der Gesellschaft selbst, ein Aufruf zu niemals erlöschendem Haß, eine Aufforderung zu allen Formen der Gewalt, der Habsucht und der Unordnung, eine gegen die Religion gerichtete Kriegsmaschinerie«.

Das hätte weder die Wirklichkeit in Italien getroffen noch italienischem Denken entsprochen, schon gar nicht römischem. Pacelli wiederum war nicht nur germanophil, sondern auch ein Abkömmling einer urrömischen Familie. Kurz nach seiner Geburt soll eine Tante den kleinen Eugenio in die Höhe gehalten und zum Petersdom gedreht haben: »Da wirst du eines Tages einziehen«, bestimmte sie nach der Familienlegende sein päpstliches Schicksal voraus.

Zu Pacellis Deutschfreundlichkeit kam ein deutsches Ambiente in Rom, das auch nicht geeignet war, den Wunsch nach einem Bannstrahl gegen Hitler-Deutschland 1939 zu fördern. Bischof Alois Hudal, Rektor der »Anima«, eines der drei Kollegs für deutschsprachige Priester in Rom, hatte aus seiner Sympathie für

Hitlers Antisemitismus keinen Hehl gemacht. In seinem Buch »Die Grundlagen des Nationalsozialismus« (1937) offenbarte er seine Zustimmung zur antijüdischen Politik im Dritten Reich seit 1933: »Unverhältnismäßig hoch war der Prozentsatz der Juden in den Spitälern…, im Rechtsberufe, in den freien künstlerischen Berufen, in der Presse – von der Finanzwelt nicht zu sprechen. Die Folge mußte eine Vergiftung der deutschen Seele mit fremden Auffassungen und Lehren sein…« Und: »In jedem Falle konnte diese Vormacht der Juden… in den kulturellen Institutionen des deutschen Volkes nicht länger angehen.« Soweit die Geschichte einer Enzyklika wie nicht jede andere.

Der Schatten dieser düsteren Vergangenheit holte Papst Johannes Paul II. in einer Zeit ein, in der Vergangenheitsbewältigung allenthalben angesagt zu sein scheint. Vor der Jahrtausendwende scheinen mehrere Gesellschaften mit sich ins Reine kommen zu wollen. Die letzten Prozesse gegen Naziverbrecher werden endlich anberaumt. Ein 800 Seiten starkes Schwarzbuch listet die Verbrechen der Kommunisten in der ganzen Welt auf. Da kann es nicht fehlen, daß die Christenheit Rückschau hält bis zu den Ursprüngen, um ihren Anteil am Antisemitismus auszuloten. Der ist gewaltig, weil er zur Geburt des Christentums als Auflehnung gegen die jüdische Gesellschaft vor zweitausend Jahren gehört. Vor dem Jubiläumsjahr 2000 drängt es sich geradezu zwingend auf, die Ausgangslage und die Folgen zu erforschen.

Wer vom Heiligen Jahr 2000, dem Jubeljahr des zweitausendsten Geburtstags von Jesus Christus, dem Begründer des Christentums, spricht, stößt immer wieder auf ein Wort aus seiner Zeit: Jobel, aus dem das Jubiläum abgeleitet wird. Der Rückgriff auf den Ursprung hat System. Er signalisiert, was der Vatikan mit den Jubelfeiern eigentlich will.

Die Auseinandersetzung über die Schuld der Kirche am Antisemitismus (siehe Kapitel: »Die Sünder«) beherrschte zeitweise die Schlagzeilen, obwohl sie gerade mit Papst Johannes Paul II. wenig zu tun hat. Der profilierte sich schon sehr bald mit gesellschafts- und sozialpolitischem Engagement, was bis heute in seinen Biographien zu kurz kommt. Er verdüsterte mit seinen umstrittenen

Moraläußerungen die Wirkung seiner nicht unbedeutenden Soziallehre und seines Einsatzes für eine gerechtere Welt.

Dem barmherzigen Gott widmete er die zweite Enzyklika am
2. Dezember 1980:»Dives in misericordia«. Knapp ein Jahr später schließlich die erste sozialpolitische. Sie erschien am 14. September 1981 mit den Anfangsworten»Laborem exercens« über
die Arbeit des Menschen...

Nach der vierten Enzyklika über die Apostel Cyrillus und
Methodius als Patrone der Slawen widmete sich der Papst in
»Dominum et vivificantem« dem Heiligen Geist und schließlich
in der sechsten der Muttergottes:»Redemptoris mater«, die Mutter des Erlösers, die schon ahnen ließ, daß dieser besonders maria-
nische Papst schließlich für Maria das ganze Evangelium ergänzte
und sie, was bisher nirgends stand, als erste Augenzeugin des auferstandenen Jesus beschrieb. Rechtfertigung:»Das hat die Kirche
sowieso immer geglaubt.«

Zur sozialen Frage kehrte er mit der siebten Enzyklika 1987 zurück:»Sollicitudo rei socialis« über die richtige Entwicklung der
Gesellschaft. Den Missionen schrieb er»Redemptoris missio« in
Nummer acht. Die neunte griff den 100. Jahrestag der ersten
Sozialenzyklika auf:»Centesimus annus« von»Rerum nova-
rum« seines Vorgängers Leo XIII., der damit vergeblich versucht
hatte, die zum Sozialismus abwandernden Arbeiter zur Kirche zu-
rückzuholen.

Vor der zehnten Enzyklika über die moralischen Grundlagen
»Veritatis splendor« präsentierte der Papst 1992 kurz vor Weihnachten den neuen Katechismus für die ganze katholische Kirche,
in dem beispielsweise Steuerbetrug als Sünde bewertet, aber auch
die Todesstrafe unter bestimmten Umständen gerechtfertigt und
noch immer die Lehre vom gerechten Krieg aufrechterhalten
wurde.

»Veritatis splendor« läßt die kirchliche Lehre im»Glanz der
Wahrheit« erscheinen. Sie versteht das Leben der Kirche»in der
Wahrheit als Besitz der Wahrheit« – von Papst und Bischöfen.
Deshalb definiert sie den Gehorsam von Theologen und Gläubi-
gen als absolut gegenüber dem Lehramt. Dieses ist nicht nur in
feierlich verkündeten Dogmen, sondern auch in allen amtlichen

Äußerungen zur Ethik unfehlbar, einschließlich künstlicher Empfängnisverhütung.

Härteste Formulierung: » Wir können keine Freiheit im Gegensatz zum Lehramt der Hirten als legitim zulassen.« Andere Meinungen als die des Papstes und der Bischöfe, also des Lehr- und Hirtenamts der katholischen Kirche, dürfen nicht veröffentlicht werden. Dieses Verbot soll nicht nur öffentliche Auseinandersetzungen der Theologen unterbinden, die aus Sicht des Vatikans das Kirchenvolk verunsichert haben und von manchen Prälaten als Ursache für den Schwund der kirchlichen Autorität verantwortlich gemacht werden. Die Kritiker sind also die Sündenböcke und nicht die Urheber der Mißstände.

Die Unfehlbarkeit bezieht sich, so der Text, »auf alle Elemente der Lehre, ethische eingeschlossen, ohne die die heilige Wahrheit des Glaubens nicht erfaßt, verkündet und befolgt werden kann«. Sieben Jahre lang haben mehrere Theologenteams für die Formulierung dieser Enzyklika gebraucht und sieben Versionen geschrieben, bis sie dann endlich vom Papst gebilligt wurde. Das Hin und Her ist leicht zu erklären, die Theologen wurden an die Leine genommen, offensichtlich auch diejenigen, die daran gearbeitet haben: »Ein klassisches Eigentor« hieß es danach in Kommentaren.

Die elfte Enzyklika 1995 »Evangelium vitae« schrieb die Pillenenzyklika von Vorgänger Paul VI. fort und unterstrich die Unverletzlichkeit des menschlichen Lebens, eine klare Verurteilung der Abtreibung, auch wenn für die schwierige Situation mancher Mütter Verständnis anklingt. Die Enzyklika beklagt den rigorosen Egoismus, wie er auch in der deutschen Gesellschaft zu beobachten ist, und macht diesen Egoismus für den Verfall bisheriger Wertevorstellungen, auch und insbesondere was Abtreibung und Euthanasie betrifft, verantwortlich.

Auch dieses Rundschreiben »lagerte« längere Zeit im Vatikan, als die Autoren erwartet hatten. Schon Anfang 1993 soll sie fertig gewesen sein und sollte zum 25. Jahrestag von Humanae vitae Pfingsten 1993 veröffentlicht werden. Die Warner vor einer erneuten Pillendebatte hatten gehofft, sie mit dem Argument, es stehe nichts Neues drin, verhindern zu können. Vergeblich. Sie wurde nur um zwei Jahre verschoben.

Die zwölfte schließlich wirkte weit über die katholische Kirche in die ganze christliche Welt hinaus: »Ut unum sint«, eine Aufforderung, alle mögen eins werden, alle christlichen Kirchen natürlich. Zum ersten Mal ließ Johannes Paul hier anklingen, daß er die heutige Form des Papsttums als zeitbedingt einordnete und zu Änderungen sich bereit erklärt, bislang ohne Folgen.

In der Bedeutung unterhalb der Enzykliken, die es erst seit Papst Benedikt XIV. (1740–58) gibt, greift der Papst je nach Wichtigkeit des Themas zu sogenannten apostolischen Schreiben, etwa an die Frauen 1995, oder zu Anordnungen, die angeblich aus eigenem Antrieb kommen und deshalb »Motu Proprio« heißen. Einmal löste er auf diese Weise den Streit mit dem rebellischen Traditionalistenbischof Marcel Lefebvre und dessen Spalterkirche: sie blieb ausgeschlossen. Die von Lefebvre propagierte alte lateinische Messe durfte wieder häufiger gefeiert werden. Damit stand der Rückkehr der meisten Minischismatiker kein Hindernis mehr im Weg. Lefebvres größten Wunsch konnte der Papst allerdings nicht erfüllen, die katholische Kirche wieder entgegen einem Beschluß des Konzils zur alleinseligmachenden zu erklären und Religionsfreiheit zu verdammen. So weit war die Restauration des 19. Jahrhunderts nun auch wieder nicht gekommen.

Ebenfalls mit einem »Aus eigenem Antrieb« schuf der Papst 1989 ein Ufficio del Lavoro della Sede Apostolica, ULSA, ein vatikanisches Arbeitsamt.

Einen innerkirchlich verfassungsrechtlichen Charakter tragen die vier Konstitutionen genannten Texte, weil sie wichtige Fragen der römischen Kirchenverwaltung bis ins Detail regeln. Die bedeutendste ist die Konklavereform »Universi Dominici Gregis« 1996 oder die Einführung des neuen nachkonziliaren Kirchenrechts mit der Apostolischen Konstitution »Sacrae Disciplinae Leges« 1983, die Kurienreform »Pastor Bonus« (Der gute Hirte, 1988). Die dritte Konstitution führte den Katechismus verbindlich ein.

Mit einem einfachen Apostolischen Brief »Tertio Millennio Adveniente« über das kommende dritte Jahrtausend schließlich kündigte der Papst die Jubelfeiern zum 2000jährigen Bestehen seiner Kirche an, die er am liebsten als der große Einiger auf dem

Berg Sinai mit allen Ein-Gott-Religionen feiern würde, also allen Christen, den Moslems und den Juden.»Darauf lebte er die letzten Jahre hin. Das war sein letztes großes Ziel« war ein offenes Geheimnis im Vatikan.

Daneben entfaltete Johannes Paul II. eine gewaltige öffentliche Aktivität mit seinen Reden bei bisher 83 Auslandsreisen. Reden, Reden, Reden. Irgendwann wird sie ein katholisches Verlagshaus als Sammelband veröffentlichen, so wie es mit den übrigen Päpsten auch üblich war. Im Unterschied zu denen hat der Papst aus Polen aber auch selbst mehrere Bücher geschrieben, wobei die genaue Zahl aus zwei Gründen nicht genannt werden kann.

Erstens dichtete er schon als junger Mann und schrieb Theaterstücke, und zweitens stammen nicht alle Bücher, die seinen Namen tragen, auch aus seiner Feder, darunter gerade jenes, das als Erstlingswerk besonderes Aufsehen erregte:»An der Schwelle der Hoffnung«. Eigentlich sollten es Interviews sein, die dann weltweit über das Fernsehen vermarktet werden. Doch der Plan versprach nicht den erhofften Gewinn. Deshalb wurden die getexteten Interviews zum Buch umgeschrieben, mit Anlehnung an Papsterklärungen. Kenner machten nur wenige Stellen aus, die Originalton Johannes Paul II. wiedergaben. Es schadete nicht. Das Werk verkaufte sich ausgezeichnet. Daß dabei auf die religiöse Orientierung der Verlage keine Rücksicht genommen wurde, lag ganz im Interesse der Gewinnmaximierung – für den Vatikan. Katholische Verlage dürfen nur schlecht verkäufliche Enzykliken drucken …

49

# Der Politiker

*Wie der Papst seine Ämter vermischt*

Der Papst ist ein unpolitischer Mensch. Er trifft sich auf seinen Reisen rund um den Globus zwar mehr mit Politikern und Staatsmännern als mit gewöhnlichen Menschen, aber dennoch sind seine Reisen keine Staatsbesuche. Der Vatikan beansprucht mit aller ministaatlicher Bescheidenheit gar keine Staatsvisiten. Der Papst macht nur Pastoralbesuche, die allerdings ganz gewaltig Staatsbesuchen ähnlich sehen. Oder wollte er vielleicht Kanzler und Präsidenten zum Katholizismus bekehren oder sie in ihrem Glauben stärken? Da kommt man schon ins Grübeln, wenn man die Bilder von den großen Empfängen auf dem Roten Teppich anschaut.

Als was reist er denn, der Papst? Ist er der Monarch des Vatikanstaates? Ist es der Herr des Vatikans als Kirchenoberhaupt, das den Flughafenbeton küßt, bevor ihm selbst der Ring geküßt wird? Oder reist er als Inhaber des Heiligen Stuhls?

Als völkerrechtliches Subjekt, so wollen es die Fachleute, handelt der Papst nur im Namen des Heiligen Stuhls, italienisch Santa Sede. Dieser pflegt auch diplomatische Beziehungen zu fast aller Welt (Vietnam und China wehren sich noch). Er wird empfangen wie ein Staatsoberhaupt, Kritiker meinen sogar, diese würden gewöhnlich bescheidener behandelt.

Die Papstreisen demonstrieren aller Welt jedenfalls, daß der Papst mit einem wechselnden Anspruch die Erde bereist, der je nach Bedarf interpretiert werden kann. Mal gibt er sich streng religiös und damit nahezu unanfechtbar, weil der Wunsch des Kirchenoberhauptes akzeptiert werden muß, die Anhänger seiner

Kirche zu besuchen. Oder aber er nützt die Reisen politisch und wirft die Frage auf, mit welchem heute noch nachvollziehbaren Recht die katholische Kirche eine solche Sonderrolle beansprucht.

An einigen Beispielen wird klar, daß der Papst unabhängig von seinen moralischen Gardinenpredigten seine kleinstaatliche Basis als Plattform nimmt, um politische Forderungen durchzusetzen in einer Welt, die nirgends mehr von einer katholischen oder christlichen Grundorientierung bestimmt wird. Wie Kardinal Joseph Frings von Köln einst in der »rheinisch-katholischen Bundesrepublik« mit dem katholischen Bundeskanzler Konrad Adenauer noch mit allgemeinem Konsens kungeln konnte, ist heute nicht mehr möglich. Keine Regierung kann sich heute noch leisten, sich als verlängerter, säkularer Arm des Papstes gebrauchen zu lassen. Das christliche Abendland ist spätestens seit der Französischen Revolution vor zweihundert Jahren und der Trennung von Kirche und Staat erledigt worden. Seither geht es Kirche und Papst mehr darum, zu retten, was zu retten ist. Historische und aktuelle Beispiele aus Deutschland, Polen, USA, Lateinamerika, China und Italien zeigen den Papst auf einer Gratwanderung.

1995 schlugen zwei belgische Forscher ein Kapitel auf, das beispielhaft den schwierigen Weg zwischen Anspruch und Wirklichkeit des politisch wirkenden Papsttums aufzeigte. Unter dem Titel »Die unterschlagene Enzyklika« stellte sich die Frage nach dem angeblichen Schweigen von Papst Pius XII. gegenüber der Judenvernichtung durch die Nazis neu. Die zentrale Frage lautet, hätte die katholische Kirche am Vorabend des Zweiten Weltkriegs den Antisemitismus des Hitler-Regimes verurteilen sollen? Ihre moralische Pflicht wäre es gewesen.

Papst Pius XI. hatte im Sommer 1938 dazu die Initiative ergriffen. Doch wie schon gezeigt (S. 43 f.), erschien die geplante Enzyklika nicht.

Hätte sie das Hitler-Regime von seiner spätestens seit 1941 betriebenen Vernichtungspolitik der europäischen Juden abbringen können? Die Autoren halten das für ausgeschlossen. Jüngste Dokumente aus dem Vatikan belegen eindeutig, daß sich der Papst seiner Ohnmacht bewußt gewesen ist.

Der am 15. November 1923 in Hannover geborene Jesuitenpater Peter Gumpel ist heute stellvertretender Generalpostulator und Relator (Untersuchungsrichter) für die Selig- und Heiligsprechung von Pius XII. Er selbst war mit zehn Jahren vor der Naziverfolgung gleich nach der Machtergreifung Hitlers nach Holland geschickt worden. Endgültig verließ er 1939 Deutschland nach der Verhaftung seiner Mutter. Trotz des Vorwurfs gegen den Papst, während des Zweiten Weltkriegs zu wenig für die Juden getan zu haben, setzt Gumpel unverdrossen seine Untersuchungen für die Seligsprechung fort. Den Gegenstimmen, wie Rolf Hochhuths Theaterstück über das Schweigen des Papstes, hält er entgegen, daß Hochhuth gerade als ehemaliger Hitlerjunge hätte wissen müssen, daß die Kirche vom Nationalsozialismus auf die gemeinste Art angefeindet wurde. Das Stück Hochhuths sei wissenschaftlich unhaltbar und eine üble Verleumdung. Er selbst habe ja zugegeben, »daß er seiner Phantasie freien Lauf ließ, wenn die historischen Dokumente knapp waren«.

Wohin die kirchlichen Proteste geführt hätten, beweisen die Bischöfe der Niederlande, was Gumpel selbst hautnah miterlebt habe. »Damals wollten Vertreter aller christlichen Kirchen gegen die Deportation von Juden im besetzten Holland protestieren. Letztendlich lasen nur die katholischen Kirchenführer die Pastoralbriefe von der Kanzel mit dem Ergebnis, daß kein einziger Jude gerettet wurde, aber auch katholisch getaufte Juden deportiert wurden. Pius XII. hatte wenige Tage zuvor einen offiziellen Protest gegen die Judenverfolgung verfaßt, der in der Vatikanzeitung Osservatore erscheinen sollte. Wegen der dramatischen Ereignisse in den Niederlanden verbrannte er den Text.

Die Frage ist, ob ein offizieller Protest genutzt oder größeren Schaden verursacht hätte. Es gab Juden, die Bischöfe baten, nicht zu protestieren. Der Papst hat Verfolgungen aus rassistischen Gründen wiederholt verurteilt. Wen soll er denn gemeint haben? Er vermied absichtlich das Wort Juden, weil es auf Hitler wie ein rotes Tuch auf einen Stier wirkte.«

Schon 1928 hat sich Rom eindeutig gegen die Diskriminierung und Verfolgung von Juden gewandt – ohne nennenswerte öffentliche Wirkung. Die Gefahr wurde damals aber noch nicht gesehen. In Deutschland war die antijüdische Stimmung noch nicht »so verdichtet«, daß sie politisch mißbraucht werden und eskalieren konnte. In den 40er Jahren wäre es zu spät gewesen und nach heute vorherrschender Meinung auch außerhalb der katholischen Kirche erfolglos geblieben.

In Italien, besonders aber in Rom – und das vergessen die meisten Kritiker des Papstes – mußte eine solche Veröffentlichung noch mehr verpuffen, da es dort den in Deutschland, Frankreich, Österreich oder Osteuropa vorhandenen Antisemitismus nicht gab. Bis heute betrachten die meisten Römer die Juden der Ewigen Stadt als die ursprünglichsten Römer überhaupt. Das Ghetto gilt als Überrest einer altrömischen Kultur, wie sie sonst durch die säkularen Einflüsse nicht bewahrt werden konnte. »Die Juden sind die ersten eindeutig in Rom ansässigen Bürger des alten römischen Reiches, die bruchlos bis in die Gegenwart überlebt haben«, versicherte mir ein römischer Freund, der sich politisch zur Rechten zählt. Sein Urteil besagt allerdings auf keinen Fall, daß der römische Volkswitz nicht gehörige Spötterei auf die Juden erfunden hätte. Das gilt aber genauso für andere Teile der Bevölkerung, die durch spezifisches Verhalten oder typische Berufe auffallende Eigenheiten zeigen. Genauso wenig wie die Römer trotz der Nähe der Kirchenzentrale christlich sind, so wenig sind sie antijüdisch.

In den besten Regierungszeiten der italienischen Christdemokraten war eine der Schlüsselfragen bei Regierungsentscheidungen, ob es Einwände von »oltre Tevere«, von »jenseits des Tibers« gebe. Die gängige Formel umschrieb, daß die Christdemokraten keine wichtigen Probleme ohne das Einverständnis des Vatikans entschieden. Der lag aber auf der anderen Seite des Tibers. Jeder wußte damit, was gemeint war.

Wie sehr der Papst glaubte in die italienische Politik eingreifen zu müssen, zeigte sich im Fall des ersten Nachkriegsregierungschefs Italiens. Alcide de Gasperi war ein tiefgläubiger Katholik. Er hatte die faschistische Verfolgung als Bibliothekar im Vatikan überlebt und von dort eine neue christliche Partei aufgebaut. Der junge Studentenführer Giulio Andreotti traf ihn dort zum ersten

Mal und wurde zunächst vom Vatikan aus mit seinen ersten politischen Aufträgen betraut. Als nach dem Krieg de Gasperi seine erste Regierung, ein Kabinett aus allen Parteien, bildete, wurde er von Papst Pius XII. geschnitten. Zu dem »Verfassungsbogen«, wie in Italien alle Parteien heißen, die sich mit Ausnahme der Neofaschisten (MSI) eindeutig zum italienischen Grundgesetz bekennen, gehörten auch die Kommunisten, damals unter Palmiro Togliatti. Als der neue Regierungschef des freien Italien mit einer solchen Koalition im Rücken seinen bisherigen »Schutzpatron« Pius XII. um eine Audienz bat, lehnte der Papst ab, obwohl er sonst jedes gekrönte Haupt, Staatsoberhaupt, jeden Regierungschef, Außenminister oder Botschafter empfängt, der darum nachsucht.

In besonderen Fällen gilt eben nicht, daß der Papst für jeden ein Ohr habe, weil er in seiner dreifachen Funktion auch immer einen Grund vorweisen kann, jemanden nicht zu empfangen. Verständlich war die Ablehnung von Adolf Hitler. So direkt Nein zu sagen, wagte Pius XI. allerdings nicht, als der »Führer« zum ersten Mal nach Rom kam. Er entzog sich durch die Abreise aus dem Vatikan in das in den Albaner Bergen liegende Sommerschloß Castel Gandolfo.

Staats- und Kirchenamt vermischte Papst Johannes Paul II. 1997 auf geradezu beleidigende Art und Weise. Der Präsident von Portugal, einem der katholischsten Länder, bat um Audienz, was für ihn selbstverständlich war, als er Italien und den Vatikan offiziell besuchte. Die Audienz wurde auch gnädigst gewährt, aber nur für das portugiesische Staatsoberhaupt allein. Die mitgereiste Gattin sollte draußen bleiben, weil Jorge Sampaio geschieden und mit ihr in zweiter Ehe nur zivilrechtlich verheiratet war.

Selbst der allerkatholischste Andreotti, der zeitweise demonstrativ jeden Morgen im Petersdom zu beten pflegte, bekam es in seiner römischen christdemokratischen Feudalherrschaft zu spüren, nicht genügend nach der Pfeife des Papstes getanzt zu haben. Der Papst wollte gegen Andreottis Interessen eine neue katholische Volkspartei gründen und bei den römischen Bürgermeisterwahlen antreten lassen, weil die DC in der Rathauspolitik nicht genügend die Interessen des Heiligen Stuhls vertrat. Der Vatikan scheute sich dabei nicht, den inzwischen hochbetagten und im Streit mit der Kirche verbittert in die USA emigrierten Gründer der katholischen Volkspartei und der DC, Don Luigi Sturzo, zu reaktivieren. Die schamlose Geste konnte nur nach massiven Interventionen und Versprechungen der DC verhindert werden, die dem Papst noch klarmachen konnten, daß er die Wähler nur spalte und seinen Zielen mehr schade als nütze.

In den Ländern seiner katholischen Hausmacht glaubt der Papst auch heute noch alle Katholiken brüskieren und damit öffentlich abstrafen zu dürfen, die sich nicht an die strengen römischen Regeln halten. Wer nicht pariert, bekommt auf offene oder subtile Weise den päpstlichen Bann zu spüren. In Polen kanzelte Johannes Paul II. die Regierung ab und unterstützte den bigotten Lech Walesa noch zu einer Zeit, als es längst nicht mehr um den Sturz des Kommunismus ging, sondern um die Anerkennung einer demokratisch gewählten Regierung. Sie hatte nur den Fehler begangen, das Abtreibungsrecht zu liberalisieren und damit die katholische Linie zu verlassen. Demokratischer Pluralismus war nie Sache der Päpste. Statt ihre eigenen Gläubigen von den Werten der kirchlichen Vorstellungen zu überzeugen, sucht die Amtskirche noch immer, Gesetze durchzudrücken, die katholische Moral auch jenen aufzwingen, die sie nicht von der Richtigkeit überzeugen konnte.

In Lateinamerika traf sich der Papst mit allen Diktatoren und noch so unlegitimierten Regierungschefs. Aber die eigenen Priester, wie Ernesto Cardenal in Nicaragua, schnitt er, weil dieser Mitglied einer revolutionären Regierung geworden war. Bei seinem Besuch 1983 forderte er unmißverständlich ultimativ Cardenal, dessen Bruder, einen Jesuiten, und weitere zwei Priester in der Revolutionsregierung auf, die Ämter niederzulegen. Bei diesem Besuch mußte der Papst aber auch zum ersten Mal Tumulte gegen seinen Auftritt mitansehen. Er verzieh es nie. Die Cardenals gaben ihr Priesteramt auf.

Niemand spricht dem Papst das Recht ab, seine Lehre überall zu verkünden. Direkte Einmischung in die Politik bringt der Kirche aber fast nur noch Rückschläge, weil die Gläubigen durchaus anderer Meinung sein können als der Papst. Insistiert er dennoch, kümmern sich immer weniger um den alten Mann in Rom, selbst dort, wo er recht hat.

»Ein bißchen Repression war für die Kirche immer vorteilhaft«, erkannte ein Vatikanist nach einem Besuch im modernen Polen. Gerade dort hat die Verfolgung der Kirche und ihre Rolle als Hüterin der religiösen und zugleich der nationalen Identität die Macht der Bischöfe gefestigt. Sie bröckelte in dem Moment, als die Kirche zu ihrer ureigenen Rolle als Verkünderin des christlichen Glaubens zurückgedrängt wurde. Demokraten akzeptieren nun mal nicht, daß der Vatikan oder der Ortsbischof in Metternichscher Geheimdiplomatie von den Wählern unkontrollierbar Kabinettspolitik treiben. Selbst christlich-demokratische Regierungsparteien geben sich nicht mehr als verlängerter weltlicher Arm der Kirche her, wenn es keine Wähler bringt.

Ängste trieben die Bischofskonferenzen in Europa und die Kurie um, als die Europäische Union den Maastricht II und später Vertrag von Amsterdam genannten Einigungsprozeß der Union fortschrieb. Deutsche Bischöfe ließen das Bonner Außenministerium wissen, daß sie auf jeden Fall die eigenen Rechte gewahrt sehen wollten. Die geltenden Konkordate müßten anerkannt bleiben.

Konkordate sind eines der wichtigsten vertraglichen Mittel, um das Verhältnis zwischen Staat und Kirche zu regeln. Sie werden grundsätzlich mit dem Heiligen Stuhl und nicht mit einem Landesbischof abgeschlossen. Es wäre ja durchaus möglich, daß beispielsweise die beiden Bischöfe von Freiburg und Rottenburg mit dem Land Baden-Württemberg einen Staats-Kirchen-Vertrag abschließen, zumal ihre beiden Diözesen genau mit den Landesgrenzen übereinstimmen. Das will Rom aber auf keinen Fall. Es pocht auf das Phänomen Heiliger Stuhl, der allein in der Kirche für solche Verträge zuständig ist. Anscheinend spürt die päpstliche Diplomatie inzwischen selbst, wie unzeitgemäß der Anspruch ist. Zumindest in der Wortwahl soll vom kirchlich belasteten »Konkordat« abgegangen werden. Die Abmachungen heißen künftig nur noch Staatsverträge oder Staats-Kirchen-Verträge.

An das System selbst rührt die Kurie nicht gerne. Sie spürt, daß die hohe Zeit vorbei ist, in der sie sich durch Konkordate so große

Vorteile sichern lassen konnte wie in Deutschland, wo per Konkordate die Eintreibung der Kirchensteuer durch den Staat festgeschrieben worden ist. Der Religionsunterricht in den Schulen wird so geschützt und die Pfarrer, aber vor allem die Hochschullehrer werden als Beamte vom Staat bezahlt, obwohl die Professoren dem Staat nichts bringen, sondern an den katholischen Fakultäten den Priesternachwuchs ausbilden, also rein innerkirchliche Aufgaben erfüllen.

Dieser Anachronismus kann nur noch schwer durchgehalten werden, weil er in Zeiten der Sparsamkeit der öffentlichen Hände Steuergelder durch kostspielige Kuriositäten verschwendet. Wenn ein Professor nicht mehr die kirchliche Linie vertritt, entzieht ihm der Vatikan über den zuständigen Bischof die kirchliche Lehrerlaubnis. Er darf also keine Priesterkandidaten in Theologie unterrichten. Da er aber Beamter ist, schadet das seiner weiteren Existenz nicht. Er bleibt Hochschullehrer, im schlimmsten Fall allerdings ohne Studenten. Für diese muß das jeweilige Bundesland einen neuen Lehrstuhlinhaber berufen mit allen Rechten und Bezügen, die dann das Land tragen muß.

Diese Vorteile sind so überzeugend, daß Rom bisher noch immer geschluckt hat, daß die deutschen Theologieprofessoren auf diese Weise die unabhängigsten überhaupt sind. Der große Einfluß und der kritische Geist der deutschen Theologie hat entgegen der Absicht der Konkordatsunterhändler in diesem sicheren Status seinen Ursprung.

Die Bischöfe und der Vatikan setzten alle Hebel in Bewegung, zu retten, was zu retten ist, als die Europäische Union in ihrer Amsterdamer Schlußakte auch ihre Interessen berührte. Wie sollten die Kirchen künftig in der Union behandelt werden?

Das hätte eine theoretische Frage bleiben können, wenn das übergeordnete Recht der Gemeinschaft nicht nationales Recht brechen würde. Konkret heißt dies, ein Katholik könnte gegen den Einzug der Kirchensteuer in Deutschland klagen, weil er beispielsweise in Frankreich nicht dazu herangezogen würde. Gleiches Recht für alle. In Frankreich spendet jeder freiwillig. Die Kirche empfiehlt ein Prozent vom Jahreseinkommen oder zehn Prozent der Einkommensteuer. Die Sätze sind kaum anders als in

Deutschland, aber eben nur Empfehlungen zur freiwilligen Spende. Der fromme Mann bekäme vor dem Europäischen Gerichtshof in Luxemburg vermutlich Recht. Die Konkordate würden auf der ganzen Linie brüchig, wenn die Kirchen europaeinheitlich nicht mehr als Körperschaften des Öffentlichen Rechts anerkannt würden und der Vatikan mit bilateralen Verträgen nicht mehr den Gleichheitsgrundsatz unterlaufen könnte.

Ein deutscher Bischof hatte gar Angst um die Grundfesten kirchlicher Macht. Was wäre, so ließ er die Bundesregierung wissen, wenn eine Frau vor dem Europäischen Gerichtshof auf Gleichberechtigung klagen würde, um katholische Priesterin zu werden? Die schlaflosen Nächte sind vorerst vorbei. Im Amsterdamer Vertrag wird der Status der Kirchen in den einzelnen Ländern anerkannt. Die Kulturhoheit auch der deutschen Bundesländer bleibt vorerst gewahrt.

Auf Dauer ist diese Regelung keineswegs sicher. Bisher hat die EU Ausnahmeregelungen nur zeitlich begrenzt zugelassen. In den feinen juristischen Argumentationen steckt noch viel Überraschung. Für die Machtposition der katholischen Kirche können sie nur nachteilig sein, für sie als Religionsgemeinschaft und ihre Glaubwürdigkeit kann die Kirche nur gewinnen, wenn sie aus weltlichen Strukturen herausgedrängt wird und kraft ihres Glaubens und nicht ihres Einflusses Zukunft haben will.

Der Papst besuchte wie selbstverständlich die UNO. Seine Delegierten sind bei großen internationalen Organisationen vom Europarat bis zur Welthandelsorganisation vertreten. In den großen Weltkonferenzen sitzen Vertreter namens des Heiligen Stuhls neben Buddhisten, Moslems und Atheisten, aber keiner von diesen trägt das Schild seiner Religion auf dem Konferenztisch. Sie alle einschließlich der Mannen des Papstes vertreten ihre Staaten. Das erleichtert es nach außen, grenzenlose Koalitionen selbst unter Erzfeinden einzugehen. So sind dem Vatikan die Moslems höchst willkommen, wenn es darum geht, etwa bei der Bevölkerungskonferenz der Vereinten Nationen in Kairo bei der Ablehnung der Geburtenkontrolle eine Front der Verweigerung zu bilden.

Der papstkritische Schweizer Theologe Hans Küng fühlte sich bei solcher weltlicher Interessenpolitik an den Westfälischen Frieden 1648 erinnert:»Endlich, nach einem 30jährigen Morden und Zerstören, Frieden und eine Neuordnung Europas. Wer war dagegen? Allein der Vatikan, der die Verträge für null und nichtig erklärte. Aber umsonst.« Damals mußte er sich mit der neuen Wirklichkeit der Nationalstaaten abfinden.

1994 verhielt er sich bei der UN-Bevölkerungskonferenz genauso: Endlich, in Kairo ein erster internationaler Aktionsplan zur Eindämmung des verhängnisvollen Bevölkerungswachstums. Und wer ist dagegen?»Wieder der Vatikan, der die UN-Konferenz fünf Tage blockierte und in eine lähmende Debatte über Abtreibung umfunktionierte. Erneut umsonst«, schrieb Küng aufgebracht.

Um seine Niederlage zu verschleiern, stimmte der Vatikan am Ende dem Dokument formal zu, beharrte aber unbelehrbar auf seinen rigoristischen Positionen: Abtreibung und Verhütung bleiben zugleich verboten. Ein Waterloo des Vatikans, konstatierte Küng.

Als Gründe nannte er sechs Faktoren, die klar die heutigen Grenzen der Einmischung des Vatikans erkennen lassen:

– Die entscheidenden Instanzen der UNO und der USA haben sich erfolgreich für die Selbstverantwortung der Frauen eingesetzt, dem Vatikan ein prinzipielles Greuel.

– Die EU hat als notwendige Ergänzung vorgeschlagen, daß Abtreibung keine Methode der Familienplanung sein dürfe, wohl aber die Verhütungsmittel, und stellte damit den Heiligen Stuhl vor das Dilemma, das bisher päpstlich verurteilte kleinere Übel der Verhütung endlich zu sanktionieren.

– Die scheinheilige Zweckallianz des Vatikans mit islamischen Staaten scheiterte an den großen islamischen Nationen Indonesien, Pakistan, Iran und Ägypten, weil sie sich nicht vor den religiös motivierten katholischen Karren spannen lassen wollten.

– Die vatikanische Diplomatie vermochte trotz weltweiter Agitation nur einige kleine lateinamerikanische Länder zu mobilisieren, nicht aber große katholische Länder wie Argentinien, Brasilien und Mexiko, weil dort liberale Politiker immer weniger Rücksicht auf Rom nehmen können. Ihre Länder sind nur noch der Zahl nach überwiegend katholisch.

– Die katholischen Frauen in den verschiedenen Delegationen haben, anders als von Rom erwartet, sich nicht auf die Seite des Papstes gestellt, weil sie keinen Grund sahen, die frauenfeindliche päpstliche Grundhaltung auch noch durch Ergebenheit zu belohnen, wo sie als staatliche Vertreter und nicht als Katholikinnen angetreten waren. Küng beobachtete, was in der katholischen Kirche die Spatzen von den Kirchendächern pfeifen: »Der Papst, bezüglich Empfängnisverhütung rigoroser als islamische Fundamentalisten, hatte schon längst vorher seine Schlacht um die Sexualmoral auch in der eigenen Kirche verloren.«

– Ursache des Konflikts ist das mittelalterlich-absolutistische römische System, das einem einzelnen Mann in der katholischen Kirche ein Wahrheits- und Machtmonopol zuschreibt. Es ist nach dem Zusammenbruch des Sowjetkommunismus das einzige diktatoriale System in der westlichen Welt: Der eigenen Kirchengemeinschaft können unwillkommene Bischöfe aufgezwungen, Frauen durch Ordinationsverbot diskriminiert, den Priestern die Ehe verboten, die Pfarreien der Seelsorger entblößt, die eigenen Theologen bevormundet, zahllose Menschen aus der Kirche getrieben, die ökumenische Verständigung blockiert werden.

Wer wie Hans Küng als katholischer Theologe gerade über mehrere Jahre eine kritische Bilanzierung von 20 Jahrhunderten »Christentum« erarbeitet hat, weiß, wovon er spricht: »Es ist dieses System, das sich trotz des guten Willens eines Papstes als eine untragbare Hypothek für die katholische Kirche erweist, als eine Belastung der Ökumene und schließlich auch als ständiger Bremser und Blockierer für höchst dringende Anliegen der Weltgemeinschaft.«

Und die Folgen dieses Waterloo? Rigorismus und Autoritarismus haben die moralische Glaubwürdigkeit des Papstes untergraben, besonders für die Frauen und die jüngere Generation. Der massenhafte Zulauf von Jugendlichen bei Papstveranstaltungen täusche da nicht. Die fröhlich feiernden und sich verbrüdernden jungen Leute etwa beim Welttreffen der katholischen Jugend Ende August 1997 in Paris haben wenig mit den päpstlichen Lehren zu tun, auch wenn Johannes Paul II. seine Zuhörer dafür vereinnahmt. Junge Katholiken, das scheint die wirkliche und keineswegs nachteilige Botschaft dieser Megatreffen zu sein, genieren sich nicht, wie eine Techno-Party auch eine Katho-Party zu feiern. Sie ist Ausdruck eines Selbstbewußtseins als junge Katholiken mit derselben Nähe oder Distanz zum Papst wie die der Erwachsenen. Das Dokument von Kairo ist jedenfalls nach Küngs Überzeugung der Grabstein der Weltgemeinschaft auf die Pillenenzyklika »Humanae vitae«. Die jungen Leute bestätigen dies durch ihre Sexualpraxis.

Der völkerrechtliche Sonderstatus des Vatikan-»Staates« auf UN-Konferenzen aber wird von vielen in Frage gestellt. Der Papst, so beklagte sein Pressesprecher Navarro-Valls schon vor der Konferenz, ist »weithin isoliert und allein«. In Kairo waren sich Entwicklungsländer und Industrienationen einig, daß das Bevölkerungswachstum gebremst werden müsse. In den vorherigen Bevölkerungskonferenzen 1974 und 1984 hatten die Entwicklungsländer das Wachstum nicht als vorrangiges Problem anerkannt. Neu auch: Zum erstenmal werden das »Recht« auf freie Entscheidung über die Kinderzahl, das Recht auf ein gesundes und sicheres Sexualleben sowie das Recht der Frauen auf Gleichstellung festgeschrieben.

Wie sehr der Papst seine völkerrechtlichen Möglichkeiten nützt, wenn er glaubt, daß kirchliche Moralvorstellungen zu wenig in der Politik berücksichtigt werden, erlebte der neue deutsche Botschafter beim Heiligen Stuhl, Jürgen Osterhelt, als er reichlich ahnungslos am 18. Oktober 1997 vom Papst zum Antrittsbesuch in Audienz empfangen wurde. Zum Rapport bestellt, abgekanzelt und nach Hause geschickt, kommentierten Vatikankenner die seltsame Audienz. Der Papst las dem Diplomaten stellvertretend für die deutsche Bundesregierung regelrecht die Leviten und ließ die Standpauke dann auch noch ganzseitig im »Osservatore Romano« abdrucken.

Es war die verärgerte Reaktion auf den deutschen Protest gegen den Rückzug der Kirche aus der Schwangerenberatung, die von dem Fuldaer Bischof Johannes Dyba als Lizenz zum Töten abgetan worden war. In einem geschliffenen Deutsch, das an keinem vatikanischen Schreibtisch entstanden sein dürfte, vereinnahmte der Papst zunächst einmal den Botschafter mitsamt der Bundesregierung, ohne diese zu fragen: »Was für das Verhältnis zwischen dem Heiligen Stuhl und der Bundesrepublik Deutschland gilt, trifft auch für die Beziehung zwischen Staat und Kirche in Ihrem Land zu. Beide sind Bundesgenossen, wenn es darum geht, einer pluralistischen und säkularisierten Gesellschaft eine Seele zu geben. Freiheit und Einheit bedingen einander. Einheit ohne Freiheit wird Zwang, aber Freiheit ohne Einheit droht das Chaos.«

Danach holte das Kirchenoberhaupt weit aus, um um so nachdrücklicher seine Forderungen geschichtlich unterstreichen zu können:

»Als im Herbst 1989 die Mauer zu bröckeln begann und schließlich in einer gewaltlosen Revolution eingerissen wurde, folgten zügig die nötigen Schritte, um Ost und West wieder zusammenzuführen: die gemeinsame Währung, die politische Wiedervereinigung und die wirtschaftliche Einheit. Obwohl auf diesen Gebieten viel geschehen ist, bleibt die innere Einheit noch ein Traum. Die einen sind noch immer hüben, die anderen drüben. Zwar können die Menschen aus Ost und West ungehindert zusammenkommen, aber mit dem Fall der äußeren Mauer sind längst nicht alle inneren Mauern abgetragen.

Als die Väter des Grundgesetzes vor gut einem halben Jahrhundert daran gingen, nach der Katastrophe des Zweiten Weltkriegs das neue Haus des Gemeinwesens aufzubauen, trafen sie die Entscheidung, daß sich das deutsche Volk eine Verfassung ›im Bewußtsein seiner Verantwortung vor Gott und den Menschen‹ geben sollte. Dieser Passus aus der Präambel des Grundgesetzes ist auch heute die Magna Charta derer, die der deutschen Einheit eine Seele einpflanzen wollen. Denn zu den Tragödien dieses zu Ende gehenden Jahrhunderts zählt die schmerzliche Erfahrung, daß der Angriff auf den Menschen auch einen Angriff auf Gott und auf das Gewissen darstellte.

Wenn auch vielen Zeitgenossen die Unmittelbarkeit dieser Erfahrung fehlt, so ist sie dennoch das bleibend gültige Vermächtnis der Generation vieler Eltern und Großeltern, die auf den Trümmern des Zusammenbruchs eine gesellschaftliche Ordnung aufbauten, in der politisches Handeln selbstverständlich unter der Prämisse des Respektes vor Gott und den Menschen stand. Daraus haben sich die noch heute gültigen Grundlagen herausgebildet, die das partnerschaftliche Verhältnis zwischen Staat und Kirche auszeichnen, das getragen ist vom wechselseitigen Respekt vor der Selbständigkeit beider Partner und ihrem je eigenen Auftrag sowie vom Bewußtsein einer gemeinsamen Verantwortung für Gesellschaft und Kultur. Jüngst wurden die Rahmenbedingungen künftiger Zusammenarbeit auch in einigen neuen Bundesländern durch die Verträge geschaffen, die der Heilige Stuhl abgeschlossen hat...

Was auf die Verantwortung im Großen zutrifft, sollte sich auch im Kleinen zeigen. Wer von der Globalisierung der Erde redet, darf die Würde des Einzelnen nicht verschweigen. Denn nicht nur die Welt ist eine Einheit, sondern auch der Mensch in allen Phasen seines Lebens. Gerade hier ist sowohl von den Politikern als auch von der Kirche besondere Aufmerksamkeit gefragt, um nicht dem Schein einer falsch verstandenen Humanität zu erliegen und neue Formen von Anschlägen auf die Würde des Menschen zuzulassen, die von der Verfestigung einer kulturellen Situation zeugen, die den Handlungen gegen das Leben einen bisher unbekannten Aspekt verleiht: Breite Schichten der öffentlichen Meinung rechtfertigen nämlich manche Verbrechen gegen das Leben im Namen der Rechte der individuellen Freiheit und beanspruchen unter diesem Vorwand nicht nur Straffreiheit für derartige Verbrechen, sondern sogar die Genehmigung des Staates, sie in absoluter Freiheit und unter kostenloser Beteiligung des staatlichen Gesundheitswesens durchzuführen. Ein Beispiel dieses tiefgreifenden Wandels in der Betrachtungsweise des Lebens stellen in der Bundesrepublik Deutschland sowohl die gegenwärtige Rechtspraxis der Abtreibung als auch die sich anbahnende Diskussion um das menschenwürdige Sterben dar.

Das Ergebnis ist dramatisch: ›So schwerwiegend und beunruhigend das Phänomen der Beseitigung so vieler menschlicher Leben vor der Geburt oder auf dem Weg zum Tod auch sein mag, so ist die Tatsache nicht weniger schwerwiegend und beunruhigend, daß selbst das Gewissen (... ) immer träger darin wird, die Unterscheidung zwischen Gut und Böse wahrzunehmen im Hinblick auf den fundamentalen Wert des menschlichen Lebens‹ (Enzyklika Evangelium vitae, Nr. 4). Gott, das Gewissen und die Freiheit des Menschen lassen sich nicht voneinander trennen. Hier sind Staat und Kirche Verbündete, um auch die innere Einheit Deutschlands auf ein festes Fundament zu stellen. Denn wer sich am Menschen vergreift, vergreift sich an Gott. Wer sich an Gott vergreift, vergreift sich am Menschen. Welch schreckliche, blutige Mauer muß hier noch im eigenen Haus eingerissen werden, damit auch den Schwächsten, den ungeborenen Kindern, ihr Recht auf Leben zuerkannt wird!«

Gegenüber dem Vorwurf, Komplizen von Verbrechen zu sein, liest sich der Ausklang der Papstrede fast versöhnlich, auch wenn er dort den obligatorischen Religionsunterricht verteidigt, als gäbe es kein Elternrecht, das sich auch mal gegen die Kirche richten kann: »Einem einheitlichen tragfähigen Fundament der Gesellschaft dient auch der Religionsunterricht. Wenngleich sich der Staat wertneutral verhält, ist er doch nicht wertfrei. An der Wiege der Bundesrepublik Deutschland stand die Option für den christlichen Gott. Die Wiedervereinigung ist kein Anlaß, diese Grundentscheidung auseinanderzudividieren. Deshalb gehört die Garantie des konfessionellen Religionsunterrichts an den Schulen zu den Pflichtaufgaben des staatlichen Bildungsauftrags. Er ist Ausdruck der positiven Religionsfreiheit im demokratischen Staat. Gleichzeitig weist er darauf hin, daß die Kirchen ihrer Botschaft in der Gesellschaft etwas zutrauen und nicht gewillt sind, sich in die Nischen einer religiös-kirchlichen Sonderwelt zurückzuziehen. ›Die Freiheit zu glauben‹ und ›Das Recht zu wissen‹ lauten deshalb die Kernsätze, mit denen die Deutsche Bischofskonferenz bundesweit für den schulischen Religionsunterricht wirbt und dabei ihr Anliegen in einer Zeit ins Zentrum öffentlicher Aufmerksamkeit zu rücken versucht, in der auf politischer ebenso wie auf juristischer Ebene um die mögliche Einführung eines nicht kirchlich gebundenen religiös-ethischen Pflichtfachs gerungen wird. In diesem Zusammenhang erneuere ich den dringenden Wunsch, daß es allen katholischen Schülern, entsprechend dem klaren Rechtsanspruch der menschlichen Person wie dem der Familie, an der Schule ermöglicht werde, ›in ihrer geistlichen Bildung unter Mithilfe einer religiösen Unterweisung voranzuschreiten, die von der Kirche abhängt‹.

Mit Freude nehme ich zur Kenntnis, daß nicht nur beim Thema Religionsunterricht, sondern auch zu anderen brennenden Fragen gemeinsame Erklärungen der christlichen Konfessionen in Deutschland zustande kamen, denen bisweilen bereits konkrete Taten folgten. Neben der schon wiederholt gemeinsam veranstalteten ›Woche für das Leben‹ mit dem Ziel, die Gewissen für die ›Kultur des Lebens‹ zu schärfen, fanden besonders das Wort zur wirtschaftlichen und sozialen Lage in Deutschland, die Erklärung zur Medienethik und die Stellungnahme zur Migrations- und Ausländerpolitik Beachtung und Anerkennung. Diese Initiativen deuten darauf hin, daß die Ökumene nicht tot ist, sondern gerade dort lebt, wo sich Christen unterschiedlicher Kirchen ihrer gemeinsamen Sendung bewußt werden, an einer tragfähigen Einheit der Gesellschaft mitzubauen.«

Der Heilige Stuhl, so beschönigt der Papst schließlich, »drängt keinem Menschen noch dem Staat noch der europäischen Völkerfamilie eine christliche Glaubenswahrheit auf. Aber er wird nicht nachlassen, darauf hinzuweisen, daß alle materiellen und wirtschaftlichen Fortschritte – so erstrebenswert sie sind – nicht an Gottes Stelle gerückt werden dürfen. Bei dieser Wahrheit steht nichts ausschließlich Christliches auf dem Spiel, vielmehr geht es um spezifisch Menschliches. Es geht um das Humanum, die Menschlichkeit des Menschen. Darum betrifft sie alle Menschen, gleich welcher Religionsgemeinschaft sie angehören, und sie ist gültig für alle Völker. Die Kirche hat daher auch die erhöhte Pflicht, diese Wahrheit in das geplante europäische Haus einzubringen. Sonst ist es auf Sand gebaut.«

Was steht hinter dieser Mahnung? Der Anspruch, daß wahres Menschsein außerhalb der Kirche nicht möglich sei. Die Lehre von der alleinseligmachenden katholischen Kirche scheint zwischen allen Zeilen durch. Der Abschied vom Traum vom christlichen Abendland fällt unwahrscheinlich schwer. In den Beziehungen zu den Staaten will der Heilige Stuhl noch immer so viel davon retten, wie möglich ist. Es gelingt ihm überall dort, wo die Parteien den Faktor Kirche in ihre Wahlstrategien einbauen. Die Frage ist nur, ob sie diesen Faktor richtig gewichten.

# Erster Exkurs

## *Einblicke – Im Spaziergang durch einen ganzen Staat*

Zoll- und Grenzkontrollen finden nicht statt. Nur wenige Schritte trennen die säkulare Welt von der Ewigen Stadt Rom, vom Gottesstaat des Vatikans. Der gewöhnliche Rompilger merkt es nicht einmal, wenn er die Grenzlinie überschreitet. Außer er weiß, daß die helle Marmorleiste am Eingang des Petersplatzes die Grenze markiert. Sie schließt die beiden zum Tiber hingewandten offenen Arme der Bernini-Kolonnaden um den Petersplatz ab. Hier beginnt der Vatikanstaat.

»Ich war im Vatikan« kann jeder von sich sagen, der den Petersplatz betreten hat. Dennoch hat er vom Vatikan nicht viel mitbekommen, selbst wenn er in die Petersbasilika geht und vom Dach oder gar der Laterne ganz oben auf der Kuppel einen phantastisch schönen Blick auf den Kleinstaat und die umgebende Metropole Rom geworfen hat.

Für einen normalen Menschen ist der eigentliche Kirchenstaat unzugänglich, außer er hat eine Einladung, einen Termin. Die Schweizergardisten werden ihn auf jeden Fall, gleich welchen Zugang er benützt, anhalten. Die malerischen, angeblich auf Michelangelo zurückgehenden Uniformen der wackeren Svizzeri, wie die Italiener sie nennen, täuschen nicht über ihre Effizienz. An ihnen kommt keiner vorbei, der nur aus purer Neugier und als guter Katholik glaubt, »seine« Kirchenzentrale kennenlernen zu dürfen. Den meisten Katholiken bleibt deshalb die Kirchenregierung ein Rätsel mit sieben Siegeln, obwohl schon die Erfahrung eines Spaziergangs das Geheimnis des Vatikans als ein durchaus irdisches entlarven kann.

Deutschsprachige Besucher haben ein kleines Schlupfloch, oder besser gesagt, ihnen sind einige Meter Eindringen in das Vatikanterritorium erlaubt, wo andere zurückgewiesen werden. Ihr Vorrecht ist, den Campo Santo Teutonico, den deutschen Friedhof an der Südseite des Petersdomes, betreten zu dürfen. Wer Kirchengeschichte studieren will, schenkt sich hier einen wertvollen Eindruck. Für die anderen ist es ein Ort der Stille und der Einkehr, wie sie hier im Trubel eines nicht abreißenden Pilgerstromes und des Lärmes der südländischen Hauptstadt Rom nicht erwartet wird.

Ursprünglich war der Vatikan ein verlassenes, unwirtliches, sumpfiges Gebiet jenseits des Tibers vor einem leichten Hügel, wohin sich im alten Rom kaum jemand wagte. Die Bezeichnung vatico oder vatica geht auf die alten Etrusker, das erste Kulturvolk in Mittelitalien, zurück. Die Bedeutung ist unklar. Tacitus sprach von »verheerenden, vatikanischen Ortschaften«.

Ein paar Weinberge waren angelegt, deren Produkte aber so miserabel schmeckten, daß einer, der davon genossen hatte, der Dichter Martial, sich schaudernd erinnerte: »Wenn du den vatikanischen Wein trinkst, trinkst du Gift. Wenn du gerne Essig hast, dann magst du den Wein des Vatikans trinken.« Unter Kaiser Augustus hieß das ganze Gebiet, das heute vom Vatikan bedeckt ist, einfach summarisch trans Tiberim, jenseits des Tibers. Von der Bezeichnung ist heute noch ein Teil des Gebietes betroffen. Trastevere, der urrömische Stadtteil, bedeutet nichts anderes. Er liegt gleich im Anschluß an den Vatikan etwas tiberabwärts. Die Frankfurter würden sagen »dribb de Bach«, den Bonnern und Kölnern wäre es »die schääl Sick«.

Berühmt wurde der Abhang zwischen Vatikanhügel und Tiber zum ersten Mal nach der Brandschatzung Roms im Jahre 64 nach Christus durch den verrückten Kaiser Nero. Er ließ zur Beruhigung der Bevölkerung hier einen Zirkus bauen, in dem auch der Apostel Petrus den Märtyrertod fand.

An diesen geschichtlichen Hintergrund sei erinnert, weil ohne das Grab des Petrus der ganze Vatikan und der Anspruch der Päpste sich in Nichts auflösen würde. Deshalb haben Papstkirchenkritiker, vorneweg Martin Luther, vehement bezweifelt, ob Petrus hier überhaupt seine letzte Ruhe gefunden habe. Sicher ist nur, daß mit Grabungen unter der Leitung des deutschen Prälaten Ludwig Kaas, des früheren Vorsitzenden der katholischen Zentrumspartei, nach dem Petrusgrab gesucht und eine Anlage gefunden wurde, die heute unter dem Haupt-, dem Papstaltar des Petersdomes liegt und als das wahrscheinliche Grab des sogenannten ersten Papstes gilt. Nach dem Zweiten Weltkrieg ließ Papst Pius XII. stolz dieses allerdings nicht so eindeutige Ergebnis verkünden, als hätte die ganze Menschheit seit Jahrhunderten auf die Bestätigung dessen gewartet, was sie schon immer geglaubt hatte.

Neros Zirkus hat also Kirchengeschichte geschrieben. Der Eingang zu seinem Stadion deckt sich in etwa mit dem Anfang des heutigen Petersplatzes. Die rechte Seite der Arena war begrenzt von einer Linie, die von der Mitte zwischen den beiden offenen Flügeln der Bernini-Kolonnaden über den Obelisk bis an den Fuß des Gouverneurs-Palastes hinter dem Petersdom verläuft. Aber erst 250 Jahre später nahm an dieser Stelle die Verehrung der ersten christlichen Märtyrer aus dem Zirkus dauerhafte Formen an. Kaiser Konstantin ließ 324 die erste Basilika hier errichten, bevor er sich nach Ostrom, nach Byzanz, absetzte und Rom den Barbareneinfällen überließ.

Die wiederum waren schuld daran, daß sich neben dem ausgeplünderten alten Rom rund um die Petersbasilika eine neue Kolonie bildete. Christen siedelten sich hier an, die sich vor den Wilden sicher fühlten, wenn sie im Schatten der Basilika lebten und vielleicht darauf vertrauen konnten, daß nicht alle Barbaren Heiden waren. Von solch christlicher Barmherzigkeit waren allerdings die Sarazenen nicht berührt, die im neunten Jahrhundert vom Meer her nach Rom eindrangen und alles raubten und niedermachten, was nicht niet- und nagelfest war. Papst Leo IV. ließ daraufhin die kleine Siedlung rund um die Basilika befestigen. Seine burgähnlichen Mauern mit hohen Zinnen umschließen noch heute einen inneren Teil des Vatikans. Seit jenen Jahren spricht man auch von der Leoninischen Stadt und meint den Vatikan.

Von dem Geheimnis, das sich mit dem Wort Vatikan verbindet,

können die normalen Besucher den besten äußeren Eindruck gewinnen, wenn sie den zugänglichen Wegen folgen. Einen Stadt-
plan brauchen sie dazu nicht, obwohl alle Wege und Plätze einen
Namen haben. Er steht auf einer kleinen Marmortafel und soll
entweder Heilige oder große Päpste ehren, mit wenigen Ausnahmen wie die des Erfinders Marconi oder Plätze, die nach der früheren oder heutigen Bestimmung ihrer anliegenden Paläste benannt sind. Im kleinen, auch ohne Plan überschaubaren Vatikan
ist es nicht anders als in allen anderen Staaten. Sie feiern sich am
liebsten selbst. Etwa ein Drittel des Territoriums und die vatikanischen Museen sind zugänglich. Zu allen anderen Teilen des Vatikans gibt es kein Visum, nur Passierscheine, wenn man jemanden
in seinem Amt dienstlich besuchen will oder wenigstens einen
dienstlichen Vorwand nennen kann.

Die Rundgänge in den beschaulichen Teil des Vatikans beginnen auf dem Petersplatz. Links seitlich vom Petersdom am Glok-
kenturmbogen, dem Arco delle Campane, stehen zwei Schweizergardisten und lassen zunächst einmal niemanden ein, außer man
will zum deutschen Friedhof oder in die vatikanischen Gärten.
Zum Friedhof hin geht es gleich hinter dem Bogen links ab über
den kleinen Platz der ersten Märtyrer, wo vermutlich im Zentrum
des Nero-Zirkus Petrus gestorben ist. Das Gelände des Campo
Santo Teutonico gehört zum italienischen Staatsgebiet, ist aber
nur durch den Vatikan zu erreichen und muß dennoch für alle
Deutschen zugänglich gehalten werden.

Man geht durch einen kleinen Friedhof und findet sich in einer
Oase der Ruhe, wo in einem Kolleg deutsche Priester sich fortbil-
den. Der Campo soll auf eine Gründung Kaiser Karls des Großen
als Pilgerheimstätte für fränkische Rombesucher zurückgehen.
Jedenfalls ist der Friedhof mit seinem Kolleggebäude und der Kirche bis heute neben einem abessinischen Kolleg die einzige
ausländische Institution hinter den vatikanischen Mauern.

Wer in die Gärten will, muß in einem Büro gegenüber dem
Campo Santo eine Erlaubnis beantragen. Wenn der Andrang
nicht zu groß ist, wird sie auch gegen umgerechnet 20 Mark problemlos ausgestellt. Gewöhnlich darf dann mit einem Kleinbus in
Gruppen die Gartenanlage besichtigt werden. Einzelerlaubnis

und Bummeln zu Fuß durch die Anlagen ist möglich, muß aber über Beziehungen erlangt werden. Wer einige Zeit in Rom bleibt und nicht nur einen Kurzurlaub in der Ewigen Stadt bucht, wird sie bald haben. Dann ist der Genuß um so größer, durch die Gärten zu flanieren und den Vatikan von seiner beschaulichsten Seite aufzunehmen.

Nebenbei erschließt sich einiges an Erkenntnissen über die letzte absolutistische Monarchie Europas: Kein Schritt ist unbeobachtet. Der Passierschein wird ein halbes Dutzend Mal verlangt. Dieses Mal sind es Wachleute des Vatikans, wie sie Papst Paul VI. eingeführt hat. Davor gab es noch Nobel- und Palastgarden aus dem römischen Adel sowie die Gendarmen und die Schweizer. Die Schweizer sind zur Außenverteidigung des Vatikans mit einer hundert Mann starken Kompanie übriggeblieben. Im Inneren haben sie nur noch Kontrollaufgaben an besonders sensiblen Stellen, etwa an den Eingängen zum Apostolischen Palast, wo der Papst wohnt und residiert und das Staatssekretariat, die Kurienspitze, arbeitet.

Die innere Sicherheit wurde den Vigili, den einstigen Gendarmen, anvertraut, wie die Wachleute des Vatikans heißen. In kleinen Wachhäuschen verstreut über das ganze Gartengelände haben sie das ganze vatikanische Hinterland voll im Blick. Im Gegensatz zu den historisch bunt wie eine deutsche Bürgerwehr geschmückten Schweizern tragen die Wachleute eine einfache blaue Uniform mit einem Schild an der Hemdbrust. Manche kontrollieren in Zivil. Das hat schon mancher Vatikanbesucher schmerzlich gespürt, als er sich zu neugierig nach vorne wagte. Mich hat bei einer Papstmesse in der Sixtinischen Kapelle einer dieser » Zivilisten« mit hartem Griff auf die Schulter in die Knie gezwungen, weil ich nicht rechtzeitig nach der Ankündigung » Der Papst« niederkniete.

Erst hinter dem zweiten Torbogen nach dem Arco delle Campane tut sich das von Gärten durchzogene Innere des Vatikanstaates auf. Rechts am Dom ist übrigens der Eingang zu den vatikanischen Grotten und dem Petrusgrab. Etwas weiter links steht ein frisch renoviertes Gebäude, das bei jedem Papsttod in Zukunft im Zentrum der Aufmerksamkeit stehen dürfte. Es ist das Hospiz Santa Marta, in dem gewöhnlich klerikale Vatikangäste untergebracht werden. Darin befindet sich auch das einzige Gasthaus des Vatikans, aber nur für die »Hotelgäste« und Kurienmitarbeiter. Liegt es an der Qualität der von Schwestern betriebenen Küche oder am Ambiente unter Kollegen, daß die meisten meiner Bekannten in der Kurie lieber außerhalb der Vatikanmauern zum Essen gehen? Durch die Bank weg keine Verächter der italienischen Küche...

Im Marta-Hospiz ließ Papst Johannes Paul II. nach seiner Wahl 1978 auch ein größeres Festessen ausrichten, an dem 30 polnische Prälaten teilnahmen, um den ersten Papst aus ihrer Heimat zu feiern. Chronisten berichten, daß dabei auch neun Flaschen polnischer Wodka geleert wurden und sich manch altgedienter italienischer Monsignore indigniert abgewandt habe über diese barbarische polnische Invasion.

Johannes Paul II. ließ das Hospiz umbauen. Hier sollen künftig die Kardinäle während des Konklaves untergebracht werden. Per Pendelbus und streng von der Außenwelt abgeschirmt kutschieren die alten Herren dann Tag für Tag hinter dem Petersdom hindurch in den Hintereingang zur Sixtinischen Kapelle, um den nächsten Papst zu wählen. Sie können sich dann mehr Zeit als bei den früheren Papstwahlen lassen, denn ihre Unterkunft besteht künftig nicht mehr aus einer notdürftig abgetrennten Zelle unter herrlichen, aber in diesem Fall nutzlosen Fresken und ohne hygienische Einrichtungen, wie es bisher in den Räumen rund um die Sixtina der Fall war. In Santa Marta haben sie allen, wenn auch bescheidenen, Einzelzimmer-Hotelkomfort.

Vor dem Hospiz liegt die von Paul VI. gebaute Audienzhalle, in der im Winter jeden Mittwoch um 11.00 Uhr bis zu 10000 Pilger vom Papst empfangen werden, gegen Einlaßkarten. Man bekommt sie bei der Präfektur des Vatikans auf der rechten Seite des Petersplatzes, am Ende der Kolonnaden, wo wiederum zwei Schweizer den Eingang hüten, den berühmtesten Eingang zum Vatikan, den Portone di Bronzo, das Bronzetor, hinter dem eine lange und breite Treppenanlage zum Apostolischen Palast hinaufführt. Die höheren Besucher des Papstes fahren allerdings von der nächsten Pforte, der Porta S. Anna, mit dem Wagen direkt in den

Innenhof des Palastes und sparen sich den mühsamen Aufstieg zum Obersten Brückenbauer, wie der Papst historisch aus römischer Überlieferung auch heißt (Pontifex maximus).

Gehen wir weiter hügelaufwärts durch die Gärten, so lassen wir links den Justizpalast und den Palazzo San Carlo liegen, wo heute durchweg kuriale Behörden untergebracht sind. Auf halber Höhe der Gärten liegt der papsteigene Bahnhof, nicht zu verwechseln mit einer rund einen Kilometer außerhalb liegenden Stazione San Pietro der italienischen Staatsbahn. Der Vatikanbahnhof hat keinen eigenen Namen und nicht einmal einen Fahrkartenschalter.

Nur zweimal wurde er für Personenverkehr benutzt, einmal durch Papst Johannes XXIII. am 14. Oktober 1962 für eine Wallfahrtsreise nach Loreto und Assisi und einmal durch Papst Johannes Paul II., als er römische Eisenbahner besuchte. Beidesmal mußte der Vatikan Waggons der italienischen Staatsbahn mieten: Der Papst hat zwar einen Bahnhof, aber keine Züge. Auf den beiden Gleisen, die durch ein hohes Eisentor vom Rest der Eisenbahnwelt getrennt werden, stehen höchstens einige Güterwaggons zum Entladen herum. Im Bahnhofsgebäude sitzen wenige Vatikanangestellte, um Frachtpapiere zu erledigen. Der Bahnhof dient als Versorgungsweg für den Vatikanstaat so unauffällig, daß man eher den Eindruck einer Museumsbahn bekommt.

Auf der rechten Vorderfrontseite ziert ein biblisches Relief das Bahnhofsgebäude. Es zeigt den Propheten Elias mit einem Feuerroß, dem feurigen Elias, ein Bild, das fundamentalistische Gläubige, die die Bibel gerne allzu wörtlich nehmen, als die Prophezeihung der Erfindung der Eisenbahn schon im Alten Testament interpretieren. Warum der moderne Vatikan diesen Unsinn mitgemacht hat, läßt sich bestenfalls mit Phantasielosigkeit erklären.

Rechts vom Bahnhof etwas höher liegt der Gouverneurspalast, das Governatorato, wo die staatliche Regierung oder besser gesagt die Verwaltung des Vatikanstadtstaates residiert. Oberhalb befindet sich das Abessinische Kolleg, das von Pius XI. in Anerkennung der frühen Christianisierung Äthiopiens in den 20er Jahren eingerichtet wurde. Weiter oben folgt wiederum ein Palästchen, das einst die erste Sendeanstalt von Radio Vatikan enthielt. Der Erfinder Marconi selbst eröffnete den Radiosender. Dessen Sendeanlage liegt heute am anderen Ende auf der höchsten Erhebung der Gärten, erkennbar durch große Richtantennen. Die Straße zum Ort der Uraufführung trägt Marconis Namen.

Die von Jesuitenpatres geleitete Redaktion ist aus dem Kirchenstaat ausgezogen in einen geräumigeren Palast am Anfang der Via della Conciliazione bei der Engelsburg. Vom Vatikanhügel aus werden nur noch römische Lokalprogramme direkt gesendet. Die übrigen, weltweit reichenden Sendungen gehen über eine Richtfunkstrecke 25 Kilometer nördlich zu einer ausgedehnten Anlage von Sendeantennen in Santa Maria di Galeria. Von dort aus wird die ganze Welt vor allem auf Kurzwelle abgedeckt.

Nicht alle der vielen Sendeantennen, die teils häßlich, teils dekorativ in die Vatikangärten gestellt wurden, dienen dem Rundfunk. Einige bauen Funkbrücken zu mehreren päpstlichen Palästen in Rom, damit die Kurie ungestört und unbeeinflußt vom italienischen Telefonnetz ihre Außenstellen direkt anrufen kann. Die Funkbrücken sollen zudem abhörsicher sein.

Im äußersten südwestlichen Eck des Vatikans steht ein mittelalterlicher Turm, der Johannes dem Täufer und dem Apostel Johannes gewidmet ist. Ein dritter Johannes residierte hier gerne: Papst Johannes XXIII. Er verbrachte lieber hier die heiße Jahreszeit als in der Sommerresidenz Castel Gandolfo in den Albaner Bergen. Der heutige Papst Johannes Paul II. wohnte hier, während seine päpstlichen Gemächer renoviert wurden. Den Turm passiert er allerdings regelmäßig, weil dahinter der Flughafen des Vatikans liegt, ein Hubschrauberlandeplatz mit Madonnenstatue und Pistenbeleuchtung.

Beim Spaziergang zurück zum nördlichen Teil des Petersdomes kommt der Besucher noch an einer ganzen Reihe von kleineren Gebäuden vorbei, darunter die Akademie der Wissenschaften, wo der Papst in regelmäßigen Abständen Fachleute zu – unverbindlichen – Debatten einlädt. Mehrere Statuen und Brunnen zieren ziemlich wahllos, wie eben die Spenderlaunen es wollten, die Gartenanlage. Einer der schönsten Punkte ist der Rosengarten, dessen Blumenbögen von Fotografen gerne genutzt werden, um die mächtige Kuppel des Petersdomes, die hier ganz weltabgeschieden erscheint, optisch einzurahmen. Allerdings sollte man zum Fotografieren Frühjahr oder Herbst abwarten, weil sonst bei den üblichen vormittäglichen Rundgängen die Sonne direkt ins Objektiv scheint. Die vielen Brunnen im Vatikan werden durchweg von dem Braccianer See gespeist, der 40 Kilometer nördlich von Rom liegt und als Trinkwasserreservoir der ganzen Stadt dient. Motorboote dürfen auf ihm nicht verkehren.

Am Fuß des Hügels tauchen nördlich des Petersdomes die aneinandergereihten Vatikanpaläste auf, die heute zum größten Teil die vatikanischen Museen beherbergen. Vom Garten her gibt es allerdings keinen erlaubten Zugang in die Paläste. Der Vatikan kontrolliert sehr streng alle Durchgänge. Dagegen sind der Petersplatz und der Petersdom für alle zugänglich, wenn sie wenigstens angemessen bekleidet sind.

Da sind die vatikanischen Sittenwächter unnachgiebig. Im Minirock kommt keiner zum Heiligen Petrus. Selbst kurze Hosen an Männerbeinen finden nicht die Gnade der Tugendwächter. So erging es einem Schwarzwälder Rompilger, der in der brütendsten Augusthitze glaubte, daß die Aufpasser ein Nachsehen mit seiner kurzen Hose hätten. Sie ließen ihn aber nicht in den Dom hinein: unwürdig. Gewitzt holte er aus seinem Auto eine Decke und band sie keineswegs würdiger um den Bauch. Die Kontrolleure hatten keinen Einwand mehr, der bedeckten Blöße der Männerbeine nach war die Würde des Domes nicht mehr verletzt. Frauen kommt die Kleiderordnung schon eher zupaß. Ist der Rock zu kurz, ist das nur ein willkommener Anlaß, sich in einer Boutique am Rand des Petersplatzes mit einem hübschen Foulard einzudecken, das dann dekorativ die schönen Blößen kaschiert.

Die Museen dagegen sind da großzügiger. Die zahlende Kundschaft besucht schließlich kein Gotteshaus, sondern wandert auf einem sieben Kilometer langen Weg durch die gesamte Kunst des Abendlandes und an den wichtigsten Kulturen aus Übersee vorbei. Der Vatikan sieht darin einen Schatz der bebilderten Verkündigung des Evangeliums. Er betrachtet sich als Bewahrer der Kulturwerte der ganzen Menschheit, obwohl die Sammlung aus unterschiedlichsten Motiven künstlerisch anspruchsvoller oder habsüchtiger Päpste angelegt wurde. Museale oder missionarische Interpretationen stammen erst aus der jüngsten Zeit.

Verschiedene, farbig markierte Rundwege sind ausgeschildert, damit sich der Besucher nicht auf den 42 000 Quadratmetern Ausstellungsfläche hoffnungslos verliert. Bis an den Platz der Bäcker hinter dem Petersdom kommt der Gartenwanderer noch durch. Mit einem Blick auf die Rückseite der Sixtina muß er sich verabschieden und an den Eingang am Arco delle Campane zurückkehren. Unter dem mächtigen Burgbau, zu dem die Sixtinische Kapelle ebenso wie Festungsgänge zu Nachbarpalästen gehören, kommt niemand durch. Hier geht es ins Allerheiligste des Kirchenstaates.

Wir stehen an der Rückseite des Apostolischen Palastes und zwei Wachleute weisen jeden ab, der nicht eine Sondergenehmigung hat, beispielsweise zum Besuch eines Monsignore. Wenn alle Rückfragen kein Veto ergeben haben, darf man unter einem meterdicken mittelalterlichen Festungsgemäuer hindurchtreten. Geradeaus öffnet sich eine Passage in den Damasushof. Links abwärts führt eine interne Straße unter dem Belvedere-Palast durch, in dem ein Teil des Museums untergebracht ist, in den großen Belvedere-Hof, der heute vollgeparkt ist von Autos der Vatikanbediensteten. Von dort weist wieder ein bewachter Torbogen in den neuesten Teil des Vatikanstadtstaates.

In diesem Bezirk erhebt sich rechts, wenn man vom Vatikaninneren kommt, abweisend hoch das Bollwerk des Apostolischen Palastes. Zu seinen Füßen breiten sich alle Einrichtungen aus, die der Kleinstaat zum täglichen Leben braucht. Diese Gebäude sind erst im 20. Jahrhundert errichtet worden, als der Vatikan durch die Lateranverträge seine Isolierung aufgegeben hatte und sein Ministaatswesen einzurichten begann. Der Neuanfang war notwendig, da mit dem Verlust der Stadt Rom als Hauptstadt des größeren Kirchenstaates auch alle weltlichen Einrichtungen der Stadt an den neuen italienischen Staat fielen. Dem Papst war außer seinem Vatikan nichts geblieben. Und der war nicht auf die Versorgung von über zweitausend Menschen angelegt. Er war am Ende des 19. Jahrhunderts nur eine Kirche und ein Bollwerk.

Eine Tankstelle mit steuerfreiem Sprit, ein Kaufhaus mit beschränktem, aber preiswertem Angebot, eine Post, eine Druckerei, eine Zeitungsredaktion, ein Heizkraftwerk, die Feuerwehr, ein Geschäft für den Verkauf von Fotos von Audienzen und kirchlichen Festivitäten für Privatleute und professionelle Verwerter, Parkplätze und Büros, Büros, Büros.

Über den Sprit lästern die Kunden gerne, er stamme von BP, Buon Pastore, Guter Hirte, und tauge weniger als der an italienischen Tankstellen. Das soll in der Anfangszeit gegolten haben, als der Vatikan möglichst billiges Benzin einkaufen wollte. Inzwischen gibt es keinen Unterschied zu anderen römischen Tankstellen mehr, weil der päpstliche Fuhrpark und die Autos der privilegierten Kunden keine altmodischen Museumskutschen sind, sondern moderne Fahrzeuge, die mit miesem Sprit ins Stottern kämen. Nur der Preis läßt die Römer vom Vatikanbenzin träumen. Mit etwas über tausend Lire (eine Mark) kostet der Liter Buon Pastore nur etwas mehr als die Hälfte des Preises an italienischen Tankstellen. Leider kann nicht jeder zum Tanken hinfahren. Sprit vom Heiligen Stuhl gibt es nur rationiert auf Sonderausweis.

Der Papst selbst läßt sich im großen 560er Mercedes fahren, den ihm die Stuttgarter geschenkt haben. Mit seinem Daimler-Papamobil, dem rundum sicherheitsverglasten Geländewagen, den er bei Fahrten durch die Massen der Begeisterten auf dem Petersplatz und in aller Welt benutzt, macht er zum Dank schließlich genügend unbezahlte Reklame für die deutsche Edelmarke. Seine Vorgänger fuhren schon Mercedes (darunter ein 600er), aber auch Alfa Romeo und Lancia, an denen der Vatikanstadtstaat zeitweise mit Aktien beteiligt war.

Am Ende des Rundgangs vor dem Ausgang am St.-Anna-Tor grüßt ein mächtiger Rundturm symbolisch als Abschluß des Apostolischen Palastes. In der Festung ist die 1942 gegründete Vatikanbank, das Institut für die Werke der Religion (IOR), untergebracht. Gleich unterhalb liegt die Kaserne der Schweizergarde. Die Schweizer grüßen einen dann auch, bevor man in den Trubel der Ewigen Stadt entlassen wird.

In Rom befindet sich noch ein rundes Dutzend von Gebäuden,

die als exterritorial ebenfalls zum Vatikan gehören, aber keineswegs so hermetisch gesichert sind wie der Ort der päpstlichen Residenz selbst. Die beiden berühmtesten exterritorialen Gebäude sind die Lateranbasilika, wo der Papst bis zum Ende des Kirchenstaates 1870 residierte, und das Sant'Ufficio, das Heilige Amt, wo die Nachfolgerin der Heiligen Inquisition, die Glaubenskongregation, sitzt, direkt vor der Audienzaula, aber schon auf italienischem Staatsgebiet.

Das »Heilige Amt« ist die älteste und mächtigste Vatikaneinrichtung neben dem Papstamt selbst. Daß sein Palast direkt neben dem Petersplatz liegt und dennoch bei den Verhandlungen 1929 nicht dem Vatikanstadtstaat zugeschlagen wurde, gehört zu den Kuriositäten der Beziehungen zwischen Vatikan und Italien. Es ging um die Frage, ob die Außenmauer eines Palastes eine Staatsgrenze sein kann. Sie wurde verneint. Also hätte Italien entweder den Vorplatz, ein heute stark befahrener Verkehrsknotenpunkt, dem Kirchenstaat zuschlagen müssen, oder aber dieser verzichtete auf den Ufficio-Palast auf seinem Staatsgebiet. Eine theoretische Frage, die aber zeigte, wie kleinlich damals verhandelt wurde. In der heutigen Wirklichkeit spielt das alles keine Rolle mehr.

Der Vatikanstadtstaat hat alles, was ein Staat braucht, außer einem Staatsvolk, denn die 500 Besitzer eines Vatikanpasses sind nicht ein Staatsvolk, sondern nur Paßinhaber aufgrund ihres kirchlichen Amtes. Die Staatsfarben sind Gelb-Weiß. Das Wappen trägt unter der dreifachen Papstkrone und den gekreuzten Schlüssel des Petrus zum Himmelreich das jeweilige Wappen des herrschenden Papstes, bei Johannes Paul II. ein gelbes Kreuz auf blauem Grund mit einem großen M (für Maria).

Der Vatikanstaat hat eine Nationalhymne, die bei Staatsbesuchen von einer eigenen Kapelle gespielt wird. Sie stammt aus dem Papstmarsch des französischen Komponisten Charles Gounod und wurde 1869 erstmals auf dem Petersplatz gespielt, aber erst im Dezember 1949 zum Auftakt des Heiligen Jahres 1950 offiziell als Hymne eingeführt. Der Text folgte noch viel später. 1993 sang der Chor des Mitteldeutschen Rundfunks aus Leipzig bei einem Konzert für den Papst in der Audienzhalle »O Roma felix, o

Roma nobilis«,»O glückliches Rom, o edles Rom, Sitz des Petrus, der in Rom sein Blut vergossen hat« zur Welturaufführung. Der Text stammt von dem ligurischen Kanoniker Raffaello Lavagna und ist im Original natürlich lateinisch.

Der Vatikan darf eigene Münzen prägen, deren Wert mit den italienischen Lira-Gegenstücken identisch ist. Mancher hat in Italien schon mit gängigen 100-Lire-Münzen bezahlt, ohne darauf zu achten, daß sie das Papstportrait trugen und damit vatikanische Lire-Münzen waren. Trotz der engen Verbindung in einer durch das Konkordat von 1929 mit Italien de facto eingegangenen Währungsunion könnte der Heilige Stuhl auch monetär eigene Wege gehen. So erwog er, noch vor Italien den Euro einzuführen, um sich vor Spekulationen gegen die Lira zu schützen. Schon einmal, in den 70er Jahren, hat der Heilige Stuhl gewaltige Geldmittel verloren, als die Lira im freien Fall an Wert verlor. Seither werden die meisten Geschäfte einschließlich der Spenden in anderen Währungen abgewickelt, vor allem in US-Dollar.

Der Vatikan hat eine eigene Post mit eigenen Briefmarken, die allerdings mehr zum Sammeln als zum Frankieren gekauft werden. Dabei ist die Vatikanpost ausgesprochen schnell. Sie läßt ihre Postsäcke direkt zum römischen Flughafen bringen und von der Swissair ins Ausland befördern. Eingehende Post allerdings schleicht sich nur auf dem Weg über die italienische Post durch Rom in den Vatikan und benötigt je nach Laune und Streikbereitschaft der Italiener Wochen für eine einfache Sendung.

Der Vatikan hat eine eigene Radiostation und eine Druckerei, in der nicht nur seine Zeitung, sondern vor allem päpstliche Botschaften in allen Weltsprachen vervielfältigt werden. Er hat eine eigene Telefongesellschaft, allerdings im Westentaschenformat einer Telefonzentrale eines großen Unternehmens, jedoch mit eigener Vorwahl: wie Rom und mit vier weiteren Kennziffern, also aus dem Ausland 00 39 6 69 88 plus eine vierstellige Durchwahl.

Der Vatikan hat ein eigenes Militär, die aus der Zeit der Landsknechtsinvasionen im 16. Jahrhundert stammende Söldnertruppe aus katholischen Schweizer Soldaten, die Schweizergarde, weiter eine eigene Polizei, eine Feuerwehr und eine päpstliche Kraftfahrzeugzulassung mit zwei Kennzeichen SCV – Stato della Citta del

Vaticano für offizielle Fahrzeuge, Papstnummer SCV 1, und neuerdings CV für normale.

Im römischen Volksmund wird die Abkürzung übrigens anders als amtlich gelesen: Se Cristo vedesse, vi cacciarebbe subito – wenn Christus das sähe, würde er euch sofort davonjagen. Christus hätte vielleicht vielen Grund, seinen modernen Tempel zu reinigen. Einen allerdings fände er nicht vor: geldgierige Steuereintreiber. Es gibt kein Finanzamt im Vatikan. In Gottes eigenem Staat zahlt niemand Steuern.

Das Staatsoberhaupt des Vatikans ist absoluter Souverän, gottgewollter Monarch mit absoluter Rechtshoheit in dreifacher Hinsicht: staatlich als Monarch des Vatikanstadtstaates, völkerrechtlich als Inhaber des Heiligen Stuhls und religiös als Oberhaupt von fast einer Milliarde Katholiken.

Er bedient sich der drei Funktionen, wie es ihm beliebt. Bei Staatsbesuchen wird er von den Regierungen als Staatsoberhaupt empfangen, von den Katholiken als Pastoralbesuch ihres Hirten begrüßt, die oft gar nicht wissen, daß es rechtlich ein Staatsbesuch wie der des Bundespräsidenten ist. Diese dreifache Form ist einmalig in der Geschichte und nur zu erklären aus einer zweitausendjährigen historischen Entwicklung, in der die Päpste es verstanden haben, ihre Vorteile zum Schaden der eigenen Kirche zu verteidigen.

# II

*Wie das Seelenheil verwaltet wird*

## DIE KURIE

# Der Sekretär

## *Ein Premierminister und die Eifersucht der Kardinäle*

Angelo Sodano ist ein jovialer Mann, freundlich, einnehmend und zupackend. Besucher läßt er nicht lange warten. Gerade so lange, wie man braucht, um das Ambiente im Apostolischen Palast auf sich wirken zu lassen. Ein Prunksaal nach dem anderen liegt vor seinem Arbeitszimmer, alle voller inhaltsschwerer Gemälde, Fresken und Skulpturen. Auf zwei verweist der Kardinalstaatssekretär besonders gerne. Das eine ist ein Gemälde, auf dem Jesus den ersten Papst einsetzt: Du bist Petrus der Fels... Das andere ist der Heilige Sebastian, der alle Pfeile auf sich zieht.

Die Bildersprache sagt vieles. Der Kardinalstaatssekretär ist der erste Sekretär wie der britische Premier der erste Minister seiner Majestät. Nur hat der Premier in Großbritannien das Sagen. Im Vatikan gibt es keine konstitutionelle Monarchie, nur die absolutistische des Papstes. Deshalb ist sein erster Minister der Chef des ganzen Kurienapparates, der Mann, bei dem alle Fäden zusammenlaufen. Gleichzeitig kann er aber auch mit einem Wort oder einem Federstrich des Papstes zum gehorsamen Ministranten deklassiert werden.

Da ist es verständlich, wenn Sodano nicht nur auf das Petrusbild blickt, um die göttliche Institution des Papstamtes zu unterstreichen. Er wäre wohl selbst gerne Papst. Die Argumente zu seinen Gunsten können überzeugen. Der Mann stammt aus dem diplomatischen Dienst des Heiligen Stuhls. Er kennt den Apparat in- und auswendig und könnte die Kurie endlich wieder in den Griff bekommen, was der Papst aus Polen offensichtlich weder gewollt noch gekonnt hat.

Johannes Paul II. regiert lieber im Freundeskreis statt mit dem Apparat. »Um Gottes willen, wenn sich der Chef darum kümmert, dann geht es schief.« So seufzte nicht etwa ein kleiner Kurienangestellter, der bei seinem Vorgesetzten wenige Detailkenntnisse vermutet. Der Ausspruch stammt von einem Bischof in leitender Funktion und meinte den Papst.

Der Chef durchkreuzt häufig das Räderwerk der Kurie. Formell ist sein Privatsekretär Stanislaw Dziwicz Abteilungsleiter in der ersten Sektion des Staatssekretariats. Real hat er aber mehr Macht als sein Amtschef, der Kardinalstaatssekretär. Denn Dziwicz hat das Ohr des Papstes rund um die Uhr. Seine Einflüsterungen wiegen mehr als der Rat der ganzen Kurie. Zur Belohnung weihte ihn der Papst dann auch im Frühjahr 1998 zum Bischof, als ob das Hirtenamt zur Auszeichnung verdienter Mitarbeiter gedacht wäre. An Einfluß kann es mit ihm nur noch das »Alter Ego«, das andere theologische Ich des Papstes, Kardinal Joseph Ratzinger, aufnehmen.

Der Rat: »Wenn Sie etwas schier Unmögliches erreichen wollen, versuchen Sie gute Beziehungen zu Dziwisz aufzubauen« ist zu Zeiten des polnischen Papstes noch immer das sicherste Mittel. Der Papstsekretär ist Mitglied des rechtsklerikalen Opus Dei. Er sucht die privaten Besucher des Papstes aus. Er stellt die Listen jener Privilegierten zusammen, die mit dem Heiligen Vater frühstücken dürfen. Darunter auch Journalisten.

Die können allerdings mit ihrer so gewonnenen Weisheit nicht viel anfangen. Ein Wort aus diesen Privatissimi und man wäre persona non grata am Hof seiner Heiligkeit. Von solchen Morgengästen beim Papst sind deshalb fast nur Lobeslieder auf die herzliche, persönliche und aufgeschlossene Art des Oberhauptes zu vernehmen, der gerne zuhöre und angeregt geistreich plaudere, pontifikaler Small Talk bei Kaffee und Cornetti.

Der Privatsekretär, den der Papst aus Krakau mitgebracht hat, ist die Graue Eminenz am Papsthof schlechthin. Sein Wirken ist unkalkulierbar und für die Kurie verheerend. Er hebelt den Apparat aus und führt Willkür ein, obwohl Papst Johannes Paul II. 1988 die Kurie zu einem überschaubaren, effizient arbeitsfähigen Apparat umgebaut hat, auch wenn er nicht seinem Vorgänger

Paul VI. folgte. Der hatte aus weiser Kenntnis des Apparates die ganze Kurie dem Staatssekretariat nachgeordnet. Johannes Paul II. beließ diese Unordnung nur bei einigen wenigen Ämtern. Alle anderen stellte er auf die gleiche Ebene.

Die Gleichheit förderte aber nur das Gegeneinander. Das ging soweit, daß schon bald selbst Gegner Sehnsucht nach dem in den 70er Jahren fast schon verhaßten starken Mann an der Kurie, Erzbischof Giovanni Benelli, bekamen. Der hatte als Substitut und damit Geschäftsführer des Staatssekretariates alles und jeden dirigiert. Doch Benelli wurde ins Exil nach Florenz geschickt und ist dort gestorben. Papst Johannes Paul I., der lächelnde Papst Albino Luciani, wollte ihn zu seinem Kardinalstaatssekretär machen. Papst Luciani starb noch vor der Ernennung. Sein Nachfolger verstand die inneren Mechanismen des Machtgefüges in der Kurie nicht und folgte mit seiner gleichmacherischen Reform 1988 den Einflüsterungen der um ihren Einfluß bangenden Präfekten, vorneweg des Herrn der Glaubenskongregation, Kardinal Ratzinger.

Das Verhältnis des Glaubenswächters und seiner Mitarbeiter zum Staatssekretariat ist deshalb nicht ohne Grund getrübt. Manche Anordnung aus Ratzingers Haus kommentieren Mitarbeiter im Staatssekretariat deshalb nur kurz und bündig:»Hätten wir das zu formulieren gehabt, dann wäre dieser Text so nie erschienen.« So votierte beispielsweise das Staatssekretariat für den Verbleib der katholischen Kirche in der Schwangerenberatung, auch wenn mit dem Beratungsschein Beihilfe zur Abtreibung geleistet worden wäre.»Nachweislich wurden durch Beratungen Leben gerettet. Das zählt bei uns. Dafür haben die drüben aber wenig Sinn«, die in der Glaubenskongregation.

Das Staatssekretariat hat eine wechselvolle Geschichte hinter sich. Es wurde 1487 mit zunächst 24 Apostolischen Sekretären eingeführt, um die Regierungsgeschäfte des Papstes als kirchlicher und weltlicher Herrscher auszuführen. Es ist 50 Jahre älter als das erste Ministerium, die Heilige Inquisition, heute die Kongregation für die Glaubenslehre.

Das Staatssekretariat ist traditionell in zwei Sektionen geteilt, in eine innerkirchliche und eine weltliche. Trotz verschiedener Bezeichnungen gilt dies bis heute. Papst Paul VI. hatte 1967 die Aufgaben klar getrennt, aber beide Sektionen dem Kardinalstaatssekretär unterstellt. Die erste Hauptabteilung wurde vom Substitut geleitet, wörtlich der »Ersatzmann«, historisch aber derjenige, der dem Staatssekretär alle Geschäfte mit innerkirchlichen Fragen abnimmt. Der Substitut ist so wichtig für den Betrieb des Vatikans, daß er auch beim Tod eines Papstes im Gegensatz zu allen anderen Kurienfunktionären im Amt bleibt.

Die zweite Abteilung hieß damals Rat für die Öffentlichen Angelegenheiten der Kirche und war gemeinhin als das »Außenministerium« des Papstes bekannt. Während der Ostpolitik von Paul VI. stand er häufig in der Zeitung, weil sein Leiter, Erzbischof Agostino Casaroli, mit dem Montini-Papst die vatikanische Politik mit den kommunistischen Staaten konzipiert hatte.

Den Rat gibt es in der Form nicht mehr. Papst Johannes Paul II. hat das Staatssekretariat als sein Präsidenten- und Kanzleramt neu organisiert zusammen mit der ganzen Kurie. Mit einer Apostolischen Konstitution vom 28. Juni 1988 erhielt sie eine Struktur, die mit weltlichen Regierungen mehr Ähnlichkeit hat als zuvor.

Der Kardinalstaatssekretär ist demnach der Premierminister des Papstes und zugleich sein Kanzleramtsminister. Bei ihm laufen alle Fäden zusammen. Theoretisch müßte alles, was die Kurie nach außen gibt, auch über seinen Schreibtisch gehen. Was heißt aber nach außen? Was beispielsweise nur einzelne Theologen oder Bischöfe betrifft, dürfen die anderen Ministerien unabhängig und ohne Rücksprache mit dem Kardinalstaatssekretär erledigen.

Das Presseamt ist dem Staatssekretariat direkt unterstellt, de jure. De facto hat Pressesprecher Joaquín Navarro-Valls als Opus-Dei-Mann auch einen direkten Draht zum Papst.

Die beiden Hauptabteilungen, Innen und Außen, werden von zwei Erzbischöfen geleitet, der eine ist der Substitut. Er ist Behördenchef über acht Abteilungen, darunter eine für Mitteleuropa. Neun Prälaten aus dem diplomatischen Dienst leiten die Unterabteilungen. Ihnen arbeiten rund 125 Mitarbeiter zu.

Die zweite Abteilung ist die Nachfolgerin des alten Außenministeriums. Hier laufen die Drähte zu den Staaten zusammen. Die Botschafter, Nuntien, berichten hier über ihre Beziehungen zu den Regierungen in ihren Gastländern. Das ist auch die Anlaufstelle für die Botschafter der Regierungen beim Heiligen Stuhl. Außer Vietnam und China unterhalten alle Staaten diplomatische Beziehungen. Die meisten räumen dem päpstlichen Botschafter, dem Nuntius, auch den Rang eines Doyens des jeweiligen diplomatischen Corps ein. Wo dies nicht der Fall ist, trägt der Botschafter des Papstes den Namen eines Pro-Nuntius. Im heutigen Außenamt des Papstes sind rund 50 Personen einschließlich Schreibpersonal beschäftigt.

Das Staatssekretariat ist die zentrale Poststelle des Papstes. Hier wird die eingehende Post an den Papst sortiert, bearbeitet und im Konsens mit dem Kirchenoberhaupt bearbeitet. Vieles bekommt der Papst davon gar nicht zu sehen.

Der Premierminister ist zugleich Leiter des Staatsrates. Der heißt beim Papst Rat der Kardinäle und Bischöfe. Er ist das oberste Leitungsgremium, in dem alle Minister (Präfekten der neun Kongregationen und die Präsidenten der elf Räte) vertreten sind.

Streng genommen ist die Papstregierung aufgeteilt in zwanzig Kleinparlamente. Alle Kongregationen und Räte bestehen aus bis zu zwei Dutzend gleichrangigen Mitgliedern, Kardinälen und Bischöfen. Doch der jeweilige Leiter, der Präfekt, ist ähnlich wie der Papst unter allen Bischöfen der Primus, der mächtigste Mann dieser Kongregationen.

Alter und Geschichte der jeweiligen Ministerien entscheiden über ihren Einfluß. Bis zum Zweiten Vatikanischen Konzil gab es nur Kongregationen, dann eine Zeitlang zusätzlich drei Sekretariate und jede Menge von Komitees, Kommissionen und Ämtern. Davon zeugt auch nach der Kurienreform von 1988 die feine, aber wichtige Unterscheidung in Kongregationen und die neuen Räte. Die Kongregationen sind die alten Ministerien, die Räte die jüngeren Einrichtungen, die im Vergleich zu den altehrwürdigen Kongregationen kaum etwas zu sagen haben. Die einzige Ausnahme ist der Rat für die Förderung der Einheit der Christen, das eigentliche kirchliche Außenministerium. Ein Mitarbeiter aus diesem Amt: »Der Einheitsrat wird selbst von klassischen Präfekten ernst genommen. Die anderen würden die Präfekten am liebsten vergessen. Bevormunden tun sie sie, wo es nur geht.« Die oberste Bevormunderin ist die älteste Kurienkongregation, die für den rechten Glauben. Sie heißt heute nur noch Kongregation. Bis zur Kurienreform durfte sie sich noch als heilig betrachten. Die Heiligkeit ist den Kongregationen samt und sonders genommen worden. Papst Johannes Paul II. hat eingesehen, daß eine Behörde kaum der Heiligkeit verdächtigt werden kann, allenfalls als Sankt Bürokratius. Doch der macht sich im Titel schlecht. Die interne Hackordnung der Kurie macht auch das Päpstliche Jahrbuch deutlich. Es wird vom Staatssekretariat redigiert und verzeichnet vollständig alle römischen und dem Vatikan direkt zugeordneten katholischen Einrichtungen. Alle Kardinäle mit Lebensdaten (in der Ausgabe 1997 waren es 102), alle Bischöfe und Weihbischöfe (4224) mit ihren zugehörigen Bistümern und die wichtigen Zahlen der Diözesen sind hier gesammelt, auch diejenigen, in denen es keinen Bischof gibt oder diejenigen, die längst nicht mehr existieren, aber als Rechtstitel noch beansprucht werden. Selbst Adressen, Telefonnummern und neuerdings auch e-mail-Adressen fehlen nicht. Der Dünndruckwälzer im Gebetbuchformat mit purpurrotem Einband hat fast 2500 Seiten und nennt den Stand vom 31. Dezember des Vorjahres. Fertiggestellt wird das Annuario Pontificio für das laufende Jahr jeweils Mitte Februar.

Der Staatssekretär und die Präfekten haben feste regelmäßige Sprechzeiten beim Papst. Dauer und Häufigkeit hängen von der Bedeutung des Ministeriums oder, wie sie bei der Kurie auch heißen, der Dikasterien, ab. Die Glaubenskongregation ist das Grundsatzamt, die ideologische Hauptabteilung, das religiöse Innenministerium, Verfassungsschutz und Verfassungsgericht in einem. Ihr Chef hat einen wöchentlichen Jour fixe beim Papst.

An zweiter Stelle steht die Kongregation für die orientalischen Kirchen. Der hohe Rang dieser Behörde ist darauf zurückzuführen, daß neben Rom ja noch ebenso alte Patriarchensitze bestehen wie Alexandria oder Antiochia in den einstigen Metropolen des römischen Reiches, dessen Struktur die Kirche übernommen hat. So war das Römische Reich auch in zwölf Diözesen unterteilt.

Diesen Anfängen wird die Kongregation gerecht, die sozusagen die römische Zentralstelle für die fünf nichtlateinischen Riten mit zwanzig unterschiedlichen Ausprägungen ist. Sie unterscheiden sich durch meist ältere andere Kirchendisziplinen, Kirchensprachen und Meßformen. So gibt es in einigen Ostkirchen verheiratete Priester. Nicht dazu gehören die orthodoxen Kirchen mit zwar den gleichen Riten, aber ohne Anerkennung des Primates des Papstes.

Die dritte Kongregation beschäftigt sich mit den Sakramenten von der Taufe bis zur Krankensalbung, Buße und Ehe, Kommunion und Firmung sowie Priesterweihe. Sie wacht über die Disziplin dieser Sakramente, über die Einhaltung und über Problemfälle, etwa bei Priestern, die in den Laienstand zurückwollen, weil sie heiraten wollen. Daran entzünden sich wiederum die Streitfälle zwischen den Kurienämtern. Ein Zölibatsbrecher kann also zugleich mit der Glaubenskongregation, dem Disziplinaramt, der Kleruskongregation, die für seinen Berufsstand zuständig ist, und, wenn er Bischof ist, auch noch mit der Bischofskongregation Ärger bekommen. Damit wären auch gleich zwei weitere Ministerien genannt, die Personalverwaltung und Personalentwicklungsabteilungen für Bischöfe und Priester. Hinzu kommt noch die für die Ordensleute.

Die drei letzten Kongregationen sind zuständig für die Heiligen, die Vorbilder der Kirche, für die Missionierung der ganzen Welt sowie für die katholische Erziehung, wo die Oberaufsicht über alle katholischen Universitäten und Fakultäten residiert. Die Missionsabteilung ist wirtschaftlich und personalpolitisch die mächtigste, weil hier alle Kirchenbezirke in den ehemaligen Missionsländern angebunden sind und eine Reihe von Hilfswerken.

Nach diesen neun klassischen Ministerien führt das päpstliche Jahrbuch nicht etwa die elf jüngeren Räte auf. Es nennt zunächst die ins 13. Jahrhundert zurückzuführende Apostolische Pönitenzerie. Es ist das historische Amt der Ablässe, also der Bußgelder für besonders schwere Sünder. Sein Chef heißt Großpönitentiar und ist zur Zeit der Amerikaner William Wakefield Baum. Seine Behörde ist mit zehn Leuten eine der kleinsten.

Er residiert in dem Palazzo della Cancelleria mitten im alten

Rom, wo auch die beiden großen Gerichte untergebracht sind: Das Höchste Gericht der Apostolischen Signatur ging aus der Siegelabteilung des mittelalterlichen Papsthofstaates hervor und ist so etwas wie ein Bundesgerichtshof der Kirche. Bekannter ist das Gericht der Römischen Rota, das heute auch nicht mehr heilig heißt. Das ist die erste Instanz und in vielen Kirchenstreitigkeiten auch Berufungsgericht. Die »Signatur« leitet der aus Schaffhausen stammende Kardinal Gilberto Agustoni.

Erst nach Kongregationen und Gerichten nennt das Jahrbuch die Räte, dafür aber an erster Stelle und zum ersten Mal überhaupt kommt das gemeine Kirchenvolk an die Reihe. Der Rat für die Laien darf sich darum kümmern, »wie die Laien am Leben und der Aufgabe der Kirche teilnehmen können«, so die amtliche Definition. Aus ihr spricht die geringe Bedeutung, die fast eine Milliarde Katholiken eigentlich haben.

An zweiter Stelle steht der bereits genannte Einheitsrat, dem neuerdings auch eine Kommission für die Juden beigeordnet ist. Früher gab es drei Sekretariate: für die Einheit der Christen, das Gespräch mit den anderen Religionen und das mit den Nichtglaubenden. Die vom Papst als ältere Brüder bezeichneten Juden wurden dem Ökumenerat zugeordnet. Die anderen Nichtchristen werden vom Rat für den interreligiösen Dialog angesprochen. Die Atheisten waren Johannes Paul II. kein eigenes Ministerium mehr wert. Er brachte sie als Abteilung in einem neuen Kulturrat unter. Das päpstliche Ministerium beschäftigt sich aber primär mit der Förderung der Religion in der Kultur.

Weitere Räte wurden aus früheren Kommissionen und Einrichtungen gebildet. Sie befassen sich mit Familie, Gerechtigkeit und Frieden, Hilfswerken, Migranten, Gesundheitspersonl, Gesetzestexten und schließlich mit den Mitteln der sozialen Kommunikation.

Hinter den seltsam altmodischen Bezeichnungen verbergen sich moderne Aufgaben, die der Kirche erst in den letzten Jahren zugewachsen sind oder von ihr erst entdeckt wurden. Der Familienrat wird gewöhnlich von einem reaktionären Kardinal geleitet, zur Zeit Alfonso Trujillo Lopez. Er verteidigt die strenge Linie des Papstes in Fragen von Abtreibung, Geburtenkontrolle, Familien-

politik. Er beschäftigt sich aber auch mit dem Einfluß der Porno-
graphie auf die Familien. Gerechtigkeit und Frieden ist aus den Sozialenzykliken der
Päpste Johannes XXIII. und Paul VI., vor allem Populorum Pro-
gressio über den Fortschritt der Völker, entstanden. Modern ausgedrückt, ist es das ideologische Entwicklungshilfeministerium
und die Abteilung für die Verteidigung der Menschenrechte.
Das operative Entwicklungshilfeamt heißt Cor Unum, ein
Herz. Es koordiniert die kirchlichen Hilfswerke und wird von
dem deutschen Erzbischof Paul Josef Cordes als Präsident geleitet. In dem Rat sind alle Hilfswerke wie die Caritas vertreten. Er
wurde gegen ihren Willen eingerichtet, weil Rom direkten Zugriff
auf die Hilfswerke und ihre Geldverteilung durchsetzen wollte.
Viele halten Cor Unum für eine unnötige zentralistische Geldver-
schwendung. Die nationalen Hilfswerke arbeiten lieber direkt mit
den Empfängern ihrer Hilfe zusammen. Doch selbst hier hat sich
die von Johannes Paul II. gewollte unheilvolle Zentralisierung
durchgesetzt.

Die Seelsorge für die Migranten (Wanderer) wurde von Pius
XII. entdeckt. Das Ministerium ist aber nicht etwa der päpstliche
Schwarzwald- oder Albverein, sondern kümmert sich um die
Auswanderer, die Gastarbeiter und die Menschen, die durch ihr
Berufsleben viel unterwegs sind sowie die Flüchtlinge und Asy-
lanten, eine Art religiöses Sozialministerium.

Der Rat für die Interpretation der Gesetzestexte hatte ursprünglich das Kanonische Recht, den Codex Iuris Canonici, ausgearbeitet, der nach dem Konzil neu formuliert werden mußte.
Bei soviel in über zwei Jahrzehnten angesammelter Sachkompetenz wollte man auf die Arbeit der rund 50 Mitarbeiter nicht verzichten, als der neue CIC fertig war. Man installierte eine Art
Justizministerium oder Rechtsabteilung des Heiligen Stuhls, wo
alle Texte aller Kurieneinrichtungen auf kirchenrechtliche und
sonstige rechtliche Unbedenklichkeit geprüft werden sollen. Der
Rat soll auch schon bei der Formulierung von Dekreten helfen.

Der Rat für die Soziale Kommunikation ist aus einem Filmar-
chiv entstanden, das unter Pius XII. die Filmtechnik für den Vatikan nutzen sollte. Heute ist es eine Art Presseamt für alle Medien

außer den vom Pressesaal betreuten schreibenden Korrespondenten beim Vatikan. Beim Rat für Soziale Kommunikation müssen
alle Anträge gestellt werden für Tonband- und Filmaufnahmen,
für Interviews und Nachdruckrechte. Es ist eine Behörde, die alles
kontrolliert, was aus dem und über den Vatikan herausgegeben
wird.

Eigentlich sollte der Rat den Medienleuten helfen. In Wirklichkeit aber »müssen manche Mittagessen bezahlt werden, bis man
auch nur eine drittrangige Drehgenehmigung für Fernsehbilder
bekommt«, berichtete erst jüngst der deutsche Dokumentarfilmer
Guido Knopp (ZDF). Selbst nach opulenten Mahlzeiten mit Prälaten ist das nicht immer sicher, weil irgendein Kardinal der Genehmigung des Rates nicht folgen will.

In dem Rat sitzt mit dem schweizerischen Hans-Peter Röthlin
als Sottosegretario, vergleichbar einem Staatssekretär, der ranghöchste Laie im Vatikan. Alle anderen Kongregationen, Gerichte
und Räte werden mindestens von einem Erzbischof geleitet, die
normalerweise auch Kardinäle sind.

Unter den zahlreichen weiteren Ämtern und Einrichtungen ste-
chen vier hervor: die Verwaltung des Besitzes des Apostolischen
Stuhles APSA, die Präfektur für die wirtschaftlichen Angelegenheiten des Heiligen Stuhls, die Präfektur des Päpstlichen Hauses
und das Governatorat.

Zu beachten ist der feine Unterschied zwischen der Verwaltung
des Besitzes des *Apostolischen* Stuhls und den wirtschaftlichen
Angelegenheiten des *Heiligen* Stuhls. Die ASPA ist das Wirt-
schafts- und Finanzministerium des Vatikans. Hier werden die
Jahreshaushalte erstellt, die Einnahmen aufgeteilt und die Gehälter errechnet und angewiesen.

Getrennt von der ASPA ist der Besitz des Heiligen Stuhls. In der
dafür zuständigen Abteilung werden die Mittel verwaltet, die der
Staat der Vatikanstadt vom italienischen Staat 1929 als Entschädigung für den Verlust des alten Kirchenstaates 1870 an das neue
Italien erhalten hat. Die Vatikanbank IOR (siehe das Kapitel »Die
Banker«) hingegen ist nur ein Finanzinstitut, das Geld beschafft
und anlegt und nebenbei den Kirchenorganisationen für ihre Anlagen und Transfers dient.

Die Präfektur kümmert sich um alles, was rund um den Papst zu organisieren ist, von den Reisen bis zu den Stühlen bei Hochämtern auf dem Petersplatz und den Zutrittskarten für Papstaudienzen.

Ohne das Governatorat dagegen liefe im Vatikan rein technisch nichts. Es ist unter der Aufsicht eines Kadinalrates eine technische Generaldirektion, die für die Instandhaltung von Wasserleitungen, Stromversorgung und Zuteilung von Parkplätzen zuständig ist und den ganzen Verwaltungsaufwand für den Vatikanbetrieb erledigt. Einen Gouverneur ernannten die Päpste seit Jahrzehnten nicht mehr. Über Strom und Wasser, die der Vatikan übrigens von italienischen Firmen zu Preisen für Großkunden geliefert bekommt, wacht als Generalsekretär der Vatikanstadt ein Erzbischof. Nur sein Stellvertreter hat nicht die Priesterweihe.

# Die Fürsten

## *Kardinäle, denen man alles zutraut*

Der Prälat zuckte zusammen. Schnell rückte er die bodenlange Soutane zurecht und beugte das Knie. Er telefonierte. Kein Geringerer als der Papst hatte ihn in seiner Beschaulichkeit im Apostolischen Palast aufgeschreckt. Als er die Stimme seines Herrn am Telefon hörte, erschreckte er sich derart, daß er glaubte, der Papst könne ihn gar sehen. Es hätte nicht viel gefehlt, da wäre der arme Monsignore zu Boden gefallen.

Das ist allerdings schon eine Weile her. Es spielte sich Ende der 40er Jahre ab. Papst Pius XII., gestorben 1958, pflegte die neuen Techniken selbst zu gebrauchen und griff auch mal zum Schrekken seiner Kurialen zum Hörer, um sich auf dem kurzen Dienstdraht zu informieren. Das Schicksal eines päpstlichen Anrufes konnte jeden an der Kurie ereilen. Viele traf es wie ein Blitz aus heiterem Himmel, dem man nur mit Kniefall begegnen konnte.

Die Zeiten sind längst vorbei. Das Telefon hat auch im Vatikan seinen selbstverständlichen Platz. Es gibt sogar ein eigenes Telefonbuch und Telefonkarten für 5000 und 10 000 Lire, die allerdings nur die Apparate im Vatikanstadtstaat akzeptieren. Papst Johannes Paul II. nutzt zwar die modernsten Kommunikationstechniken, darunter neuerdings auch ein Satellitentelefon. Doch am liebsten präsentiert er sich via Fernsehkamera und Bildschirm den Massen und läßt andere, die Fernsehgesellschaften, dafür bezahlen.

In der Innenverwaltung zieht der Papst es vor, seinem Sekretär Stanislaw Dziwicz Aufträge zu erteilen oder sonstigen Mitarbeitern in seinem engeren Stab. Die rufen dann an und holen die

Auskünfte für den Chef ein, den sie allerdings nur unter sich und außerhalb des Vatikans gegenüber Vertrauten so titulieren. Ansonsten ist er noch immer der Heilige Vater oder Seine Heiligkeit. Lediglich der Kardinalstaatssekretär oder der Substitut haben die Ehre einer direkten Telefonverbindung. Sie nutzen sie aber eher, um beim Papst anzufragen statt umgekehrt. Sie kennen natürlich die päpstliche Durchwahlnummer. In der Kurie geht es heute nicht anders zu als an allen Regierungssitzen. Und doch ist hier alles ganz anders. Der päpstliche Hof umgibt sich noch immer mit der Aura des Geheimnisvollen, gar des Heiligen, dem man sich nur mit gekrümmtem Rücken zu nähern wagen sollte.

Demut vor der Höhe des Amtes, Demut vor der zweitausendjährigen Geschichte, am liebsten aber beruft sich die Kurie auf die Demut vor Gott, die ihr entgegenzubringen sei, da sie ja dessen höchste Vertretung auf Erden verwaltet. Doch nirgends gilt der Spruch über die Kirchenfunktionäre mehr als gerade in Rom, wonach der Glaube an Gott ja schon in Ordnung sei, wenn nur das Bodenpersonal besser wäre. Dem ist alles zuzutrauen, gerade in seiner anspruchsvollen Gestalt der Kardinäle und gerade, weil diese so geschichtsbelastet sind. Ein Beispiel aus der jüngsten Geschichte:

Morgens um 7.00 Uhr italienischer Sommerzeit war an diesem 29. September 1978 in Rom äußerlich noch alles in Ordnung. Ich ging kurz danach zum Zeitungskiosk an der Ecke, fast im Stadtzentrum, ohne besondere Eile, denn Deutschland hatte in diesem Jahr die Sommerzeit noch nicht eingeführt und daheim war es gerade erst nach 6.00 Uhr. Der Zeitungsverkäufer sah mich entgeistert an: »Haben Sie es noch nicht gehört? Der Papst ist tot.« Wollte der mich veräppeln? »Ich weiß, ich weiß, vor acht Wochen, was gibt es denn wirklich Neues?«

Der Giornalaio wandte sich hinter den Stapeln von Zeitungen in seinem engen Kiosk um und drehte das Kofferradio auf. Der Staatssender RAI begann gerade Trauermusik auszustrahlen. »Glauben Sie mir, der neue ist auch schon gestorben.« Ich raste die Treppe hoch zurück an meinen Schreibtisch. Eine Sondersendung. Papst Johannes Paul I., der lächelnde, kleine, bescheidene

Papst, war tatsächlich gestorben. Heute früh wurde er von seinem Sekretär Pater John Magee tot im Bett in seiner Wohnung im Apostolischen Palast gefunden. Der Tag kündigte sich böse an. Die ersten Meldungen eilten um die Welt. Und mit ihnen schon die schlimmsten Gerüchte. Schon auf dem Weg ins Büro hielt sich mein Taxifahrer nicht mit langen Würdigungen des so sympathischen früheren Patriarchen von Venedig auf. Für ihn stand fest: Dieser Papst wurde ermordet. Die Täter stammten aus seinem engsten Umfeld. Es sind Mitglieder der Kurie, vermutlich der Kardinalstaatssekretär selbst, der Franzose Jean Villot, der zugleich die Rolle des Camerlengo, des Kämmerers der katholischen Kirche, innehatte.

Und die Kurie tat aus Naivität alles, um diese Gerüchte weiter anzuheizen. Gemein, wie sie nach Volkes Stimme nur sein konnte, ließ sie den armen Papst auch noch nach genau 33 Tagen ins Jenseits befördern, 33 – die Symbolzahl. Jesus Christus wurde im 33. Lebensjahr gekreuzigt. Die Zutaten zu einem Krimi auf vatikanisch waren perfekt. Forderte nicht schon ein anonymer Insider vergeblich eine Obduktion der Leiche. Und wurde sie nicht abgelehnt, weil man doch Enthüllungen befürchten mußte. Der Sensationsautor David A. Yallop beschrieb klitzeklein detailliert, aber dennoch unzutreffend in einem pseudosensationellen Kurienkrimi, wie Villot mit Gift den Papst getötet hatte, um angeblich zu verhindern, daß üble Finanzmachenschaften aufgedeckt und abgestellt würden, hinter denen dann auch noch die böse Kraft des geheimnisumwitterten Opus Dei stecken sollte.

Schon die Rechnung stimmte nicht ganz. Albino Luciani starb vermutlich vor Mitternacht, also noch am 28. September. War er nun 32 volle Tage im Amt? Starb er am 33. oder war es nicht schon der 34. Tag? Die magische 33 setzte sich durch. Alles andere hätte nur die gerade erblühende Legende gestört. Gestört hätte es auch, wenn man ernsthaft erörtert hätte, wie heillos rückständig die Kurie noch dachte. Es lag ja nur wenige Jahre zurück, daß der Papst sozusagen ohne Leib daherwandelte und schon die Frage nach seiner Schuhgröße als üble Bezweiflung seiner überirdischen Heiligkeit empfunden wurde. Der Frager traue ihm wohl einen teuflischen Klumpfuß zu. Der Papst war mehr als ein Halbgott in Weiß. Er war der letzte abendländische Unantastbare. Von dieser Scheu, einen toten Papst genauso zu behandeln wie jeden anderen Menschen, war selbst die Kurie nicht völlig frei oder gerade sie nicht, weil sie an dem Bild fleißig mitmalte, um etwas Glanz vom Stellvertreter Gottes auf sich scheinen zu lassen.

Gehen wir einfach einmal davon aus, daß sie nicht böswillig, sondern kopflos das Falsche getan hat. Sie leugnete, daß der tote Papst – welch ein Skandal – von einer Frau, der Schwester, die ihm den Kaffee bringen wollte, entdeckt wurde. Da mußte schnell der Sekretär als Zeuge herhalten, um jede Peinlichkeit zu vermeiden. Der Camerlengo und die von ihm konsultierten Kardinäle lehnten die Obduktion ab. Das hätte wie ein Eingeständnis der eigenen Schuld am Tod ausgesehen. Wäre der Eindruck völlig falsch gewesen und plagte jetzt tatsächlich einige Purpurträger das Gewissen? Jedenfalls schickten sie alle Augenzeugen sofort vom Vatikan weg und verboten ihnen jede Aussage, als die Medien jeden denkbaren Eingeweihten ansprechen wollten, um endlich der Gerüchteküche voller Widersprüche ein Ende zu machen. Die Kurie verstrickte sich statt dessen noch mehr in widersprüchliche Kommuniqués und verlor jede Glaubwürdigkeit, als dann doch alles herauskam.

Der Papst war tot, und mein Verdacht war schon damals, daß er allenfalls indirekt von der Kurie umgebracht worden sei. Krank war er sowieso, was aber ebenfalls stets geleugnet wurde. Ein Papst hat gesund zu sein, bis er tot umfällt, so machte der Vatikan bisher alle Welt glauben. Kreislaufstörungen, ein leichter Schlaganfall waren ihr schon bei der Papstwahl ihres Favoriten bekannt. Jedenfalls war Albino Luciani nicht der etwas einfältige, aber robuste Bauernsohn aus Norditalien, als der er gerne dargestellt wurde.

Er war von zerbrechlicher Gesundheit und vom Papstamt schlichtweg überfordert. Die Kurie, deren Kandidat er nicht war, nutzte dies schamlos aus. Nicht durch Gift, sondern durch Liebesentzug, durch Kälte und durch den Streß der Überforderung kam »Papa Luciani« mit 65 Jahren vorzeitig ums Leben. Das wurde dann auch ein Jahrzehnt später von dem britischen Autor John Cornwell bestätigt, der alle Spuren durchgeprüft hatte. Das

Ergebnis war aber nicht so spektakulär, obwohl es fast noch mehr über das Innenleben der Kurie aussagte als Yallops Mordtheorie.

Man stelle sich vor, da kommt ein kleiner Handwerker mit einem Betrieb von zwei Dutzend Beschäftigten aus einer beschaulichen Ecke in der tiefsten Provinz von heute auf morgen in die Hauptstadt an die Spitze eines Weltunternehmens mit rund 440 000 festangestellten Mitarbeitern, die seit Jahren auf den neuen Chef warten, weil der bisherige zu alt war, um noch irgend etwas zu bewegen. Genau in diese Lage sah sich Albino Luciani versetzt, als der biedere Seelsorger ins Papstamt gewählt wurde.

Jahrelang gab es in Rom auf die Frage, wie dieser oder jener Bischofssitz wohl besetzt werde oder ob es bald eine Lösung in zahllosen brennenden Fragen geben werde, die Paul VI. nicht mehr entscheiden wollte, nur eine achselzuckende Antwort: Der nächste Papst wird das schon regeln.

Dieser nächste machte sich jedoch zunächst einen Ruf als eigenwilliger Katechet. Entsetzen packte die Kurie, als Papst Johannes Paul I. von Gott sprach, der zugleich eine Mutter sei. In natürlicher Glaubensfrische rüttelte er ungewollt an Grundfesten der katholischen Männerwelt. Möglich auch, daß er an Veränderungen an der Kurienspitze dachte. Diese reagierte auf die überall gleiche Art der Bürokraten. Sie deckte den Chef mit Dossiers zu und machte ihm überdeutlich ihren eigenen Anspruch geltend: »Erkenne rechtzeitig, daß nichts ohne uns geht, schon gar nicht gegen uns.«

Das war dem alten Mann zuviel. Darunter brach er zusammen; ob er nun schon gesundheitlich geschwächt war oder nicht, ist zweitrangig. Sein Alter und die allein zu tragende Bürde brachten ihn ins Grab. Auch das kein Ruhmesblatt für die christliche Nächstenliebe predigende Kirchenspitze. Aber wie schrieb schon der Korrespondent der großen amerikanischen Zeitung »New York Times« Paul Hofmann in der Zeit nach dem Zweiten Vatikanischen Konzil (1962–65): »Von keinem redet man im Vatikan weniger als von Christus.«

Für den Vatikan ist jedenfalls die Akte Luciani – Johannes Paul I. geschlossen. Kirchengegner oder einfallsreiche Autoren, die der sensationelle Erfolg des Yallop-Krimis nicht ruhen läßt, sondern zur Nachahmung anregt, setzen immer wieder Gerüchte in die Welt, es gebe doch noch Ermittlungen und Erkenntnisse. Nichts hat sich davon bisher bewahrheitet. Keine der erforderlichen Voraussetzungen für eine Neuaufnahme der Untersuchungen ist gegeben. Lucianis Familie, die sehr genau weiß, wie krank ihr prominentestes Mitglied war, will die Ruhe des Toten nicht stören. Der Vatikan sah nach dem überraschenden Tod keinen Anlaß zu einer Autopsie. Er sieht auch heute keinen.

Die römische Staatsanwaltschaft, der von dem sektiererischen Sensationsblatt »La Padania« der separatistischen Lega Nord neue Ermittlungen unterstellt wurden, weiß von nichts. Der zuständige Staatsanwalt in Rom, Pietro Saviotti, erhielt zwar eine Anzeige, sah jedoch keinen Anlaß, das Verfahren wieder zu eröffnen.

Er dürfte es auch gar nicht, denn der Vatikan ist Ausland, selbst wenn der Petersplatz wegen des offenen und allgemeinen Zugangs juristisch quasi als binational behandelt wird – was beim Attentat auf Johannes Paul II. eine Rolle spielte, aber nicht für den im Apostolischen Palast gestorbenen Albino Luciani gilt. Der römische Kirchenrechtler Carlo Cardia, der selbst an den Verhandlungen über das Konkordat mit Italien Ende der 8oer Jahre teilgenommen hat, machte alle Hoffnungen auf ein neues Verfahren schon aus rechtlichen Gründen zunichte. »Jeder kann sich vergnügen, wie er will. Aber keine italienische Staatsanwaltschaft kann wegen des Todes von Papst Johannes Paul I. ermitteln«, versicherte er auf Anfrage. Schmunzelnd reihte er die Spekulationen dort ein, wo sie hingehören, in die Klatschpresse: »Wissen Sie, warum wir in Italien keine Monarchie mehr bekommen werden? Weil wir den päpstlichen Hof haben. Über den jeder Wahres und Falsches schreiben kann, wie bei der britischen Monarchie.«

Zurück aber zur Kurie. Ihr schlechter Ruf war nicht vom Himmel gefallen. Der Ruf wurde in Jahrhunderten aufgebaut. Ihre Spitzenvertreter galten früher als die wirklichen Kirchenfürsten, deren purpurne, blutrote Soutane zwar Zeichen dafür sein sollte, daß sie für Papst und Glauben ihr Leben zu opfern bereit sind, in Wirklichkeit trugen die Kardinäle »den Purpur« wie eine erlesene

Herrschaftsuniform, wie der Zar den Hermelin, mit entsprechenden Ansprüchen. Immerhin bilden die Kardinäle eine der ältesten
Einrichtungen der Kirche. Ihre Anfänge und vor allem die Bezeichnung Kardinal liegen im Dunkel der ersten Jahrhunderte
christlicher Zeitrechnung.

Ursprünglich, so lautet jedenfalls die glaubwürdigste Version,
bezeichnete die frühchristliche Kirche in Rom mit Kardinal einen
Pfarrer oder Diakon, der eine neue Aufgabe übertragen bekam,
also »inkardiniert« wurde. Die so erhaltene Kardinalswürde ließ
auf eine Beförderung schließen. Danach wurden jene Pfarrer Kardinäle genannt, die in der römischen Kirchengemeinde besondere
liturgische Aufgaben übernahmen.

Von Anfang an schienen Kardinäle zur engsten Umgebung des
Bischofs von Rom zu gehören, der nur als solcher zum Papst der
Gesamtkirche aufstieg. Entsprechend den unterschiedlichen Aufgaben, die sie zusätzlich zum normalen Pfarreidienst übernommen hatten, wurden die Kardinäle auch schon früh in drei Ränge
aufgeteilt, die Kardinalbischöfe, -priester und -diakone. Da neben
dem Papst kein anderer Bischof von Rom den römischen Bischofstitel führen konnte, wurden den Kardinalbischöfen einige
Vorortsbistümer rund um Rom übertragen, die suburbicarischen
Diözesen.

Etwas von den Ursprüngen des Kardinalats kann jeder Rom-
Besucher bis heute an einem bedeutenderen Teil der rund tausend
Kirchen in der italienischen Hauptstadt ausmachen. Neben dem
Portal prangt jeweils auf der einen Seite das Wappen des regieren-
den Papstes und auf der gegenüberliegenden das jenes Kardinals,
dem diese Kirche quasi als seine römische »Pfarrkirche« übertragen worden ist. Dem Titel nach ist also jeder Kardinal noch heute
Pfarrer des Bistums Rom. So wird auch die Fiktion aufrechterhalten, daß der Papst einerseits von Kardinälen aus der ganzen Welt
gewählt wird, andererseits aber ausschließlich und wie vom Anfang an nur vom Klerus des Bistums Rom.

Sie bildeten Jahrhunderte lang den »Senat« der katholischen
Kirche, den Ältestenrat im klassischen Sinn, den sich der Papst
nach imperialem Vorbild zugelegt hat. Von einigen dieser »Sena-
toren« stammt vermutlich auch die andere Ableitung des Kardi-

nalstitels. Ein Kardinal bilde eine Art Transmissionsriemen zwischen Papstmacht und Exekutive. Als quasi Minister des Papstes hätten sie eine Schlüsselrolle in der wachsenden Kirchenzentrale. Dieser Bedeutung entsprechend seien die wichtigsten Berater des Papstes schon früh als Anker päpstlicher Macht anerkannt worden. So als hingen an den Kardinälen die Pforten des Himmels, leiteten sie ihren Namen vom Türanker ab: Cardo, Cardine.

Macht korrumpiert, auch kirchliche Macht. Die Kardinäle kümmerten sich immer weniger um ihre pastoralen Aufgaben in den ihnen anvertrauten Diözesen in der römischen Campagna. Der Aufstieg der Kirchenzentrale zur Staatsmacht mit einem weltlichen Staat, der sich in ganz Mittelitalien breitmachte und der sich sogar den Vorrang mit dem Kaiser streitig machte, verführte die Kardinäle zu wachsenden weltlichen Ansprüchen. Einen endgültigen Riegel schob erst Papst Johannes XXIII vor. Er entband die Kardinalbischöfe 1962, ein Jahr vor seinem Tod, von jeder diözesanen Verantwortung. Die Bistümer wurden dort residierenden Bischöfen überlassen. Kardinalsbischof war nur ein Ehrentitel mit protokollarischen Privilegien innerhalb der Purpurschar.

Heute jedenfalls sind fast alle Kardinäle geweihte Bischöfe, die Rangordnung gibt es noch, sie hat aber nur protokollarische Auswirkungen. So darf beispielsweise der erste der Kardinaldiakone aller Welt nach dem Konklave verkünden: »Habemus papam« – Wir haben einen neuen Papst. Alle Minister, also die Leiter von Kurienabteilungen (Kongregationen und Räte heißen diese Ministerien), sind Kardinaldiakone oder Kardinalbischöfe. Zum Stand der Kardinalpriester gehört die große Masse der Purpurträger, die Bischöfe, die in der ganzen Welt zerstreut Diözesen leiten. Seit Papst Paul VI. legt Rom Wert darauf, daß aus jedem Land mindestens ein Bischof auch Kardinal ist und als Mitglied des Senats der katholischen Kirche den Papst wählen darf.

Von außerhalb von Rom kamen erst im elften Jahrhundert die ersten Kardinäle. Sie übernahmen aber dieselben Rollen wie die aus dem römischen Klerus. Mit ihrer neuen Würde sahen sie sich in erster Linie als Papstberater und zogen deshalb umgehend nach Rom an den päpstlichen Hof. Das eigene Bistum überließen sie einem Verwalter, der vor allem dafür sorgen mußte, daß die

Pfründen nicht versiegten und die Erlöse rechtzeitig in Rom eintrafen. Erst das Konzil von Trient als Antwort auf die lutherische Reformation stellte im 17. Jahrhundert diesen Mißbrauch ab. Die Bezeichnung Senat für die Kardinalsversammlung wurde sogar erst 1983 abgeschafft. Seither spricht der Vatikan nur noch vom Kardinalskollegium. Kardinäle werden nicht ernannt. Sie werden kreiert. Das Wort trifft den Vorgang besser als jedes andere Verb. Kardinäle sind die Kreationen der Päpste, ihre Kreaturen. Auch wenn dies abfällig klingt, so schafft sich der Papst mit diesen Kreaturen ein Gremium von Leuten, die sein volles Vertrauen genießen, möglichst auf seiner kirchenpolitischen und theologischen Linie liegen und die dann aus ihren Reihen auch seinen Nachfolger wählen. So reproduzieren sich, zumindest nach dem Kalkül der Erfinder dieser Form der Wahlmonarchie, die Päpste selbst, auch wenn die Rechnung nicht immer aufgeht.

Jahrhunderte lang blieb die Zahl der Kardinäle ziemlich gleich. Im zwölften Jahrhundert wurden bereits 53 gezählt. Meistens waren es aber weniger als 30. Papst Sixtus V. legte zum ersten Mal eine Höchstzahl fest: 70. Dabei blieb es im Prinzip bis 1960. Als Pius XII. starb, zogen 55 ins Konklave zur Wahl des Nachfolgers, Johannes XXIII. Der wiederum stockte auf 80 auf, und Paul VI. schließlich ging auf 120, um die ganze universale Kirche im Kardinalskollegium vertreten zu haben. Bitter für alte Strippenzieher in der Kurie: Paul VI. legte auch fest, daß nur die Kardinäle, die beim Beginn des Konklaves das 80. Lebensjahr noch nicht vollendet haben, zur Papstwahl schreiten dürfen.

Kurienkardinäle werden gewöhnlich sehr alt. Einige der rüstigsten wie Carlo Confalonieri oder Alfredo Ottaviani nahmen es Paul VI. bis zum Lebensende übel, daß er sie entmachtet hatte. Johannes Paul II. erfüllte ihre Hoffnungen schließlich auch nicht. Statt die Entscheidung seines Vorgängers rückgängig zu machen und damit zu desavouieren, was kaum ein Papst je so offen tun würde, bestätigte er zuletzt noch 1996 das Rentenalter für den aktiven Kardinalsdienst, das immer noch fünf Jahre über dem der Bischöfe liegt. Die müssen mit 75 ihren Rücktritt einreichen. Die längere Amtszeit drückt das hohe Vertrauen des Papstes in seine Kreaturen aus, zu Recht. »Beachten Sie einmal die Wandlung eines Bischofs, wenn er Kardinal geworden ist«, empfahl mir nach einem Konsistorium ein alter Vatikanist. Unter dem Purpur scheint in der Tat der kritische Geist zu ersticken. Aufmüpfige Kardinäle scheinen ein Widerspruch in sich zu sein. »Entweder sie nehmen ihren Eid zur Treue bis zum Opfer ihres eigenen Lebens so ernst, oder sie ordnen sich halt einfach mit Blick nach oben den Zwängen unter. Was das Kirchenvolk von ihnen erwartet, spielt keine Rolle mehr. Sie sonnen sich im eigenen Purpur. Die hohe Zeit der Kardinäle«, so mein Gesprächspartner, »ist vorbei. Die Konzilskardinäle sind tot. Vergleichbare sind nicht nachgewachsen, weil der Papst solche gar nicht will.« Querdenker oder Bischöfe, die es wagen, eine vom Papst abweichende eigene Meinung zu äußern, brauchen auf die Kardinalswürde aus Rom nicht zu warten. Den Purpur bekommen sie nie.

Gerade altgediente italienische Kurienprälaten sehen die Entwicklung mit Unbehagen. Die Kirchenzentrale hat heute eine universale und zugleich zentrale Macht entwickelt wie nie zuvor in der Geschichte. Gleichzeitig hat die Personalpolitik nach dem Prinzip der Opportunisten sie so geschwächt, daß die Kurie nach Aussagen betagter Kenner noch nie so schlecht funktionierte.

Das exklusive Recht, den Papst zu wählen, wurde den Kardinälen übrigens erst nach der Halbzeit der bisherigen Kirchengeschichte gewährt. 1059 proklamierte der Papst in realer Einschätzung der tatsächlichen damaligen Verhältnisse, daß »die Macht von St. Peter nicht allein dem Papst gehört, sondern der Gesamtheit von Papst und seinen Kardinälen«. Gewöhnlich empfing der Papst hohe ausländische Würdenträger im Kreis seiner Kardinäle. Ihre Versammlung, das Konsistorium, entschied über die großen Fragen ihrer Zeit. Im Konsistorium wurden Häretiker verurteilt und die blutigsten Kreuzzüge beschlossen. Die früheren Päpste wußten, wie sie die ganze Kirchenspitze für ihre Untaten einspannen mußten.

In vielen Fällen konnten sie auch gar nicht anders. Die Päpste hingen von ihren Wählern, vor allem von den großen römischen und später italienischen Adelsfamilien ab, aber auch von weltlichen Mächten, wie den Habsburger Kaisern oder den französi-

schen Königen. Erst mit der Überhöhung der päpstlichen Autorität durch das Erste Vatikanische Konzil 1870, in dem der Papst
alle Rechtshoheit über die Gesamtkirche erhielt (Jurisdiktionsprimat) und gleichzeitig alle weltliche Macht verlor, war der Papst
de jure nicht mehr von seinem Hof abhängig.

Bis dahin war es durchaus üblich, daß ein Kardinal oder ein
Günstling eines Kardinals, der dann im Schnellverfahren vom
Laien zum Priester und Bischof befördert und geweiht wurde,
zum Dank für die Wahl zum Papst einen ganzen Katalog von Verpflichtungen schriftlich zusagen mußte. Kapitulation nannte man
dies in der Geschichte. Das Wort entsprach der Wirklichkeit. Nur
wer bereit war, den Willen einiger Familien und ihrer Kardinäle
zu erfüllen, also vor deren Vorschriften kapitulierte, bekam im
Konklave die notwendigen Stimmen.

Derartige Geschäfte scheinen mit dem Mittelalter untergegangen zu sein. Der Eindruck täuscht. Kapitulationen sind heute verboten (siehe das Kapitel »Die Eingeschlossenen«). Es gibt aber
subtilere Verpflichtungen, über die sich nur deshalb wenige aufre-
gen, weil sie mit dem Mäntelchen der katholischen Tradition und
der christlichen Barmherzigkeit gut umkleidet sind. Vor allem
deutsche Bischöfe, denen gewöhnlich und nicht zu Unrecht ein
gewisser Wohlstand nachgesagt wird, werden nach der Kardi-
nalsernennung zur Kasse gebeten. Ihre »Titelkirche« in Rom erwartet eine noble Spende, und wenn es gar noch eine Kirche am
Stadtrand ist, erhofft die Gemeinde von ihrem deutschen Kardinalpriester mehr als einen symbolischen Antrittsbesuch mit feier-
lichem Hochamt. Die Erwartungen reichen bis zur Finanzierung
eines Kirchenneubaus.

Die Reformation läutete nicht nur in der Weltgeschichte die
Moderne ein. Sie zwang auch den Vatikan, von überholten Strukturen Abschied zu nehmen. Das Abendland war nicht mehr ein-
heitlich christ-katholisch. Die Verwaltung der Religion kompli-
zierte sich und der Papst sah sich zu etwas gezwungen, was man
heute eine Verwaltungsreform nennen würde. Statt des Männer-
klüngels, der nach Gutdünken oder nach Kirchherrenart Schicksal spielte, mußte Sachkompetenz entwickelt werden.

Der Papst brauchte Sachbearbeiter mit Expertenstäben. Er

suchte sie sich aus dem klerikalen Personal zusammen und bildete aus diesen Teams die sogenannten Kongregationen. Der Anfang einer modernen Ministerien ähnlichen Kirchenregierung war gemacht. Vorbild war die Heilige Inquisition aus dem 13. Jahrhundert, die Häretiker verfolgte und von sich bis heute behauptet, durch die institutionalisierte Aburteilung von Abtrünnigen sei ein Mindestmaß von Rechtssicherheit statt der Willkür lokaler Hexenjäger geschaffen worden. Die Kongregationen wurden wie heute noch von Kurienkardinälen mit der Amtsbezeichnung Präfekt geleitet. Das Konzil von Trient schrieb vor, daß Kardinäle als Leiter von Diözesen nichts in Rom zu suchen hätten außer bei der Papstwahl. Ansonsten sollten sie daheim ihre Bistümer ordentlich regieren, damit nicht noch mehr an die Reformierten verlorenginge.

Das Kardinalskollegium rückte danach bis 1979 eigentlich immer nur ins Rampenlicht, wenn ein Papst starb. Die Papstwahl ist bis heute das einzige wirklich allein den Kardinälen vorbehaltene Recht – alles andere könnte auch problemlos Bischöfen übertragen werden. 1979 gelang es den Kardinälen aber, aus dem Schatten der Konklavezeiten herauszutreten. Papst Johannes Paul II. installierte zum Entsetzen progressiver Theologen wieder das Konsistorium in der alten Form des Senats, ohne diesen Titel jedoch zu gebrauchen. Die verschleierte Restauration rief nach anderen Bezeichnungen. Dies war gegen die Logik der Nachkonzilszeit – 1979, kaum ein Jahr nach der Amtsübernahme. »Das war die klare Absage an die Mitwirkung der Bischöfe«, kommentierte ein Beobachter der Bischofssynode, denn diese wurde, kaum geboren (die erste reguläre trat 1969 zusammen), gleich wieder in die Zweitrangigkeit versenkt. Viele Bischöfe und ihre Berater, darunter der weltberühmte deutsche Theologe, der Freiburger Jesuit Karl Rahner, wollten aus der Bischofssynode die neue Form des Mitregierens der Bischöfe entwickeln. Statt dessen griff der neue Papst auf die für römische Macht und Herrlichkeit stehenden Kardinäle zurück.

Fortan gab es ordentliche und außerordentliche Konsistorien. Den Unterschied macht die Zusammensetzung. In einem ordentlichen Konsistorium werden nur die üblichen Geschäftsordnungspunkte abgehandelt. Dazu reichen die in Rom anwesenden Kardinäle, in erster Linie die Leiter der Kurienämter. Zu außerordentlichen Konsistorien bittet der Papst alle Kardinäle nach Rom, um über gesamtkirchliche heiße Eisen zu beraten. Im Gegensatz zur Papstwahl dürfen dann auch die Pensionäre über 80 Jahre mitwirken.

Die Öffentlichkeit nimmt von diesen Purpurkonferenzen am meisten die Konsistorien zur Kenntnis, in denen neue Kardinäle benannt werden, wozu der Papst allein das Recht hat. Es reicht aus, wenn er sich eine Namensliste ausdenkt und diese den Kardinälen präsentiert. Frühere Päpste hatten dabei regelmäßig Ernennungen »in petto«, in ihrer Brust, verwahrt. Sie teilten mit, daß es einen oder mehrere weitere Kardinäle gab, deren Namen sie aber noch nicht veröffentlichen werden. Allenfalls der Betroffene selbst wurde informiert. Das betraf fast ausschließlich Bischöfe in den verfolgten Kirchen, denen der Papst durch den Kardinalspurpur Mut machen wollte, ohne sie mit ihrer repressiven Obrigkeit in Konflikt zu bringen. Kardinalswürden waren und sind immer besondere Auszeichnungen, weltlich gesprochen die höchste Sprosse auf der Karriereleiter für geweihte Funktionäre.

Daneben gibt es eine Reihe von Konsistorien, die nur als kleine Meldungen durch die Weltpresse laufen, beispielsweise wenn der Papst den Kardinälen feierlich mitteilt, wen er demnächst heiligsprechen wolle.

Wie wichtig die Konsistorien im Vergleich zu der repräsentativen, von den Bischofskonferenzen durch Delegierte gebildeten Synode geworden sind, zeigen die Themen, die ihnen der Papst bisher gestellt hat.

1979: Reform der römischen Kurie, Kirche und Kultur und die Finanzen des Heiligen Stuhls.

1982: wiederum die Reform der Kurie, von der vor allem die Kardinäle selbst betroffen sind, wieder die Geldnöte des Vatikans und die skandalumwitterte Vatikanbank Institut für die Werke der Religion (IOR) sowie die Revision des Kirchenrechts.

1985: Dauerthema Kurienreform.

1991: Menschenwürde, Abtreibung und Sekten.

1994: Vorbereitungen für das Jubeljahr 2000 einschließlich

einer ökumenischen Bestandsaufnahme, da der Papst am liebsten als der große Einer der Christenheit das nächste Jahrtausend beginnen würde, Familie mit Blick auf UNO-Konferenzen und ein innerbetriebliches Problem: neue Aufgaben für alte Bischöfe.

Die Bischofssynode, die vom Konzil als Ausdruck der Mitverantwortung aller Nachfolger der Apostel an der Kirchenführung gewollt wurde, durfte dagegen nach dem Willen der Päpste über so allgemeine Themen wie die Evangelisierung der Völker diskutieren. Sie sind so breit angelegt, daß kein vernünftiger Beschluß zustande kommen kann. Dieser wird dann zudem noch als unverbindliche Empfehlung an den Papst abgewertet.

Der gleichbleibende, kleinere Kreis der Konsistorien im Gegensatz zur wechselnden Zusammensetzung der Synoden erscheint dem Papst als das richtige Werkzeug, effizienter zu arbeiten. Die Teilnehmer werden nicht jahrelang vorher durch Wahlen bestimmt und beraten nicht in den nationalen Bischofsversammlungen über die römischen Vorlagen. Die Kardinäle werden erst wenige Wochen vor dem Konsistorium informiert, um was es geht. Beratungen mit anderen Bischöfen werden nicht erwartet. Auf der Strecke bleibt die Auseinandersetzung mit den Gemeinden.

Das Volk hat nirgends Platz in der Hierarchie außer beim Gehorsam. Der reaktionäre Charakter des Kardinalssenats wurde dadurch leicht vertuscht, daß das Konsistorium personell mit der Bischofssynode verzahnt wurde. Die Synoden tagten seit 1967 zuerst alle zwei, dann alle drei Jahre. Dazwischen führten ein Rat und ein Generalsekretär die Geschäfte. Der Einfachheit halber leitet der Generalsekretär auch das ständige Büro der Konsistorien.

Der Papst selbst beachtet die einwöchigen Kardinalsdebatten weitaus mehr als die umständlichen Diskussionen der vier bis sechs Wochen dauernden Synoden. Bei den Synoden hält immer ein kompetenter Bischof eine einführende Grundsatzrede über das Tagungsthema. Als Erzbischof von Krakau war Karol Wojtyla selbst Synodenreferent.

Bei den Konsistorien übernimmt der Papst die Einstimmung. Er gibt in dieser noch mehr von der Öffentlichkeit abgeschotteten Purpurwelt bereits Ziele vor und mischt sich mehr ein, wenn er meint, seine Kreaturen weichen vom Thema ab. Bei der Synode wurde er schon beobachtet, wie er zwischendurch ein Nickerchen machte. Vornehm zurückhaltend machten dann die Synodensprecher der Öffentlichkeit auf Befehl von oben gequält vor, der Papst habe tief versunken gebetet.

# Die Strippenzieher

*Wer in der Kurie Karriere macht und warum*

Die Szene könnte aus einem Film des römischen Altmeisters Federico Fellini stammen. An einem rückwärtigen Tisch in einem Restaurant wenige Schritte vom Pantheon im historischen Stadtzentrum von Rom sitzen zwei sichtlich aufgeregte Herren, einer im schwarzen Priesteranzug, der andere in Soutane. Sie glauben sich unbemerkt, als sie sich erheben und mit geröteten Gesichtern in den Toiletten verschwinden. Die Kellner, die Camarieri, wissen, was sich dabei abspielt. Lange Minuten später bestätigt es der entspannte Gesichtsausdruck der beiden sonst so seriös wirkenden Gestalten, die, wie gesagt, aus einem fellinischen Sittengemälde stammen könnten: der eine ist ein Mitglied der an der benachbarten Piazza liegenden Päpstlichen Diplomatenakademie, der andere sein hier hinlänglich bekannter homosexueller Partner.

Draußen an den Tischen im Freien nickt ein im Vatikan beschäftigter Monsignore, selbst einmal Schüler der Akademie, nur bestätigend. Das Pärchen ist kurienbekannt. Und es ist kein Ausnahmefall. Man kennt ihre Schutzherren unter den Bischöfen. Man weiß, welcher Bischof aus diesem Kreis homosexueller Brüderschaften schon Karriere gemacht hat. Der Mann von der Kurie, der bisher ruhig und gelassen über aktuelle Kirchenprobleme geplaudert hat, redet sich plötzlich in Rage. »Darüber müssen Sie schreiben. Das ist ein Skandal.«

Er meint nicht die Tatsache, daß im Klerus nach Schätzungen bis zu 20 Prozent gleichgeschlechtlichen Neigungen nachgehen. Deutsche homosexuelle Priester gehen offen davon aus, daß der

Anteil nicht nur zutrifft, sondern genauso auf die Bischöfe übertragbar sei. Der Skandal liegt woanders. Erstens bilden homosexuelle Kleriker regelrechte Seilschaften bis in die Kirchenspitze,
und zweitens legte die Kirche lange einen barmherzigen Deck-
mantel darüber, als gäbe es das Problem nicht.»Dabei ist die Gefahr ganz groß, daß diese Pfarrer, wie es eigentlich in der
normalen Karriere üblich ist, irgendwann auch als Jugendseelsor-
ger arbeiten. Ich frage Sie, wer kann da als Vater oder Mutter sein
Kind noch der Kirche anvertrauen?«
Die Frage ist rein rhetorisch gemeint. Sie beantwortet sich von
allein: Niemand. Die Leidensgeschichte, für die in jüngsten Jahren in den deutschsprachigen Ländern der Wiener Erzbischof
Groer steht, der zumindest einen abhängigen Jungen mißbraucht
hat – was im Vatikan niemand mehr bestreitet –, hat die Kurien-
verantwortlichen mehr verärgert, als sie offen zugeben.»Jeder
Versuch der Verheimlichung nährt nur Verdächtigungen«, gab in
Wien Weihbischof Helmut Krätzl schon früh zu bedenken. Indirekt forderte er unmittelbar nach Bekanntwerden der Beschuldi-
gungen den Wiener Erzbischof Hans Hermann Groer auf, endlich
Stellung zu nehmen. Als der 75jährige dann endlich das Schweigen brach, wiegelte er nur ab: Er sehe sich verpflichtet, die»ver-
nichtende Kritik« zurückzuweisen. Zu den Vorwürfen im einzelnen nahm er keine Stellung, nicht einmal in seiner als Abschluß
der Affäre gedachten halbherzigen Entschuldigung. Bewegen ließ
er sich dazu sowieso nur durch vatikanischen Druck, damit er
ausgeschaltet werde, bevor der Papst im Juni nach Österreich
reiste.
Die Kirchenoberen hatten Groer lang in der Taktik des Schwei-
gers unterstützt. Nachdem sich der Erzbischof aber noch einmal
zum Vorsitzenden der Bischofskonferenz hatte wählen lassen –
mit acht zu sieben Stimmen im dritten Wahlgang –, war die Einheit dahin. Um die Wogen zu glätten, mußte Groer schließlich auf
das Amt verzichten. Der neue Vorsitzende Johann Weber, Bischof
von Graz, sprach sich sogar für eine Untersuchung der Vorwürfe
aus.
Es ging nicht mehr um eine Schonfrist für den Erzbischof. Die
war längst verbraucht. Weihbischof Krätzl gab zu bedenken, daß

die Kraft der Kirche nicht mehr aus der Autorität ihrer göttlichen Sendung, sondern aus der Kraft ihrer Argumente komme. Moralisch angeschlagene Bischöfe haben da schon lange nichts mehr zu sagen.

Den Stein ins Rollen hatte der 37jährige Josef Hartmann gebracht. Vor mehr als 20 Jahren sei er von Groer im Internat Hollabrunn »sexuell mißbraucht« worden. Hartmann beschrieb, wie ihn sein damaliger Religionslehrer und Beichtvater unter dem Vorwand der Gesundheitsfürsorge in die Duschkabine lockte. »Er wollte mir zeigen, wie man richtig Intimpflege betreibt. Dann hat er mich am ganzen Körper eingeseift und mit hochrotem Kopf mein Glied gereinigt. Er war dabei sichtlich erregt.«

Neue Opfer und Zeugen meldeten sich und stützten die Behauptungen. So der Benediktiner-Pater Udo Fischer, der bereits 1985 vor Groers Ernennung zum Bischof die Ordensoberen über dessen »sexuelle Neigungen« informiert haben will. Anfang der 70er Jahre habe Groer auch ihn »angegangen«.

Ein 33jähriger Ex-Schüler aus einer prominenten Wiener Künstlerfamilie erinnert sich ebenfalls: »Es war an einem Sommertag, ich hatte durch ein Versehen das Hosentürl offen. Da faßte er hinein und grapschte hin mit den Worten: Ja, was ist denn das!«

Bei einer Umfrage kannten 62 Prozent der regelmäßigen Kirchenbesucher Österreichs keine Gnade mit dem Erzbischof. Sie forderten den Rücktritt. Doch das ist bei einem Erzbischof gar nicht so einfach, erst recht nicht, wenn seine Seilschaft bis zum Chef, zum Papst, reicht. Der Vatikan gab sich deshalb zuerst einmal sprachlos. Papst Johannes Paul II. hatte den glühenden Marienverehrer Groer 1986 gegen massiven Widerstand als Erzbischof durchgesetzt. Immer in der Hoffnung, Groer könne die Ortskirche auf römischen Kurs bringen. Jetzt witzeln katholische Journalisten mit einem neuen Verb, wenn sie kirchliche Aktionen zur Vertuschung klerikaler Sexualvergehen beschreiben: Es wird gegroert.

»Da ist mir ein Pfarrer mit einer Freundin lieber«, kommentierte der kuriale Gesprächspartner ironisch. »Der wird heute meistens sogar von den Pfarreien akzeptiert, weil er wenigstens ein normaler Mann ist.« Aber letzterer» macht hier mit Sicherheit keine Karriere. Ein Schwuler dagegen mit einiger Wahrscheinlichkeit.«

Nun will auch er damit nicht sagen, daß gerade die von konservativen Katholiken so bezeichnete» Abartigkeit« für den Aufstieg in der Kirchenzentrale besonders prädestiniert. Er belegt nur, daß es dort wie überall in großen Apparaten Gruppen und Grüppchen gibt, die Beziehungskisten pflegen und »ihre Leute« unterbringen. Neben den Homosexuellen, die in Deutschland zu Zeiten des inzwischen verstorbenen Bischofs Josef Stimpfle besonders aus dem Bistum Augsburg aussichtsreich nach Rom vermittelt worden sein sollen, ist die Zugehörigkeit zu einer der neuen päpstlichen Hoffnungsträgerschaften extrem förderlich.

An erster Stelle steht das Opus Dei, daneben die sogenannten Erneuerungsbewegungen, die Charismatiker, die in dem deutschen Erzbischof Cordes ihren ersten Fürsprecher beim Papst gefunden haben. Die Ritter vom Heiligen Grab spielen traditionell durch ihr weltweites, einflußreiches und potentes Beziehungsnetz eine große Rolle. Grabritter und Opus Dei helfen dem Papst und seinem Apparat regelmäßig aus finanzieller Not. Das geht so weit, daß sich Vatikanbeobachter bei der Analyse kaum nachvollziehbarer Kurienentscheidungen heute zunächst einmal fragen, wer wieviel bezahlt habe. Das gilt besonders in der Personalpolitik.

Noch ist allerdings kein Proporz bekannt, nach dem zwischen den reichen Interessengruppen die Ämter und Ehren verteilt werden. Der Ruf der als heilige Mafia oder Geheimsekte verurteilten oder als Vorhut des Papstes gelobten Organisation Opus Dei kann modernen Katholiken aber schon Furcht einflößen.

Als» Langzeitstrategie zu einer umfassenden Restauration« hat der von seiner Kirche mit Lehrverbot belegte Tübinger Theologe Hans Küng schon vor Jahren das Handeln des polnischen Papstes Johannes Paul II. und seiner römischen Kurie charakterisiert. Er sollte immer mehr bestätigt werden. Bischofsernennungen folgen dem Gesetz der konservativen Auswahl – gegen das Kirchenvolk. Tatsächlich entfremden sich, wie spektakuläre Proteste» von unten« belegen, Kirchenbasis und zentralistischer römischer Überbau: Bischöfe werden systematisch ausgewählt, um die im

»offenen« Geist des Zweiten Vatikanischen Konzils (1962–1965) großgewordenen Diözesanoberhirten durch reaktionär-konservative, linientreue Verfechter der Restauration zu ersetzen.

Der langwierigste und verheerendste Fall in deutschsprachigen Ländern nach der »Causa Groer« ist der des Bischofs von Chur in Graubünden, Wolfgang Haas, der sein ganzes Bistum gespalten hat und nur noch mit Hilfe einer ultrakonservativen Minderheit Festungsmentalität vorlebt. Er wurde nie gewählt, sondern trickreich als Koadjutor des früheren Bischofs eingesetzt. Das ist ein Helfer, der gewöhnlich ernannt wird, wenn der residierende Bischof meistens aus gesundheitlichen Gründen nicht mehr die Kraft hat, sein Bistum voll zu leiten. Kaum war Haas, welch himmlische Fügung, auf diese Weise an den Bischofsthron herangerückt, ließ sich der Vorgänger pensionieren und Rom dekretierte, daß Koadjutoren von nun an die Nachfolge antreten würden.

In einem Land wie der Schweiz, wo demokratische Regeln insgesamt sehr pingelig gehandhabt werden und selbst bei der Bischofswahl das Mitbestimmungsrecht des höheren Klerus verankert ist, hat dieser Machtmißbrauch bitter enttäuscht. Zehntausende protestierender Katholiken zogen nach Chur, um gegen den neuen Diözesanbischof zu demonstrieren. Immerhin gehören zu der Schweizer Diözese nicht nur fromme Regionen wie Graubünden und das Fürstentum Liechtenstein mit einem ebenso reichen wie konservativ-katholischen und damit in Rom einflußreichen Fürsten. Auch die Großstadt Zürich sah sich plötzlich von einem vorgestrigen Bischof betreut.

Die Proteste erreichten zunächst nur, daß zwei aufgeschlossene Weihbischöfe dem reaktionären Haas zur Seite gestellt wurden. Der Erfolg: Der Streit wurde jetzt auch noch unter Bischöfen ausgetragen. Alle Versuche, Haas zum Rücktritt zu bewegen, scheiterten. Ein mit Personalfragen in der römischen Kurie befaßter Prälat kommentierte resigniert: »Ich habe noch nie einen solch sturen Bischof erlebt.« Haas kann auf seine Seilschaft im Opus Dei vertrauen, die bis hinauf zum Papst reicht und aus dem Liechtensteiner Antipastor einen Unberührbaren macht, obwohl er die Gläubigen aus der Kirche treibt.

Zunächst half es nicht einmal, daß ganze Pfarrgemeinden die von Bischof Haas eingesetzten Pfarrer einfach ablehnten. Die dumme Arroganz des reaktionären Traditionalisten vernichtete nach und nach jedes normale katholische Kirchenleben. Schließlich hatte selbst Rom ein Einsehen und überraschte die ganze Welt Ende 1997 mit einer Lösung alla romana. Zumindest glaubte die Kurie, nachdem bereits der Nuntius in Bern versetzt war und der Leiter der deutschsprachigen Abteilung als Nuntius in Papua-Neuguinea wirkte, einen besonders schlauen Ausweg gefunden zu haben: Haas ist Liechtensteiner. Das Fürstentum ist einer der ältesten Kleinstaaten Europas. Das Herrscherhaus rühmt sich seiner erzkatholischen Tradition. Nach 1500 Jahren Zugehörigkeit zum Bistum Chur sollte es endlich mit einem eigenen Erzbistum belohnt werden!

Drei Fliegen mit einer Klappe. Das war genial, so schien es jedenfalls den kurialen Schlaumeiern, die wieder einmal bewiesen, daß sie von dem wirklichen Leben so gut wie nichts mitbekommen haben. Haas sollte Erzbischof von Vaduz werden und damit das leidige Personalproblem lösen. Zudem hatte sich ein ähnliches Vorgehen schon in Luxemburg und Monaco für die Kirche gerechnet. Eigene, unabhängige Bistümer in Steueroasen einzurichten, hatte vielerlei Vorteile, hörte man es in den Fluren des Apostolischen Palastes munkeln. Auch kirchliche Anlagegelder flossen mit Vorliebe auf Liechtensteiner Konten. Die finanziellen Vorteile könnten sich da noch als segensreich erweisen, wenn ein Romgetreuer mit besten Beziehungen zum Opus-Dei-Imperium nicht nur eine Briefkastenadresse in Vaduz hatte.

Das Personalproblem gelöst, den Finanzen geholfen und den Fürsten geehrt. Ein Schachzug zum Händereiben, wenn, wie gesagt, die Wirklichkeit nicht ganz anders aussähe. Daß das Fürstentum und damit das neue Erzbistum nur zehn Pfarreien zählt und nicht einmal die Größe eines ländlichen Dekanates erreichte, störte die Kalkulation der Gottesdiener nicht. Der Fürst fühlte sich auch keineswegs geehrt. Er könne es auch nicht verhindern, wenn McDonald's in Vaduz eine Filiale eröffne, kommentierte er sarkastisch die römische Segnung. Zudem war er davon zwar vor anderen unterrichtet, aber keineswegs gefragt worden.

Die Kurie hatte gewußt, daß der Fürst nicht so ohne weiteres einverstanden wäre. Die Lösung war schon seit Jahren im Gespräch. Das Fürstenhaus wollte sie aber nicht, weil es bei aller Frömmigkeit mehrere Probleme auf sich zukommen sah. Die 1500jährige gemeinsame Geschichte mit Chur hatte Bande entstehen lassen, die niemand kappen wollte. Die Aufwertung zum eigenen Erzbistum widersprach dem Geist jener Institution, die sich doch sonst stets auf den langen Atem der Geschichte beruft. Außerdem setzte ein Bistum auch eine gewisse Infrastruktur voraus, auf die ein so machtbewußter Kirchenfürst wie Haas nicht verzichten wollte: vom angemessenen Bischofssitz bis zum eigenen Priesterseminar. Kosten, Kosten, Kosten, die letztendlich der Fürst gnädigst übernehmen sollte. Da weder Regierung noch Parlament unterrichtet waren, zerstörte das römische Vorgehen auch hier den letzten Rest von Vertrauen.

Wolfgang Haas, der Erzbischof eines Scherbenhaufens. Von ungeweihten Sündern würde man nicht enden wollende Buße erwarten für so viele Sünden gegen alles, was die Kirche lehrt. Doch Erzbischöfe sind in einem System, das durch diktatorische Gehorsamspflicht seine Mitglieder gängelt, über jede Sünde erhaben. Wenn sie es nicht mehr wären, würde das ganze Machtgebäude zusammenbrechen. Schließlich hat Haas aus römischer Sicht papstergeben und im rechten Geist des 19. Jahrhunderts regiert. Eine moralische Verfehlung, etwa der Bruch des Zölibates, konnte ihm nicht vorgeworfen werden. Ein treuer Diener seines Herrn also, der nicht bestraft werden darf.

Der Liechtensteiner Bischof wurde damit zum Musterbeispiel, das anschaulich macht, woher die katholische Kirche kommt und weshalb sie sich heute so schwertut. Sie hat sich im vierten Jahrhundert auf die Strukturen des endenden römischen Kaiserreiches gesetzt, dessen Gliederung übernommen und dessen gottähnlichen Herrschaftstitel beansprucht. Die Taufe der heidnischen Strukturen des Reiches war der erste große Verrat am Evangelium. Fortan war die Kirche Staatskirche und definierte ihren Gott als nach oben reichende Fortsetzung eines christlichen Kaisertitels. Als blinden Gehorsam verlangender, strafender Gott antwortete er durch seinen Stellvertreter auf Erden und dessen

Handlanger. Dieses Gottesbild setzte sich so fest, daß bis heute die Einforderung von Demokratie mit der Standardantwort der Kirche beschieden wird: Über Gott kann man nicht abstimmen. Die grundsätzliche Bedeutung des Falles Haas wird untermauert von ähnlichen Personalien in anderen Bistümern. Ein etwas älteres, aber nicht minder ärgerliches Beispiel ist der »Fall Krenn«. Im österreichischen St. Pölten protestierten auf dem Domplatz 10000 Menschen gegen die autoritäre Amtsführung des ultrakonservativen, vom Papst gegen den Widerstand starker Basiskräfte ernannten Bischofs Kurt Krenn. Der Wiener Weihbischof Florian Kunter befürchtete schon eine Kirchenspaltung. Und Krenn ist alles andere als ein Einzelfall in Österreich. Zwei andere Diözesanhirten haben ein gestörtes Verhältnis zum Kirchenvolk. Als Krenns Gleichgesinnte gelten der Salzburger Erzbischof Georg Eder und der Bischof von Feldkirch, der zum Klerus des Opus Dei zählende Klaus Küng. Krenn als dem offensichtlich radikalsten Vertreter dieses Trios warf ein Pfarrer bei den Demonstrationen in St. Pölten vor, er gehe »wie eine Dampfwalze« über Priester und Gläubige hinweg.

Der erste spektakuläre Fall einer massiven römischen Intervention zugunsten einer restaurativen Bischofsernennung geht noch auf Paul VI. zurück. Er überging 1971 die Vorschläge des für die Bischofswahl zuständigen Diözesankapitels von Rotterdam und bestellte unter dem Protest großer Teile des Kirchenvolkes einen erklärten »Traditionalisten«, Pfarrer Adrianus Jan Simonis, zum neuen Diözesanoberhirten. Inzwischen ist Simonis Kardinal und Erzbischof von Utrecht und allerdings auch gemäßigter geworden. In Deutschland war das eklatanteste Beispiel die Ernennung Kardinal Joachim Meisners zum Erzbischof von Köln im Jahre 1988.

»Persönliches Entsetzen« kam bei dem in Paderborn lehrenden katholischen Theologen Peter Eicher auf, als er die Dokumente las, die der theologische Journalist Peter Hertel in seinem Buch »Geheimnisse des Opus Dei« zusammentrug. Es enthält bisher geheime und kaum bekannte Texte über das aus Spanien stammende Werk (Opus) mit heute 1500 Priestern bei 80000 Mitgliedern.

Als ob sie beweisen wollte, wie weit sie von der Basis entfernt ist, startete die Kurie im Sommer 1997 eine Strafaktion gegen einen den Bedürfnissen des Kirchenvolkes aufgeschlossenen Vatikandiplomaten. Öffentlich und für kuriale Diskretion zu eindeutig hatte der aus Nürnberg stammende Erzbischof Karl-Josef Rauber als Nuntius in der Schweiz Stellung gegen Bischof Haas bezogen. Der Heilige Stuhl versetzte Rauber deshalb zur Jahresmitte nach Budapest. Ihm halfen nicht einmal die aus gemeinsamen Jahren im Staatssekretariat hervorragenden Beziehungen zum Substituten, dem eigentlichen Macher der Kirchenpolitik und Geschäftsführer des päpstlichen Kanzleramtes, Erzbischof Giovanni Battista Re.

Ein Ende des jahrelangen Streits um Haas war dennoch nicht in Sicht gekommen oder nun gerade nicht. Jetzt lehnten ganze Pfarrgemeinden aus Protest gegen den Vatikan und seinen Traditionalisten nicht nur den Bischof ab, sondern auch die von ihm eingesetzten Pfarrer. Kirchenrechtlich kann er kaum abgesetzt werden, wenn der Papst ihn nicht offen bestrafen will. Doch dem Opus-Dei-Freund will er das nicht antun. Also nimmt das Kirchenoberhaupt bewußt einen gegen das Volk agierenden und die Diözese spaltenden Quertreiber billigend in Kauf. Bei einem einwöchigen Besuch in Rom mit Papstaudienz lehnte Haas folglich selbstbewußt und im Vertrauen auf seinen Protektor eine Beförderung in ein ehrenvolles, aber einflußloses Amt im Vatikan ab. Hätte das Opus Dei andernfalls vielleicht mit Liebesentzug durch zurückhaltendere Finanzierungsfreude reagiert? Wie gesagt, in Rom gewinnt diese Annahme immer mehr Freunde.

Solche Erfahrungen entzweien längerfristig die ganze Kirche. Jedenfalls macht Professor Eicher schon jetzt zwei Arten des römischen Katholizismus aus: ein humanes Katholischsein und einen autoritären Priesterkatholizismus. Zum zweiten gehört das Opus Dei, das »den härtesten Kern der klerikalen Restauration« bilde, ein »Klientensystem der Priesterherrschaft, eine Klerokratie«.

Der Einfluß des Opus Dei auf die Kirchenspitze ist ein Grund, warum etwa Rotzetter nicht bereit ist, auch die Opus-Dei-Anhänger einfach tolerant nach ihrer Façon selig werden zu lassen.

Schließlich gibt es auch glühende Anhänger dieser Lebensform, wie es Menschen gibt, die sich ins Kloster zurückziehen und ebenfalls ihre persönliche Freiheit aufgeben, aber nicht wie beim Opus Dei mit abolutem Gehorsam, Briefzensur, Benachteiligung der Frauen, Geißelungen, Bespitzelungen, Aushöhlung des Elternrechts gegenüber den eigenen Kindern, Gehirnwäsche und Verwicklungen in Finanzskandale wie den Zusammenbruch der Ambrosiano-Bank in Mailand und des spanischen Rumasa-Konzerns.

Auch wenn das Opus schon eine Reihe von Karrieren geebnet hat und 1997 bereits anerkannt mindestens 15 Bischöfe als Mitglieder zählt und über 60 Kardinäle als Sympathisanten vereinnahmt, ist Eicher über die Erfolgsaussichten skeptisch. »An der Frage nach der Einstellung zur Lust in der Liebe entscheidet sich das Wesen des modernen Katholizismus«, schreibt er. »Gott sei Dank hat die Lustfeindlichkeit im römischen Katholizismus nie lange Oberhand behalten.«

Ganz gegen den Zeitgeist und das sogenannte Menschliche und das allzu Menschliche kann nicht einmal der Papst erfolgreich agieren. Das fängt schon beim eigenen Personal im Vatikan an. Die unterschiedlichste Herkunft und die verschiedenen Aufträge vereiteln von vornherein, die Kurie als einen geschlossenen Machtapparat zu betrachten, bei dem nur bestimmte Verhaltensweisen oder Beziehungen den Aufstieg garantieren. Geradezu erfrischend menschlich gehen die Kollegen an des Papstes Hof miteinander um.

»Da können sich viele nicht riechen«, ist noch die harmloseste Umschreibung für die Gefühle, die etwa ein einfacher Auditor aus einem der modernen Ministerien, die Räte statt Kongregationen hießen, zu den »verkrusteten Consiglieri« etwa der Glaubenskongregation haben. Ein Eherichter an der römischen Diözesankurie gestand mir einmal in einer freundschaftlichen Runde, daß er als Italiener besonders unter einer Bürde leide. »Der Zölibat macht mir kein Problem. Aber ich hätte schon gerne einen Sohn.« Er empfindet das Verbot, eigene Kinder zu haben, als die schlimmste Strafe. Das Ewige Leben mag ja verheißen sein, aber ein eigener Erbe ist doch überzeugender.

Als ich dieses Bekenntnis natürlich ohne Namensnennung einem Vertrauten in der Kurie erzählte und auch noch darauf hinwies, daß dieser Prälat als Consultor, Berater, bei der Glaubenskongregation mitarbeite, entfuhr es dem Monsignore überzeugend ehrlich: »Daß bei denen so ein vernünftiger Mann arbeitet, ist eigentlich unglaublich. Man darf selbst beim Offizium noch hoffen.«

Der Ausspruch des einstigen päpstlichen Reisemarschalls und Vatikanbankchefs Erzbischof Paul Marcinkus über seine Mitbrüder zeugte auch nicht gerade von brüderlicher Liebe und hoher Wertschätzung. Der Amerikaner Marcinkus nannte die Kurialen schlichtweg Klatschweiber. Sein Landsmann und Jesuitenpater Reese beobachtete eine Haß-Liebe unter den Kurialen, die im Privatgespräch sich darin äußert, daß mit ironischen Bemerkungen der andere ins Lächerliche gezogen wird. So etwa ein Witz, wieder über die ungeliebte, weil überaus mächtige Glaubenskongregation. Als ihr Chef Ratzinger erfuhr, daß einer seiner Untergebenen ein Kind gezeugt haben soll, tröstete ihn der Überbringer der peinlichen Nachricht: »Das kann nicht sein. Hier hat noch nie einer etwas mit Hand und Fuß geschaffen und schon gar nicht in neun Monaten.«

Der Vatikan ist wie jede große Behörde voll »von Sündern und Heiligen, Workaholics und Arbeitsscheuen, die nichts genauer beobachten als die Uhr zum Feierabend«, notierte Reese. Geistliche Tyrannen arbeiten neben echten Seelsorgern, wobei die Pastoren in der Minderheit scheinen. Zusehr verleitet der Glanz der Geheimniskrämerei jeden Kurialen, sich selbst mit der Aura eines kleinen Papstes zu umgeben.

Doch der Effekt verpufft. Das Verhalten dieser Prälaten wirkt nur noch lächerlich. Die Römer nehmen die Kurialen immer weniger zur Kenntnis und schon gar nicht mehr mit der früheren Hochachtung. Vorbei sind die Zeiten, als Soutaneträgern und Frauen in Nonnentracht ehrerbietig Platz gemacht wurde. Als ich kürzlich im Schnellzug ein Abteil fand, in dem nur neben einer Nonne ein Platz frei war, fragte ich, ob ich mich neben sie setzen dürfe. Die Schwester überraschte mich mit ihrer Antwort: »Wenn es Ihnen nichts ausmacht, neben einer Nonne zu sitzen.« Welche

Komplexe verbergen sich hinter dieser Aussage! Wie hat sich doch das Ansehen der Kirche verändert!

Der Abstieg wird oben kaum wahrgenommen, weil die Kirchenspitze nicht müde wird, die vielen Neuerungen zu preisen, die seit dem Zweiten Vatikanischen Konzil doch verwirklicht worden seien. Diese Neuerungen interessieren aber nur noch die Kurie selbst und draußen wenige Fachleute. An der Wirklichkeit der meisten Katholiken gehen sie unverstanden vorbei.

Für die römische Zentrale ist es schon ein gewaltiger Fortschritt, wenn der Anteil der Italiener in der Kirchenleitung rapide zurückgegangen ist. 1961, also vor dem Konzil, leiteten Italiener noch 91 Prozent aller kurialen Kongregationen (Ministerien), die neuen Räte gab es noch nicht. Im Staatssekretariat, das einem weltlichen Kanzleramt entspricht, beherrschten zu 76 Prozent die Italiener die Positionen. Heute sind es dort nur noch 66 Prozent, die Räte werden zu 27 Prozent von Italienern geleitet und von den Präfekten (Ministern) kommt nur noch jeder dritte aus dem italienischen Umland.

Ihre ausländischen Kollegen haben nicht immer besondere Wertschätzung für die Italiener übrig. Ein Amerikaner bescheinigte ihnen zwar »sehr gut zu leben zu verstehen, aber das Arbeiten haben sie nicht gerade erfunden«. Vielleicht liegt auch in der Abneigung vor schneller und wirksamer Erledigung von Aufträgen irrigerweise der vielgeschmähte Ruf der katholischen Kirche begründet, sie denke in Jahrhunderten. Er ist einfach nur die Folge der Tatsache, daß die Kirchenzentrale in Rom liegt und mediterranes Temperament nichts kennt, was nicht auch noch morgen erledigt werden könnte.

Karl Rahner schrieb 1972 allerdings auch, daß es noch eine schlimmere Sorte von römischer Unbeweglichkeit gebe, die derjenigen Ausländer, »die sich romanisiert haben« und römischer als die Römer, päpstlicher als der Papst agieren. Rahner warf ihnen zudem noch gravierender vor, daß sie so sehr Römer spielten, daß sie jeglichen Kontakt zur Heimat verloren hätten – was keineswegs im Sinne der Internationalisierung der Kurie war. Die sollte ja gerade erreichen, daß die ganze Welt vetreten sei. Schlimmer allerdings noch als die 150prozentigen Römer waren nach den Erfahrungen eines deutschen Prälaten» jene Herren, die in Rom vergaßen, daß sie Priester sind vor lauter ehrgeizigem Karrierestreben«.

Das gilt nicht nur für die einfachen Mitarbeiter, wie den Minutante, Aiutante oder Addetto. Wer über Jahre hinweg den Wandel beobachtet, den die Spitzenfunktionäre der Kurie durchmachen, kann die meisten Hoffnungen auf eine wirkliche Internationalisierung begraben. Zwar waren in der vorkonziliaren Kurie nur zwei von zehn Präfekten früher einmal Diözesanbischöfe und kannten damit halbwegs die Wirklichkeit in der Seelsorge, bevor sie Kardinäle wurden; inzwischen hat der Anteil der Bischöfe, die nicht aus dem diplomatischen Dienst des Heiligen Stuhls hervorgegangen sind, die anderen überholt. Doch nicht immer werden gerade die nach Rom hochgelobt und befördert, die die besten Seelsorger waren. Gezählt hat sie insgesamt zwar keiner, doch bei einer stattlichen Reihe von Präfekten und Präsidenten der Räte aus ausländischen Bistümern ist problemlos nachzuweisen, daß »sie pastorale, politische oder rechtliche Schwierigkeiten in ihren Diözesen hatten und deshalb auf elegante Weise entfernt und nach Rom befördert wurden«, wie Jesuit Reese schreibt.

Eine Versetzung nach Rom löste am einfachsten das Problem, so glaubte man jedenfalls. So war die katholische Kirche in Deutschland nicht undankbar, als der damalige Nuntius in Bonn, Corrado Bafile, die Kongregation für die Heiligsprechung übernahm. Der Bayerische Rundfunk rief ihm aufatmend nach: »Geh mit Gott, aber geh.« Der Nuntius hatte sich einen Ruf als Denuntius erworben. Selbst der professorale Münchner Erzbischof Joseph Ratzinger löste nicht nur Traurigkeit aus, als er 1981 von der Isar an den Tiber gerufen wurde. Kardinal Edmund Szoka, der heute so etwas wie ein Wirtschafts- und Finanzminister des Heiligen Stuhles ist, hatte sich durch radikale Gemeindereformen Feinde in seiner Heimatdiözese Chicago gemacht. In der Seelsorge erfolglos, machte er seinen kurialen Weg mit einer für vatikanische und kardinale Verhältnisse soliden Finanzpolitik.

Wie wenig selbst an höchster Stelle Qualifikation eine Rolle spielt, sondern andere Motive den Ausschlag für eine Berufung geben, wie treue Gefolgschaft der päpstlichen Theologie oder

Förderung durch einflußreiche Gruppen, belegen drei Beispiele: Der Präfekt der Missionskongregation, die für die Evangelisierung der Völker zuständig ist, eines der größten Kuriendikasterien, war nie Missionar. An die Spitze der Kongregation für die katholische Erziehung (Universitäten, Schulen und Seminare) wurde nie ein Pädagoge berufen. Das Ministerium, das die Ostkirchen bevormundet, also die orientalen Kirchen mit ihren eigenen Riten, die den Primat des Papstes anerkennen, hatte nie das Glück, von einem Bischof aus ihren Reihen geleitet zu werden. Corrado Bafile schließlich beweist nachhaltig, daß die Heiligsprechungen weder von einem Kirchenhistoriker noch von einem Fachmann in Spiritualität geführt wurden. Bafile galt als intriganter Diplomat.

Die Minister werden jeweils für fünf Jahre berufen, was nicht ausschließt, daß sie der Papst jeweils für die gleiche Amtszeit wieder und wieder bestätigt. So begann Ratzinger beispielsweise als dienstältester Präfekt 1996 seine vierte Amtszeit, weil er eben allzugut die päpstliche Lehre in Disziplin und Dogmatik vertritt. Ratzinger ist ein Freund des polnischen Papstes, und solch freundschaftliche Beziehungen zählen natürlich auch beim Oberhaupt der Kirche als ein wichtiges Argument bei der Personalpolitik, zumal er niemandem Rechenschaft schuldig ist. Kein Personalrat verlangt Mitbestimmung und kein Parlament versagt Zustimmung. Das alles gibt es eben in der absolutistischen Monarchie des Heiligen Stuhles nicht.

Die Pflege von Freundschaften und Seilschaften beginnt bereits im Konklave. Sobald feststeht, wer als neuer Papst den Stuhl Petri, wie es so schön heißt, in Besitz nimmt, rechnen sich seine prominentesten Wähler ihre Chancen auf eine neue Karriere aus. Unter Johannes Paul II. waren das einige besonders konservative Purpurträger, die unter Paul VI. ihre Ämter und viel von ihrem Einfluß verloren hatten.

Kardinal Silvio Oddi, der sich selbst entlarvend als »Bluthund Gottes« und ultrakonservativer Römer titulierte, wurde von Paul VI. kaltgestellt. Johannes Paul II. holte ihn in die Kurie zurück und ernannte ihn zum Leiter der Kleruskongregation, sozusagen der Disziplinar- und Personalabteilung für die einfachen

Funktionäre, die Priester. Edouard Gagnon wurde vom Papst an die Kurie zurückgerufen, obwohl er im Streit mit dem Staatssekretariat Jahre zuvor, wie der damalige Kardinalstaatssekretär Agostino Casaroli meinte, auf Nimmerwiedersehen weggeschickt worden war. Gagnon und Oddi, es wundert nicht, sind eng befreundet.

Über das Knie wollte Johannes Paul II. allerdings die Personalentscheidungen auch nicht brechen. So etwas nimmt die Kurie übel, die nach außen wenigstens das Image von Würde und christlicher Nächstenliebe wahrt, auch wenn es innen nur so knirscht und kracht. So bildete Wojtyla die Kurienspitze erst 1985 völlig um, sieben Jahre nach seiner Wahl. Er hatte dabei völlig freie Hand. Personalpolitik ist eines der wichtigsten Machtmittel des Papstes überhaupt, erst recht, wenn das Kirchenoberhaupt die ganze Bürokratie als notwendiges Übel betrachtet, die er am liebsten sich selbst überläßt, um auf den Spuren des Völkerapostels Paulus die Welt zu bereisen.

Am besten kann sich die Kurie auf die hausgemachte Elite verlassen. Die wird in der eigenen Diplomatenakademie geschmiedet. Nur 32 Kandidaten werden dort auf einmal ausgebildet, um danach in die weite Welt der päpstlichen Vertretungen entsandt zu werden. Im Rhythmus von wenigen Jahren kehren sie immer wieder ins vatikanische Staatssekretariat zurück, um die Verbindung zur Zentrale nicht zu verlieren, wie in jedem auswärtigen Dienst von Staaten auch. Das elitäre Bewußtsein ist hier nicht anders als unter Diplomaten weltlicher Regierungen. Es leitet sich nicht nur vom privilegierten Status mit dem roten Diplomatenpaß und von der Zusatzausbildung ab, sondern auch vom Horizont dieser päpstlichen Diplomaten. Traditionelle Vorstellungen vom politisierenden Prälaten treffen nur noch bei einer Minderheit zu. Die jüngste Generation der Nuntien, also Botschafter, entstammt den 68er Studentenschaften. So war der ranghöchste Deutsche im Staatssekretariat, der Ende 1997 mit 51 Jahren als Nuntius nach Papua-Neuguinea ging, Erzbischof Hans Schwemmer, sogar AStA-Vorsitzender in den rebellischen Jahren in Regensburg.

Von den 32 angehenden Diplomaten der Akademie sind derzeit

nur noch sechs Italiener. Alle anderen kommen aus dem Ausland, die meisten aus der Dritten Welt, was nicht nur ein Zeichen für das wachsende Gewicht Lateinamerikas, Afrikas oder Asiens in der katholischen Kirche ist. Sie stärken zugleich die Kongregation für die Evangelisierung der Völker, die über den größten Besitz verfügt und früher als Missionsabteilung für die armen Heiden nur geringes Gewicht hatte. Heute ist sie eine mächtige institutionalisierte Lobby der Dritten Welt in Rom.

Für den päpstlichen Diplomatendienst kann sich jeder Priester bewerben. Es gibt aber weder Ausschreibungen noch Wettbewerbe und Prüfungen. Die meisten Kandidaten kommen auch nicht aus eigenem Antrieb nach Rom. Sie sind meistens durch ihre Begabung oder Tätigkeit aufgefallen und zwar an der rechten Stelle: direkt oder indirekt durch den Nuntius im vatikanischen Staatssekretariat. Von dort werden Auskünfte eingeholt, wiederum über den Nuntius oder den zuständigen Bischof. Viele lehnen im ersten Augenblick sogar ab, bekommen dann eine kurze Bedenkzeit und können dann doch nicht widerstehen, dem Ruf in den diplomatischen Dienst zu folgen.

Das Zögern ist verständlich und spricht für die Kandidaten. Wenn sie wirklich zu den besten Priestern gehören, dann sind sie es meistens nur, weil sie eben nicht diplomatische Karrieren bei der Berufswahl vor Augen hatten, sondern die Seelsorge. Außerdem investiert die Kirche in ihre Ausbildung so viel, daß sie lebenslange Treue zum Dienst erwartet. Wer einmal zusagt, der bleibt bis zum Ende dabei, bis zum 75. Lebensjahr, wenn der Papst nicht noch aus besonderen Gründen verlängert.

Vier Jahre lang dauert die Ausbildung. In den beiden ersten werden die angehenden Diplomaten in Kirchenrecht unterrichtet und zwar an einer der päpstlichen Universitäten in Rom. Bevorzugt wird die berühmteste Hochschule, die von den Jesuiten geleitete Gregoriana, aus der Kans Küng ebenso hervorging wie Joseph Ratzinger. Wer schon in Kirchenrecht oder Theologie promoviert ist, braucht nur zwei Jahre an der Akademie zu büffeln. Hochschulstudium am Vormittag, am Nachmittag steht die Hauskost auf dem Speiseplan. Das darf wörtlich genommen werden, denn die angehenden Nuntien müssen auch lernen, was ein perfekter Gastgeber zu beherrschen hat. Sie müssen Bescheid wissen über Umgangsformen, Gästebetreuung, aber auch Buchhaltung und Fremdsprachen.

Einer der glänzendsten Absolventen der päpstlichen Diplomatenschule war der Schweizer Bruno Heim. Als Nuntius in London von 1973 bis 1985 hat er wesentlich dazu beigetragen, daß England und Rom den 400 Jahre alten Bruch überwanden und wenigstens wieder diplomatische Beziehungen aufnahmen, auch wenn die Abtrennung der anglikanischen Kirche natürlich nicht beendet worden ist. Heim war stets ein Gastgeber, dessen Einladungen die ganze britische Prominenz folgte. Nuntius Heim sprach nicht nur ein Dutzend Sprachen. Er machte aus dem zölibatären Erzbischofdasein eine Tugend. Mangels einer Ehefrau als Gastgeberin entwickelte er geradezu meisterhafte Fähigkeiten als Hobbykoch. In London genoß er den Ruf als »Bruno, the gourmet from the Vatican«. Die persönliche Bewirtung der Gäste beeindruckte derart, daß er noch als Pensionär des Vatikans in der schweizerischen Heimat hoch in den 80er Jahren immer wieder allerhöchste Einladungen erhielt. Selber lebte er bescheiden in Olten mit einer Pension von knapp 3000 Mark im Monat.

Heim war in seiner Heimat immer populär und bekannt, was nicht unbedingt typisch für päpstliche Diplomaten ist. Denn ihre Berufswelt beginnt in jungen Jahren weit weg von daheim in einem höchst diskreten Ambiente. Noch vor dem Ende des Akademiebesuchs üben sie einige Wochen als Praktikanten im Staatssekretariat, bevor ihnen zum Abschluß ein konkretes Prüfungsproblem gestellt wird, wie es ihnen später als päpstlichen Diplomaten begegnen kann. Ihre Lösung müssen sie schriftlich und mündlich begründen.

Danach steht ihnen zuerst als Attaché (Addetto) ein Dienst von 18 bis 20 Jahren in der unteren und mittleren Laufbahn des Staatssekretariates bevor, bis sie endlich in einer zweitrangigen Botschaft den ersten Nuntienplatz übernehmen können. Der Weg führt sie um die ganze Welt und immer wieder zurück in den Vatikan, wo sie wie beim weltlichen Beamten auch nach Altersstufen befördert werden. Fällt der Jungdiplomat durch gute Vorlagen oder gar »papstreife« Schriftstücke auf, beschleunigt sich der Aufstieg, der stets irgendwann mit dem Erzbischofstitel belohnt wird, den alle Nuntien erhalten. Solch einen Erzbischofstitel ehrenhalber trägt übrigens Johannes Dyba, der dennoch nur ein normaler Bischof von Fulda ist, wenigstens im Rang.

Nebenbei atmen die Diplomaten römische Luft und Lebensweise, was sich später auf das diplomatische Geschick auswirken dürfte. Jedenfalls werden an der Akademie auch weltumspannende Beziehungen geknüpft, die jedem der Absolventen später irgendwo in einer fernen Nuntiatur das Gefühl geben sollen, nicht allein zu sein.

Ihr Beziehungsnetz und die vielen Kontakte, die sie als Hilfskräfte in den Dienstjahren im Ausland geknüpft haben, sind die wichtigsten Voraussetzungen für ihre späteren Aufgaben. Sie bestehen auf den ersten Blick in der Vertretung des Papstes bei den jeweiligen Regierungen. Sie melden kirchliche Ansprüche gegenüber dem Staat an. Über sie laufen die Staat-Kirchen-Kontakte. Sie handeln auch die Konkordate aus, die das Verhältnis zwischen Staaten und dem Heiligen Stuhl regeln, damit es zwischen Kirche und Staat vor Ort keine Konflikte gebe.

Sie sind aber auch das Auge und das Ohr des Papstes, die Aufpasser Roms bei den nationalen Bischöfen. Ihre Berichte in die Zentralen bestimmen wesentlich die Entscheidungen der Kirchenspitze – und viele von ihnen sind zutiefst überzeugt, daß dies die jeweiligen Bischöfe »gar nicht können, weil sie zu sehr mit ihren lokalen Fragen beschäftigt sind«. So jedenfalls antwortete mir ein Nuntius auf die Frage nach der Notwendigkeit der päpstlichen Diplomatendienste in einer Zeit, in der jedes Land eine nationale Bischofskonferenz mit einem Präsidenten hat, der eine Flasche sein müßte, wenn er nicht besser als der Nuntius über seine Diözesen Bescheid wüßte.

Das fand der Nuntius gar nicht nett. Der Präsident der deutschen Bischofskonferenz hat schließlich nicht unbedingt den römischen Bick auf die Kirche in Deutschland. Das ist entscheidend, auch wenn es von der nationalen Wirklichkeit meilenweit entfernt ist. Das gibt ein Nuntius allerdings nicht zu, denn für ihn gilt noch immer die altrömische Devise des Imperiums: Roma locuta, causa finita, Rom hat gesprochen, die Sache ist erledigt – so wie es sie für erledigt hält. Der Nuntius ist zudem in den Ländern, wo Rom direkt die Bischöfe ernennt, ohne daß die Diözesanprälaten konsultiert werden müßten, der wichtigste Head Hunter. Er sieht sich nach geeigneten Bischofskandidaten um und setzt gewöhnlich auch seine Entdeckungen durch.

Die positive Entwicklung der Internationalisierung hat aber auch eine negative Kehrseite. Je bedrückender der Priestermangel im einst christlichen Abendland wird, desto weniger sind deutsche Bischöfe bereit, ihre jungen Priester in den kurialen Dienst ziehen zu lassen, schon gar nicht die von Rom ausgeguckten besten. Mit teilweise verheerenden Folgen. Langfristig verlieren sie dadurch Einfluß in der Kurie, was sich besonders bei Bischofsernennungen bemerkbar macht.

Klagen dann die Katholiken in den einzelnen Bistümern, kirchlich altmodisch Diözesan- und Erzdiözesankinder genannt, und ihre Prälaten, wenn dem verstorbenen Bischof einer allein von Roms Gnaden und Vorstellung nachfolgt, der so gut wie von niemandem im Bistum akzeptiert wird, so ist das nicht nur der Disziplinierung durch den Papst zu verdanken. » Wer Einfluß ausüben will, muß auch präsent sein«, weiß nicht nur der kuriale Spitzenprälat. Das gilt auch für das Leben aller Karrieristen im weltlichen Leben. Klinkenputzen und ständig auf der Chefmatte stehen, nennt man es dort. Manche Gruppen wie das Opus Dei pflegen mehr als ganze Bischofskonferenzen zusammen diese Präsenz in Rom. Die Folge läßt sich an fünf Fingern abzählen, siehe Krenn und Haas.

# Die Bürokraten

## *Die Kurie glaubt, alles besser zu können*

»Die vatikanische Bürokratie hat keinerlei Absicht, sich etwas einfallen zu lassen, sich inspirieren zu lassen oder schöpferisch nachzudenken. Sie will alles, nur nicht neue Horizonte öffnen.« Die Worte stammen von einem Priester, der nach jahrelanger Arbeit in der Glaubenskongregation wieder in die heimatlichen USA zurückgekehrt ist, um möglichst nie wieder mit den Glaubenswächtern in Rom zu tun zu haben.

Nach seinen Erfahrungen will die Kongregation nur eines: »Alles zusammenhalten, was noch zusammenzuhalten ist, und manchmal auch noch mehr. Glaubensfragen werden nie offen zur Diskussion gestellt, sondern nur nach alten Dogmen gemessen.« Theologische Forschung ist den Glaubenswächtern ein Greuel. Der enttäuschte Amerikaner erwartet auch keine Besserung, wenn die Kurie nicht endlich eine neue Geschäftsordnung erhält, die die von Papst Johannes XXIII. verlangte Öffnung zu den Herausforderungen unserer Zeit, sein Aggiornamento, in den Kurienstrukturen durchsetzt. Solange sie die Glaubenswächter nicht zwingt, wenigstens theologischen Fortschritt nicht von vornherein als teuflisch zurückzuweisen, wird auch ein fortschrittlicher Papst sich nicht durchsetzen können. Der Apparat steht gegen ihn. Die Denkweise erinnert einen deutschen Prälaten nach wenigen Monaten Arbeit in der Kurie an die Ausrede aller Verwaltungsbeamten: »Das haben wir immer so gemacht. Oder: Das haben wir nie so gemacht.«

Die bestimmenden Kräfte an der Kirchenspitze treiben die Kirche der Moderne in dieselbe theologische Sackgasse, in der sie

Jahrhunderte lang mit den Naturwissenschaften steckte. Erst 1996 hat Papst Johannes Paul II. zugegeben, daß der Mensch durchaus aus einer Evolution hervorgegangen ist, wie es Darwin entwickelt hatte. Als letzten Rest der legendären Geschichte vom göttlichen Schöpfungsakt verteidigte der Papst aber den Anspruch, daß die Seele vom Schöpfer erschaffen sei. Es war der päpstliche Rückzug auf das, was in der Tat die Domäne der Kirche ist.

Wer aber schon so weit sich in Frage stellen muß, sollte es auch dort tun, wo nicht Lehre betroffen ist, sondern nur die Irrungen der Kirchengeschichte. In Rom mag Tradition als sakrosankt gelten. Sie macht aber blind für die Wirklichkeit. Die römische Lehrautorität und ihr Dokumentenausstoß hat mit dem Kirchenvolk nichts mehr zu tun. Eine Umfrage zeigte 1997, daß 61 Prozent der kirchlich engagierten befragten Deutschen die Trennung von Katholiken und Protestanten für überholt halten. Sie sei ein Skandal der Christenheit. Der wird von den Bedenkenträgern in den Religionsbürokratien möglichst verewigt.

Bürokratien sind schwerfällig. Da ändert der Gegenstand ihrer Zuwendung nichts. Deshalb ist es auch die vatikanische. Und deshalb denken nicht nur von Rom geschurigelte Theologen an eine Reform der Kurie. Die Aufrufe zur Vorbereitung des Jubeljahres 2000 wurden in der ganzen Welt als Aufforderung verstanden, auch über das Gesicht der Kirche nach der Jahrtausendwende nachzudenken.

Die Glaubenskongregation steht nach dem Papstamt an zweiter Stelle bei den Reformforderungen, gerade weil sie unheilvoll rückständig ist. Als ersten Reformschritt müßte sie wenigstens die normalen vom weltlichen Recht bekannten Prozeßverfahren einführen, wenn man schon meint, daß die Kirche eine Rechtsinstanz braucht, die über die Reinheit des Glaubens wachen soll. Man könnte auch mit mehr Gottvertrauen darauf bauen, daß die Kirche lebendigen Gebrauch vom Evangelium machen soll, danach handle und dann schon das Richtige tue. Doch das ist den Funktionären viel zu banal, zumal es auch jeder verstehen könnte.

Einer könnte diese Reform von Amts wegen verordnen, wenn er nur wollte: der Papst. Es wäre ein erster Schritt auf dem Weg des Verzichts auf eigene Ansprüche. Einer seiner einflußreichsten Bischöfe sprach dies auch offen aus. Der frühere Vorsitzende der amerikanischen Bischofskonferenz, John Raphael Quinn, Erzbischof von San Francisco, forderte eine »große Strukturreform der Kurie«. Sie sei fundamental für eine neue Form des Papsttums.

»Die Kurie betrachtet sich heute gerne als vorgesetzte und weisungsberechtigte Behörde gegenüber den Bischöfen. Die Kardinäle der Kurie sehen sich nur dem Papst untergeordnet, aber über den Bischöfen«, konstatierte der Alterzbischof. Das »verdunkelt und schmälert die kirchliche Lehre und das kollegiale Miteinander der Bischöfe«.

Er und viele seiner Mitbrüder im Bischofsamt sehen deshalb nur einen Ausweg: der römische Zentralismus muß abgeschafft werden. Sein ebenso aufgeschlossener brasilianischer Kollege, Kardinal Paulo Evaristo Arns, empfahl gar dem Papst, er möge so schnell wie möglich die Kurie verlassen.

Einer der aufrechtesten und ältesten Warner vor dem römischen Apparat ist der Schweizer Kapuziner und frühere Missionar Walbert Bühlmann. In einem Beitrag in der kirchenkritischen italienischen Zeitschrift »Il Regno« meinte der Dekan der publizierenden Patres: »Hierarchie und Zentralismus sind schädliche Strukturen in der Kirche, die das Konzept des Konzils von der Kirche als Volk Gottes scheitern lassen.«

Für Quinn ist die Kurie möglicherweise ein genauso großes Hindernis für die anderen christlichen Kirchen, sich mit dem Katholizismus zu versöhnen, wie den Primat des Papstes in irgendeiner Form zu akzeptieren. »Sie können sich nicht damit abfinden, wie die Kurie gerade Probleme der kirchlichen Lehre in der Geschichte behandelt hat.«

Alle diese Stimmen sprechen sich dafür aus, die Kurie zu entmachten zugunsten einer kollegialen Führung der Kirche. Am besten durch Dezentralisierung und mehr Verantwortung der Bischöfe, die eindeutig über dem Apparat zu stehen haben. Die Kurie solle allenfalls mit einem Mindestmaß an Bürokratie bestehen bleiben als eine zentrale Clearingstelle oder ein Präsidialamt des Papstes. Die Weisungen aber kämen von den Bischöfen und ihren nationalen oder kontinentalen Gliederungen. Manche sprechen sogar bereits von der Aufteilung der katholischen Kirche in Patriarchate. Der Papst selbst ist schließlich unter anderem auch der Patriarch des Abendlandes. Warum soll es nicht einen katholischen Patriarchen von Afrika oder von Lateinamerika, Asien und Nordamerika geben? Sie sollen im Konsens die Kirche führen, entweder wäre dann überhaupt keine römische Kurie mehr nötig oder aber sie fungierte nur noch als Organ der Kommunikation, das gebraucht wird, um den Konsens zu schaffen.

Letztendlich läuft alles auf eine Frage hinaus, die auch Erzbischof Quinn stellte: »Wo ist das Wesentliche des Papsttums, welche Grenzen werden ihm aus dem Evangelium und nicht aus der Geschichte gesteckt?« Die Antwort würde sagen, was reformierbar und was unantastbar ist.

Auf der Suche nach diesem »ewigen Konzept« des Papsttums warnte das Mitglied der angesehenen internationalen katholischen Theologenkommission Hermann Pottmeyer vor »einer Verwechslung der Kirche mit dem Reich Gottes« – was bisher von Papst und Kurie lieber verwischt wurde. »Die Menschheit ist auf dem Weg zum Reich Gottes. Die Traditionalisten, die sich so sehr an die Vergangenheit klammern, erfüllen« nach des Theologen Meinung »keineswegs den Willen Gottes.« Immerhin, so erinnert er, »sah das Papsttum in den ersten tausend Jahren seiner Geschichte ganz anders aus als heute«.

Im 19. Jahrhundert hat es sich unter dem Einfluß des Ersten Vatikanischen Konzils nochmals wesentlich verändert und eine Macht überhöht, die in der übrigen Weltgeschichte meistens einherging mit dem Anfang vom Ende. Die gegenläufigen Kräfte hat es zur selben Zeit schon angeregt, ohne die Folgen zu übersehen. Just auch im 19. Jahrhundert entwickelte die katholische Kirche ihre Soziallehre, damit sie in der Gesellschaft befolgt werde. Was würde passieren, wenn die katholische Soziallehre auch in der eigenen Kirche angewandt würde? Gerade das Grundprinzip der Soziallehre, das Subsidiaritätsprinzip, soll sie selber im eigenen Apparat verwirklichen. Ihre Glaubwürdigkeit würde enorm steigen.

Der Grundsatz besagt, daß eine übergeordnete Instanz nichts an sich reißen darf, was eine untergeordnete besser oder gleich gut tun kann. Was das Individuum für sich entscheiden und regeln kann, soll nicht einmal der Solidarität der nächstgrößeren Gruppe überlassen werden. Umgekehrt muß die Solidarität greifen, wenn das Individuum überfordert wäre und scheitern würde.

Da die Kurie entgegengesetzt handelt, muß angenommen werden, daß sie in Übereinstimmung mit der katholischen Soziallehre allen nachgeordneten Gruppen und Individuen nichts zutraut, was sie nicht selbst besser regeln könnte. Das ist ihre katholische Subsidiarität, wie sie nur aus einem Machtanspruch einer Institution abgeleitet werden kann, die sich hinter dem Papst als göttliche Einrichtung verschanzt. Gott braucht keine Subsidiarität.

Ein erstes Zeichen, daß der Papst die Herausforderung angenommen hat, könnte er schon jetzt setzen. Er müßte nur umziehen. Wenn er nur noch für sein römisches Bistum zuständig wäre und nicht mehr die ganze Welt bereisen und dominieren wollte, würde eine kleinere Diözesankurie ausreichen. Die hat allemal im Lateranpalast Platz. Der ist übrigens so exterritorial wie der Vatikan und war bis zum Exil der Päpste im südfranzösischen Avignon ständiger Sitz des Papstes. Die Lateranbasilika ist noch immer die Bischofskirche des Papstes. Er sollte sie häufiger aufsuchen. Der Vatikan könnte dann das werden, was ein Heiliger unserer Tage, der französische Armenseelsorger Abbé Pierre, so genannt hat: »ein Museum, das am besten als Weltkulturerbe der UNESCO unterstellt würde«.

# Die Prediger

*Warum vatikanische Pressearbeit
nicht funktioniert*

Wer zu Joaquín Navarro-Valls, dem Pressesprecher des Papstes, vordringen will, muß eine Reihe von Hindernissen überwinden, um dann doch nicht viel zu erfahren. »Bunkermentalität« herrsche im Pressesaal des Heiligen Stuhls, dem Presseamt des Vatikans. Das geben selbst die journalistischen Vatikanbeobachter zu, die Vaticanisti, und es kommt nicht von ungefähr. Der studierte Arzt und einstige Journalist Navarro-Valls ist eines der prominentesten Mitglieder der fundamentalistischen katholischen Organisation Opus Dei. Geheimniskrämerei wird dort als Art des Hauses praktiziert, selbst in der Öffentlichkeitsarbeit.

In Public Relations müßte eigentlich der Vatikan Weltmeister sein. Früher hatte er sogar eine Großabteilung, ein ganzes Ministerium für Propaganda. Eine Straße in der Nähe der Spanischen Treppe in Rom trägt noch heute den Namen Via Propaganda. Hier steht noch immer der Palast der Propaganda Fide, der Hauptabteilung Verkündigung. Sie heißt jetzt Kongregation für die Evangelisierung der Völker, ist eine der mächtigsten und personalstärksten Kongregationen. Sie versieht den ureigensten biblischen Auftrag der Kirche am deutlichsten: die frohe Botschaft zu verkünden.

Dafür will sie natürlich auch die Medien nutzen. Doch beim Vatikan ist es nicht anders als bei weltlichen Großfirmen. Die PR stellt den Betrieb in den leuchtendsten Farben dar. So war es in der Kirche so lange auch Brauch, wie vor lauter Heiligkeit die Journalisten noch nichts zu fragen wagten. Spätestens seit dem Zweiten Vatikanischen Konzil, als die Kirche endlich entdeckte, daß es auch eine Welt vor den Kirchenportalen gibt, die nicht alles als bare Münze hinnimmt, was von der Kanzel gepredigt wird, richteten der Vatikan und die Diözesen sogenannte Pressestellen ein. Sie sollten im Gegensatz zur bisherigen Kirchenpresse, die mehr der Erbauung der Gläubigen als der Information diente, den weltlichen Medien Rede und Antwort stehen.

Im Vatikan hatte dies zunächst einen Umzug zur Folge. Das Presseamt verließ 1966 die schützenden Mauern der Vatikanstadt und richtete sich in einem päpstlichen Palast gegenüber dem Petersplatz ein. Die Journalisten mögen kommen, ohne die umständliche Prozedur zum Betreten des Vatikanstaats jedesmal zu absolvieren. Vielleicht wollte man sich aber auch nur die bis heute ungeliebten Presseleute auf Distanz halten. Das Konzil hatte die Kirche weltweit ins Gespräch gebracht, das Phänomen einer um die Zukunft ringenden Vollversammlung aller damaligen 2500 Bischöfe faszinierte die Medien. Verständnisvoll sahen sie den Römern in den Anfangsjahren nach, daß sie ziemlich hilflos mit den Presseleuten umgingen.

Was damals Unerfahrenheit war, ist heute System, obwohl Papst Johannes Paul II. als Medienpapst von sich reden macht. Auf seinen vielen Reisen nimmt er immer Journalisten mit. Er begrüßt sie auf längeren Flügen und unterhält sich mit ihnen über alles, was sie fragen. Geschickt gibt er Antworten und doch keine, am liebsten noch über Fragen zu seiner Gesundheit. Die Antworten gehen als wichtige Meldungen um den Globus, obwohl sie in der Regel banal sind, aber eben doch so ungewohnt menschlich für einen Papst. Ein echtes Interview, in dem keine heiklen Fragen ausgeklammert werden, hat er noch nie gegeben. »Der Papst gibt keine Interviews.« Basta.

Wenn er etwas Wichtiges zu sagen hat, dann greift er zu feierlichen Formen, von den päpstlichen Schreiben an die Mitbrüder im Bischofsamt bis zu den Enzykliken, Rundschreiben an die Bischöfe und alle Menschen guten Willens. Der Papst gibt keine Interviews, weil er verkündet. Verkündigung ist Einbahnstraße. Verkündigung heißt im katholischen Sinn, göttliche Wahrheiten den Menschen zu vermitteln.

Das kann natürlich keine hundsgemeine Pressestelle mit gewöhnlichen Journalisten. Deshalb haben die Pressesprecher des Papstes noch weniger mitzuteilen als andere Pressereferenten. Sie sollen mehr den Papst beraten, wie er den Verkündigungsauftrag in den Medien noch besser erfüllt.

Da sind Navarro-Valls' Truppen recht geschickt und einfallsreich. Zuerst behindern sie die Arbeit der Journalisten, wo es nur geht, beispielsweise durch wochenlange Verschleppung von Auskünften oder Drehgenehmigungen für das Fernsehen durch das Kommunikationsamt. Durch kleinliche Bedingungen für den Nachdruck von Fotos aus dem Vatikan, die wiederum nur die Fotografentruppe des Vatikanblattes »L'Osservatore Romano« schießen dürfen. Durch Vereitelung von Gesprächsterminen mit Kurienmitgliedern. Sie zwingen neugierige Journalisten, sich eigene Kanäle zu verschwiegenen Informationen zu schaffen. Die Erfahrung hat alle Vatikanisten gelehrt, daß vom Heiligen Stuhl nichts zu erfahren ist, schon gar nicht etwas, was dem Heiligen Vater vielleicht unangenehm sein könnte. Noch immer gilt, was der frühere Papstsprecher, der Navarro-Valls-Vorgänger Federico Alessandrini, als Standardantwort stets parat hatte: Davon habe ich nichts erfahren. Er hieß denn auch Signore Non mi risulta, der »Herr ich weiß von nichts«.

Groß waren alle Pressesprecher nur bei Dementis, selbst wenn sie genau wußten, daß sie logen. Im Laufe der Jahre allerdings haben sie darin eine Raffinesse entwickelt, die von den Journalisten höchste Anforderungen an die Fähigkeit stellt, zwischen den Zeilen zu lesen: Was wird wie dementiert und was wird von einer Enthüllungsgeschichte nicht erwähnt, also folglich auch nicht dementiert beim amtlichen Dementi. Zu Sowjetzeiten sprachen Moskauer Korrespondenten von Kreml-Astrologie. Beim Papst gilt das noch immer.

So hat der Vatikan beispielsweise die Enthüllungen, daß der Papst zum Rücktritt bereit sei und bei seinem Deutschlandbesuch 1996 den Bann gegen Luther auf der Wartburg lösen wolle, ganz eigenartig dementiert. Der Pressesaal ließ nur wissen, daß eine Lösung des Bannes obsolet geworden sei, weil Marthin Luther ja nicht mehr lebe. Deshalb brauche der Bann auch nicht zurückgenommen werden. In den anderen Punkten hielt sich der Vatikansprecher so zurück, daß Vatikanisten darin nur eine Bestätigung der Darstellung sahen.

Bei großen Industriefirmen weiß der Pressesprecher, daß seine Kommuniqués am leichtesten den Segen des Vorstandes erhalten, wenn sie nichts sagen. Nun könnte man ja der Meinung sein, daß neue Autos oder Fernsehgeräte durch Werbung verkauft werden und nicht durch Presseinformationen, allenfalls noch durch Schleichwerbung in den Medien. Kritische Berichterstattung jedenfalls kann dem Verkauf nur schaden. Im Gegensatz dazu verzichtet der Vatikan auf die viel zu teure Werbung und benutzt statt dessen gleich die Presse für Schleichwerbung. Die Methode ist einfach. Seine Presseleute verschleiern das Produkt so raffiniert, daß selbst der kritischste Journalist nichts Negatives mehr darin findet. Kommt dann dennoch einer dahinter, wird er entweder schweigend übergangen oder man unterstellt ihm Böswilligkeit.

Italienische Vatikanisten, die ständig mit der Sala Stampa (Pressesaal) des Heiligen Stuhls zu tun haben, dürfen sich dann auch mal auf privaten Nachhilfeunterricht durch den Pressechef freuen, wo Navarro-Valls versucht, mal mit Drohungen, mal mit der Bitte um Verständnis für die zu Unrecht schlecht behandelte Kirche den Kollegen auf die rechte Linie der Lobhudelei zurückzuführen.

Ein Beispiel für die geschickte Verschleierungstaktik: Der Vatikan stellt einen siebzigseitigen Text über die Neuregelung der Papstwahl, der Beichtpraxis oder das neue Mischehenrecht, egal, was auch immer, vor. Normal wäre, daß in der Presseerklärung hervorgehoben wird, was im Vergleich zu bisher verändert worden ist, worin die Neuregelung liegt und wie sich das auswirken wird oder was man sich davon erhofft.

Das findet sich in den Bollettini, den vatikanischen Pressebulletins, überhaupt nicht. Die Neuregelung wird komplett vorgestellt, ohne irgendeinen Verweis auf die alte zu geben. Die Journalisten quälen sich dann mühsam durch seitenlange Texte, um endlich die Stelle zu finden, die von der bisherigen Regelung, sofern die ihnen bekannt ist, abweicht. Oder sie übernehmen im Sinne der Erfinder die vatikanische Sprachregelung. Siehe Beispiel Konklave im entsprechenden Kapitel, dessen Reform 1996 als Fortschritt veröffentlicht wurde, weil der künftige Papst nur noch mit Zweidrittelmehrheit gewählt werden dürfe.

Das war die schlimmste Sandstreumaschine in die Augen der Berichterstatter seit langem. Die Zweidrittelregelung gibt es schon seit Jahrhunderten, mal mit dem Zusatz plus eine Stimme, mal ohne. Die eigentliche Neuigkeit steht in einem kleinen nachrangigen Punkt: Wenn nach rund drei Wochen kein Papst mit Zweidrittelmehrheit gewählt werden konnte, reicht die einfache Mehrheit. Das war die raffiniert versteckte Sensation, mit der eindeutig die Aussicht abgesichert wurde, daß der künftige Papst zum konservativen Block gehört.

Mit anderen Worten: Der Vatikan hilft den Journalisten nicht, korrekt zu berichten, sondern nur, die gewünschte Botschaft positiv zu verbreiten, alles im sogenannten Dienst der Wahrheit. Damit keiner auf die Idee kommt, durch Recherche, sofern diese in der Schnelle des Tagesgeschäfts überhaupt möglich ist, den wahren Sachverhalt zu entdecken, werden Kurienmitarbeiter zum Schweigen verdonnert. Sie äußern sich allenfalls in Andeutungen, oder im glücklichsten Fall geben sie einen Hinweis. Die Quelle darf aber um Gottes Willen auf keinen Fall verraten werden.

Manche Prälaten leiden unter diesen Mißständen, weil sie die Bedeutung der Medien kennen und wissen, daß das schlechte Bild der Kirche in der Öffentlichkeit von ihr selbst systematisch aufgebaut worden ist. Ich erinnere mich an meine Zeit als Volontär bei einer katholischen Tageszeitung in Stuttgart. Ich hatte in bestem Glauben einen kritischen Kommentar gegen einen Pfarrer geschrieben, der ein Fußballspiel seiner Dorfmannschaft zum Vereinsjubiläum unterbrechen ließ, weil das Auftaktspiel zur selben Zeit wie die Sonntagsmesse stattfand. Das war in der angeblich heilen Welt der frühen 60er Jahre. Hochwürden stürmte auf das Fußballfeld und donnerte die Mannschaften zusammen, bis sie ihm in die Kirche folgten. Meine Glosse löste eine unerwartete Reaktion aus.

Der erzkatholische Direktor des Verlages, der dem Bistum Rottenburg gehört, verbot mir, künftig über katholische Pfarrer zu schreiben, was mir in einem bigott katholischen Blatt eigentlich eine ruhige Zeit hätte bescheren sollen. Ein Stuttgarter Stadtpfarrer erfuhr von der Zensur und ließ beim nächsten kirchlichen Mediensonntag »für alle jene katholischen Journalisten beten, die in katholischen Verlagen ihr Gewissen vergewaltigen müssen«. Das Gebet wurde anscheinend gehört. Erstens gibt es kaum noch katholische Zeitungen und zweitens engagieren sich nur noch wenige katholische Journalisten in den übrigen Medien für die Kirche. Ihr Gewissen müssen sie deshalb schon lange nicht mehr vergewaltigen. Kehrseite dieser Entwicklung: Die früher noch in allen Redaktionen vorhandene Sachkompetenz in Kirchenfragen ist heute der Ausnahmefall.

Offensichtlich erwarten auch die Leser nicht mehr viel an Kircheninformationen. Nachrichten, die vor zwanzig Jahren noch die ersten Seiten der Zeitungen beherrscht hätten, kommen heute gerade noch auf Meldungsgröße im Innenteil. Magazine wissen, daß selbst ein Papsttitel eher die Auflage senkt als auch nur um ein Exemplar erhöht, außer, wie mir ein Kollege ironisch sagte, »wenn Sie exklusiv ankündigen können, daß der Papst heiratet.«

Das tut er auf absehbare Zeit nicht. Er gibt auch weiter kaum Interviews, die diesen Namen verdient hätten, und er läßt auch keine kritischen Fragen zu. Vatikanbedienstete, die es wagen, einem Journalisten etwas von drinnen mitzuteilen, riskieren einen Karriereknick oder gar den Job. Im Sommer 1997 legte das Staatssekretariat allen ein »Regolamento« vor, eine Art Verhaltenskodex, in dem davor gewarnt wird, irgend jemandem eine Gefälligkeit zu erweisen und sich dafür etwas schenken zu lassen. Schon die Einladung zu einem Essen, ohne das in Rom nicht einmal ein längeres Grüß Gott läuft, wurde ins Zwielicht der Korruption gerückt.

Es ist nicht nur die Angst vor einer »schlechten Presse« oder vor der Aufdeckung der Wirklichkeit, die den Heiligen Stuhl so hysterisch reagieren läßt. Es ist noch schlimmer. Die Kurie hat entdeckt, daß man mit den Medien auch Geld machen kann. Natürlich nicht mit der eigenen Kirchenpresse. Die rutscht seit Jahren im Krebsgang ins Auflagentief. Neue Leser kommen nicht hinzu. Die alten sterben weg. Die Kirchenpresse spiegelt geradezu symptomatisch die Problematik kirchlicher Öffentlichkeitsarbeit.

Fromme Erbauung wollte niemand mehr. Als beispielsweise die deutschen Bischöfe vom Konzil zurückkamen, wollten sie auch ihren Diözesanblättern die Welt öffnen. Dialogforum war die neue Losung für die Chefredakteure. Die Leser konnten damit nichts anfangen, weil sie nicht gewohnt waren, in ihren Bistumszeitungen kritische Auseinandersetzungen zu lesen und aktiv mitzumachen. Unter dem Druck konservativer Kräfte in den Diözesanführungen, vor allem aber unter prominenten Lesern, die die letzte Bastion des rechten Glaubens fallen sahen, wenn im Kirchenblatt kontrovers über die Empfängnisverhütung geschrieben wurde, kehrten die Redaktionen zum alten Trott zurück. Er erwies sich als medialer Selbstmord.

Eine ganz andere Möglichkeit hat der Navarro-Freund Vittorio Messori, Autor eines angeblich kritischen, in Wirklichkeit aber lobenden Opus-Dei-Buches, herausgefunden. Nicht die zur Wirkungslosigkeit entmannte eigene Presse sollte genutzt werden. Messori fragte sich, ob man nicht die sonst so verteufelten Massenmedien ins Geschäft ziehen könnte. Er dachte an ein wöchentliches Papstwort, das Wort zum Sonntag des Stellvertreters Christi auf Erden, das den Fernsehanstalten angeboten werden sollte, natürlich gegen Bezahlung. Nicht einmal mehr Gottes Wort gibt es bei der Kirche umsonst.

Die Sondierungen ergaben dann allerdings, daß die päpstlichen Predigten doch nicht das reine Begehren der Fensehgewaltigen auslösten und schon gar nicht größere Honorare lockermachten, wie die Initiatoren sich erhofft hatten. Kurzerhand wurden die geplanten Interviews mit 35 Fragen von Messori und Helfern mit den passenden Antworten aufgeschrieben und dem Papst zum Gegenlesen vorgelegt. Ein »Papstbuch« war geboren.

Zum ersten Mal wurde ein Buch vom Papst gegen Bezahlung, in Deutschland 36 Mark, verkauft. Daß Johannes Paul II. »Die Schwelle der Hoffnung überschreiten« (256 Seiten, Hoffmann und Campe Verlag) selbst geschrieben habe, enthüllten Kenner des päpstlichen Stils schnell als Legende. Für den Medienrummel, der den Verkauf fördern sollte, war viel Prominenz zur Vorstellung der ersten, der italienischen Ausgabe nach Mailand gereist. Papstfreund Joseph Ratzinger präsentierte mit Verleger Leonardo Mondadori die italienische Originalfassung. Beobachter entdeckten auffallend viele Anhänger des Opus Dei. Das Buch wurde in 21 Sprachen mit 20 Millionen Auflage übersetzt. 15 Prozent des Ladenpreises bekommt der Papst – für wohltätige Zwecke.

Vor zu großen Erwartungen warnt Messori vorsichtshalber schon in der Einleitung. Der Leser finde einen »einmaligen Mix« vor aus »einem persönlichen Bekenntnis, geistlichen Überlegungen und Ermahnungen, mystischen Meditationen, Aussagen über Vergangenes und Zukünftiges sowie theologische und auch philosophische Spekulationen«. Mit anderen Worten: ein theologisches Werk, das kaum beachtet würde, wäre als Autor nicht der Heilige Vater eingesetzt worden.

Auf die Kernfrage »Gibt es wirklich einen Gott im Himmel?« antwortet der Papst u. a.: »Die Frage nach der Existenz Gottes ist eng verbunden mit dem Ziel der menschlichen Existenz. Es ist nicht nur eine Frage des Verstandes, sondern auch eine Frage des menschlichen Willens; oder besser: eine Frage des menschlichen Herzens. Ich denke, daß man zu Unrecht annimmt, die Position des Hl. Thomas von Aquin erschöpfe sich im rationalen Bereich. Man muß vielmehr Etienne Gilson recht geben, wenn er mit dem Hl. Thomas sagt, daß der Verstand die wundervollste Schöpfung Gottes sei, was aber keineswegs bedeutet, das Feld einem einseitigen Rationalismus zu überlassen.«

Wundert es angesichts solch klarer Glaubenshilfe noch, wenn der weltreisende »eilige« Vater, Papst Johannes Paul II., die Katholiken immer weniger erreicht und immer mehr polarisiert, obwohl er letzten Endes die Medien exzellent nutzt? Aber dank Fernsehen braucht er sich eben nie dem Dialog zu stellen. Er predigt nur und inszeniert sich selbst.

Man mag sich sehnsüchtig ein interaktives Fernsehen wünschen, das wenigstens in ferner Zukunft die One-Man-Show relativiert. Einen Versuch können die Gläubigen schon machen, mehr über den katholischen Glauben zu erfahren. Der Papst predigt neuerdings auf der Datenautobahn. Eine Million Gläubige aus 71 Ländern stürmten in den ersten 15 Tagen zu seiner elektronischen Kanzel, nachdem bekannt wurde, daß der Vatikan im Internet zu haben war: http://www.vatican.va. Die Surfer verschlingen des

Papstes neueste Schriften, bitten um Beistand, suchen »die Nähe Gottes« oder erkundigen sich nach der Gesundheit des Heiligen Vaters, berichtete stolz der Vatikan. Genesungstip einer Schülerin aus den USA: »Viel Flüssigkeit und Hühnersuppe«.

Der Stolz der vatikanischen Medienarbeit bleibt aber der »Osservatore Romano«, der Römische Beobachter, die Tageszeitung des Heiligen Stuhls. Sie lebt von vergangener Größe. Heute lesen ihn eigentlich nur noch Fachverbraucher, die ihn als Arbeitsmittel benötigen. Die Auflage liegt gerade noch bei 10 000 Exemplaren.

Gegründet wurde der »Osservatore« in einer Notlage, als die päpstlichen Truppen bei Castelfidardo am 8. September 1860 die erste Schlappe erlitten, der 1870 der Verlust des Kirchenstaats folgte. Die weltliche Macht des Papstes schrumpfte danach auf einen halben Quadratkilometer zusammen und ließ die Sehnsucht nach einer neuen Macht wachsen: Einfluß auf und durch die Medien.

Zuerst dachten die Gründerväter nicht an Information, sondern an Stimmungsmache zugunsten des nicht mehr zu rettenden Kirchenstaates. Die Zeitung sollte der Anwalt des Kirchenstaates werden. Am 1. Juli 1861, wenige Monate nach der Ausrufung des Königreichs Italien (17. März 1861), erschien deshalb prompt in Rom die erste Nummer des »Osservatore Romano«.

Am 26. Juni hatte Pius IX. bei der päpstlichen Audienz seine Zustimmung zum »Regolamento« (Betriebsordnung) erteilt. Einige Artikel aus dieser »Arbeitsanweisung« bestimmen die Ziele wie folgt:

1. Die gegen Rom und das Römische Papsttum in Umlauf gebrachten Verleumdungen zu enthüllen und zu widerlegen.

2. Alles, was am Tagesgeschehen in und außerhalb Roms beachtenswert ist, bekanntzumachen.

3. Die unerschütterlichen Prinzipien der katholischen Religion sowie die Grundsätze von Recht und Gerechtigkeit als unumstößliche Grundlagen jedes geordneten sozialen Zusammenlebens in Erinnerung zu bringen.

4. Über die Pflichten des Einzelnen gegenüber dem Vaterland zu unterrichten.

5. Die Verehrung für den Erlauchtesten Souverän und Papst anzuregen und zu fördern.

6. Alles an Kunst, Literatur und Wissenschaft, was dem Publikum nahegebracht zu werden verdient, zusammenzustellen und zu erläutern; das gilt ganz besonders für die Erfindungen und entsprechenden Anwendungen, um die man sich im Kirchenstaat bemüht. Im Zeitungskopf stand deshalb folgerichtig: »L'Osservatore Romano – giornale politico morale« (L'Osservatore Romano – politisch-moralische Zeitung).

Die ersten Nummern hatten einen Umfang von vier Seiten, auf denen alle polemischen Themen vertreten waren, die auf lange Zeit die »Linie der Leitartikel« kennzeichnen sollten. Ende des Jahres 1861 wurde der Untertitel »politisch-moralische Zeitung« aufgegeben.

Im ersten Jahrzehnt seines Bestehens widmete der Osservatore den Themen internationaler Politik, einschließlich der »Römischen Frage«, breiten Raum. Aber fast nie wurden rein politische Probleme erörtert; vielmehr hob man die Gerechtigkeit oder Ungerechtigkeit öffentlicher Handlungen und ihre Folgen für die katholische Religion und für die Moral der Gesellschaft hervor. Auch die Themen religiösen, kirchlichen und ökonomisch-sozialen Charakters fanden auf der ersten Seite Raum. Auf diese Weise qualifizierte sich die Zeitung schon sehr bald als »getreuer und ziemlich vollständiger Spiegel nicht nur der Meinungen und Wünsche der Mehrheit der römischen Katholiken, sondern auch – zumindest in deren äußeren und öffentlichen Formen – jener der päpstlichen Regierung«. So nachzulesen in einer heutigen Würdigung des Vatikans.

Nach dem Eindringen der königlich italienischen Truppen durch die Porta Pia in Rom am 20. September 1870 wurde der Osservatore Romano aus einem »halbamtlichen« Organ des Kirchenstaates zu einer Oppositionszeitung in dem jungen, erweiterten Königreich Italien. Nach einmonatiger Unterbrechung nahm die Zeitung am 17. Oktober ihr Erscheinen wieder auf. Das nahm die Direktion zum Anlaß, auf der ersten Seite eine Gehorsamserklärung gegenüber dem Papst und die totale Zustimmung zu seinen Weisungen abzudrucken, mit der Bekräftigung, daß die

Zeitung »jenem unwandelbaren Prinzip von Religion und Moral, als dessen alleinigen Bewahrer und Anwalt sie den Stellvertreter Jesu Christi auf Erden anerkennt« treu bleiben werde. Dem römischen Vorbild folgten alle anderen katholischen Zeitungen, die vor allem in Deutschland aufblühten.

In dem besonders angeheizten Klima jener Jahre wurde die Zeitung mehrmals beschlagnahmt. Papst Leo XIII. erwarb danach auch offiziell die Eigentumsrechte von den bisher privaten Besitzern und machte den Osservatore 1885 zum Informationsorgan des Heiligen Stuhls.

Aus dem Kampfblatt des 19. Jahrhunderts wurde nur für wenige Jahre während des Zweiten Weltkrieges eine der am besten informierenden Zeitungen der ganzen Welt, weil der neutrale Vatikan Informationskanäle zu allen Seiten unterhielt und sie für den Osservatore nutzbar machte.

Nach dem Zweiten Weltkrieg zehrte das Blatt noch einige Zeit von diesem Ruf, bis die Öffnung der Kirche mit dem Zweiten Vatikanischen Konzil das Hofblatt des Papstes in den Hintergrund rückte. Interne Zensur würdigte es zum Amtsblatt des Heiligen Stuhls herab, dessen Leitartikel nur noch dann interessant waren, wenn etwa in der Ostpolitik zwischen den Zeilen die Absichten des Papstes herauszulesen waren. Die Bischöfe waren zudem so sehr auf Präsenz in den Medien erpicht, daß schon fast von einer Liebesbeziehung zu der Presse zu sprechen war. Sie kühlte aber bald ab, als sich herausstellte, daß die Zeitungsleute selber schreiben können und keine Sekretäre zum Diktat sind.

Zum 130. Gründungstag des Osservatore am 1. Juli 1991 rief Papst Johannes Paul II. »den göttlichen Beistand auf die Redakteure und Techniker, auf die Mitarbeiter und Leser herab, die, mit unterschiedlichen Gaben ausgestattet, aufgerufen sind, mit Hilfe der neuen Verlagstechniken das Wort Gottes und die Lehre der Kirche in der Welt gegenwärtig zu machen. Das ist ein Dienst an der ganzen Menschheit, die danach verlangt, ›Kanäle der Hoffnung‹ zu finden, aus denen evangelische Zuversicht und Mut geschöpft werden können. «

Um den Osservatore herum hat sich inzwischen ein ganzer Medienmarkt entwickelt, der bedeutender als das Blatt selbst ge-

worden ist. Wer kennt nicht den stets in korrekten schwarzen Anzug gekleideten Mann mit den beiden Nikons, der auf allen
Papstreisen exklusiv in nächster Nähe des Kirchenoberhauptes
auftaucht? Arturo Mari, Fotograf des Osservatore, ist der päpstliche Hoffotograf, der überall mitdarf, wo Öffentlichkeit erlaubt
oder erwünscht ist. Seine Osservatore-Abteilung darf denn auch
die Nachdruckrechte verkaufen, wenn der Vatikan nicht selbst
die Fotos publizieren will. In jüngster Zeit wurden sogar die Ver-
kaufsbedingungen verschärft, so daß jede Redaktion auch noch
mitteilen muß, in welchem Kontext etwa Fotos von Kurienkardinälen erscheinen sollen, ein Zeichen von Mißtrauen und Geschäftemacherei.

Es soll schon Redaktionen geben, die sich fragen, ob der Rum-
mel um den Papst das wert ist. Die kommerzielle Zensur widerlegt den Ruf des Papstes, ein Mann der Medien zu sein.

Er ist ein Mann der Live-Übertragungen des Fernsehens und
muß inzwischen auch die Kehrseite der Präsenz auf den Bildschirmen tragen. Kein Zittern der Hände bleibt dem Publikum mehr
verborgen, keine Ermüdung und keine Unsicherheit. Er weckt damit Anteilnahme, aber auch die Neugier nach seinem wirklichen
Gesundheitszustand. Über den will sich wiederum sein Presseamt
gar nicht äußern, und wenn es Navarro-Valls dann als ehemaliger
Journalist doch tut, ist selbst er nicht sicher, nicht von oben gerüf-
felt zu werden. Als er beim Ungarnbesuch des Papstes die tatsächlichen Krankheiten des Papstes zugab, wurde er von der Kurienspitze zurückgepfiffen. Navarro-Valls wollte bereits seinen Posten
zur Verfügung stellen, weil er diese Unredlichkeit der Kurie nicht
mehr mitmachen wollte.

Am liebsten würde der Rat für die Soziale Kommunikation, das
für Fernsehen und Radio zuständige Presseamt des Vatikans, das
eigene Fernsehen produzieren, um die fertigen Filmkassetten zur
Ausstrahlung bei den Sendeanstalten abzuliefern. Das können
sich theoretisch die deutschen Bischöfe bei den Kirchensendungen
des ZDF erlauben. Sie wissen, warum sie es nicht tun. Sie belassen
es bei einer Mitsprache durch einen kirchlichen Sendebeauftrag-
ten. Weltweit funktionert so etwas natürlich nicht. Drehgenehmigungen gibt es deshalb im Vatikan fast nur bei unverdächtigen

Themen, gegen gutes Geld und bei vorauseilend versichertem Wohlverhalten. Vor einem eigenen Sender, der über Satellit die ganze Welt erreichen könnte, einem katholischen CNN, schreckt der Heilige Stuhl noch zurück. Solange der Papst noch bei den wichtigsten Anlässen weltweit direkt übertragen wird, lebt die Kurie mit den Schattenseiten des Medienrummels so gut es geht. Eine eigene Produktionsgesellschaft ist immerhin schon ins Video-Geschäft eingestiegen und bietet Papststreifen den Fernsehanstalten an. Die italienische Bischofskonferenz fördert das TV-Geschäft. Landesweit gibt es schon 35 katholische Sender, sehr erbaulich, wie einst die Kirchenpresse, nur mit dem Reiz der bewegten Bilder und vielen frommen Worten zum Alltag.

Beim Rundfunk war das noch ganz anders. Am 12. Februar 1931 kündigte der italienische Wissenschaftler Guglielmo Marconi selbst über Radiowellen die Geburt eines neuen Senders an. »In wenigen Sekunden wird der Oberste Brückenbauer, Papst Pius XI., die Radiostation der Vatikanstadt eröffnen. Die elektrischen Wellen werden seine Worte des Friedens und seinen Segen in die ganze Welt hinaustragen.« Um 16.49 Uhr verlas Pius XI. einen lateinischen Text, den er selbst geschrieben hatte.

Auf vielen Plätzen in Italien und im Ausland wurden Lautsprecher aufgestellt, damit die Menschen der Stimme des Papstes lauschen konnten, »als könnten sie von seinen Lippen lesen«, wie ein Reporter notierte. Die wenigsten verstanden das päpstliche Latein, aber die unmittelbar erscheinende Präsenz des Papstes erfaßte sie so sehr, daß es ihnen gar nicht sonderlich darauf ankam, was er denn zu sagen hatte ... Heute sendet Radio Vatikan in 34 Sprachen auf allen Wellen und über Satellit die von Jesuiten zusammengestellten Programme.

# Die Banker

## *Wo ein Bischofswort besser ist als jede Hypothek*

Düster schaut der Turm S. Nicolo auf jeden herab, der durch das St.-Anna-Tor den Vatikan betritt. Zur Linken erhebt sich sein wuchtiger Rundbau und verdeckt den dahinter liegenden Apostolischen Palast, als wolle er ihn gegen jede Anfeindung und Not verteidigen. Mit ganz modernen Mitteln. In diesem Turm ist die römische Institution untergebracht, die neben der Glaubenskongregation am umstrittensten ist. Während die Nachfolgerin der Heiligen Inquisition mit einem Schatten ihrer langen und häufig überaus dunklen Vergangenheit leben muß, residiert in diesem Turm das erst 50 Jahre alte Istituto per le Opere di Religione, IOR, deutsch das Institut für die Werke der Religion.

Hinter dem verschwommen frommen Namen verbirgt sich die Vatikanbank. Sie wurde von Pius XII. 1942 gegründet. Ihre relativ kurze Geschichte ist dennoch so voller Skandale, daß sie zumindest an negativen Schlagzeilen das Offizium des Kardinals Ratzinger auf der anderen Seite des Petersplatzes jahrelang lässig in den Schatten stellen konnte.

Im Mittelpunkt steht ein Mann mit Stil: Er spielt Tennis, raucht gern dicke Havannas, pflegt den Small talk und reist vornehmlich im weißen Anzug, wenn dienstliche Pflichten ihn nicht in die Soutane zwingen. Der sportliche Amerikaner ist Erzbischof.

Die Herrlichkeit des Paul Marcinkus, so heißt der am 15. Januar 1922 geborene Kleriker, endet am 18. Juni 1982. Zehn Kilogramm Steine in den Anzugtaschen seines Geschäftsfreundes, des Mailänder Bankiers Roberto Calvi, ziehen nicht nur den Direktor der Mailänder Banco Ambrosiano in den Tod. Sie vernichten unter der Londoner Dominikanerbrücke (Blackfair Bridge) auch die Hoffnungen auf gewaltige Gewinne der katholischen Kirche.

Roberto Calvi wurde vermutlich von der Mafia erhängt. Er war Chef der über 80 Jahre alten katholischen Traditionsbank Banco Ambrosiano, einer der erfolgreichsten italienischen Geschäftsbanken. Der gewiefte Calvi arbeitete auch mit der Mafia zusammen. Und in seinem Aufsichtsrat saß jener amerikanische Erzbischof Paul Marcinkus. Calvi starb an der Themse. Marcinkus ist heute ein kleiner Vikar in der amerikanischen Provinz, strafversetzt, um der Verurteilung in Italien als betrügerischer Bankrotteur Gottes zu entgehen.

Im Auftrag von Papst Johannes Paul II. sollte Marcinkus als Chef der Vatikanbank IOR drei Operationen durchziehen: die vatikanischen Finanzen sanieren, die Anlagen aus dem Gerede bringen und die polnische Gewerkschaft Solidarnošč finanzieren. Wie, wußte der Bischof eigentlich auch nicht. Nahestehende Banker sollten ihm helfen. Er geriet an Calvis Bank.

Lech Walesas Gewerkschaft bekam ihr Geld. Bei der Anlage des Milliardenvermögens, das der Heilige Stuhl 1929 als Entschädigung für den Verlust des Kirchenstaats erhielt, war jedoch einiges danebengegangen.

Der Vatikan hatte das Geld zuerst in italienischen Aktien und Schatzbriefen investiert. Lira-Kursverluste und »anrüchige« Beteiligungen, beispielsweise an Pharmafirmen, die Verhütungsmittel hergestellt haben sollen, veranlaßten schon Papst Paul VI. zu anonymen Anlagen im Ausland: USA, Kanada, einiges auch in Deutschland.

Für spekulative Geschäfte mit schnellen Gewinnaussichten bot sich die Banco Ambrosiano an. Unbewiesen blieb bisher, ob Marcinkus wußte, daß die Bank Geld wusch, für die Mafia und die Prominenten-Geheimloge P2 arbeitete. Italienische Finanzexperten meinen: »Aufgrund seiner Rolle hat er es gewußt.« Einige Wochen nach dem Mord an Calvi wurde sie jedenfalls wegen betrügerischen Bankrotts geschlossen: allein für 1,8 Milliarden Mark hätte der Vatikan geradestehen müssen.

In einem Treffen der Gläubiger mit dem Vatikan am 25. Mai

1984 in Genf erklärte sich der Heilige Stuhl überraschend schnell bereit, 400 Millionen Mark zu bezahlen, obwohl er knapp bei Kasse war.

Woher stammte das Geld? Überwiegend, wenn nicht sogar ganz, so sind sich deutsche und vatikanische Experten einig, kam es aus Deutschland und den USA. »Auf die Schnelle hinübergeschoben«, so ein Bonner Kirchenmann, hat das Geld ein Mann, dessen Einfluß in der Bankenwelt wie in der Kirche so gewaltig wie diskret war: Hermann-Josef Abs, lange Jahre der mächtigste Mann der Deutschen Bank, Aufseher des alten IOR und vor allem Ritter des Heiligen Grabes, einer katholischen Honoratiorenvereinigung mit traditioneller Beziehungspflege und damit besten internationalen Kontakten, ein Netz der reichen Katholiken.

Der Orden ist in jüngster Zeit umstritten, die Gegner vergessen allerdings, daß es ein demokratisches Grundrecht ist, Vereinigungen zu welchem Zweck auch immer zu bilden. Kirchen- oder verfassungsfeindlich sind die Ordensritter nicht. Und wer kann schon etwas gegen ein Netz guter Beziehungen haben, außer er sieht es mangels eigener Kontakte neidvoll an und versucht es moralisch zu demontieren, weil er selbst nichts Vergleichbares besitzt. Mit den traditionskatholischen Kirchenvorstellungen der Heilig-Grab-Ritter braucht sich kein Katholik zu identifizieren, solange diese Kräfte keinen Zwang in der Kirche ausüben. Der Geld-Profi Abs jedenfalls war davon weit entfernt. Er bereinigte, so die Insideransicht, was die Amateure Marcinkus und Calvi verbrochen hatten.

Eine andere Version der vatikanischen Rettungsaktion billigt die Rettung des Kuriensäckels dem Wirken des Opus Dei zu, eine Aktion, die im Rückblick durchaus glaubwürdig erscheint, weil das Opus über mindestens genauso gute internationale Beziehungen verfügt wie die Heilig-Grab-Ritter, sie aber weitaus gezielter zum Ausbau der eigenen Macht in der Kirche einsetzt.

Bleiben wir bei der deutschen Version, die vor allem eine Frage aufwirft: Woher hatte Abs soviel Geld? Die »Vitamin B«(wie Beziehungen)-Erklärung des Grab-Ritters reicht da nicht aus, um Zweifel zu beseitigen. 400 Millionen Mark waren auch für Abs keine Peanuts, schon gar nicht, wenn sie aus Kirchenvermögen stammten. Die katholische Kirche in Deutschland gilt zwar als die reichste der Welt, aber 400 Millionen auf einen Schlag?

Der Leiter der Haushalts- und Wirtschaftsangelegenheiten des Heiligen Stuhls, der amerikanisch-polnische Kardinal Edmund Casimir Szoka, gestand 1996 bei der Vorlage des Haushaltsentwurfs für 1997 zu, daß auch heute noch »Deutschland einen großen Teil« der Kosten trage.

Die hohe Zahlungsfähigkeit der deutschen Bischöfe erscheint dem jahrelangen Mitglied des Rottenburger Diözesanrats, der gleichzeitig Kirchensteuervertretung ist, Josef Funk, durchaus glaubwürdig. Der Lehrer aus Ravensburg ist zufällig auf einen geheimgehaltenen Reichtum gestoßen: die Haushalte der Bischöfe oder der Bischöflichen Stühle. Funk spricht von Geldern, die der Kontrolle völlig entzogen sind, man könnte sagen, von »schwarzen Kassen«. Nicht nur aus Gottvertrauen konnte der Pressereferent im Sekretariat der Deutschen Bischofskonferenz, Rudolf Hammerschmidt, versichern: »Die Kirche in Deutschland wird auch ohne Kirchensteuer überleben bis ans Ende der Welt.«

Durch jahrelanges Horten haben die Bischöfe die finanziellen Voraussetzungen dafür geschaffen. Das Geld liegt auf der kircheneigenen Pax-Bank, auf der Bank in Liechtenstein (BIL), auf diskreten Privatbanken, in Fonds und Beteiligungen, in Immobilien (ohne Kirchengebäude) und in Aktien.

Der Kölner Generalvikar Norbert Feldhoff kennt keine Scheu, wenn es um gewinnbringende Anlagen geht. »Ethische Gesichtspunkte« bei Investitionen lehnt er ab: »Geld ist Macht. Sollte es jemand leugnen, müßte man prüfen, ob er wegen mangelnder Eignung und Heuchelei zu entlassen ist.«

Funk graust es vor solchen Oberhirten: »Die Bischöfe brauchen weder Kirchensteuer noch die Gläubigen. Ihr Geld reicht aus, um auch so weiterzumachen – mit verheerenden Folgen für ihre Einstellung zum Kirchenvolk und zur Seelsorge.«

Auf die Spur des Reichtums kam der Schwabe Funk beim Studium des Diözesanhaushalts von Rottenburg-Stuttgart zur Jahreswende 1972/73. Damals verschwanden vom 31. Dezember auf den 1. Januar 42 Millionen Mark. Erst Jahre danach rang sich Funk durch, darüber offen zu reden.

Die verlorenen 42 Millionen waren kein Buchungsfehler, nur eine Umbuchung in einen Fonds des Bischofs, über den dieser keinerlei Rechenschaft schuldig ist. Zwanzig Jahre lang sammelte Funk Belege für die »schwarze Kasse«, denn im offiziellen Diözesanhaushalt, den er mitzubeschließen hatte, tauchten die kirchlichen Besitzungen nicht auf. Auch seltsame Geschäftsmethoden werden kaschiert. So wird aus Steuermitteln ein neuer Wagen für den Bischof gekauft. Der Erlös für den alten verschwindet stillschweigend im Kapitalvermögen. Wo das angelegt wird, bleibt das Geheimnis des jeweiligen Bischofs. Bei dessen Tod wird es von einem Vertrauten dem Nachfolger so vertraulich weitergegeben wie der atomare Geheimcode von Staatspräsidenten.

Anhand vieler Details schätzte Funk und sagte es auch öffentlich, daß alle 26 Bistümer und ihre Oberhäupter in Deutschland zusammen über ein Anlage- und Kapitalvermögen von 40 Milliarden Mark verfügten, später schloß er sogar 80 bis 100 Milliarden Mark nicht mehr aus.

Ins Reich der unausrottbaren Märchen schickt Funk Argumente, wie sie auch der deutsche Kurienkardinal Joseph Ratzinger in seinem jüngsten Buch »Salz der Erde« gebraucht: Die Kirchensteuer werde in Deutschland akzeptiert, weil die Deutschen den sozialen Dienst der Kirche schätzten.

Kein Zweifel, Altenheime, Krankenhäuser und Kindergärten in kirchlicher Trägerschaft genießen hohes Ansehen. Ihre Existenz hängt aber nicht von der Kirchensteuer ab, weiß Funk aus eigenen Erfahrungen: »Alle diese Einrichtungen werden bis zu 100 Prozent vom Staat, Krankenkassen und anderen bezahlt.« Wenn die jeweiligen Pfarrer als Vertreter der kirchlichen Träger geschickt genug verhandeln. Krankenhäuser können sogar zur Quelle stetiger Einnahmen werden. Funk: »Die Träger erhalten die üblichen Tarife, die kirchlichen Orden als Besitzer geben ihren Schwestern aber nur ein Taschengeld weiter.«

Das Prinzip gilt aber nur solange, wie es genügend »billige« Arbeitskräfte gibt. Die Zahl der kirchlichen Berufungen nimmt jedoch stetig ab. Die Kirche muß auf den normalen Arbeitsmarkt zurückgreifen und Löhne wie jede andere Institution bezahlen. Damit unterliegt sie einem Lohnwettbewerb, den sie mit herkömmlichen Mitteln nicht gewinnen kann, ohne radikal an den Personalkosten zu sparen, sprich Leute zu entlassen oder betteln zu gehen.

Unzählige Witze werden über die reichen deutschen Oberhirten erzählt wie etwa: Wie heißt Mercedes auf katholisch? Antwort: Per pedes episcoporum (bischöflich zu Fuß). Dennoch brauchten sich die Armut predigenden Bischöfe nicht des Reichtums zu schämen. Auch Kritiker wie Josef Funk akzeptieren echte Gründe: Die Kirche ist mit rund 600000 Arbeitnehmern weit vor Bahn, Post, Siemens und Daimler-Benz (je über 300000) der größte Arbeitgeber in Deutschland. Ihre Bediensteten haben ein Recht auf Sicherheit – durch Kirchenvermögen.

Etwas mehr glaubwürdige Offenheit könnte aber nicht schaden. Der Berliner Prälat Gerhard Lange schlug eine wirksame, von der Kirche unabhängige Rechnungsprüfung vor. Die Vatikanbank IOR brauchte nur außerhalb des Vatikans irgendwo in Rom einen Schalter zu eröffnen, um der italienischen Bankenkontrolle zu unterliegen. Nur mit mehr Offenheit könnte sie heute noch ihren kirchenrechtlichen Anspruch glaubwürdig vertreten, der da lautet:

Can. 1254: Die katholische Kirche hat das angeborene Recht, unabhängig von der weltlichen Gewalt, Vermögen zur Verwirklichung der ihr eigenen Zwecke zu erwerben, zu benutzen, zu verwalten und zu veräußern.

Can. 1256: Das Eigentum am Vermögen steht unter der obersten Autorität des Papstes jener juristischen Person zu, die das Vermögen rechtmäßig erworben hat.

Can. 1259: Die Kirche kann Vermögen auf jede gerechte Weise des natürlichen oder positiven Rechts erwerben, in der es anderen gestattet ist.

Can. 1260: Die Kirche hat das angeborene Recht, von den Gläubigen zu fordern, was für die ihr eigenen Zwecke notwendig ist.

Die Rechtslage ist also aus römischer wie aus deutscher Sicht eindeutig. Niemand bestreitet der Kirche Ansprüche auf eine materielle Absicherung ihres Dienstes, schon gar nicht, wenn er so gemeinnützig ist wie die sozialen Einrichtungen. Alle Kritik an Funks Enthüllungen ging an der Kernfrage vorbei. Diözesane Pressesprecher beeilten sich zu versichern, daß die Kirchenhaushalte korrekt seien und daß die Vorwürfe aus der Luft gegriffen seien. Was ich aber schon bei den Recherchen vergeblich suchte, fand sich auch nicht in den Protestbriefen. Wo sind die Aktien versteckt, wo jene kirchlichen Bauträger, die wie etwa in Nordrhein-Westfalen rund 25000 Wohnungen besitzen, und wo jene Verlage, die der »Kirche gehören«, aber in keinem Diözesanhaushalt auftauchen?

Ich selbst habe ja in einem solchen Verlag zwei Jahre gearbeitet (Schwabenverlag in Stuttgart). Den gibt es heute noch und noch immer gehört er »der Kirche«. Den Dementis glaube ich erst, wenn sie alles offenlegt. Wenn nichts zu verbergen ist, dann müßte es doch auch einem Bischof leichtfallen, sich zu seinem Besitz zu bekennen. Wenn die 25000 Wohnungen in Kirchenbesitz an Rhein und Ruhr alles nur Sozialwohnungen sind, die einfachen Menschen eine erschwingliche, aber keineswegs den Besitzern eine profitable Wohnung bescheren, warum wird das dann nicht zugegeben?

Lassen wir den Reichtum der deutschen Kirche beiseite und blicken wir wieder über die Alpen. Dort fällt im Jahr 1996 ein einfacher Carabiniere, Vincenzo Vacchiano, auf. Bei der Fahndung nach Autodieben in einem Nest bei Neapel ist er auf den Fall seines Lebens gestoßen. Der 36-Jährige kam einem gigantischen internationalen Ring von Waffenschiebern, Geldwäschern und Nuklearschmugglern auf die Spur.

Die Vatikanbank, der Erzbischof von Barcelona, Kardinal Ricard Maria Carles, der russische Ultra-Nationalist Wladimir Schirinowskij, skrupellose Waffenhändler und raffinierte Devisenbetrüger – sie alle hängen im Netz des Verdachts der Staatsanwälte von Torre Annunziata bei Neapel. 20 Verdächtige ließen sie gleich festnehmen. Rechtshilfegesuche gingen in sieben europäische Länder. Für einen beteiligten Griechen und einen Italiener, die beide in Deutschland leben, gab es Haftbefehle wegen Geldwäscherei.

Doch das sind für Vacchiano, der zum Leiter der polizeilichen

Ermittlungen aufgestiegen ist, nur noch kleine Fische. Er sieht sich auf den Fersen von »Atomschmugglern aus der Ex-UdSSR«. Geschmuggeltes Osmium, das zur Beschleunigung von Atomexplosionen taugt, gelangte aus der Ex-UdSSR via Frankfurter Flughafen nach Mestre bei Venedig. Ein Geschäftsmann und ehemaliger Mitarbeiter des italienischen Militärgeheimdienstes SISMI, Francesco Elmo, wies den Weg zur Banca di Roma in Mestre. Elmo wurde verhaftet und bietet sich nun als Kronzeuge an. In Mestre fand Vacchianos Team tatsächlich eine Ampulle mit fünf Gramm Osmium. »Wir haben bislang keinen Anlaß, an einem Großteil von Elmos Aussagen zu zweifeln«, sagt Alfredo Ormanni, einer der ermittelnden Staatsanwälte.

Vacchiano suchte Autodiebe, bis er bei abgehörten Telefongesprächen stutzig wurde. »Da ging es um derart hohe Summen, daß es keine Autoknacker sein konnten«, erzählt er. Elmo ging ihm dabei als Urkundenfälscher ins Netz. Beinahe ein Jahr lang hörten die Ermittler Telefone ab – dann zeichneten sich die Konturen einer globalen Waffen-Nuklear-Diamanten-Connection ab. Statt Autodieben hat er jetzt Organisierte Kriminalität in Übergröße im Visier.

»Es geht alles nach der Devise ›schnell viel Geld machen‹«, urteilt Vacchiano. Um dieses schmutzige Geld zu waschen, brauchen die Waffenhändler oft Mittelsmänner mit gutem Leumund. Die Hehler tauschen das Geld – für bis zu 20 Prozent Provision – in fremde Währungen. Ein Name machte die Runde in Geldwäscherkreisen: Ricard Maria Carles, Erzbischof von Barcelona. Vacchianos Team verdächtigt den Kardinal, direkt oder indirekt die Geldwäsche zu ermöglichen.

»Das ist eine zu große Lüge, um glaubhaft zu sein«, wetterte der Kardinal von der Kanzel, als er nach Bekanntwerden der Anschuldigung zum erstenmal wieder in seiner Kathedrale predigte. Aus den vollbesetzten Bänken brandete ihm elf Minuten lang ohne Unterlaß Applaus entgegen.

Staatsanwalt Paolo Fortuna: »Wir sind nicht überzeugt, daß der Erzbischof persönliche Schuld trägt.« Doch würde er gern verstehen, »warum vier Personen, die sich untereinander nicht kennen, in diesem Zusammenhang vom Kardinal reden«.

»Cheque to cheque« taufte die Polizei ihre Fahndung, Scheck gegen Scheck. Es geht um umgerechnet 150 Millionen Mark in Lire, die in der Vatikanbank (IOR) umgetauscht – und gewaschen – worden sein sollen. Völlig absurd erscheint Kennern des »Istituto per le Opere di Religione« der Verdacht nicht. Ein Monsignore: »Es gibt immer wieder Leute, die sich an einen Bischof wenden, um ihn um einen Gefallen zu bitten. Wenn er vertrauenswürdig erscheint, reicht ein Empfehlungsschreiben an die Bank, und der Mann ist vertrauens- und kreditwürdig.«

Für das IOR ist das Wort eines Kardinals oder eines Bischofs so viel wie die Sicherheitsübereignung in einem deutschen Grundbuch. Keiner fragt nach, ob der Kardinal vielleicht zu unbedarft und blauäugig jemandem Vertrauen schenkt, der damit eine riesige Geldwäscherei betreiben wollte. Der banale Vertrauensbruch ist beim IOR wie überall nie auszuschließen. Ich möchte damit nicht die Vatikanbank von jedem Verdacht reinwaschen. Es geht nur darum, die Mentalität zu schildern, in der dort gedacht und gehandelt wird und die letzten Endes ungewollt Skandale auslöst.

Alles kann so gelaufen sein, zumindest nach dem äußeren Erscheinungsbild. Carles ist aber nicht irgendwer und genießt über seine Rolle als Erzbischof von Barcelona hinaus großes Ansehen, ja sogar so großes, daß ihn manche für papabile halten, also für einen ernsthaften Anwärter auf die Nachfolge von Papst Johannes Paul II. Denn Carles ist dem Opus Dei verbunden und wird von diesem Gotteswerk sozusagen gesponsert. Hat es einen Rückschlag hinnehmen müssen, weil nach den Verwicklungen der Kardinal nicht mehr als Anwärter auf das Papstamt präsentabel ist? Wer hat diese Intrigen gesponnen? Carles jedenfalls gilt seither in Rom als »bruciato«, als »verbrannt«. Er ist aus dem Papabile-Spiel.

Die Kontonummer ist nicht bekannt. Aber der Papst hat ein Konto bei der IOR. Dort gehen die Spenden zum sogenannten Peterspfennig ein. Das ist eine uralte Spende für den Heiligen Vater. Sie geht auf das achte Jahrhundert zurück, als der Engländer Ian, König von Wessex, nach einer Romreise dem Papst durch Geld seine Verehrung ausdrücken wollte. Die übrigen europäischen

Herrscher beeilten sich, es ihm gleichzutun. Die Spende für den Papst bürgerte sich als selbstverständlich ein, bis der Ablaßhandel und die Reformation die »Pfennige« für Rom diskredierten. Der Peterspfennig verschwand und tauchte erst wieder im 19. Jahrhundert auf, als Katholiken in der ganzen Welt dem Gefangenen im Vatikan, der seinen Kirchenstaat verloren hatte und damit seine wichtigsten Pfründen, helfen wollten. Für ihn wird seither alljährlich am 29. Juni (St. Peter und Paul) in allen katholischen Kirchen gesammelt. Dabei kommen rund 100 Millionen Mark zusammen, in Deutschland vier Millionen.

Nicht auf dem Papstkonto, sondern auf IOR-Konten und bei anderen Banken führen die verschiedenen Vatikanämter ihre Guthaben. Der Reichtum des Vatikans stellt sich dabei als sehr relativ heraus und hat mehr mit seinen Schätzen zu tun, die weder in Geld zu berechnen noch zu versilbern sind.

Zum erstenmal legte der Vatikan 1996 einen Haushaltsentwurf vor. Danach beliefen sich die Einnahmen auf 285 034 Millionen Lire (rund 285 Millionen Mark). Die Ausgaben aller zentralkirchlichen Einrichtungen, die dem »Papst in seinem universalen Amt helfen«, so die amtliche Bezeichung, sind auf 284 507 Millionen Lire (284,5 Millionen Mark) veranschlagt. Der Überschuß beträgt also gerade 500 000 Mark.

Erwirtschaftet wurde er durch verschiedene Einnahmen. An erster Stelle steht das Vermögen des Vatikans. Es gründet auf der Entschädigung des italienischen Staats für den Verlust des bis 1870 bestehenden Kirchenstaats. Nach dem Konkordat von 1929 bekam der Vatikan eine Milliarde Lire in fünfprozentigen Staatstiteln und 750 Millionen Lire in bar. Der Vatikan legte je ein Drittel in Aktien, Immobilien sowie in Gold und Devisen an. Der Erlös wird heute auf 150 Millionen Mark jährlich geschätzt. Der Nettoerlös der Immobilien wird auf 55 Millionen Mark beziffert. Dabei werden nur Immobilien berücksichtigt, die einen realen Wert haben, also nicht die kulturellen Güter wie Kirchen und historische Gebäude.

Weitere Einnahmen stammen vom Verkauf von Briefmarken, Büchern und Münzen sowie von Eintrittsgeldern in die Museen und vom Verkauf von Autorenrechten, beispielsweise für Papstbücher. Nicht enthalten sind im Vatikanhaushalt die Mittel der kirchlichen Hilfs- und Missionswerke sowie die Gelder der Ordensgemeinschaften, die zwar bei der Vatikanbank gebucht werden, aber nur als durchlaufende Posten.

# Die Spalter

*Wie Sektierer zur Macht greifen und vom Papstthron träumen*

Was hält Seine Eminenz von den katholischen Erneuerungsbewegungen? Wir werden es nicht erfahren. Der Sekretär des Kardinals druckst herum. Schließlich greift er zu kriegerischen Worten, um eine Erklärung für das Schweigen seines Chefs zu finden. »Das ist ein campo minato, ein Minenfeld.« Er glaube nicht, daß sein Chef dazu ein Interview geben werde.

Das Minenfeld sind die katholischen Fundamentalisten. Der Chef des Prälaten ist ein als modern geltender Kardinal, der sich zu den Papabili zählt, zu jenen Purpurträgern der katholischen Kirche, die sich Chancen ausrechnen, zum nächsten Papst gewählt zu werden. Wer in der Kirche Karriere machen will, verdirbt es sich am besten nicht mit den neuen Fundamentalisten, schon gar nicht in Zeiten, in denen wegen des Gesundheitszustands des kränkelnden Papstes Johannes Paul II. über potentielle Nachfolger spekuliert wird. Ihr Einfluß ist zu groß und wächst ständig. Er könnte jeden Ehrgeiz zunichte machen.

Offen gibt das natürlich keiner zu. Im Gegenteil. Man versichert sich der höchsten Wertschätzung und schweigt. Diese kirchliche Omertà brach der Engländer Gordon Urquhart in seinen Lebenserinnerungen. Bis 1976 war er neun Jahre Mitarbeiter der Fokolar-Bewegung. Jetzt rechnete er mit ihr und zwei weiteren Erneuerungsgruppen brutal ab. Die sektenartigen Laienbewegungen Fokolar, Neokatechumenaten und Communione e Liberazione gefährden nach Urquharts Bilanz den Zusammenhalt der Kirche.

Kein gutes Haar läßt er an »seiner« Fokolar-Bewegung (von

dem italienischen Wort für Herdfeuer) der Trientinerin Chiara Lubich: Wie in Sekten werde der einzelne Mensch total vereinnahmt, einer Gehirnwäsche unterzogen, entpersönlicht und zu absolutem Gehorsam erzogen. Wer austritt, gelte als Verräter. Chiara Lubich nehme den Rang einer neuen Muttergottes ein. Ziel der Bewegung sei eine Kulturrevolution zur Wiederherstellung der absoluten Papstautorität und des katholischen Alleinseligmachungsanspruchs. Sexualität sei grundsätzlich schlecht, Verheiratete minderwertig.

Besonders gefährlich seien diese »katholischen Sekten«, weil sie höchste Förderer in Rom hätten: neben dem Papst den Glaubenswächter Kardinal Joseph Ratzinger und den Präsidenten der Zentralstelle der kirchlichen Hilfswerke Cor Unum, den deutschen Erzbischof Josef Cordes, der zugleich Vizepräsident des Laienrats ist und päpstlicher Beauftragter für die charismatischen Erneuerungsbewegungen. Cordes bestreitet gar nicht den hohen Stellenwert, den die Kirchenführung diesen Bewegungen beimißt. Er bestreitet nur deren Gefährlichkeit und gibt zu, daß sie auch in der eigenen Kirche mit Achselzucken und häufig mit Vorurteilen abgelehnt würden.

Ihren religiösen Eifer wertet er als eine überzeugende Antwort auf »mancherlei Kopflastigkeit kirchlicher Verkündigung«. Das Glaubenserlebnis, die christliche Mystik komme bei vielen heutigen kirchlichen Auseinandersetzungen zu kurz. Mystik ist zwar gefragt. Die Erneuerer, so Urquhart, antworten aber mit Fanatismus.

Der Kronzeuge oder Pate der neuen Mystiker ist einer der großen Theologen dieses Jahrhunderts. Der Basler Hans Urs von Balthasar, der kurz vor seinem Tod 1988 noch zum Kardinal ernannt wurde, hatte schon Anfang der 80er Jahre beobachtet: Die spirituellen Erneuerungsbewegungen haben sich erstaunlich vermehrt zu einer »Blüte und Vielfalt der Laienbewegungen«, die in der Kirche nicht immer »ganz schmerzfrei« verliefen.

Balthasar selbst lebte es vor. Er erinnerte sich genau an einen Tag im Sommer 1927, als er bei einem Spaziergang unter einem Baum im Schwarzwald nahe Basel »wie vom Blitz getroffen« erkannte, daß er von »Gott in Dienst genommen wird«.

Die neuen Charismatiker empfinden genauso und weckten selbst bei progessiven Konzilsvätern Euphorie. Der zum Lager der Fortschrittler gezählte belgische Kardinal Leo Suenens wurde der größte Fürsprecher einer katholischen Laienschar, die durch Lieder, Gebet und Gemeinschaftserlebnisse den Heiligen Geist zu spüren und Gottes Willen zu ergründen glaubt.

Sie sprechen in Zungen, beschreibt bereits die Bibel das Pfingsterlebnis. Der Rektor des geistlichen Zentrums in Sasbach (Erzbistum Freiburg), Wilhelm Schäffer, erkennt in seinem Lehrmaterial für Theologen das Phänomen uneingeschränkt an. Allerdings dürfe sich niemand darunter vorstellen, daß jemand, der in Zungen spreche, plötzlich von allen verstanden werde. Vielmehr sei es ein kaum verständliches Artikulieren eines intensiven religiösen Erlebnisses, »intuitiv erfaßte Bedeutungen, nicht selten prophetischen Inhalts«.

Für Erzbischof Cordes sprengen die charismatischen Erlebnisse den »akademischen Panzer« der Schultheologen. Diese wiederum kommen Cordes vor wie ein Chemiker, der niemals Alkohol getrunken hat, sondern lediglich seine chemische Formel kennt. Wie kann der vom Wein singen?

Folgerung: Wie kann einer glauben, wenn er nur Dogmen kennt? Deshalb geben Anhänger der Erneuerungsbewegungen logischen Streitereien über die Kirche oder etwa den Kirchenvolksbegehren keine Erfolgschancen. Die Erneuerung kommt aus dem tiefen Glauben, aus dem gelebten Mysterium, »aus der Einheit des Menschen mit Jesus am Kreuz, die über alle konfessionellen Schranken hinaus wirkt«.

Deshalb sieht etwa der in Mannheim lehrende Theologe und Pfarrer in Schriesheim, der aktive Fokolar-Priester Theodor Seeger, in diesen charismatischen Bewegungen eine ökumenische Kraft, die über die Konfessionen hinaus wirke. Ein Aufbruch in eine neue Christenheit? Der katholische Pfarrer Seeger scheut sich nicht, Luthers Reformation als notwendige Herausforderung der katholischen Kirche zu bewerten.

Sektierer sprechen so nicht. Die gefährliche Wirkung der neuen Bewegungen droht nicht aus Sektierertum, sondern gerade dort, wo sie zunächst niemand vermutet: im konservativen Kirchenapparat, der die schützende Hand über die romtreuen Bewegungen hält. Die Kurienspitze glaubt, mit den Charismatikern auf eine sichere Bank zu setzen, weil in ihren Reihen keine kritisierenden Theologen und kein unzufriedenes Kirchenvolk sich sammeln. Die Kardinäle blicken mit Wohlgefallen auf die fromme Schar herab, die mit frohen Gesängen und inbrünstigem Gebet die heile Kirchenwelt von vor dem Konzil zu restaurieren scheint.

Der Fokolar-Sprecher in der römischen Zentrale, Guglielmo Boselli, unterstreicht dies unfreiwillig:»Wir sind keine Sekte. Wir stehen voll zur Hierarchie.« Die hört es gerne.

Die Fokolar-Bewegung ist nicht eines jeden Katholiken Sache, wie schließlich auch nicht das Klosterleben für jeden geeignet ist. Gefährlich wird es nur, wenn so getan wird, als wäre das Fokolar-Dasein das katholische Ideal. Einige, die sich näher mit dieser Bewegung befaßt haben, erkennen ihren Glauben nicht wieder in einem »frömmelnden Liebet-Einander-Einerlei«. Beispiel: Ein Kaufmann erzählt vor jungen Leuten, die er als Focolarini gewinnen will, mit strahlenden Augen, daß er im Geist der Bergpredigt seine Preise mit geringstmöglichem Gewinn kalkuliert. Die Frage, ob es denn eine katholische Preiskalkulation gibt oder nur eine realistische, nicht nur profit-, sondern auch kunden- und marktorientiert, beantwortet er nicht.

Die Bergpredigt mit ihrem absoluten Gebot der Nächstenliebe steht im Mittelpunkt der Erneuerungsbewegungen und begrenzt ihre gesellschaftliche Wirkung. Der Kirchenhistoriker Andrea Riccardi, der die Erneuerungsgemeinde von S. Egidio in Rom mitgegründet hat, stellt die Kernfrage:»Wie wirkt diese Erneuerung in der Gesellschaft? Islam und Judentum sind Gesetzesreligionen. Sie lassen sich auf die weltliche Gemeinde anwenden. Das Christentum aber nicht.« Was also sind die Grundlagen dieser Fundamentalisten, die sie auf die ganze Gesellschaft übertragen wollen?

Die Fundamente sind nicht so eindeutig für den praktischen Gebrauch zu formulieren, wie ihre Anhänger es glauben machen wollen. Die meisten berufen sich deshalb lieber auf den Papst, die katholische Tradition und den Heiligen Geist. Im Extrem führt dieser Fundamentalismus zu Kampagnen, die etwa in den USA abtreibende Ärzte mit Mord bedrohen.

In jedem Fall, so beobachtete Riccardi, meint der Hinweis auf die Fundamente den Blick zurück, also die Kirche von gestern, von vorgestern – oder die der Ursprünge? Darin liegt die Unberechenbarkeit für die Kirchenhierarchie wie für den einzelnen. Ein katholischer Fundamentalismus ist immer verdächtig. Entweder ein Glauben ist katholisch, dann gehören zu ihm auch die in zwei Jahrtausenden ausgeprägten Formen und Inhalte. Oder er ist fundamentalistisch, beruft sich also wie beim evangelischen Fundamentalismus des 19. Jahrhunderts nur auf die Bibel. Bei der sind sich moderne Exegeten aber auch einig, daß sie nicht wortwörtlich genommen werden darf.

Theologielehrer Schäffer stellt fest, daß sich die charismatische Erneuerung deutlich für ein individuelles »Entscheidungs-Christentum« einsetze. »Volkskirchlicher Traditionsglaube wird in der pluralen Gesellschaft kaum bestehen können. Er wird vor allem nicht zur Evangelisierung fähig sein. Erst die Erneuerung der christlichen Grunderfahrung – Liebe Gottes, Umkehr und Hingabe an die Führung des Heiligen Geistes – ermöglicht es, im vollen Sinn als Christ zu leben.«

Adieu, alte Pfarrgemeinden. Es kommen die neuen Personalgemeinden. Sie entsprechen nicht mehr den Wohngemeinden, den Pfarreien für ganze Dörfer oder Städte. In der Personalgemeinde (so der amtliche Ausdruck) sucht jeder seine Nestwärme unter Gleichgesinnten, ähnlich Vereinen, die sich über ganze Städte und Regionen ausdehnen. Bewegungen, die so religiöse Geborgenheit bieten, gehört nach Erzbischof Cordes' Erwartung die Zukunft.

Fast schon lutherisch klingt es, wenn Cordes formuliert: »Die Bekehrung als zentrales Phänomen der individuellen Heilsgeschichte.« Die zweite Reformation schickt ihre Wegbereiter voraus. Dies verändert auch den Vatikan – von innen heraus, wenn der Einfluß der Charismatiker noch zunimmt.

Die Charismatiker zählen 300 Millionen von 1,75 Milliarden Christen und 40 Millionen von einer Milliarde Katholiken. Sie wirken überwiegend menschenfreundlich offen. Wer sich nicht zu ihnen bekennt, lebt mit ihnen friedlich nach den eigenen Glaubenvorstellungen zusammen – mit wenigen Ausnahmen, wie den Neokatechumenaten, die sich wahre Machtpositionen durch einen eigenen langen Marsch durch die Institutionen vorgenommen haben.

Auf meine Veröffentlichung über die neuen charismatischen Truppen des Vatikans meldeten sich zahlreiche Leserbriefschreiber und erklärten sich bereit, über die brutalen Machtergreifungen durch Neokatechumenaten in ihren Pfarreien zu berichten. Viele hatten allerdings Angst, ihre Namen zu nennen. Ein Kernsatz dieser Bekenntnisse: »Diese Gruppen zerstören ganze Pfarrgemeinden durch Intrigen und Mißachtung der Mehrheit.« Wer sich dem alltäglichen Mobbing der Aktivisten entziehen will, bleibt am liebsten gleich der Kirche fern, zumal die Pfarrer in den meisten Fällen die fromme Wühlarbeit zu spät als destruktiv entlarven.

Streng gescheitelt, korrekter Sitz der eher dezenten Krawatte auf blauem Hemd, elegante dünnrandige Brille, ein Enddreißiger, den man sich leicht hinter einem Bankschalter vorstellen könnte. Irgend etwas irritiert allerdings. Der Mann wirkt eher zu vornehm, etwas zu förmlich, mehr, als in Kreisen der journalistischen Vatikanbeobachter üblich ist. Kollegen klären mich auf. »Wundere dich nicht. Der ist mit dem Opus Dei verbunden. Der Chefredakteur seiner Zeitung wird dem Opus zugerechnet.« Ich hätte eher auf einen Typ geschlossen, der eine strenge kirchliche Erziehung ertragen und die Tore des Priesterseminars noch nicht lange hinter sich zugemacht hat. Wie einige Journalisten, die einmal Pfarrer werden wollten, dann vor der Priesterweihe, in seltenen Fällen erst danach, das Metier vom Prediger vor dem Alter zum Verkünder in Zeitungsspalten wechselten. Ihnen schaut vermutlich bis zum Lebensende der Kleriker über die Schulter.

Den Namen will ich in diesem Fall auch nicht nennen. Er ist unerheblich. Wichtiger ist die Aussage, mit der er im kleinen Kreis überrascht. »Der nächste Papst wird dem Opus Dei angehören.« Er sagt es als das Logischste der Welt, und ich finde die Aussage auch in einigen Publikationen wieder. Sollte wirklich dieser militante, erzkonservative vorkonziliare Verein, der sich selbst als ein Eliteorden in der katholischen Kirche versteht, schon soviel Macht an sich gerissen haben? Mich beschleichen bedrückende Vergleiche. Das Opus Dei kommt mir vor wie die Scientologen – aber innerhalb der katholischen Kirche.

Ich stelle die Frage einem Kurienmitarbeiter. Der relativiert die Rechnungen des Opus Dei ganz gewaltig. »Natürlich hat das Werk zur Zeit einen unerträglichen Einfluß. Viele Opportunisten bekennen sich auch verbal dazu. Man weiß ja nie, ob es für die Karriere nicht nützlich sein könnte. Aber die Papstwahl gewinnen? Das glaube ich nun wirklich nicht.«

Tatsächlich gehören mehrere einflußreiche Männer um den Papst zu dem spanischen Gestrigenorden, darunter sein Sekretär und engster Vertrauter überhaupt, Stanislaw Dziwicz, der Anfang 1998 auch nach außen aufgewertet und zum Bischof geweiht wurde. Aber gerade deshalb, so rechnen sich Kuriale aus, wird nach dem Tod dieses Papstes das Opus Dei geschwächt werden. »Da sind zu viele alte Rechnungen offen.« Und letzten Endes ist das Konklave das Geheimste, was man sich noch immer vorstellen kann.

Mit großer Sorge verfolgen kritische Katholiken die Machtergreifung oder deren zielgerichtete Anpeilung durch das Opus Dei. Ihm geht es nicht um eine Lebensform, die ein Katholik wählen oder ablehnen kann, genauso wie er aus ganz persönlicher Gewissensentscheidung in einen kirchlichen Orden eintreten kann. Das Opus Dei will Macht auch über andere, an der Kirchenspitze und ohne Rücksicht auf Andersdenkende. Die Toleranzbeschlüsse des Konzils sind ihm genauso wie den französischen Traditionalisten des schismatischen Erzbischofs Marcel Lefebvre ein Greuel und eine Bedrohung der »wahren« katholischen Kirche.

Der Ruf der als heilige Mafia oder Geheimsekte verurteilten oder als Vorhut des Papstes gelobten Organisation kann modernen Katholiken schon Furcht einflößen. »Persönliches Entsetzen« kam bei dem in Paderborn lehrenden katholischen Theologen Peter Eicher auf, als er geheime Opus-Dokumente las.

Den Kapuzinerpater Anton Rotzetter aus Altdorf in der Schweiz erinnern die Lebensformen des Opus Dei an einen »Anachronismus, der in eine andere, vorkonziliare Welt gehört«. Das Opus Dei versuche, die katholische Kirche »zum Tummelplatz für Machtgelüste verkommen« zu lassen.

Rotzetter und Eicher analysierten die von Opus-Kenner Peter Hertel gesammelten Opus-Dei-Schriften. Ihr theologischer Befund ist ein vernichtendes Urteil über den Gründer Josemaría Escrivá de Balaguer y Albás, der am 9. Januar 1902 in Barbastro in der spanischen Provinz Aragón geboren wurde, am 26. Juni 1975 in Rom starb und in Rekordtempo schon 1992 von Papst Johannes Paul II. seliggesprochen wurde.

Die beiden Theologen finden in »Vater« Escrivás Schriften, die den Opus-Dei-Mitgliedern heilig sind, »kein einziges Bibelzitat, das im ursprünglich gemeinten Sinn gebraucht wird«. Sie schließen sich dem Basler Theologen und Mystiker Hans Urs von Balthasar an, der schon vor 30 Jahren dem Opus bescheinigt hatte, daß dort »von der rechten Spiritualität nicht zu reden ist«.

Das hat jedoch Papst Johannes Paul II. nicht gekümmert. Der Papst aus Polen »empfand gegenüber dem Opus so etwas wie Verliebtheit auf den ersten Blick«, notierte der spanische Vatikankenner Juan Arias. Eicher schreibt auch, warum: Den Papst fasziniere vor allem die klerikale Sicht der gesellschaftlichen Wirklichkeit. Absehbare Konsequenz für die ganze Kirche: »Am Ende des 20. Jahrhunderts trennt sich die Spitze der Hierarchie vom Volke Gottes.«

Zwei Arten des römischen Katholizismus macht Eicher schon jetzt aus: ein humanes Katholischsein und einen autoritären Priesterkatholizismus. Zum zweiten gehört das Opus Dei, das »den härtesten Kern der klerikalen Restauration« bilde, ein »Klientensystem der Priesterherrschaft, eine Klerokratie«.

Für alles gibt es in der Dokumentensammlung eine Erklärung: Escrivás Leben im ultrakonservativen Franco-Spanien, wo ein Katholizismus überlebte, der ebensowenig die innerkirchliche Erneuerungsbewegung mitgemacht hat wie der polnische des Papstes.

Der Einfluß des Opus Dei auf die Kirchenspitze ist ein Argument, warum etwa Rotzetter nicht bereit ist, auch die Opus-Dei-Anhänger einfach nach ihrer Façon selig werden zu lassen. Schließlich gibt es auch glühende Anhänger dieser Lebensform mit absolutem Gehorsam, Briefzensur, Benachteiligung der Frauen, Geißelungen, Bespitzelungen, Aushöhlung des Elternrechts gegenüber den eigenen Kindern, Gehirnwäsche und Verwicklungen in Finanzskandale wie den Zusammenbruch der

Ambrosiano-Bank in Mailand und des spanischen Rumasa-Konzerns.

Der italienische Schriftsteller und Opus-Freund Vittorio Messori sieht das natürlich ganz anders. Dennoch entlarven seine Formulierungen, wie das Opus denkt, wenn er die Mitglieder als die Panzer der katholischen Kirche beschreibt. Schön getarnte Tanks allerdings, denn Escrivá empfahl schon: »Sei konziliant in der Form. Eine mächtige stählerne Keule in einem gepolsterten Futteral. «

Der Kapuziner Rotzetter will die Stimme gegen das Opus erheben, weil es »mit Macht die Errungenschaften des Konzils zu verdrängen versucht«. Auch wenn das Opus schon 15 Bischöfe stellt und weltweit fast 80 000 Mitglieder zählt, davon rund 1600 Priester, ist Eicher über die Erfolgsaussichten skeptisch. »An der Frage nach der Einstellung zur Lust in der Liebe entscheidet sich das Wesen des modernen Katholizismus«, schreibt er. »Gott sei Dank hat die Lustfeindlichkeit im römischen Katholizismus nie lange Oberhand behalten.« Außerdem können sich die zum Teil hochintellektuellen Anhänger auf Dauer doch den strengen Ver- und Geboten widersetzen, die beispielsweise die Lektüre von tausend Büchern untersagen, die zum Bildungsgut des Abendlandes gehören: Martin Luther, Gotthold Ephraim Lessing, Bert Brecht, Boris Pasternak und natürlich Hans Küng.

Freiwillig darauf zu verzichten, kann eigentlich nur Frucht einer Gehirnwäsche sein, die Insider auch bestätigen. Die Methoden sind nicht nur dem Opus eigen: Abbau der Persönlichkeit, Nachweis der eigenen Erbärmlichkeit, Wecken von Schuldkomplexen, Ich-Vernichtung, Isolierung, Überwachung (Briefzensur), Drohungen: Wehe den Abtrünnigen!

So abgehalftert wird allerdings niemand ins Leben entlassen. Das Opus baut sich die Mitglieder nach eigenem Maß wieder auf, indem es jedem eintrichtert, das rettende Werk Gottes schaffe ein neues Ich. Es unterstreicht die Anmaßung mit der Behauptung, es sei göttlicher Herkunft und daher immer im Recht. Es biete sichere Normen und verlange deshalb zu Recht unbedingten Gehorsam.

Offenbar ist es sich seiner zwielichtigen Praxis bewußt. Sonst würde es sich offen zu den eigenen Einrichtungen bekennen. Nur Fachleute haben bisher entdecken können, wo der unselige Geist des seligen Escrivá weht. Seine zahlreichen Institute sind dem Opus Dei nur schwer zuzuordnen, da der Name der eigentlichen Besitzer grundsätzlich nicht erwähnt wird, darunter die Studentische Kulturgemeinschaft Bonn, das Lindenthal-Institut Köln, Mariologisches Institut Kevelaer, Institut für Elternbildung Köln, Gesellschaft zur Familienorientierung, Schweizerische Gesellschaft für Bioethik Zürich, die Rhein-Donau-Stifung Starnberg-München und Köln, Limmat-Stiftung, Antonio-Zweifel-Stiftung und FGM-Stiftung (alle Zürich), die Bildungszentren Hardtberg Euskirchen-Kreuzweingarten, Aufderhöh (Solingen), Hohewand Markt Piestung-Dreistetten, Teschudiwiese sowie schließlich so harmlose Einrichtungen wie die Hauswirtschaftlichen Ausbildungsstätten Müngersdorf Köln, Schweidt (Köln), Hardtberg, Benediktenhof (Ettal), Hohewand, Buchenau (Wien), Sonnegg (Zürich).

Gott will es, so hämmerte Escrivá seinen Anhängern ein. Es ist das Motto der Kreuzritter, die mordend und raubend eine blutige Spur durch Europa und Kleinasien gezogen haben. Sollen diese »Gott mit uns« des Papstes stärkste Truppen für die Kirche des dritten Jahrtausends sein? Nicht nur der Kapuziner Rotzetter will daran nicht glauben.

Die neuen starken Truppen des Papstes unterscheiden sich von seinen klassischen Helfern in wesentlichen Punkten. Charismatiker und Opus Dei sind absolut kirchentreu und gehorsam. Und sie bringen Geld in die Kasse, vor allem das elitäre Opus Dei weiß die Fäden zur Hochfinanz und zu einflußreichen Persönlichkeiten mit Spendierfreudigkeit zu ziehen. Da haben die alten kirchlichen Orden keine Chance mehr.

Ein Verdacht liegt nahe. Die alten Eliten, an erster Stelle der intellektuelle Orden der Jesuiten, stellen mit über 20000 Patres noch immer eine der stärksten Gemeinschaften. Doch Papst Johannes Paul II. mißtraut diesen intellektuellen und mitten in der Welt wirkenden Priestern. Sie entsprechen nicht seinem Bild vom frommen Kirchenmann. Er hat die aufmüpfigen und unabhängigen Intelligenzler systematisch um Macht und Einfluß gebracht.

Der Jesuitengeneralobere ist heute nicht mehr der »schwarze Papst« im Gegensatz zum »weißen« im Vatikan. Er ist der Leiter einer anspruchsvollen Ordensgemeinschaft, deren Mitglieder oft mehr in der Gesellschaft stehen, als dem Papst lieb ist. Sie haben wesentlichen Anteil an der Auseinandersetzung mit dem Marxismus, aber eben nicht durch Schwarzweißmalerei, sondern durch die Tugend des Unterscheidens. Sie entdeckten, was an marxistischer Analyse unabhängig von dem zu verurteilenden Materialismus richtig ist. Dem militanten Praktiker aus dem kommunistischen Polen Grund genug zu höchstem Mißtrauen. Viele Jesuiten zogen aus ihrer Lebenserfahrung in der modernen Welt und dem Gegensatz zu dem, was sie in absolutem Gehorsam dem Papst schuldig sind, die Konsequenz: Sie verließen den Orden und hängten den Priesterberuf an den Nagel.

Jesuiten bildeten Jahrzehnte lang die Vorhut der katholischen Kirche in der Welt. Die Restauration unter Johannes Paul II. hat diese Öffnung beendet. Die kirchlichen Orden zogen sich vor dem Durchmarsch der neuen militanten Papstlieblinge zurück, vor allem aus dem Licht der Öffentlichkeit. Jesuiten und die übrigen großen Ordensgemeinschaften wie Salesianer, Franziskaner, Benediktiner und Dominikaner stellen im Vatikan als pflichtbewußte, eifrige Arbeiter in allen Ämtern das Gros der Vatikanbürokratie. Sie haben sich arrangiert und warten ab.

# Die Sünder

## *Wie schwer sich die Kurie mit der eigenen Schuld tut*

Der Plan zum Jahrtausend-Jubeljahr zeichnete sich nicht erst ab, als Papst Johannes Paul II. mit der feierlichen Proklamation in »Tertio Millennio Adveniente« 1995 das Ereignis ankündigte. Die Jahrtausendwende konnte schließlich jeder vom Kalender ablesen. Und die Jubeljahre sind seit 1300 feste Einrichtungen der katholischen Kirche. Immerhin gab es bisher bereits 27 »ordentliche« Jubeljahre, 93 außerordentliche und eine unüberschaubare Menge von lokalen Heiligen Jahren.

Ein außerordentliches setzte Johannes Paul II. bereits 1983 an, als nach dem christlichen Kalender der Todestag von Jesus Christus sich zum 1950. Mal jährte. Doch das war ein Gedenkjahr, das sich den Menschen kaum einprägte, weil sie mit 1983 nur eine Rückrechnung verbanden. Ganz anders wirkt die runde, manchen sogar bedrohlich erscheinende Zahl 2000. In aller Welt werden bereits Hotels und Veranstaltungen gebucht, um die Silvesternacht möglichst spektakulär zu feiern. Einige Sekten sehen jetzt endlich den immer wieder verpaßten Weltuntergang heraufziehen.

Da konnte und durfte die Kirche nicht fehlen, zumal es ihr ureigenes Jubelfest ist. Immerhin handelt es sich um den 2000. Geburtstag des Kirchengründers. Ohne ihn gäbe es die christliche Zeitrechnung nicht. Johannes Paul II. ist deshalb bereits mit dem Plan zu einer spektakulären Jahrtausendwende aus dem Konklave gezogen, das ihn gewählt hat. Spätestens als ihm sein bisheriger Primas, der Erzbischof von Gnesen und Warschau, Josef Kardinal Wyszynski, prophezeite: »Du wirst die Kirche ins nächste Jahrtausend führen.« Bei der Papstwahl war der bisherige Krakauer Erzbischof Karol Wojtyla erst 58 Jahre alt. Die Aussichten waren also begründet.

Was lag vor dem Beginn des dritten Jahrtausends näher, als auch das verflossene Jahrtausend der Kirchengemeinde aufzuarbeiten? Der Papst betraute damit mehrere Fachleute und nützte jede Gelegenheit, um zu beweisen, daß auch er als Kirchenoberhaupt das Bedürfnis nach Buße und Ablaß spürte: Die Kirche hatte in diesem zurückliegenden zweiten Jahrtausend kräftig gesündigt und nur ganz selten Einsicht gezeigt oder gar Reue. Sie ließ lange die Untaten von Inquisition, Frauenverbrennung, blutrünstigen Kreuzzügen und Glaubenskriegen, Bereicherung und Unzucht sowie drei große Kirchenspaltungen lieber im Bodensatz der Geschichte versinken, als das zu tun, was sie von jedem einzelnen Gläubigen verlangt: Sünden zu bekennen, zu bereuen und Besserung zu geloben.

Als Papst hatte dies vor Johannes Paul II., welche Ironie der Papstgeschichte, der letzte Nichtitaliener auf dem Papstthron versucht. Er hieß Hadrian VI. und wird gewöhnlich als deutscher Papst geführt. Er wurde als ein Verwandter des Humanisten Erasmus von Rotterdam am 2. März 1459 in Utrecht geboren, das damals zum Heiligen Römischen Reich Deutscher Nation gehörte. Sein Ruf als integre Persönlichkeit führte den Professor von der Universität Löwen an den Hof von Kaiser Maximilian I., der ihm die Erziehung seines Neffen Karl anvertraute, des späteren Kaisers Karl V., in dessen Reich die Sonne nicht unterging.

Am 9. Januar 1522 wurde dieser ausgezeichnete Mann zum Papst gewählt. In dem Konklave sollen die Papstwähler heftig gestritten haben und sich schließlich auf einen Kandidaten geeinigt haben, der gar nicht dabei war, eben Kardinal Hadrian Florensz, Erzbischof im spanischen Tortosa, der nicht rechtzeitig nach Rom kommen konnte. Der neue Papst war »gelehrt, sittenstreng und fromm, kurz, er war ein Reformpapst«, so weiß es die Kirchengeschichte. Die heillos in Familienzwiste zerstrittenen Konklavisten sahen darin bereits eine ausreichende Antwort auf die gerade von Martin Luther in Deutschland begonnene Reformation. Kardinal Cajetan ermahnte ihn auch gleich nach der Wahl, er möge doch nicht zu viele Reformen umsetzen: »Du bedarfst keiner weiteren Reform, das Haupt ist schon reformiert.«

So einfach wollte es sich Hadrian nicht machen. Er schickte einen Legaten, Francesco Chiregati, zum Reichstag nach Nürnberg und gab ihm ein Schuldbekenntnis mit: »Wir bekennen aufrichtig, daß Gott diese Verfolgung seiner Kirche geschehen läßt wegen der Sünden der Menschen, besonders der Priester und Prälaten... Wir wissen wohl, daß auch bei diesem Heiligen Stuhl schon seit manchem Jahr viel Verabscheuungswürdiges vorgekommen ist: Mißbräuche in geistlichen Dingen, Übertretungen der Gebote, ja, daß alles sich zum Schlimmeren verkehrt hat. So ist es nicht zu verwundern, daß die Krankheit sich vom Haupt auf die Glieder, von den Päpsten auf die Prälaten verpflanzt hat.«

Luther antwortete auf das päpstliche Schuldbekenntnis aber nur mit einem Pamphlet und sah in dem Papst nur einen Esel, aus dem der Satan rede. Das Papsttum war total diskreditiert. Und der Reformer mußte sich in Rom die schlimmsten Unterstellungen und Beschimpfungen gefallen lassen. Der Fisch sollte noch lange vom Kopf her stinken, auch in der römischen Kirche.

Hadrians Versuch, Erasmus von seinem Lehrstuhl in Basel in die Ewige Stadt wegzuholen, scheiterte. Auch sein gelehrter Landsmann und Reformer sah für Rom jede Liebesmühe vergeblich. Die Kirchenspaltung war nicht mehr aufzuhalten und Hadrian wurde von seinem eigenen Biographen Giovio verspottet. Er schrieb nicht sein Leben auf, sondern häkelte klatschsüchtig an einem Bild eines lasterhaften und völlig dem Biergenuß verfallenen Barbaren. So streiten sich heute noch manche Romfolkloristen, ob die Darstellung eines bierfaßtragenden Mönches an der Via del Corso Martin Luther oder Hadrian VI. darstellen soll.

Der Historiker Jakob Burckhard ließ Hadrian endlich Gerechtigkeit widerfahren: »Hadrian wurde das Brandopfer des römischen Hohnes.« Er starb bereits im Jahr nach seiner Papstwahl, am 14. September 1523. Die letzte Chance, die Folgen der Kirchenspaltung in katholisch und protestantisch zu mildern und das Papsttum zu reinigen, war für Jahrhunderte vertan. Grundlegende Reformen blieben bis in die Gegenwart aus. Statt dessen entwickelte sich der römische Führungsanspruch in einem damals unvorstellbaren Ausmaß bis zum Jurisdiktionsprimat und dem Unfehlbarkeitsanspruch seit 1870.

Diese Geschichte des letzten, aber fatalen Schuldbekenntnisses mußte Johannes Paul II. wohl in Erinnerung gehabt haben, als er vom Beginn seiner Amtszeit an immer wieder mit Blick auf das Gnadenjahr 2000 die Sünden von Papst und Kirche bekannte. Der italienische Vatikanist Luigi Accattoli zählte die »Mea culpa« von Papst Johannes Paul II. und kam bis 1997 in einem Buch »Quando il Papa chiede perdono« (Wenn der Papst um Verzeihung bittet) auf die stattliche Zahl von 94 Texten, in denen dieser Papst historische Schuld der Kirche anerkannte und um Verzeihung bat.

Accattoli wertet sie zugleich als die Papstäußerungen, die am weitesten für die Zukunft offen sind, und »mit Sicherheit sind es die persönlichsten Worte«. Oft wurden sie unbeobachtet übergangen, weil sie als nebensächlich empfunden wurden. In der Wiederholung und im Zusammenhang einer allgemeinen Gewissenserforschung zum Ende des Jahrtausends werden sie jedoch zum bedeutenden Erbe dieses Papstes. In Rom erntete er im Gegensatz zu seinem Vorgänger keinen Hohn und Spott. Allerdings konnte er sich auch nicht das erhoffte Echo in der ganzen Christenheit verschaffen. Er beließ es bei den Worten und blieb konkrete Taten schuldig.

Am Ende dieses zweiten Jahrtausends müssen wir alle unser Gewissen erforschen und uns fragen: »Wo stehen wir, wohin hat uns Christus geführt, wo haben wir das Evangelium verraten?« ermahnte der Papst in seinem einzigen journalistischen Interview. Er gab es dem Publizisten und früheren Fernsehkorrespondenten in Osteuropa, Jas Gawronski, einem Mann aus polnisch-italienischem Adel mit historischen wie religiösen Bindungen an die Heimat des Papstes.

»Wo haben wir das Evangelium umgeleitet?«, so der Papst wörtlich. Frei übersetzt: »Wo sind wir vom Evangelium abgewichen?« Auf die Frage nannte er mehrere Beispiele: »Heute bitte ich als Papst der Kirche von Rom und im Namen aller Katholiken um Vergebung für die Foltern, die im Laufe der Geschichte Nichtkatholiken zugefügt wurden«, bekannte er im Mai 1995 in Olmütz in

Tschechien und erinnerte an die Religionskriege, zu denen auch die Verbrennung des böhmischen Reformers Jan Hus auf einem Scheiterhaufen in Konstanz gehörte.

Die protestantischen Kirchen bat er in Ut unum sint ebenfalls im Mai 1995 »im Namen von uns und meinem Vorgänger Paul VI.« um Vergebung für die Kirchenspaltung. »Die Christen Europas müssen um Vergebung bitten und ihre vielfältige Verantwortung beim Aufbau der Kriegsmaschinen anerkennen«, schrieb er zum Zweiten Weltkrieg. Ähnliche Worte richtete er an die Indios, die Schwarzen, die Sklaven und sogar an die Wissenschaftler, denen die Kirche großes Unrecht angetan hat. Er warnte vor den »Versuchungen des Integralismus«, des neuen Fundamentalismus, der nur zur radikalen Verfolgung Andersdenkender führe. Er klagte die Kirche der Diskriminierung der Frauen an und verurteilte Fehler des Antisemitismus.

Doch es blieb bei Lippenbekenntnissen. Die Auseinandersetzungen in der Kirchenspitze beweisen, daß der Papst nichts gegen den konservativen Flügel unternimmt, der zur Zeit mehrheitlich bestimmt. Oder ist der Papst ohnmächtig gegen eine Kurie, um die er sich zu wenig gekümmert hat?

Die dem Papst sonst nahestehenden Konservativen lehnen die Schuldbekenntnisse ab. Die Kirche habe die Wahrheit, so lautet deren Credo. Und diese Wahrheit schließt allenfalls Versagen einzelner Menschen ein, aber ein Schuldbekenntnis der Kirche könne es nicht geben. Auch wenn der Papst nicht offen verspottet wird, die Geisteshaltung dieser »Pächter der ewigen Wahrheit« spricht noch immer im Geist der heiligen Intoleranz, die heute wie damals behauptet, nur den rechten Glauben zu verteidigen.

Der Papst geht einen sehr einsamen Weg. Im Frühjahr 1994 erhielten alle Kardinäle von ihm einen Brief »Aide mémoire« oder »Promemoria«, eine Gedächtnisstütze, mit der Johannes Paul II. seine ranghöchsten Mitarbeiter zur Gewissenserforschung einladen wollte. Diejenigen, die in Rom anwesend waren, bekamen das Schreiben, das kein Datum trägt, aber durch eine Indiskretion in die Öffentlichkeit geriet, in einem Konsistorium überreicht. Offiziell wurde es jedenfalls nie veröffentlicht. Wie wichtig der Text für den Papst ist, zeigt, daß er mindestens zweimal in öffentlichen Ansprachen daran erinnerte. Vermutlich hat er die Gedächtnisstütze für seine Purpurträger selbst verfaßt.

Das Echo unter den Kardinälen war mehr als zurückhaltend. Viele sprechen von klarer Ablehnung, weil der Papst darin nicht nur von einem individuellen Sündenbekenntnis spricht, sondern die allgemeine und tausendjährige Sündhaftigkeit der Kirche eingesteht. Das ist für die kuriale Selbstgefälligkeit eine Sensation, ein Anschlag gegen ihr in über einem Jahrtausend gewachsenen Kirchenverständnis. Der Papst verlangte nicht nur eine einzelne Anerkennung geschichtlicher Fehler, sondern, daß die ganze Kirchengeschichte am Evangelium gemessen werde. Vorbei wäre es dann mit der Tradition des Vergessens und des » Auf langen krummen Wegen geradeaus Schreibens«.

Die Vorlage für diese Arbeit hatte der Papst längst geleistet. Haben sie die Kardinäle ignoriert? Schon 40 Texte in seiner bis dahin 15jährigen Amtszeit erkannten ausdrücklich kirchliche Sünden an. All dies hatte aber bisher nicht gereicht, um die Kurie zu bewegen. Also faßte er auf 23 Seiten seinen gesamtkirchlichen Beichtspiegel unter dem Titel »Überlegungen zum Großen Jubiläum des Jahres Zweitausend« zusammen.

Er nannte auch gleich fünf Orientierungspunkte, mit denen diese Rückschau geleistet werden sollte. Für Amerika und Asien sollten Bischofssynoden einberufen werden, um kontinentale Bilanz zu ziehen. Der Papst regte eine Begegnung aller christlichen Kirchen und eine weitere mit den Juden und den Muslimen an. Die Geschichte der Märtyrer sollte überarbeitet werden (über die Bedeutung siehe Kapitel über die Heiligen). Schließlich verlangte der Papst unvoreingenommene Rückschau auf die zwei Jahrtausende, um die »Fehler zu erkennen, die von Menschen in der Kirche gemacht oder im Namen der Kirche gemacht wurden«. In einem gesonderten Kapitel betonte der Papst, wie wichtig es sei, die Sünden gegen Christus und sein Evangelium zu erkennen und zu bereuen.

Der Inhalt des Textes wurde geschickt unter Journalisten gestreut, um schon vor dem Konsistorium Gegenstimmung zu schüren. Vor allem aus Kreisen der Traditionalisten um den amtsenthobenen Erzbischof Marcel Lefebvre grollte es gegen das höchstamtskirchliche Sündenbekenntnis. In einer Stellungnahme forderten die Traditionalisten den Papst auf, »auf die Absicht eines ökumenischen Treffens mit Juden und Muslimen auf dem Berg Sinai und auf jede Selbstkritik der katholischen Kirche zu verzichten, wie es in dem Promemoria an die Kardinäle vorgeschlagen wird«.

Der Widerstand rührte sich jedoch nicht nur bei denen, die sich gegen Toleranz und Anerkennung der Religionsfreiheit durch das Zweite Vatikanische Konzil wehrten und deshalb eine Kirchenspaltung in Kauf nahmen. Die Kardinäle aus dem ehemaligen kommunistischen Osteuropa stellten sich auch nicht auf die Seite ihres prominentesten Mitbruders, des Papstes aus Krakau. Sie fürchteten, daß das Sündenbekenntnis nur die antikirchliche Propaganda der Kommunisten im nachhinein als zutreffend bestätigen würde. Wenn die Kirche schon selbst ihre Sünden zugibt, dann hätte doch die kommunistische Diffamierung nicht unrecht gehabt. Der Schaden bei den noch kirchlich wenig gebildeten Völkern des ehemaligen Ostblocks wäre verheerend, argumentierten deren Oberhirten.

Die Kardinäle der Dritten Welt empfanden das Ganze nicht gerade als eine auch sie betreffende Problematik. »Das ist ein europäisches Problem«, hielten sie dem Papst entgegen. Sie selber empfanden sich davon nicht betroffen. Allenfalls hätten sie sich als Opfer abendländischer Überheblichkeit fühlen können. Perverse Logik der Dritte-Welt-Kardinäle: Wenn die Kirche zugibt, daß sie unsere Vorfahren gefoltert und mißhandelt hat, dann könnte das für uns als die vom Papst ernannten Kardinäle negative Folgen haben. Im besten Fall schade die Anerkennung der Schuld nichts, bringe aber auch nichts.

Der brasilianische Kardinal Moreira Neves, der dem Opus Dei zugerechnet und von dem wiederum als Papabile gehandelt wird, suchte einen Kompromiß. Man könne ja Einzelfälle herauspikken, wie etwa die Verurteilung des Galileo Galilei, da dessen Vorstellung vom Universum sich nun wirklich als richtig durchgesetzt hat und Kirchenmänner eben auf dem Erkenntnisstand ihrer Zeit glaubten, richtig gehandelt zu haben, aber sich, wie man erst später entdeckte, geirrt hatten.

Der sonst autoritär rechthaberische deutsche Professor und Glaubenswächter Kardinal Ratzinger taktierte vorsichtig. Er stimmte im Grund der päpstlichen Absicht zu, riet aber zu einer stärkeren Betonung des christlichen Glaubens und weniger der kirchlichen Verfehlungen. Was sollen aber Schuldbekenntnisse, wenn man sich statt Reue ein Hintertürchen voller Rechtfertigungen offenläßt?

Von solchen theologischen Spitzfindigkeiten, die keiner mehr nachvollziehen konnte, hielt der Erzbischof von Bologna überhaupt nichts. Kardinal Biffi verfaßte eine vierseitige Stellungnahme und ließ diese auch an die Öffentlichkeit geraten. Darin bringt der wackere und wortgewaltige Bolognese auf den Punkt, was die Traditionalisten und Konservativen im tiefsten Herzen sowieso nicht anders glauben wollen: »Die Kirche ist ohne Sünde. Die Kirche ist in ihrem Wesen die Wahrheit. Sie hat keine Sünden, weil sie vollkommen Christus ist. Ihr Haupt ist der Sohn Gottes, dem man nichts moralisch Zweifelhaftes anhängen kann. Nur persönliche Fehler einzelner Persönlichkeiten in der Kirche können voller Schmerzen bekannt werden.«

Die Gemeinschaft der Kirche besteht aus zahllosen Sündern. Aber als Gesamtheit ist sie Leib Christi und damit von Sünden frei. Das ist überheblicher Katholizismus pur, in dessen Namen über Jahrhunderte hinweg alles gerechtfertigt werden konnte. Erstaunlich, wie ein Kardinal am Ende des zweiten Jahrtausends, in dem die Kirche soviel Blut über die Menschen gebracht hat, noch immer nur von individueller Schuld sprechen kann. Diese sündhaften Individuen sind schließlich nicht direkt aus der Hölle gestiegen, sondern Produkte ihrer Kirche.

Wie weit ist Biffi von jenem Papst Hadrian VI. entfernt, der 1523 gestorben ist! Vielleicht hat er aber nur Angst vor den Folgen des Bekenntnisses. Aus seinen Zeilen spricht eine sehr typische Sorge der Kirchenoberen. Man müsse doch Rücksicht auf die Auswirkungen auf einfache Menschen nehmen. Die könnten nicht verstehen, daß die heilige Kirche sündhaft sei. Also lieber an der Fiktion von der göttlichen Reinheit festhalten als den Menschen zu vertrauen. Auch diese Haltung beweist, wie wenig manche Kardinäle noch immer vom Kirchenvolk halten.

Der Papst hat also die Kardinäle nicht überzeugen können und geht seinen Weg allein weiter. Die erste Antwort auf ihr Beharren erscheint am Ende des gleichen Jahres. Der Apostolische Brief, mit dem er die Jubelfeiern zum Heiligen Jahr 2000 ankündigt, Tertio Millennio Adveniente, ist datiert vom 14. November 1994. Ein Jahr später legt der Haustheologe des Papstes, der Schweizer Dominikaner Georges Cottier, nach. Er wurde zum Präsidenten der theologisch-historischen Kommission ernannt, die wissenschaftlich die Gewissenserforschung der Kirche im Auftrag des Papstes für das Heilige Jahr vorantreiben soll.

Er legt einen programmatischen Text vor, in dem die Bekenntnisabsicht des Papstes nicht nur wiederholt wird, sondern auch noch auf Bereiche ausgedehnt wird, die bisher in dem Promemoria nicht enthalten waren und auch im Apostolischen Schreiben nicht erwähnt werden: die Aufarbeitung der Rolle der Frau in der Kirche. Der Bericht des Theologen »Die Kirche vor der Frage der Bekehrung« läßt vermuten, daß der päpstliche Haustheologe, so etwas wie der persönlichste Berater des Papstes in theologischen Fragen, sein von Kirchenämtern unabhängiger Geheimrat, indirekt im Namen des Papstes den Kardinälen die Leviten zu lesen hatte.

Er schreibt unzweideutig, daß die Kirche die Sünden ihrer Söhne anerkennt, aber auch ihre eigene Unzulänglichkeit in der Nachfolge Christi. Sie müsse sich ständig über die Sünden ihrer Söhne und ihrer eigenen Geschichte befragen. Die Umschreibung meint, daß die Kirche als Institution sich über ihre Fehler befragen muß. Der Papst läßt also in diesem Punkt nicht mit sich verhandeln.

Es kommt noch stärker: Der Theologe betont, daß die lebendige Erinnerung der Kirche nicht von ihrer Identität im Laufe der Jahrhunderte zu trennen sei. Also keine Zuflucht in die Ausrede, das war nicht die Kirche, sondern der oder jener Papst. Die Kirche hat Schuld an ihrer Identität und der ihrer Gläubigen. Basta.

Schließlich unterstreicht der Haustheologe, daß unvoreingenommen, also ohne theologische Hintergedanken, die Geschichte wissenschaftlich objektiv zu untersuchen sei. Mit anderen Worten, die Weltgeschichte muß als Ablauf der Ereignisse und nicht in ihrer kirchlichen Interpretation gesehen werden. Ursache und Wirkung müssen klargestellt werden, was nicht ausschließt, daß ein gläubiger Mensch auch in den blutigsten Weltereignissen einen heilsgeschichtlichen Sinn sieht. Nur darf eben nicht von vornherein Blutvergießen und Sünde gerechtfertigt werden, weil im nachhinein etwas Gutes herausgekommen ist. Das jesuitische Wort, der Zweck heilige die Mittel, gilt nicht für die Geschichtsanalyse.

Der Abschied von diesem pragmatischen Nützlichkeitsdenken fällt schwer. Noch im neuen, 1994 erschienenen Katechismus werden bestimmte Kriege als moralisch gerecht verteidigt. Biffi würde das als göttlichen Willen interpretieren.

Cottier denkt da rigoroser. Am Ende seines Lehrstücks stellt er fest, daß » das Bewußtsein bestimmter geschichtlicher Umstände die Kirche nicht von Buße und Reue freispricht«. Cottier hat volle päpstliche Rückendeckung. Als sein Stellvertreter arbeitet der an der Jesuitenuniversität lehrende Fundamentaltheologe Rino Fisichella. Ihre Berichte gehen an den Kurienkardinal Roger Etchegaray, früherer Erzbischof von Marseille und dem progressiven Flügel zugerechneter Leiter des Päpstlichen Rates für Gerechtigkeit und Frieden, so etwas wie ein Menschenrechtsministerium der katholischen Kirche und damit die Behörde, die am meisten an den Folgen der Sündengeschichte in der Kirchengeschichte zu leiden hat. Vielleicht hat er einmal nachgerechnet, an welchen Mißachtungen der Menschenrechte das Christentum direkt oder indirekt schuld ist?

Den Beichtspiegel hat Luigi Accattoli zusammengetragen, als er die Mea Culpa des Papstes auflistete. An erster Stelle nennt er die Kreuzzüge, die bei einem Rückblick auf das zweite Jahrtausend in der Tat die erste Blutspur gezogen haben.

Die Kreuzzüge scheinen dem Papst aber die geringsten Kopfschmerzen zu bereiten bei der Aufarbeitung der Geschichte. Nur einmal hat er in Erinnerung an die Heilige Katharina von Siena indirekt auf sie angespielt, als er in einer Sonntagsansprache im Februar 1995 Gott dankte, daß die Probleme, die zwischen Religionen entstehen können, durch einen offenen Dialog geregelt werden können.

Die Grenzen dieses Dialogs mit der muslimischen Welt sind eng. Das mußte er selber erfahren. 1982 beim Papstbesuch in Nigeria und 1995 in Kenia lehnten es die islamischen Würdenträger ab, mit dem Papst zusammenzutreffen, weil Johannes Paul II. nicht klar genug die Untaten seiner päpstlichen Vorgänger verurteilt hatte. Doch gerade das ist in diesem Streit bezeichnend. Päpste urteilen höchst ungern über Päpste. Wenn es nicht mehr anders geht, umschreiben sie die Kritik so sehr, daß sie nur noch Eingeweihte verstehen. Die Wirkung ist damit gleich Null. Sie wird sich auch in der Zukunft auf nicht mehr als eine Fußnote beschränken.

Ähnlich schwer tun sich die Päpste mit der Verurteilung von Diktaturen. Auch Johannes Paul II. verdammte die Verletzung der Menschenrechte durch totalitäre Systeme und Tyrannen aller Zeiten. Doch wenn es sich um die katholischen Gläubigen unter den Diktatoren handelt oder kirchliche Interessen ins Spiel kommen, bleibt der Ruf des Papstes ausgesprochen kleinlaut. Er zieht es dann vor, allgemein von dem Widerstand zu sprechen, den Katholiken gegen diktatorische Regime aufgebracht haben, etwa gegen den Nationalsozialismus. Oder er verurteilt indirekt, indem er ausdrücklich auf Achtung der Menschenrechte hinweist.

Kernproblem dieses Papstes ist aber, daß er ein zumindest schillerndes Verhältnis zur Demokratie hat. Menschenrechte ja, aber wenn sie zur Selbstbestimmung der Menschen führen und diese dann sich von der Kirche abwenden, sind die Grenzen päpstlichen Schutzes schnell erreicht. Auch Johannes Paul II. zieht es dann vor, im Grundsätzlichen zu bleiben. Accattoli jedenfalls fand keinen Beleg für ein klares Bekenntnis gegen diktatorische Herrschaft und für die Demokratie.

Der schwersten Sünde gegen sich selbst erlag die Kirche gleich zweimal im zweiten Jahrtausend ihrer Existenz: zuerst die Spaltung in eine Ost- und eine Westkirche, in die orthodoxe und die römisch-katholische im Jahr 1054, dem Jahr des großen Schismas. Danach im 16. Jahrhundert die Spaltung der abendländischen Christenheit in Katholiken und Protestanten. Diese innerkirchlichen Jahrtausendsünden sollen nach dem Willen des Papstes auch im Mittelpunkt der Buße und der Reue zum Heiligen

Jahr stehen. (Siehe auch Kapitel Ökumene.) Hier hat er die Verantwortung der katholischen Kirche klar aufgezeigt.

Das Unrecht an den Frauen geht der Papst theologisch am Fundament an. In seinem Brief Mulieris Dignitatem im Jahre 1988 korrigierte er sogar den Völkerapostel Paulus, der aus seiner griechischen Herkunft kein Geheimnis gemacht hat und den Mann als Haupt der Frau gelehrt hat. Johannes Paul II. bittet die Frauen um Vergebung, revidiert Paulus und bescheinigt den Frauen, sie seien Ausdruck göttlicher Liebe und Zärtlichkeit gegenüber dem menschlichen Wesen. In der Ehe sei nicht die Frau dem Mann untertan, sondern beide Gott. Der Papst versichert sogar, daß schon von Anfang an in der Bibel die Gleichheit von Mann und Frau bestätigt werde. Mehr Rechte haben die Frauen in der Kirche aber bisher dennoch nicht.

Die Juden erwarten von der Kirche noch immer vergeblich ein großes, historisches Dokument des Papstes, das jede Zweideutigkeit wegnimmt. Unmöglich erscheint dies nicht. Mehr durch Gesten als durch Worte hat dieser Papst den Juden Abbitte für Jahrtausende altes Unrecht getan, soweit die Christenheit durch ihre traditionelle Vorstellung von den Juden als den Christusmördern geprägt wurde und dabei vergessen hat, daß ihr Religionsgründer unzweifelhaft selbst Jude war.

Johannes Paul II. sprach von den Juden als von »unseren älteren Brüdern«. Er besuchte die Synagoge von Rom und bekannte auch die historische Verantwortung der Kirche an der Judenverfolgung und bat Gott um Vergebung für die Gleichgültigkeit vieler Christen gegenüber dem Holocaust. Ein Grund für weiteres Zögern liegt in der Fülle des Materials, das sich in zweitausend Jahren offener oder latenter antisemitischer Stimmung in der Christenheit aufgetürmt hat. Das jedenfalls vermuten Vatikaninsider. Gerade diese sensible Frage wolle der Papst nicht nur vor aktuellem Hintergrund behandelt sehen, sondern wirklich als umfassende Abrechnung mit der ganzen Kirchengeschichte.

Die begann spürbar im November 1997. Eine streng geheime Beratung von 60 Experten im vatikanischen Hospiz Santa Marta über die biblischen Ursprünge des Antijudaismus im Vatikan löste weltweit Spekulationen aus. Angeblich gut informierte Kreise rechneten bereits mit einer Enzyklika, in der die Kirche ihr großes Mea Culpa machen werde. Tatsächlich ging die überwiegend aus Bibelexperten bestehende Konferenz den Dingen so sehr auf den Grund, daß am Ende nur ein Grußwort des Papstes in die Richtung eines Schuldbekenntnisses ging.

Er und seine Berater blickten ganz auf das Heilige Jahr 2000, das Jubeljahr des zweitausendsten Geburtstags von Jesus Christus, dem Begründer des Christentums. Ein Wort aus seiner Zeit rückte in den Mittelpunkt: Jobel, aus dem das Jubiläum abgeleitet wird. Der Rückgriff auf den Ursprung hat System. Er signalisiert, was der Vatikan mit den Jubelfeiern eigentlich will.

Gewissenserforschung, Schuldbekenntnis und Verzeihung meinte Jobel im Alten Testament. Die Jünger des Neuen Testaments, an erster Stelle Papst Johannes Paul II., berufen sich in allem darauf, was zur Vorbereitung des Jubeljahrs unternommen wird: das große Schuldbekenntnis und die Bitte um Verzeihung an alle, denen die Kirche je Böses angetan hat.

»Reinen Tisch will er vor dem nächsten Jahrtausend machen«, versicherte ein Kirchenkenner in Rom. »Und er erwartet auch, daß die Bitte um Verzeihung erwidert wird. Darin liegt der Sinn des Jobel.« Danach könne mit reinem Gewissen neu angefangen werden. Die Notwendigkeit leuchtet nicht jedem Kirchenmann ein.

Ein Prälat, der sich besonders mit den Beziehungen des Heiligen Stuhls mit Israel befaßt, bilanziert nüchtern: »Die Kirche hat viele Schritte unternommen. Jetzt ist auch die andere Seite an der Reihe. Einseitige Schuld und einseitiges Verzeihen geht nicht.«

Die andere Seite, das sind die Juden. Doch ihr Verzeihen wird schwer angesichts der Judenvernichtung im Holocaust und der bislang zweifelhaften Bereitschaft Roms, eine »Schuld, die nicht die der Kirche ist, auf sich zu nehmen«, so mehrere Theologen am Rande der römischen Konferenz. Ob Papst Johannes Paul II. im Jubeljahr 2000 deshalb im Heiligen Land mit den Spitzenvertretern der monotheistischen Religionen Christentum, Judentum und Islam Jesu Geburt gedenken kann, ist nicht nur wegen der politischen Unsicherheit mehr als fraglich.

»Ein großes Mea Culpa der Kirche wird es kaum geben«, erwartet Mario Marazziti von der vatikannahen römischen Erneuerungsgemeinschaft Sant'Egidio. Sie pflegt intensiv das Gespräch mit Judentum und Islam. Im rechten Spektrum ließ das Opus Dei wissen, daß es keinen Grund für ein Schuldbekenntnis sieht. Ähnlich denken viele führende Kurienmitglieder, auch wenn sie es nicht offen aussprechen: »Die katholische Kirche hat schon genug getan.« Außerdem sei sie selbst ohne Sünde, »allenfalls voller Sünder«. Der an der päpstlichen Gregoriana-Universität in Rom lehrende Kirchenhistoriker Giacomo Martina bilanzierte lakonisch: »Es wird immer Antisemitismus geben. Aber keiner kann sich auf die Kirche berufen.«

Oder doch? Die kirchenferne römische Anthropologin Ida Magli sieht die Ursachen des von Christen praktizierten Antisemitismus in der Entstehung des Christentums selbst: »Jesus war ein Rebell gegen das Judentum, wenn man so will, ein einsamer 68er vor zweitausend Jahren.« Ein Mitglied der päpstlichen Kommission für den Dialog mit dem Judentum: »Darin liegt wohl auch das größte Hindernis für Papst Karol Wojtyla.« Nicht wenige im Vatikan sehen ihn bei seinen Bemühungen um ein weitergehendes Schuldbekenntnis, vor allem zum Holocaust, recht einsam.

Schon vier Entwürfe für ein Päpstliches Schreiben über den Antisemitismus sind in den fünf Jahren vor der Rom-Tagung über seinen Tisch gegangen. Danach wollte der Papst erneut überlegen, was er den Juden sagen will, obwohl aus vatikanischer Sicht schon alles gesagt ist.

Kardinal Joseph Ratzinger hat es vorweggenommen. In einem Symposium vor zwei Jahren in Jerusalem hat er alles aufgezählt, was die katholische Kirche zum Judentum zu sagen hat. Kernaussagen: Der Antisemitismus ist eine schwere Sünde. Das Zweite Vatikanische Konzil (1962–65) hat mit seiner Erklärung über die nichtchristlichen Religionen »Nostra Aetate« auf Betreiben des deutschen Kurienkardinals Augustin Bea den Antisemitismus als dem Christentum widersprechend verworfen. Papst Johannes Paul II. hat beim ersten Besuch eines Papstes in einer jüdischen Synagoge 1986 ausdrücklich die Juden als die »älteren Brüder« der Christen gewürdigt. Die Theologentagung im Vatikan geht von dem Grundsatz aus, den zum Beginn Kardinal

Roger Etchegaray formuliert hat: Ohne Judentum kein Christentum.

Was bleibt also noch für ein Mea Culpa? Die Verurteilung des Holocaust. Da zieht sich der Heilige Stuhl auf die Argumentation zurück, daß Papst Pius XI. mit der Enzyklika »Mit brennender Sorge« schon 1937 alles gesagt habe. Historiker Martina: »Spätere Erklärungen hätten mehr geschadet als genützt«. Er bezieht sich auf die Erkenntnisse des im Februar 1997 84jährig verstorbenen Jesuiten Robert Graham. Graham hat im Auftrag des Heiligen Stuhls dessen Akten über die Zeit des Nationalsozialismus durchgearbeitet und sie mit drei weiteren Jesuiten in zwölf Bänden veröffentlicht. In der Kurie fragt man sich deshalb auch etwas ratlos, was die neue Forderung des Wiesenthal-Zentrums soll, die Akten endlich offenzulegen.

Zehn Seiten war die Erklärung dann dünn, die der australische Kurienkardinal Edward Idris Cassidy nach über zehn Jahren Ende März im Vatikan vorstellte, Titel: »Wir erinnern. Eine Reflexion über die Shoah.« Kernsatz: »Wir bedauern zutiefst die Fehler und die Schuld dieser Söhne und Töchter der Kirche… Es handelt sich um einen Akt der Reue.«

Vehement verteidigen die vatikanischen Autoren aber Papst Pius XII., der wegen seines »Schweigens« seit Rolf Hochhuths »Der Stellvertreter« der Mitschuld am Judenmord verdächtigt wird. Er habe direkt oder indirekt »Hunderttausende jüdische Leben gerettet«.

Für die Überlebenden des Holocaust war das dann doch zu viel des Guten. Oberrabbiner Meir Lau forderte eine klare Entschuldigung des Vatikans für Pius XII. Davon wollte die Kurie nichts wissen und fand in Italien Zustimmung. Die Römer erinnerten sich, daß die so hoch gelobte Unterstützung durch den Papst Eugenio Pacelli vor allem den Juden der Ewigen Stadt galt.

Die Präsidentin der Union der israelitischen Gemeinden in Italien, Tullia Zevi, erkannte dies ausdrücklich an und forderte zu einer gerechten Beurteilung auf. Roms Rabbiner Elio Toaff: »Dieses Dokument ist ein wichtiger Schritt.«

Der 83jährige Kardinal Ersilio Tonini, der Pius XII. (gestorben 1958) noch gut gekannt hatte, stimmte zu: »Die Menschen italienischer Kultur müssen diesem Mann Gerechtigkeit angedeihen lassen.« Der prominente Publizist Arrigo Levi wunderte sich dagegen, daß der Vatikan »bis heute zum Schweigen des Papstes schweigt«.

Die kirchliche Rechtfertigung zieht sich wie ein roter Faden durch das Dokument und die Erklärung von Kardinal Cassidy. Dessen Mitarbeiter Rémi Hoeckman formulierte sie lapidar: »Die Kirche ist Leib Christi.« Als solcher sei sie ohne Sünde und könne sich für nichts entschuldigen. Tatsächlich spricht Rom immer nur von den Sündern, aber nie von der sündigen Institution. Es sei schon genug gesagt.

Der Historiker Igor Man, 70, half im italienischen Fernsehen den Begriffsstutzigen nach: Die Kirche habe jetzt nicht zum erstenmal gesprochen. Das habe das Zweite Vatikanische Konzil vor über 30 Jahren schon erledigt.

Andere Enttäuschte hätten es vorgezogen, daß sich der Vatikan, »statt dieses überflüssige Papier vorzulegen, der Entschuldigung der deutschen Bischöfe angeschlossen hätte«. Die hatten 1995 zum 50. Jahrestag der Befreiung des Konzentrationslagers Auschwitz bekannt: Den »Christen ist anzulasten, daß trotz der Chance für ein friedliches Zusammenleben seit dem 18. Jahrhundert im kirchlichen Bereich eine antijüdische Einstellung weitergelebt hat«.

Bischof Karl Lehmann ging noch weiter. Er sprach von »der Kirche, die sich zu sehr von der Bedrohung der eigenen Institutionen hat beeindrucken lassen«. Die christlichen Kirchen hätten »versagt«. Lehmann flüchtete sich nicht in die subtile theologische Unterscheidung in christliche Sünder und unbefleckte Kirche.

Ende 1999 wollte der Papst im Heiligen Land das bessere, dritte Jahrtausend mit den Spitzenvertretern der monotheistischen Religionen (Judentum, Christentum und Islam) einläuten, laut Igor Man eine »Nuova età«, ein neues Zeitalter.

Das jetzige Dokument reicht als Einladung kaum. Kurienmitarbeiter streuten deshalb nach dem unerwartet abweisenden Echo die Zuversicht, Johannes Paul II. werde selber zum Füller greifen und ein Mea Culpa zu Papier bringen, um alle Vorbehalte wegzuwischen. Einiges spricht dafür. Von den Studien über Christentum und Antijudaismus vom November 1997 haben sich allenfalls Spuren in die jetzige Reflexion eingeschlichen. Das kann also beim besten Willen nicht alles gewesen sein.

Ein vatikanischer Israel-Beobachter meinte streng vertraulich: »Die historische Aufarbeitung der Ursachen des Antisemitismus durch die Juden selbst ist noch immer zu leisten. Die Söhne der Opfer des Holocaust stellen ihren Vätern heute die Frage nach dem Warum. Bisher gab es dazu keine überzeugende Antwort.« Vielleicht, so der Monsignore, wird es auch nie eine geben können.« Schon der Apostel Paulus hat eingesehen, daß Gott allein die Lösung weiß.«

Das alles kann allerdings auch als ein großes Ablenkungsmanöver gedeutet werden. Bewußt oder unbewußt weichen kirchliche Amtsträger vor Fragen aus, die sich zwangsläufig beim Thema Antisemitismus und seine historischen Quellen stellen: Fragen aus dem Urchristentum, die durch Funde und zum Teil populärwissenschaftliche »Enthüllungen« nach einer zuverlässigen Darstellung verlangen. Der wissenschaftlich gesicherte historische Boden gerade für die Geschichte der Urkirche bis zurück zu Jesus soll dabei ängstlich nicht verlassen werden, weil die Fundamente der katholischen Kirche erschüttert oder auch bestätigt werden könnten. Das Thema könnte sich langfristig als das gewaltigste überhaupt erweisen, weil mit ihm nicht nur der Glaube auf den Prüfstand gerät, sondern die ganze Tradition, das Erscheinungsbild der christlichen Kirchen abgefragt werden muß. So weit geht die Gewissensprüfung zum Heiligen Jahr 2000 nicht.

Die Revision des falschen Weltbildes und das gebrochene Verhältnis zu den Naturwissenschaften sind dagegen eine so leichte Übung, daß sich die Katholiken fragten, warum es eigentlich so lange dauerte. Der Mensch war bereits auf dem Mond gelandet, als der Papst noch immer zögerte, die Erde als Kugel und nicht als Zentrum des Universums anzuerkennen und die Entdecker des modernen Weltbildes zu rechtfertigen.

Der Papst tat es dann schließlich in einer Gedenkfeier für Albert Einstein vor der Päpstlichen Akademie der Wissenschaften 1979. Nach der beiläufigen Anerkennung des Irrtums dauerte es bis

1992, als der Papst ebenfalls in einer Audienz für seine Wissenschaftlerakademie den Abschlußbericht einer Kommission vorlegte, die den Fall Galilei geprüft hatte. Darin werden – und deshalb hat es so lange gedauert – die zeitlichen Umstände gewürdigt, die letztendlich dazu geführt haben, daß die Kirchenführung einen Fehler beging. Der Fall Galilei schmerzt also bis heute, und sogar in einem so klaren Fall ist die katholische Kirche nicht in der Lage, zu sagen, hier hat die Kirche ihre Befugnisse überschritten. Christus war schließlich kein Mathematiker oder Astronom.

Christus war kein Wissenschaftler und definierte keine wissenschaftlichen Erkenntnisse. Dennoch wird die Kirche nicht müde, in seinem Namen solche zu verbreiten, die sich dann bald als Irrtum herausstellen. Zugegeben, es gibt Grenzfälle, in denen es den Prälaten schwerfällt, sich kluge Zurückhaltung aufzuerlegen. Ein solcher Grenzfall wurde erst im Oktober 1996 bereinigt, als der Papst erstmals die Abstammungslehre des Menschen als zutreffend anerkannte. Pius XII. hatte zwar 1952 schon von einer ernstzunehmenden Theorie gesprochen. Aber erst 45 Jahre später wurde diese Theorie nicht mehr als eine Annahme stehengelassen, sondern als Erkenntnis akzeptiert.

»Heute führen neuere wissenschaftliche Erkenntnisse dazu, daß die Theorie von der Evolution keine zweifelhafte Theorie ist«, sagte der Papst wieder einmal der Päpstlichen Akademie der Wissenschaften, seinem hauseigenen Forum für wissenschaftliche Revisionen. Er warnte aber auch gleich vor materialistischen und verkürzten Auslegungen der Evolution. Auch wenn es keinen einmaligen Schöpfungsakt gebe, so die neue katholische Interpretation, so ist doch von einer Schöpfungskraft auszugehen, die die Evolution lenkt. Mit dieser Brücke zwischen Theologie und Naturwissenschaft können auch katholische Naturwissenschaftler gut leben.

Die Schuld der Kirche an Kriegen bekannte Johannes Paul II. zum ersten Mal ausdrücklich bei dem ersten »Tag für Frieden« während des Weltgebetstreffens, das von der römischen Reformgemeinschaft Sant'Egidio initiiert wurde. Spitzenvertreter aller Religionen waren dazu 1986 nach Assisi gekommen und hatten zusammen mit dem Papst eine Tradition begründet, die sich heute alljährlich in solchen Weltgebetstagen manifestiert. Papst Wojtyla sprach damals von der deprimierenden Tatsache, daß so viele Christen für Kriege verantwortlich sind.

Eindrucksvoll formulierte er das Schuldbekenntnis zum 50. Jahrestag des Endes des Zweiten Weltkriegs in einer Botschaft vom 16. Mai 1995: »Bei jedem einzelnen Krieg sind wir alle aufgefordert, über unsere Verantwortung nachzudenken, Vergebung zu erbitten und zu gewähren. Für die Christen bleibt die bittere Schuld, wenn sie die Schrecken jenes Krieges betrachten, daß er sich auf einem Kontinent zugetragen hat, der sich stolz seiner Kultur und Zivilisation rühmte, auf dem Kontinent, der am längsten im Glanz des Evangeliums und der Kirche lebte. Deshalb müssen die Christen Europas um Vergebung bitten, auch wenn anzuerkennen ist, daß auch andere verantwortlich für die Kriegsmaschinerie waren.«

Wie weit dieser Papst in seiner Gewissenserforschung der Kirche auszuholen bereit ist, zeigte sich am 13. Oktober 1992, dem 500. Jahrestag der Entdeckung Amerikas. Der Papst reiste nach Santo Domingo, um mit den lateinamerikanischen Bischöfen nicht nur den Beginn der Evangelisierung des Kontinents zu feiern, sondern »um die Sünden von vor 500 Jahren zu bekennen«. Er scheute sich nicht, das eigene Personal zu kritisieren. Wie schon acht Jahre früher bei einem Besuch in Kanada, als er zu Indios sagte: »Eure Begegnung mit dem Evangelium hat nicht nur Euch bereichert, sie hat auch die Kirche bereichert. Wir sind uns aber sehr wohl bewußt, daß dies nicht ohne Schwierigkeiten abgelaufen ist, in einigen Fällen sogar mit schwerwiegenden Fehlern.«

Der Papst bat die Indios um Vergebung ebenso wie die Aborigines von Australien und die Indianer in den USA. Sie forderte er auf, für die Versöhnung zu arbeiten. Konkret tat er sich dann aber schwer, wenn katholische Bischöfe sich auf die Seite der unterdrückten Indios stellten, beispielsweise bei den Befreiungstheologen von ganz Lateinamerika. Sie wollten die Frohbotschaft nicht nur fürs Jenseits verkündigen, sondern auch den Armen aus dem irdischen Elend helfen. Weil sie dazu marxistische Argumente benutzten, war dem Papst und seinem Ratzinger das alles schon wieder materialistisch verdächtig und wurde verboten.

Ungeachtet der überragenden Rolle und des gewaltigen Einflusses, den Kardinal Joseph Ratzinger als Leiter der Glaubenskongregation ausübt, hat Papst Johannes Paul II. diese Nachfolgerin der Intoleranzbehörde, der Heiligen Inquisition, als erster Papst überhaupt kritisiert. »Er brach ein Jahrhunderte altes Tabu«, notierten die Vatikanbeobachter, als Johannes Paul II. gleich dreimal die Fehler der Inquisition anprangerte.

Bei seiner ersten Reise durch Spanien, das Ursprungsland der Inquisition, erinnerte der Papst an die Inquisition und ihre Irrtümer und Übertreibungen, die heute von der Kirche objektiv bewertet werden müßten. Danach aber freute er sich darüber, daß heute in Spanien die Wissenschaft volle Freiheit genieße und dennoch tief mit der Kirche verbunden sei. In seinem Brief an die Kardinäle zur Vorbereitung des Heiligen Jahres wurde er deutlicher: »Wie kann man über die zahlreichen Formen von Gewalt schweigen, die auch im Namen des Glaubens verübt wurde? Religionskriege, Inquisitionsgerichte und andere Formen der Verletzung der Persönlichkeitsrechte... Auch die Kirche muß auf eigene Initiative die dunklen Seiten ihrer Geschichte neu betrachten und sie im Licht der Grundsätze des Evangeliums bewerten.«

Von der Einmischung der Kirche in die Angelegenheiten der Welt war der Schritt nicht weit zu einer Warnung vor den Sünden des Fundamentalismus, der in der katholischen Kirche wie im ganzen lateinischen Sprachraum meistens mit Integralismus umschrieben wird. Gemeint ist dasselbe: Keine Trennung von Kirche und Gesellschaft. Die Kirche bestimmt alles und diktiert das Handeln der Menschen, ob sie sich dazu bekennen oder nicht, ob sie mit der arroganten Lehrautorität einverstanden sind oder nicht. Immerhin stellt der Papst fest, daß diese Form von Kirchenanspruch nicht mit dem wahren christlichen Glauben vereinbar sei, schon Christus hat dem Kaiser gegeben, was des Kaisers ist. Der Papst bedauert den Rückfall in mittelalterliche Vorstellungen und beklagte, daß die »Christen im Laufe der Jahrhunderte an Toleranz zu wünschen übrig ließen«.

Die Mahnung ändert nichts an dem Erstarken gerade integralistischer Kräfte in der katholischen Kirche. Und zwar mit dem Segen des Papstes. Das ist einer der Widersprüche, die dieser Papst mitgebracht hat und die immer wieder den Gegensatz zwischen seinen Worten und seinen Taten unterstreichen. Das Mittelalter ist auch deshalb beim Beginn der Postmoderne in Teilen der katholischen Kirche nicht vorbei.

Der Papst warnt vor dem Fundamentalismus und stärkt gleichzeitig jene fundamentalistischen Kräfte wie das Opus Dei. Unter diesem Widerspruch zerstritt sich die katholische Kirche wie noch nie. Weltlich gesprochen: Die Bestandsaufnahme ist vom Vorstandsvorsitzenden der Vatikan GmbH am Ende des zweiten Jahrtausends der Unternehmensgeschichte so klar bilanziert, daß man mit ihr in die Zukunft gehen kann.

Papst Johannes Paul II. hat dem Wunsch seines Vordenkers, des schweizerischen Theologen Hans Urs von Balthasar, eines der großen modernen Mystiker, gestorben 1988, entsprochen und das »Gewicht der Toten« abgestreift und die Sünden bekannt. Die tätige Buße fehlt noch.

# Die Legionäre

## Die Armee des Papstes –
## und was man dem Vatikan alles nicht glaubt

Eigentlich ist der Vatikanstaat eine friedliche Einrichtung. Im Staat des Papstes, der damals allerdings noch weit größer war, hat es den letzten Mord 1848 gegeben, als der reformfreudige Premierminister Pellegrino Rossi auf Betreiben reaktionärer Kurienkreise gemeuchelt wurde. Im 19. Jahrhundert verfügte die Papstmonarchie als weltliche Macht noch über ein größeres Heer, das allerdings auch nicht verhindern konnte, daß die italienischen Einigungstruppen 1870 den alten Kirchenstaat liquidierten und den Papst auf fast 60 Jahre in die vatikanische Gefangenschaft trieben, aus der ihn erst der Duce Mussolini mit den Lateranverträgen 1929 mehr oder weniger erlöste. Die Päpste hatten es sowieso nicht mehr für opportun gehalten, sich der neuen italienischen Monarchie und der so fremdartigen Demokratie völlig zu verschließen.

Das heutige Militär des Papstes besteht seit einer Reform von Papst Paul VI. 1970 nur noch aus 100 Mann, und zwar: 70 einfache Soldaten oder Gardisten, 23 Unteroffiziere und vier Offiziere sowie zwei Trommler und der Kommandant. Das dekorative Ganze ist, wenn man so will, die älteste Fremdenlegion, die noch besteht. Sie heißt Schweizergarde, da in sie nur schweizerische Staatsbürger bis zu 30 Jahren aufgenommen werden dürfen. Sie müssen den eidgenössischen Militärdienst absolviert haben, dürfen keinen Bart tragen und mindestens das im internationalen Maßstab geringe Gardemaß von 1,74 Meter aufweisen. Und die einfachen Soldaten dürfen – natürlich – nicht verheiratet sein…

Wie jede echte Legionärstruppe feiern die Schweizer jedes Jahr den Tag ihrer schlimmsten Niederlage als Eid- und Heldentag: den 6. Mai 1527, als die Svizzeri der Cohors Pedestris Helvetiorum aufgerieben wurden. Erst 1506 nach Abkommen des Papstes mit den katholischen Schweizer Kantonen gegründet, starben 147 Mann der wackeren Söldner, um Papst Clemens VII. vor den mordenden und plündernden Landsknechten des Kaisers Karl V. zu schützen.

Im Mai 1998 sollte dieser Jahrestag besonders farbenprächtig und feierlich sein, zumal die Schweizergardisten kaum wegen ihrer heute nicht mehr benötigten militärischen Fähigkeiten weltbekannt sind, sondern wegen ihrer malerischen Uniformen, in denen sie samt Hellebarden vor den vier Toren des Vatikan fotogen Wache schieben, sozusagen die äußere Sicherheit des Vatikans garantieren. Für die innere ist die vatikanische Polizei in weitaus weniger schmucken Uniformen zuständig.

Die besondere Vorfreude auf ein großes Fest mit vielen Besuchern aus der Schweiz und langen Festessen, das dem feierlichen Schwur auf Blutstreue gegenüber dem Papst und den Schutz des Konklaves im Fall des Ablebens ihres Dienstherrn gewöhnlich folgt, hatte mehrere Gründe. Erstens wurden sehr viele Abgänge gemeldet, da die normalen Gardisten (Hellebardiers) sich nur auf zwei Jahre päpstlichen Ehrendienst verpflichten müssen. Zweitens sollte der neue Kommandant, einer der bisherigen Offiziere, der 43jährige Alois Estermann, ins Amt eingeführt werden.

Am Montag vor dem Schwörmittwoch im Damasushof wurde am Mittag die Beförderung Estermanns bekanntgegeben. Es hatte ein halbes Jahr gedauert, bis er der Nachfolger von Roland Buchs wurde, der nach zwanzig Jahren Papstdienst die Leitung des Sicherheitsdienstes im Berner Bundeshaus übernommen hatte.

Der neue Kommandant, ein strenger bis rigider, theologisch gebildeter und im militanten Opus Dei engagierter Papstgetreuer, konnte sich nur neun Stunden auf seine neue Würde freuen. Um 19.30 Uhr setzte sich einer seiner Unteroffiziere, der 23jährige Cédric Tornay, an seinen Stubentisch und schrieb einen Brief, in dem er beteuerte, er könne nicht anders, um Schlimmeres zu verhindern, nachdem ihn sein Chef über drei Jahre lang schikaniert und

ihm nun vor der Rückkehr in die Schweiz auch noch die Zuerken-
nung einer quasi allen zustehenden Verdienstmedaille verweigert
habe. Den Brief übergab er, so lautet jedenfalls die vatikanamtli-
che Version, seinem Stubenkameraden mit der Bitte, ihn seinen
Eltern zu geben, wenn ihm etwas zustoße.

Um 21.04 Uhr telefonierte Estermann mit einem befreundeten
Monsignore, als es an die Tür der Offizierswohnung im Nachbar-
gebäude der Schweizerkaserne neben dem Sankt-Anna-Tor
klopfte. Er und seine Frau, eine 49jährige Venezolanerin, öffneten. Tornay trat herein und schoß zweimal aus seiner Dienstpi-
stole auf den neuen Kommandanten, einmal auf die Frau, und
danach tötete er sich durch einen Schuß in den Mund selbst. Der
Anrufer hatte noch Lärm gehört, dann aber aufgelegt, weil er
glaubte, die Leitung sei unterbrochen worden.

In den Mitternachtsnachrichten des italienischen Fernsehens
vernahm er dann, daß er unwissend Ohrenzeuge eines Mordes geworden war. Der Vatikan hatte um 23.30 Uhr den Doppelmord
und mutmaßlichen Selbstmord hinter den vatikanischen Mauern
bekanntgegeben. Die vatikaneigenen Untersuchungen gaben bis
zum nächsten Mittag die Gewißheit, daß sich nach menschlichem
Ermessen alles so abgespielt haben müsse. Eine Wahnsinnstat aus
verletztem Stolz. Am Mittwoch zogen die zahlreichen Besucher
aus der Schweiz nicht in den Damasushof, sondern in den Petersdom, wo Kardinalstaatssekretär Angelo Sodano ein feierliches
Requiem zelebrierte.

In seiner Ansprache tröstete der zweite Mann der Kirche blu-
mig, daß »die schwarze Wolke eines Tages« nicht die 500 Jahre
der Ehrenhaftigkeit trüben könne. Getrübt hat sie allerdings wieder einmal das Ansehen der Kurie, weil die Öffentlichkeit sich
daran gewöhnt hatte, vatikanische Darstellungen über Verbrechen auch dann nicht zu glauben, wenn sie an jedem anderen Ort
der Welt keinerlei Zweifel auslösen würden.

Zu schnell wurde für den Geschmack vieler Römer und vor allem der zahlreich angereisten Journalisten die Bluttat aufgeklärt,
als daß nicht der Verdacht berechtigt wäre, daß alles doch etwas
anders war. Wie beim Tod von Papst Johannes Paul I. 1978 wurde
dem Vatikan wieder jede Schandtat unterstellt. Die dümmsten

Fragen und Vermutungen waren noch gut genug, um breit erörtert zu werden:

Verbarg sich hinter allem ein Eifersuchtsdrama? Das Ehepaar Estermann war kinderlos und der 23jährige Vizekorporal im Gegensatz zum deutschschweizerischen Kommandanten aus Beromünster (Kanton Luzern) ein lebensfroher Welschschweizer aus dem Wallis. War es gar eine Affäre im homosexuellen Milieu, zumal erst vor wenigen Monaten ein schwuler Vatikanbediensteter ermordet wurde? Allerdings außerhalb der Vatikanmauern und deshalb eindeutig aufgeklärt.

Warum hat der Vatikan nicht die italienische Polizei hinzugezogen? Die ganz einfache Antwort wollte kaum jemand hören: Der Vatikan ist ein souveräner Staat mit Polizei und Justiz, auch wenn der als weltlicher Richter fungierende Jurist ein nebenamtlicher Richter des meistens mit Ehesachen beschäftigten Kirchengerichts der Römischen Rota ist und seinen Lebensunterhalt als Personalverwalter des italienischen Parlaments verdient.

Die Vatikanmysterien mußten in der öffentlichen Meinung eben mysteriös bleiben. Prompt meldete sich anderntags eine Berliner Stimme, wonach die Gauck-Behörde entdeckt habe, daß Estermann Stasimitarbeiter gewesen sein soll. Lag da der Schlüssel des Rätsels: Wußte oder ahnte Tornay etwas davon? Hat ihn deshalb sein Vorgesetzter schlimmer als seine Kollegen bei kleinsten Vergehen wie Verspätung bei nächtlichem Ausgang bestraft, ja regelrecht schikaniert?

Dauerte die Beförderung deshalb so lange und nicht, wie es immer hieß, weil man nicht mit der Tradition brechen wollte und einen schweizerischen Patrizier (Adeligen) mit der Truppenleitung beauftragen wollte? Hatte die Kurie etwas abzuklären, was Zeit beanspruchte? Ihr mußte doch längst klar gewesen sein, daß Estermann der Nachfolger sein mußte, weil es in der Schweiz nur noch geringe Bereitschaft unter adeligen Offizieren gibt, den ehrenvollen, aber nicht einträglichen Papstdienst zu versehen?

Der Stasiverdacht geht auf das Ende der 70er Jahre und den Anfang der 80er zurück, als Estermann gerade erst seinen Gardedienst begann. Er soll sich Ostberlin selbst angedient haben. In dieser Zeit suchten die östlichen Geheimdienste ständig Informanten aus der Kirche, zunächst um mehr über die vatikanische Ostpolitik Pauls VI., und danach, um aus der Nähe die Winkelzüge gegen den Ostblock des aus Polen stammenden neuen Papstes Karol Wojtyla auszuspionieren.

Es ist durchaus denkbar, daß der junge Gardist spionierte. Immerhin bezahlt der Vatikan seine Söldner nur mit 1200 Mark plus einigen geringeren Zulagen. Der Kommandant bekommt für einen Oberst auch nicht gerade üppige 5000 Mark im Monat. Leben müssen die Gardisten sowieso in der Kaserne zwischen Petersplatz und Anna-Tor am Fuß des Apostolischen Palastes, wo der Papst residiert.

Die Frage ist nur, ob ein Schweizergardist überhaupt Geheimnisse erfahren oder ob er nur Belanglosigkeiten in den Osten melden konnte, die dort, wie die inzwischen zugänglichen Akten beweisen, mitunter als top secret und Spitzeninformationen aus einer Welt mit sieben Siegeln bewertet wurden. Die Kommunisten hatten nun einmal nur wenig Ahnung von der Kirchenzentrale. 1980 konnte sich zudem niemand vorstellen, daß der Sowjetblock in zehn Jahren zusammenbrechen würde und möglicherweise alles herauskäme.

Hat Estermann wirklich Geheimmaterial erfahren können, da er sich regelmäßig in nächster Nähe des Papstes aufhielt? Am 13. Mai 1981 war er dem Papst als Leibwächter zugeteilt und so nahe, daß er sich sofort vor ihn werfen konnte, nachdem der Türke Ali Agca auf das Kirchenoberhaupt geschossen hatte.

Das ist eine Frage, die der Vatikan selbst klären muß, denn immerhin sucht die Kurie ja seit Jahren nach einem Maulwurf, der vor allem deutschland- und ostpolitische Geheimnisse verraten haben soll. Daß es ein ehrgeiziger Schweizer aus ländlichen Verhältnissen, der unbedingt Karriere machen wollte, gewesen sein soll, ist trotz gegenteiliger Beteuerungen der schweizerischen Bischöfe und des Vatikans nicht unmöglich, nur schwer vorstellbar.

Eine andere, wesentlichere und für die Kirche peinlichere Frage stellt sich dagegen längerfristig. Der Vatikan dementierte zwar umgehend, daß seine Garde reformiert werden müsse oder man sogar an eine Auflösung denke. Hätte er öffentlich der Forderung zugestimmt, dann hätte er ja schließlich indirekt zugegeben, daß es gewaltigen Frust unter den in Judo und Karate geübten Schweizern gibt. Hinter der malerischen Darbietung steckt nämlich eine Elitetruppe, die man besser mit dem modernen Begriff der Bodyguards des Papstes beschreiben könnte.

Bei allen Papstreisen sind Schweizer als Leibwächter in Zivil an der Seite des Papstes. Braucht es dazu Kasernierung, Ehelosigkeit und Treueschwüre bis in den Tod? Sind die italienischen Kollegen, die im Vatikanstaat den Polizei- und Ordnungsdienst weitaus unauffälliger, aber keineswegs weniger effizient versehen, schlechter?

Wie kann sich überhaupt die katholische Kirche als geistliche Macht noch mit einer Söldnertruppe schmücken, in der es offensichtlich Machtmißbrauch und Schikanen gibt, wie nach dem unglaublichen Mord von Kollegen des Täters zugegeben wurde? Nur wollte keiner, wie üblich in der Kurie, namentlich dazu stehen – bezeichnenderweise aus Angst vor Repression, wohlgemerkt in einem Gebilde, das sich seine Ministaatlichkeit international hat anerkennen lassen, damit der Papst seinen religiösen Auftrag frei und ohne weltlichen Einfluß erfüllen kann.

# Der Alltag

## Gottes Lohn, der Teller des Kardinals und die Heuchler

Der Vatikan ist der einzige Staat, der nachts abgeschlossen wird. Um Mitternacht werden alle Tore verriegelt. Erst in der Frühe um 6.00 Uhr schließen Schweizergardisten die Pforten wieder auf. In der Zwischenzeit gibt es kein Durchkommen. Wer abends noch ins Theater oder mit Freunden zum Essen ausgehen will, muß sich rechtzeitig um ein Nachtquartier umsehen. Prälaten oder Angehörige der wenigen noch hinter den vatikanischen Mauern wohnenden Familien einladen, heißt dann häufig, ein Bett bereitstellen, wenn der Gast zur Kaste der privilegierten Einwohner der Vatikanstadt gehört, ohne Kardinal oder Erzbischof zu sein. Denn Sondergenehmigungen für nächtlichen Ausgang und Spätheimkehrer geben die Kirchenoberen ungern. »Eigentlich kannst Du sie als Normalsterblicher nur einmal im Jahr erbitten«, so einer der wenigen, die noch innerhalb der vatikanischen Mauern wohnen.

Besonders hart trifft dies natürlich die jungen Männer der Schweizer Garde, deren Kaserne im Vatikan selbst liegt und die deshalb, wenn sie schon ausbüchsen, dann bis zum nächsten Morgen die vatikanische Kaserne hinter sich lassen müßten. Solche Fälle hat es gegeben, sie werden aber diskret behandelt. »In den militärischen Kasernen gibt es schließlich auf der ganzen Welt strenge Ordnung. «

Seit die Kurie weiter internationalisiert worden ist und immer mehr neue Ämter hinzugekommen sind – die meisten als Folge der Reformen des Zweiten Vatikanischen Konzils –, gibt es heute kaum noch Familien, die im Vatikanstadtstaat wohnen. Alle pendeln zur Arbeit hin. Die einstigen Palazzi mit Appartements sind entweder von Kardinälen belegt oder von Büros beansprucht.

Als Usciere, Scrittore, Minutante, Addetto, Helfer im Staatssekretariat, einer der einfachsten Dienstgrade, als Segretario oder Monsignore, eine Prälatenstufe gleich unter dem Bischofstitel, ja selbst als einfacher Bischof führt ein Vatikanfunktionär keineswegs ein Luxusleben. Die Bezahlung ist niedrig. Selbst ein Kardinal muß mit 3000 Mark auskommen, allerdings ist das der reine Geldbetrag und enthält nicht die zahlreichen Geschenke und Zuwendungen, die heute die einstigen Kirchenfürsten erhalten. Ein Kardinal bezieht auch nicht einfach ein Gehalt, auch wenn das Geld auf ein Konto bei der Vatikanbank Istituto per le Opere di Religione (IOR) überwiesen wird. Seine monatlichen Zuwendungen heißen noch immer » piatto«, das Tablett oder der Teller des Kardinals, als würden den Purpurträgern wie im Mittelalter auch im 20. Jahrhundert die Dukaten auf einem silbernen Tablett serviert.

Noch immer gilt der Grundsatz im Kirchendienst, daß Gotteslohn unermeßlich sei, aber leider wird er an keiner Gehaltskasse dieser Welt ausbezahlt. Für die Nichtkleriker im Vatikan hat der Papst inzwischen die Gehälter so weit angehoben, daß sie netto mit vergleichbaren italienischen mithalten können. Aufgeteilt sind sie in zehn Gehaltsgruppen. Sie unterscheiden sich in der Bezeichnung jeweils, ob jemand in der Kurie selbst, in der allgemeinen Verwaltung (technische Dienste) oder bei Radio Vatikan arbeitet. Die unterste Tarifgruppe gilt für die Ausiliarii, die Helfer. Über ihm steht der Technische Helfer. Den dritten Rang nimmt der Commesso ein, ein einfacher Angesteller, über dem ein » Ausführender Angestellter 2. Grades« (impiegato esecutivo) steht, darüber der 1. Grades, der Verwaltungsattaché 2. und 1. Grades. Erst in der achten Tarifstufe arbeitet ein Funzionario, ein Beamter. Ihm stehen dann noch zwei Karrierestufen offen: Funktionär 1. Grades und Abteilungsleiter (capo ufficio). In den unteren Rängen werden für die ersten Jahre nur Zeitverträge abgeschlossen. Besonders sozial und menschenfreundlich ist die Kirche nicht einmal hier, wo sie es ungestört sein könnte. In die höheren Ämter haben fast ausschließlich Kleriker im Rang von Prälaten Aufstiegschancen.

Die höchsten Ämter werden nur von Bischöfen und Kardinälen betreut, die haben dafür allerdings auch nur Zeitverträge. Ihre Amtszeit dauert immer nur fünf Jahre, kann aber um die gleiche Zeit verlängert werden. Wenn der Papst stirbt, verlieren sie samt und sonders ihren Job und beten dafür, daß der Nachfolger sie wieder einsetzt. Der Papsttod und die Papstwahl sind für die normalen Vatikanbeschäftigten ein doppelter Grund zum Jubeln. Bei beiden Ereignissen bekommen sie jeweils ein zusätzliches Gehalt.

Eines ist allen gemeinsam: der Arbeitsvertrag. Er sieht den Schwur vor, in dem sich die treuen und unbescholtenen Katholiken mit einem einwandfreien, moralisch den kirchlichen Gesetzen entsprechenden Lebenswandel verpflichten müssen: »Ich glaube an alles, was in Gottes Wort offenbart wurde und in der Schrift und der Tradition bewahrt wurde und was vom kirchlichen Lehramt als Wahrheit zu glauben gelehrt wird. Ich stimme auch allen Dingen zu, die vom Lehramt der Kirche definitiv über Glauben und Gebräuche festgelegt worden sind.« Zuvor muß der angehende Kurienmitarbeiter das Glaubensbekenntnis »Ich glaube an Gott, den allmächtigen Vater, Schöpfer von Himmel und Erde...« verpflichtend beten. Bei Zuwiderhandlung droht schriftliche Abmahnung und schließlich Entlassung, im Namen Gottes nach kurialer Willkür. Auf diese Weise wird Kritik im Keim erstickt. Wer sie dennoch übt, sucht die Anonymität oder äußert sie im engsten Kreis und dann auch noch verschlüsselt. Kurienmitarbeiter, die einem etwas Vertrauliches erzählen wollen, zu verstehen, ist eine Geheimkunst. Sie sagen nie, der Papst oder der oder jener Kardinal habe beschlossen... Sie fliehen zu unverständlichen Formeln und Andeutungen, die für alle Mißverständnisse anfällig sind. Man könnte auch sagen, das System züchtet Heuchler.

Bei den Priestern und den Nonnen, die hier Dienst tun, gilt dies nicht. Soweit sie der Armut durch Gelübde verpflichtet sind, werden sie sowieso von ihren Orden versorgt und leben in deren eigenen Häusern, die es zahlreich über ganz Rom verstreut gibt. Für ihren Lebensunterhalt ist sozusagen von Amts wegen gesorgt. Die gewöhnlichen Pfarrer hingegen müssen sich schon all'italiana durchschlagen und sich nach einer Aufbesserung ihrer Versorgung umsehen. Sie eifern dabei ihren italienischen Landsleuten phantasievoll nach.

Am Vormittag um 8.oo Uhr erscheinen sie für sechs Stunden in ihren Büros wie ihre weltlichen Kollegen. Sechs Tage in der Woche wird hier gearbeitet. Jeder Vatikanbedienstete hat Anspruch auf 26 Urlaubstage. Hinzu kommen aber noch eine Reihe von zusätzlichen Feiertagen, wie die letzten drei Tage der Karwoche, zum Ostermontag auch noch der Dienstag und der Jahrestag der Papstwahl und der Namenstag des Papstes. Ein weit verbreitetes Ritual italienischer Staatsbeamter kennen sie nicht. Nicht wenige italienische »Statali« holen bei Dienstbeginn zuerst ihr Präsenzjackett aus dem Schrank und hängen es über ihren Schreibtischstuhl, um Anwesenheit zu signalisieren, bevor sie sich zum Tratsch in die Café-Bar begeben oder auch zum ersten Nebenjob.

Der Vatikan verlangt den vollen Mann, da mit rund 2500 aktiven Mitarbeitern ein weltweites Firmennetz von 440000 hauptamtlichen Mitarbeitern kaum im Schlendrian zu regieren wäre. Manche Verzögerung des langsamen Rom, wie es im Ausland heißt, ist keinesfalls auf die Zeit zurückzuführen, die sich die Kirche in Jahrhunderte alter Tradition genehmigt, sondern auf den geringen Personalbestand der Kirchenzentrale. Dafür arbeiten die Vatikankleriker sechs Tage in der Woche, einschließlich samstags, bis jeweils 13.30 Uhr.

Danach beginnt ihr Zweitjob. Die meisten versorgen eine Pfarrgemeinde, von deren Spenden und Einrichtungen bis hin zum Pfarrhaus sie dann auch profitieren. Auf diese Weise haben viele Gemeinden in und rund um Rom einen Kurienbediensteten im Beichtstuhl oder bei der Sonntagsmesse am Altar und auf der Kanzel.

Ausländische Kleriker haben diesen Vorteil allerdings nicht. Dafür zahlen die deutschen Bischöfe ihren römischen Mitbrüdern einen Gehaltsausgleich, der sie mit der Heimat gleichstellt. Die Amerikaner unterhalten ein eigenes Haus, damit die Kosten für die dort untergebrachten einzelnen amerikanischen Kleriker erträglich bleiben. »Wie sonst sollen überhaupt noch Mitarbeiter für den Vatikan gewonnen werden?« Die Frage stellt nicht nur rhetorisch ein Kurienbischof. Sie stellen sich alle Bischöfe in der ganzen Welt, wenn die Kurie anklopft und um einen Priester für Rom bittet. Der Priestermangel entblößt nicht nur viele Gemeinden ihres Pfarrers. Er bringt auch die Bischöfe in Not, wenn sie einen nach Rom abstellen sollen.

»Die Besten melden sich schon gar nicht freiwillig in den Kuriendienst«, weiß ein gerade pensionierter Richter des päpstlichen Ehegerichts, der Rota Romana. Er selbst wäre auch nicht dahin gegangen, wenn ihn nicht ein Irrtum »versetzt« hätte. Er hatte als junger Pfarrer ein Gesuch um eine Pfarrstelle in Rom, dem Bistum des Papstes, eingereicht und hatte sich gewundert, monatelang nichts mehr zu hören. Er fragte einen höherrangigen Bekannten und hörte Erstaunliches und Aufschlußreiches über die Mentalität von Kurienmitarbeitern. Die von ihm gewünschte Stelle war längst an einen anderen Jungpfarrer vergeben worden, der zufällig ähnlich hieß. Eine Verwechslung, die außer den Betroffenen niemanden weiter aufregte, geschweige denn zu Konsequenzen veranlaßte.

»Gottes Wege sind unerforschlich«, tröstete ihn der Personalverantwortliche und übertrug ihm eine gerade frei gewordene Rota-Stelle. Nach Eignung und Neigung wurde nicht gefragt. »Daß mir nach und nach die Arbeit Freude bereitete, ist ein Glücksfall«, erinnerte sich der Prälat, der fast ein Priesterleben lang nur noch über die kirchenrechtliche Gültigkeit von Ehen zu befinden hatte und die einschlägigen Gesetze erst erlernen mußte. Er gibt es auch nur unter Freunden so offen zu, weil es ihn ärgert, daß Schlamperei und Gedankenlosigkeit nicht nur in der Kurie weitverbreitet sind, sondern ein desinteressierter Klerikerstand auch noch so tue, als handle er im Namen Gottes und erfülle nur Gottes Fügung. »Da sind einige darunter, die sind schlimmer als der ignoranteste Beamte. «

Mancher Monsignore im Kuriendienst hätte schon längst seinen Platz einem neuen Mann räumen müssen, wenn einer gefunden würde, vor allem ein qualifizierter. Ehrgeizlinge gibt es immer. » Um die machen wir einen großen Bogen«, berichtete der Chef der berühmtesten deutschsprachigen Klerikerkaderschmiede in Rom, des Collegium Germanicum et Hungaricum in Rom, der Jesuit Johannes Gerhartz. »Die Bischöfe geben die Besten zudem nicht gerne weg, die wir gerade brauchen würden«, klagte Monsignore Hans Schwemmer aus dem Bistum Regensburg, der zehn Jahre lang in der deutschsprachigen Abteilung im Staatssekretariat arbeitete, bevor er endlich als Erzbischof und Nuntius seinen ersten Botschafterposten erhalten konnte, in Papua-Neuguinea. »Das ist sehr lang, die Personallage läßt aber kaum eine andere Wahl.«

Ein gewöhnlicher Monsignore wohnt außerhalb des Vatikans und kommt morgens zu Fuß, mit der Metro oder dem Bus an seinen Arbeitsplatz. Die Büros sind spartanisch mit dem Notwendigsten ausgestattet. Ergonomische Arbeitsplatzgestaltung ist ein Fremdwort angesichts alter, aber stilvoller Schreibtische. Geschrieben wird immerhin schon auf Computer. Die Telefone sind nicht neuestes Modell, aber modern, galt der Vatikan doch schon in den zwanziger Jahren als technisch aufgeschlossen.

Das Handy hat sich schon früh viele Liebhaber erworben, ein bißchen Statussymbol will schon sein, zumal in Italien die Handy-Gebühren geringer sind als etwa in Deutschland (die Minute etwa 75 Pfennig). In Italien ist ein Mensch ohne Cellulare oder Telefonino (Telefönchen) nur ein halber, selbst wenn die meisten aus Sparsamkeit dann den nützlichen Kontakt zur Außenwelt gar nicht erst einschalten. Ein Ukas der Vatikan-Verwaltung erinnerte die Kleriker im Sommer 1997 zudem daran, daß auch im Vatikanstaat die Telefone nicht für private Zwecke bereitstehen. »Bitte benutzen Sie für Privatgespräche Ihre Telefonkarte«, schrieb das Governatorato in einer Hausmitteilung. Dafür gibt es zwar vatikanische Karten, aber nur wenige Telefonzellen. Nur noch höhere Prälaten und natürlich die Kardinäle dürfen noch telefonieren, wie sie wollen.

Wie bescheiden es im Papststaat zugeht, zeigt der deutsche Kurienkardinal Joseph Ratzinger. Jeden Morgen gegen 9.00 Uhr wandert er mit einer alten Aktentasche in der Hand über den Petersplatz zum »Heiligen Amt«, seinem Dienstpalast der Glaubenskongregation. Würde er nicht durch seinen bekannten weißhaarigen Schopf auffallen, käme keiner auf die Idee, daß der Fußgänger auf dem Petersplatz der Chefideologe des Papstes und sein einflußreichster Minister ist.

Im Amt erwartet die Vatikanfunktionäre nichts anderes als alle Bürobediensteten auf der ganzen Welt. Akten werden durchgesehen, bearbeitet, abgezeichnet und weitergereicht. Sekretärinnen gibt es nur wenige. Die Monsignori tippen ihre Post zum Teil selbst oder übergeben sie einem Schreibpool aus Schreibern. Sekretärinnen sind rar und dann meistens Nonnen. Dienstkleidung ist der schwarze Anzug mit steifem Klerikerkragen oder vom Bischof an aufwärts die schwarze Soutane. Das Hilfspersonal kommt häufig aus den benachbarten Priesterseminaren, wo die angehenden Pfarrer zum Dienst in der Kurie abgestellt werden, naheliegend und kostensparend.

Ihr Gehalt bekommen die klerikalen Kurienmitarbeiter auf ein beliebiges Konto überwiesen. Höhere dürfen ein Konto beim Istitito per le Opere di Religione, dem IOR, führen, das eigentlich als Geldbeschaffungsunternehmen und als Geldanlegerin des Vatikans und der Ordensgesellschaft 1942 von Papst Pius XII. gegründet worden war. Dort geht es heute noch zu wie in den Anfangszeiten des Bankwesens. Scheckhefte sind selten. Man kennt sich persönlich und gegen handgeschriebene Quittungsscheine am Schalter bekommt man seine gewünschten Summen ausgehändigt.

Für Fremde gibt es an mehreren Stellen im Vatikan Bankautomaten, wo mit Kreditkarten und Geheimzahl wie an jedem anderen Bankautomaten auch Lire gezogen werden können, allerdings nicht vom IOR-Konto. Wer nur dort sein Conto corrente, sein Girokonto unterhält, muß auf die Annehmlichkeiten modernen Bankwesens verzichten. Die Vatikanbank bescheinigt ihm auf einem kleinen blauen neutralen Karton in der Größe einer Scheckkarte mit einer handgeschriebenen neunstelligen Nummer sein Konto. Mit dem Karton kann er aber nichts anfangen, außer daß er sich so die eigene Nummer besser merken kann. Die IOR-Kunden verfügen deshalb durchweg über ein Konto bei einer Bank außerhalb des Vatikans. Deren Schecks sind natürlich beim IOR herzlich willkommen. Alte Zöpfe halten sich im Vatikan besonders lange, auch wenn die Moderne daneben schon Einzug hält.

# Zweiter Exkurs

*Geboren im Vatikan oder wenn der Papst*
*mal nicht spazierengeht*

Ermanzia Labella ist eine sympathische Signora in den 70ern. Sie lebt heute in einem kleinen Ort im Einzugsgebiet von Rom ein stilles Dasein auf dem Land. Nur die wenigsten wissen, daß sie zwar durch und durch eine Italienerin ist, in Rom geboren wurde, ihr Leben fast nur in der Ewigen Stadt verbracht hat, aber ihre Heimat ganz anders heißt. Ihre Heimat ist der Vatikan. Da fühlt sie sich daheim wie andere Menschen in ihrem Ursprungsdorf.

Eine nie auszulöschende Bindung an den Vatikan ist ihr stets geblieben, und sie bekannte in einem Gespräch mit dem über 85jährigen Kurienkardinal Silvio Oddi: »Ich bin keine Italienerin. Ich bin Bürgerin der Vatikanstadt. Der Vatikan ist mein Vaterland.« Rechtlich war sie es bis zu ihrer Heirat – mit einem im Vatikan tätigen Journalisten, Luciano Casimirri, bis 1970 leitender Mitarbeiter zuerst im Informationsbüro des Osservatore Romano, der Pressestelle des Vatikans, dann im vatikanischen Pressesaal, der Sala Stampa della Santa Sede, wie das Presseamt des Heiligen Stuhls heute heißt.

Ermanzia Labella wurde 1926 im Vatikan geboren. Ihr Geburtszimmer liegt in jenem Teil des Apostolischen Palastes, der unmittelbar an den Flügel mit den Papsträumen und dem Staatssekretariat anschließt und zum Haupteingang hin verdeckt wird durch den festungsartigen Turm. In ihm befindet sich die Vatikanbank, das sogenannte Institut für die Werke der Religion, das es in Ermanzias Kindheit noch gar nicht gab. In Ermanzias Geburtszimmer arbeitet heute ein Teil der vatikanischen Güterverwaltung.

Nun ist Ermanzia keineswegs ein sogenannter Kardinalsfehler, Frucht eines Seitensprungs vom Zölibat eines Kardinals. Im Gegenteil. Ihre Eltern genossen im Vatikan hohes Ansehen. Da war keine Affäre zu verstecken. Ihr Vater war der Dekan der Laien innerhalb der »Päpstlichen Familie«, wie der engste Hofstaat des Papstes heißt, und gleichzeitig Chef der Sedatari, ein Beruf, den es heute auch nicht mehr gibt, weil der Papst auf das Privileg verzichtet hat, auf einem Sessel durch die Menge getragen zu werden. Dieser Sessel, die Sedia Gestatoria, wurde von mehreren Männern getragen, deren Chef eben der Vater von Ermanzia war.

Vater Labella stammte aus dem Gebirge, aus Vindoli nahe Leonessa in jenem abgelegenen Appenin-Eck, wo sich Latium, Abruzzen und Umbrien treffen. Er heiratete in den Vatikan hinein, denn seine Frau, eine Rosa Bonatti, gehörte zu einer Familie, die seit dem 15. Jahrhundert in Vatikandiensten stand. Möglicherweise spielen Deutschrömer eine Rolle unter den Vorfahren. Ermanzias Urgroßmutter hörte auf den in Italien höchst seltenen Namen Kunigunde. Ihr eigener Name erinnert an Hermann. Jedenfalls gehörte eine gewisse Vorliebe für alles Deutsche zur Familientradition.

Die Großmutter von Ermanzia wohnte bis zu ihrem Tod mit 91 Jahren noch in einem Appartement unterhalb der Sixtinischen Kapelle, ganz nahe an der Kammer mit dem päpstlichen Privatschatz. Nach ihrem Tod richtete Papst Paul VI. hier ein kleines Museum für moderne Kunst ein.

Zu Lebzeiten waren Besuche bei der Nonna (Oma) für die kleine Ermanzia und ihre sieben Geschwister immer ein großes Ereignis. Denn hier konnte man wunderbar Versteck spielen an Orten, wo heutigen Besuchern ein Schauer aus Andacht und Bewunderung über den Rücken läuft. Eine Treppe aus dem Flur führte rechtsherum direkt in die Sixtinische Kapelle, wo die Konklaven tagten, um die Päpste zu wählen. Linksherum ging es gleich hinter einen Altar.

»Am schönsten war es bei der Oma, wenn große kirchliche Feiertage festlich begangen wurden. Das war früher ein Riesenaufwand von Prunk und Pomp. Da klebten wir Kinder an den Fensterscheiben oder schauten direkt auf die großen Prozessionen hinunter. Der Papst mit langer Schleppe, die Kardinäle in Purpur und breitrandigen Hüten. Die Nobelgarde des römischen Adels in Prachtuniformen. Die Diplomaten marschierten auf in Frack und Zylinder. Es war das, was man heute eine mondäne Welt nennt, auf vatikanisch«, erzählt Ermanzia mit leuchtenden Augen voller Erinnerungen an eine paradiesische Kindheit.

Die Labellas waren die kinderreichste von über einem Dutzend Familien, die damals noch im Vatikan wohnten. Ermanzias jüngerer Bruder, Antonio, wurde im Juli 1929 geboren und war damit das erste Kind, das im neuen Vatikanstadtstaat auf die Welt kam. Im Februar 1929 wurde der Stato della Città del Vaticano, so die amtliche italienische Bezeichnung, durch das Konkordat mit dem Staat des Duce Benito Mussolini gegründet und damit die »römische Frage« endgültig gelöst. Sie war entstanden, als italienische Einigungstruppen 1870 den Kirchenstaat eroberten und die weltliche Macht des Papstes beendeten. Lediglich den Vatikan griffen sie nicht an. Dorthin hatte sich der Papst zurückgezogen. Den Vatikan wollte er auch nicht mehr verlassen, bis das Königreich Italien ihn in die alten Herrschaftsrechte über ein entsprechendes Staatsgebiet einsetzte. Das war auf einem Minimum dann 1929 der Form nach der Fall.

Der erstgeborene neue Bürger dieses Kleinststaates war also im Juli 1929 Antonio Labella. Der Bub bekam vom vatikaneigenen Einwohnermeldeamt den Personalausweis Nummer 19, den mit der Nummer 1 hatte der Papst selbst, gefolgt von Kurienkardinälen. Bei 19 fing dann schließlich die Geburtenliste an. Antonio war der erste ureigenste Vatikanbürger.

Er mußte die Staatsangehörigkeit aber aufgeben, so sieht es das Konkordat vor, als er 25 Jahre alt wurde und kein Amt ausübte, an dem die vatikanische Staatsbürgerschaft hing. Einen Vorteil hatten er und alle anderen gebürtigen Vatikanbürger. Mit 25 Jahren brauchten sie in den meisten Fällen in der neuen Heimat nicht mehr zum Wehrdienst und durften zudem frei wählen, welche Staatsbürgerschaft sie annehmen wollten. Kein Staat entzog sich der als Ehre empfundenen Bitte, einem echten Vatikanmenschen die eigene Nationalität zu geben. Die meisten entschieden sich für die italienische. In Ermanzias Familie wählten jedoch einige die amerikanische oder die kanadische.

Das Problem hat sich inzwischen von selbst gelöst. Zu Ermanzias Kindheit war der Vatikanstadtstaat eine kleine Idylle, eine überschaubare Welt, in der auch Nichtkleriker mit ihren Familien wohnten und arbeiteten. Geboren wird in der Vatikanstadt heute nicht mehr, außer es käme zu einer überraschenden Geburt auf dem Petersplatz, weil bei einer werdenden Mutter auf Pilgerreise plötzlich die Wehen einsetzten. Bisher wissen die Chroniken davon nichts zu berichten. Vermutlich würde der Vatikan dies heute noch verschweigen, weil es sich nicht gezieme. Außerdem sind es nur wenige Schritte bis zur nächsten Klinik. Und auf dem Hügel südlich vom Vatikan, dem Gianicolo, liegt das internationale Krankenhaus Salvator Mundi, wo sich diskret die Kirchenoberen behandeln lassen, wenn nicht für schwerwiegende Eingriffe die Gemelli-Universitätsklinik aufgesucht werden muß.

Geburten gibt es keine mehr im Vatikan, und sonst wird der Vatikanpaß nur jenen Mitarbeitern verliehen, die durch ihr Kirchenamt vom Papst dazu auserwählt werden. Einen Anspruch hat niemand, nicht einmal der Papst, sollte er sensationellerweise zurücktreten und in seine Heimat zurückkehren. Den Paß muß man auch abgeben, wenn man aus dem Amt scheidet. Zur Zeit haben ihn weniger als 500 Würdenträger in der Tasche, darunter die päpstlichen Diplomaten.

Irgendwie erinnerte das Leben hinter den Vatikanmauern Ermanzia an eine versunkene Welt. »Wir lebten im Mittelalter.« Auch wenn in Sichtweite ihres Kinderzimmers der Vatikansender Radio Vaticano und der Kuppelbau des päpstlichen Observatoriums und in den Büros bereits Telefone standen. Die Mentalität war mittelalterlich. Höfisches Zeremoniell und Unterwürfigkeit alltäglich, erst recht, wenn es sich um Seine Heiligkeit, den Stellvertreter Gottes auf Erden handelte.

An die Heiligkeiten hat die 70jährige Ermanzia sehr unterschiedliche Erinnerungen bewahrt. Der Papst ihrer Kinderjahre war Pius XI. – Papa Ratti, wie die Italiener ihn nannten. Der Brauch hält bis heute, daß in Rom die Päpste mit ihren Familiennamen genannt werden. Die Römer sprechen häufiger von Papst Wojtyla statt vom Papst Johannes Paul II., was gelegentlich auch ausländische Journalisten zur Abwechslung in der Bezeichnung übernehmen und dann von frommen Lesern daheim angekreidet bekommen. Die sehen in einem römischen Brauch bereits eine Majestätsbeleidigung oder papstfeindliche Haltung und machen sich darüber in bösen Leserbriefen Luft. Ein klein bißchen mag an solchen Vorwürfen berechtigt sein. Bigotte Katholiken empfinden nun mal anders als jene, die durch die Nähe zum Papst und seinem Hofstaat auch die Heiligkeit zu relativieren gelernt haben. Die Römer tun dies immerhin schon seit bald 2000 Jahren. Ein rheinischer Pfarrer, der sich von mir einmal eine Münze aus dem Vatikan besorgen ließ, brachte es auf den Punkt. Auf meine Frage, warum er denn nicht selbst zu seiner Firmenzentrale nach Rom komme, antwortete er lakonisch: »Ich will doch meinen Glauben bewahren.«

Die kleinen Labellas spielten am liebsten in den vatikanischen Gärten, die heute von Außenstehenden nur noch mit Sonderlaubnis für fast zwanzig Mark Eintrittsgeld im Bus durchfahren werden dürfen. Wenn das Gras hoch stand, weil man in den 20er und 30er Jahren von Rasenpflege eine andere Vorstellung hatte als heute, robbten die Kinder hindurch und wähnten sich auf den Wellen des rauschenden Meeres. Erlaubt war das natürlich nicht, aber wenn ein Gendarm des Heiligen Stuhls es sah, tauchten die Kinder weg. Die Strafen wären gelinde gewesen. Doch Ermanzias Vater legte großen Wert darauf, daß seine Kinder des Vatikans würdig waren und verlangte strenge Befolgung aller Anordnungen. Die Gendarmen wußten dies und schrieben häufiger eine »Nota« an den Ersten Sesselträger seiner Heiligkeit.

Die Wirkung dauerte nicht allzu lange. Dafür waren die Verlockungen zum Spielen einfach zu gewaltig und die Kinder von einer herrlichen Unschuld. Am Rand der Gärten steht eine Marienstatue, die Madonna delle Guardie, bei der die Muttergottes nach dem Eindruck der Kinder auf die Welt herabschaute, wie sie sich eine Direktorin eines großen Warenhauses vorstellten. Also spielten die Buben und Mädchen mit ihr Einkaufen und feilschten um Preise für Schokolade, Spielsachen und Lebensmittel.

Diese Herrlichkeit mußte schlagartig beendet werden, wenn Gendarmen oder Schweizergardisten die Ankunft des Papstes ankündigten. Seine Heiligkeit durfte nicht durch Kinderlärm, über-

haupt durch nichts und niemanden gestört werden. Einmal wurde
die Kinderschar überrascht, als »Papa Ratti« zum Bahnhof des
Vatikans fuhr. »Ich erinnere mich noch sehr gut an die große
schwarze Limousine«, erzählt Ermanzia. »Wir standen stumm
und etwas verlegen in einer kleinen Gruppe beim Bahnhof und
schauten zunächst nur zu, wie der Papst ausstieg. Zu unserer
Überraschung kam er auf uns zu und fragte uns, was wir hier
denn trieben.« Die gerade fünf Jahre alte Ermanzia antwortete
ihm, wie alle dachten, die älteren aber nicht zu sagen getrauten:
»Daß Ihre Heiligkeit bald weggeht.«

Der Papst nahm es nicht übel, wollte aber wenigstens wissen,
warum er bald verschwinden sollte. »Damit wir wieder spielen
dürfen.« Pius XI. blieb Ermanzia als ein »echter Signore«, als ein
würdiger und vornehmer Herr, in Erinnerung.

Ermanzia hat in jedem Teil des Vatikans schon gewohnt. Geboren wurde sie unmittelbar beim Apostolischen Palast. Danach zog
die größer werdende Familie in den Palazzo Sant'Egidio im nördlichen Teil und schließlich in eine noch größere Wohnung im vatikanischen Justizpalast südlich vom Petersdom. Von dort mußten
sie dann während des Zweiten Weltkriegs weichen, weil der Vatikan alle Repräsentanten und Botschafter beim Heiligen Stuhl aufnehmen mußte, die nicht mehr in Rom leben durften, weil ihre
Staaten mit Deutschland und Italien Krieg führten. Franzosen,
Briten, vor allem aber Lateinamerikaner. Hinzu kamen nach und
nach immer mehr Flüchtlinge und Verfolgte der Nationalsoziali-
sten und der italienischen Faschisten, die hinter dem Petersdom
Schutz fanden. Die nicht gefährdeten Vatikanbürger hingegen
wurden ausquartiert und bekamen Wohnungen rund um die leoninischen Umfassungsmauern der Vatikanstadt. Die Labellas
wohnten in der Via della Porta Angelica.

Zurück aber zur glücklicheren Zeit hinter den Mauern. Der
Tag begann für die kleine Ermanzia häufig schon um fünf Uhr,
weil sie zuerst in eine Messe gehen wollte. Sie glaubte fest daran,
daß ihr das in der Schule helfen werde. »Nicht aus Frömmelei.
Einen Zwang zur täglichen Messe gab es im Vatikan nicht, jedenfalls nicht für uns Kinder.« Überhaupt war die Erziehung weder
bigott noch besonders liberal. Wertkonservativ würde man heute

sagen.» Wir dachten in vielen Dingen freier als die Menschen in katholischen Dörfern. Wir gingen zur Messe wie alle Katholiken in der ganzen Welt auch. Nicht mehr und nicht weniger. Prüde waren wir auch nicht mehr als die Altersgenossen außerhalb der Vatikanmauern.« Natürlich gab es für die Kinder des Vatikans manches nicht, was die Welt » draußen« bot, beispielsweise gab es kein Kino, für die Größeren keine Restaurants, keine Bar an der Ecke, kein Café. Das empfanden sie aber keineswegs als Mangel. Vielleicht wußten sie zu wenig davon.

Die Mauern des Kirchenstaates ließen Ermanzia und ihre Geschwister täglich für einige Stunden hinter sich. Der Vatikan hatte alles, was zum täglichen Leben gebraucht wird, außer eine Schule und Restaurants. Die gibt es bis heute nicht, wenn man von der Gemeinschaftsküche der Schweizer Garde absieht. Mangels vatikanischer Schule mußten die Kinder jeden Morgen über den Petersplatz pilgern zu einer italienischen Schule, die allerdings von Nonnen geführt wurde, in der aber die Mehrheit der Kinder » reine Italiener« waren, also aus den umliegenden Stadtvierteln stammten.

Für die Schulkameraden waren die Vatikankinder genauso normal wie sie auch, mit einer Ausnahme. Nach und nach schlüpften die italienischen Schüler in Uniformen der faschistischen Jugend. Die Labellas und ihre vatikanischen Landsleute durften jedoch ihr Zivil tragen und fielen dadurch noch am ehesten auf. Und sie durften nicht mit dem Fahrrad zur Schule kommen. Radfahren war im Vatikan verpönt. Bei Jungens konnten die Kirchenstaatswächter gelegentlich noch ein Auge zudrücken. Aber Mädchen wurden unweigerlich bei ihren Vätern angezeigt, auch wenn das Delikt nicht auf eigenem Staatsgebiet beobachtet worden war. » Radfahren war halt Sünde, weil man bei wehenden Röcken vielleicht ein Stück Bein hätte sehen können.«

Nicht Sünde, aber dennoch verboten war Ballspielen auf den vielen Plätzen im Vatikan. Sobald ein Ball einem Polizisten in die Hände kam, wurde er konfisziert. » Eine Kammer war randvoll mit unseren Bällen.« Das Verbot hatte keine moralischen, sondern höchst praktische Gründe. Verschossene Bälle landeten allzu leicht in einem Kirchenfenster und hätten unersetzlichen Schaden angerichtet. Das war die Kehrseite für das Privileg, in einer Schatzkammer aufzuwachsen.

Überhaupt blieb in der Erinnerung der Kinder besonders haften, daß sie immer und überall von Kunstwerken unschätzbaren Wertes umgeben waren. Beim Besuch von Onkeln und Tanten, die ebenfalls im Vatikan arbeiteten, bei der Oma unter der Sixtinischen Kapelle gingen sie an Werten vorbei, alten Möbeln, Kultgegenständen, Fresken, Gemälden, die sie kaum einschätzen konnten und bald auch nicht mehr wahrnahmen. Hätten sie es gekonnt, wäre ihre Jugend vermutlich nicht so unbeschwert gewesen und wer weiß, mit welchen persönlichen Defekten sie herangewachsen wären. Denn das konnten sie sehr wohl beobachten: Das Bewußtsein von der Jahrhunderte alten Kultur, die ihnen auf Schritt und Tritt begegnete, hatte viele aus ihrer Umgebung zu einer unsäglich erbärmlichen Mischung aus Weltfremdheit und Arroganz verführt. Am schlimmsten spürten es die Heranwachsenden nicht beim Papst, der war zu weit weg, zu weit oben. Am übelsten demonstrierten es alle jene Prälaten, die sich im Namen des Papstes und des christlichen Abendlandes für etwas ganz Besonderes hielten – und heute noch halten.

»Was mußten wir uns niederknien! Das war im Vatikan bei vielen Begegnungen mit höheren Prälaten üblich. Aber ein Kardinal pochte derart auf Unterwürfigkeit, daß ihm der normale Kniefall nicht einmal reichte. Wir mußten für ihn auch noch den Hofknicks üben.« Diese angemaßte Macht der Ungebildeten und Ignoranten, die sich in dieser abgeschlossenen Welt im Namen eines Höheren austoben durften, beeinflußte das ganze Denken der Kurienfunktionäre. Es erklärt nach Ermanzias Lebenserfahrung auch viele wirklichkeitsfremde Entscheidungen der Kurie.

Die strengen Sitten waren für die Kinder des Vatikans selbstverständlich. Fast entsetzt waren sie deshalb, als die Kinder des amerikanischen Repräsentanten (offizielle diplomatische Beziehungen gibt es zwischen den USA und dem Heiligen Stuhl erst fünfzig Jahre später) öffentlich badeten, und nicht etwa in einem dafür eingerichteten Bad, sondern in einem der vielen Zierbrunnen in den vatikanischen Gärten.

Geradezu als skandalös empfand es der ganze Vatikan, als der italienische Botschafter beim Heiligen Stuhl während einer Papstmesse einen unverzeihlichen Fauxpas beging. Er hatte bei der für das diplomatische Corps vom Papst gelesenen Weihnachtsmesse die Kommunion empfangen und wollte in tiefer Andacht von der Kommunionbank an seinen Platz zurückkehren. Dabei fiel sein Blick auf zwei junge Frauen, die bildhübschen Töchter des argentinischen Botschafters. Ihre Schönheit beeindruckte ihn so sehr, daß er für einen Moment stehenblieb und sie anstarrte. Beinahe hätte es für diesen unmoralischen Blick diplomatische Verwicklungen gegeben. Er blieb nur deshalb folgenlos, weil Italien und Argentinien Kriegsgegner waren und man die Spannungen nicht auch noch auf dem neutralen Boden des Vatikans verschärfen wollte.

Einmal im Jahr wurden die Kinder mit ihren Lehrern vom Papst in Audienz empfangen. Einer dieser Besuche bleibt Ermanzia ewig als Schmach in Erinnerung. Sie war wegen einer schlechten Note in Latein nicht versetzt worden, und ausgerechnet sie wurde vom Papst gefragt, ob sie denn versetzt worden sei. Man hatte Pius XII. darauf hingewiesen, wessen Tochter das nette Mädchen war. Der Vater stand in einer hinteren Reihe, die Lateinlehrerin in der Nähe. »Den Papst hätte ich schon angelogen, aber meinen Papa nicht. Also sagte ich die Wahrheit.« Welch ein Skandal! Ausgerechnet in der Muttersprache der Kirche bleibt ein Kind eines Kirchenmannes hängen …

Nicht nur mit Latein hatte die spätere Lehrerin Ermanzia Mühe. Deutsch schien ihr eine schier unüberwindbare Hürde. Ein Cousin gab ihr Nachhilfestunden. Es fruchtete nicht viel. In seinem Ärger über die begriffsstutzige Ermanzia brachte er der Cousine einen »Universalsatz« bei. »Wenn du den einem Deutschen sagst, wird er dich immer verstehen«, versicherte er ihr scheinheilig und ohne zu lügen. Ermanzia machte die Probe und fiel aus allen Wolken. Mit strahlendem Lächeln sagte sie diesen Satz zu einem Schweizergardisten: »Geh zum Teufel.«

Der fromme Mann erstarrte. Es muß eindrucksvoll für das kleine Mädchen gewesen sein. 60 Jahre danach steht sie beim Erzählen spontan auf und nimmt die konsternierte Haltung des

» Svizzero« an. Sie verzieht ihr Gesicht zu einem sprachlosen Entsetzen. »Geh zum Teufel« sagte sie jedenfalls nicht mehr.

Schon gar nicht zu den Schweizergardisten, die sie weitaus angenehmer in Erinnerung hat als die italienischen Papstpolizisten. Die benahmen sich schlecht erzogen. Die Schweizer dagegen zeigten sich vornehm zurückhaltend, auch wenn ihre gutturale Sprache und ihr mittelalterliches Lanzenschwingen und militärisches Strammstehen martialisch aussah und auch an rauhe Landsknechte erinnerte.

Die Svizzeri waren durchweg sympathisch, fand Ermanzia. Einzig ihre Küche war nicht nach ihrem Geschmack. »Einmal sah ich ihre Nudeln mit einer Soße übergossen, die ganz schwarz war. Das hatte nun wirklich nichts mit unseren Tomaten zu tun«, schauderte es das Mädchen. Selbst versuchen durfte sie allerdings die Schweizer Kost nicht. Zu der Kantine der Schweizergarde hatten nur Männer Zutritt.

An einen Schweizer hat Ermanzia ganz besonders gute Erinnerungen. Er schob Wache am St.-Anna-Tor, als sie mit schulterlangen Haaren vom Gymnasium heimkehrte. »Signorina, wissen Sie, wer das schönste Mädchen im ganzen Vatikan ist?« fragte er Ermanzia. Sie schaute ihn nur fragend an. Da zog er einen Spiegel aus der Tasche und ließ sie hineinschauen. »Solche Komplimente machen die Italiener nicht.«

Ermanzia war in der Tat ein sehr schönes Mädchen. Ein amerikanischer Soldat hielt sie deshalb gar für eine Heilige. Er gehörte zu einer Gruppe von US-Soldaten, die nach Kriegsende zu einer Audienz bei Pius XII. eingeladen waren. Vor dem Bronzetor warteten sie auf den Befehl zum Weitergehen. Als Ermanzia kam, forderten die Schweizergardisten die den Durchgang blockierenden Amerikaner auf, für die junge Dame Platz zu machen. Sie wußten nicht, daß im Vatikan auch Familien wohnten und ihre Angehörigen aus und ein gingen. Die GI staunten nicht schlecht über die hübsche Signorina, für die die Garden Platz machten und beim Vorbeigehen pflichtbewußt Haltung annahmen und salutierten. Das konnte nur eine Heilige sein.

Am nächsten Tag kam einer der GI zurück und brachte Ermanzia ein kleines Päckchen mit einem Rosenkranz, einen zweiten legte er bei und bat den vatikanischen Teenager, ihn zu segnen, damit er ihn seiner Familie mit allen guten Wünschen und dem Segen bringen könne.

Den Kriegsanfang hatten die Labellas noch im Vatikan erlebt. Not kannten sie kaum, auch wenn vorübergehend manches fehlte, weil Italien nicht mehr alles liefern konnte. Kleidungsstoff beispielsweise war knapp, weil er von den Kirchengütern und kircheneigenen Lieferanten nicht beschafft werden konnte. Das befreundete Argentinien half aus und ließ ein Handelsschiff unter vatikanischer Flagge fahren. Der überfüllte Kirchenstaat konnte so mit »päpstlicher Flotte« versorgt werden.

Wie groß die Not rundum in Italien in diesen Jahren war, erlebte Ermanzia, inzwischen bereits über 14 Jahre alt, am Beispiel eines Arbeiters, der für einige Zeit im damals noch betriebsbereiten Gefängnis des Heiligen Stuhls einsaß. Er hatte ein Stangenbrot gestohlen. Die Kinder aus dem Vatikanstaat konnten sich mit ihm durch das Zellenfenster nach draußen unterhalten und erfuhren so von seinem Schicksal. »Wir sagten ihm zu, daß wir alles tun würden, damit er bald entlassen werde.« Doch zur Überraschung der Kinder flehte sie der Mann an: »Um Gottes Willen, tut bloß das nicht. Ich will hier drinnen bleiben.« Er bekam im Vatikanknast so viel zum Essen, daß er das meiste seiner Familie mitgeben konnte, die er auf diese Weise vor dem Hungern bewahrte.

Einmal brach allerdings auch der Krieg direkt in den Vatikan ein. Ermanzia erinnert sich sehr gut, weil sie mit allen Geschwistern auf der Piazza del Mosaico stand. Sie hütete den gerade erst wenige Monate alten jüngsten Bruder im Kinderwagen, als der britische Vertreter beim Heiligen Stuhl vorbeikam und sich mit den Kindern unterhielt. Es gab ja kaum etwas zu tun. Die Labellas stellten ihm allerhand Fragen, vor allem, warum er nicht verheiratet war, obwohl er doch kein Priester war. Botschafter Osborne erzählte ihnen dann etwas, was heute die Klatschspalten der Weltpresse füllen würde. Er war unsterblich in die britische Königin (die Mutter von Elisabeth II.) verliebt. Sie mußte aber standesgemäß heiraten. Er blieb ihr ewig treu.

Die Kinder hörten gespannt zu. Doch dem kleinen Bruder im

Kinderwagen war das alles zu langweilig. Oder wer weiß aus was für einem anderen Grund: er fing jedenfalls plötzlich an zu schreien und war durch nichts zu beruhigen. Botschafter Osborne wohnte im selben Justizpalast wie die Labellas und forderte deshalb die Kinder auf, mit ihm heimzugehen. Sie könnten sich ja danach noch unterhalten.

Kaum war die Gruppe im Hauseingang verschwunden, dröhnte Flugzeuglärm vom Himmel über dem Vatikan. Vier Bomben wurden abgeworfen. Sie landeten genau an der Stelle, wo kurz zuvor die acht Labella-Kinder mit dem Vertreter seiner Majestät, des Königs von England, plauderten. »Mein Vater hätte auf einen Schlag alle Kinder verloren.« Und eines ist nicht nur für Ermanzia sicher: »Es waren keine deutschen Bomben.« Das Rätsel ist bis heute nicht aufgeklärt. Es wird jedoch vermutet, daß es britische Bomben waren, die beinahe eine Familie ausgelöscht und den eigenen Botschafter getötet hätten.

Es war das schlimmste Ereignis, das Ermanzia im ganzen Krieg hatte. Denn der blieb ansonsten draußen. Einmal nur noch erlebte sie ihn hautnah, »aber eigentlich war das wie ein spannendes Abenteuer«. Ermanzia ist dabei zur Zeitzeugin geworden. Sie hat am eigenen Leib und aus nächster Nähe erfahren, wie der wegen seines angeblichen Schweigens zum Holocaust des Antisemitismus verdächtigte Papst Pius XII. Menschen in Not half. »Viele Juden aus Rom brachten ihr Hab und Gut im Vatikan in Sicherheit. Davon will heute niemand mehr etwas wissen. Über vielerlei Kanäle ließ Papst Pacelli auch Menschen in den Vatikan schleusen oder ausreisen, damit sie vor den Deutschen in Sicherheit waren«, weiß Ermanzia. Seine guten Beziehungen zu höchst kultivierten deutschen Offizieren bis hin zu Generalfeldmarschall Kesselring ermöglichten es dem Papst, vielen direkt Bedrohten durch Passierscheine in die Sicherheit und damit zum Überleben zu verhelfen.

Ermanzia: »Er rettete viele Menschenleben. Daß er so sehr mißverstanden wurde, hat ganz andere Gründe. Erstens war Pacelli nicht nur deutschfreundlich, er war zweitens durch und durch Diplomat, der vor jedem Wort über alle möglichen Folgen nachdachte. Drittens fühlte er sich direkt von den Nazis bedroht.«

Das war nicht aus der Luft gegriffen. Nicht nur der Vatikanhistoriker, der Jesuitenpater Graham, der 1996 hochbetagt starb, fand heraus, daß es Pläne für die Entführung des Papstes nach Deutschland gab. Von der Burg Lichtenstein auf der Schwäbischen Alb in der Nähe von Bad Urach war als Gefängnis die Rede. Eine einsam auf einer Felsenspitze und kaum zugänglich gelegene Anlage. Im Herbst 1941 fürchtete der Papst, daß jeden Moment deutsche Fallschirmjäger auf dem Damasushof am Fuß des Apostolischen Palastes landen würden, um ihn gefangenzunehmen. Vorsichtshalber wurden schon die Angehörigen der im Vatikan lebenden Familien evakuiert, an erster Stelle die kinderreichste Familie, die Labellas.

Die Mutter und ihre acht Kinder bekamen eine kleine Geldkassette auf den Weg, weil sie anders in Italien nicht hätten leben können. »Wir waren ja Ausländer und hatten keinerlei Anspruch.« Auf einem Lastwagen mit vatikanischem Kennzeichen und mit einem von General Kesselring unterzeichneten Passierschein verließen sie den Vatikanstaat, um 120 Kilometer entfernt im Gebirge in der Heimat von Vater Labella in Vindoli Zuflucht zu finden. Als sie die deutschen Linien überfuhren, bot der kontrollierende Offizier auch noch Begleitschutz mit Motorrädern an. »Das war uns zu gefährlich, weil hier überall Partisanen versteckt waren und wir dann möglicherweise von ihnen erst recht beschossen worden wären.« Also fuhren sie wie in Friedenszeiten ins Heimatdorf zum Überwintern. Sie blieben sechs Wochen. Dann schien dem Vatikan der Spuk fürs erste vorbei. Die Familie durfte nach Rom zurück und zog dann aber nicht mehr in den Justizpalast im Vatikan selbst ein, sondern in eine Wohnung außerhalb, weil sie als nichtverfolgte Vatikanbürger auch nicht in Lebensgefahr waren.

Aus jener Zeit weiß Ermanzia aber auch, wie sehr in Italien über den eigenen Widerstand und über die Kollaboration mit den Deutschen im nachhinein gelogen wird. In einem Nachbardorf von Vindoli wurden von den Deutschen alle Männer zusammengerufen und erschossen als Vergeltung für die Ermordung eines Kradmelders durch Partisanen. Jedermann im Dorf außer den Deutschen wußte, daß es keineswegs Kriegshandlungen waren, die zu der Bluttat führten. Ein Mädchen aus dem Dorf war aus Sicherheitsgründen aus Bologna in die Heimat zurückgekehrt. Ihr ging ein übler Ruf voraus. Die Dörfler hielten sie für eine Hure und schnitten sie, wo es nur ging. Selbst die eigene Familie lehnte sie ab. Aus Rache denunzierte sie beim deutschen Kommando in Leonessa das Dorf als eine Hochburg der Partisanen. Der tödliche Schuß auf einen deutschen Motorradfahrer wirkte wie die Bestätigung dieser Anzeige und löste die Massenerschießung aus.

Bis zum Kriegsende und in den Nachkriegsjahren verlief das Leben der Familie Labella in Rom fast normal. Die Soldaten kamen und gingen. Die Uniformen wechselten. Die Kinder bekamen manches mit, was eigentlich nicht für ihre Ohren bestimmt war. Allerdings nicht von ihrem Vater. Der war das Schweigen in Person, wenn es sich um dienstliche Dinge handelte. Bei der drangvollen Enge durch die vielen Einquartierungen von Schutzsuchenden gab es viele Möglichkeiten, Verbotenes oder Geheimes mitzuhören. Ermanzia gewann dabei den Eindruck, daß »die Ausländer, die im Vatikan untergebracht waren, durch die Bank Spione waren«. Das war auch ein Grund für die Angst des Papstes, von den Deutschen entführt zu werden. Ermanzia erinnert sich aber auch an allerlei Geschäftemacherei. »Tangenten, Schmiergeld, gibt es nicht nur in Italien. Der Vatikan macht da keine Ausnahme. Ohne Schmiergeld läuft gar nichts.«

Ein Beispiel aus den Nachkriegsjahren macht es besonders deutlich. Eine amerikanische Firma wollte mit dem Heiligen Stuhl ins Geschäft kommen. Der Kontakt war über einen befreundeten Prälaten hergestellt worden. Auch die Kurie orientierte sich schließlich nach den Siegern. Alles schien aufs beste zu laufen. Doch monatelang mußten die Amis auf Aufträge warten. Der Vatikan rührte sich nicht. Indirekt ließen sie nachfragen, ob denn etwas falsch gelaufen sei.

Das war in der Tat der Fall, denn auf die Frage ihres Bekannten, »ob denn die Cosa«, das Ding, bezahlt worden sei, schüttelten die ahnungslosen Amerikaner den Kopf. Schmiergeld gehörte entweder nicht zu ihrem Geschäftsgebaren oder aber sie hätten es überall vermutet, nur nicht im Staat des Papstes. Ein geschäftsschädigender Irrtum, der nach Ermanzias Überzeugung auch noch heute vermieden werden sollte, weil sich am Grundsatz, daß ungeschmiert auch der Heilige Stuhl nicht funktioniert, nichts geändert habe.

Harmlos nahm sich dagegen der kleine Schwarzhandel aus, den die Labella-Kinder in den Nachkriegsjahren trieben. Die Amerikaner, die in den Vatikan kamen, verteilten häufig Zigaretten und Kaugummi an die Jugendlichen. Die meisten rauchten jedoch nicht und verkauften die Stangen an rauchende Bekannte. Den Erlös setzten sie im vatikanischen Kaufhaus in Süßigkeiten um.

Überhaupt das Kaufhaus im Vatikan. Es gab dort alles, was sich ein Kinderherz nur wünschte. Später erkannte Ermanzia aber, als sie mit dem Warenangebot im aufblühenden Italien vergleichen konnte, daß manches nur schöner Schein war. Sicher waren die Preise erheblich günstiger als in Italien, weil keine Steuern erhoben wurden. Aber die Qualität war oft von zweiter Wahl, wurde aber als erstklassige Markenware angeboten, »weil irgendein Geschäftemacher die Differenz einsackte«. Kontrolle gab es so gut wie nicht und zu viele hatten die Hände im Spiel. Wer darauf hinwies, wurde im besten Fall höflich aber bestimmt darüber aufgeklärt, daß der Vatikan nicht gerade die besten Löhne bezahle. Im schlimmsten Fall wurde er des Kirchenstaates verwiesen wegen übler Nachrede. Der Mißstand mit Schmiergeld, Korruption und Etikettenschwindel jedenfalls blieb.

1946 kam ein junger Mann von 32 Jahren, sportlich und gutaussehend, in den Dienst des Heiligen Stuhls. Die Eltern waren Hoflieferanten des Vatikans mit Süßigkeiten aus ihrer Fabrik im Hinterland von Pescara. Er war Journalist und arbeitete im Pressesaal, der damals noch mehr als heute als Presseverhinderungsstelle diente. Diese Pressestelle gibt das amtliche Bulletin des Heiligen Stuhls heraus, das die Reden des Papstes publiziert und das öffentliche Protokoll führt, wo vor allem die offiziellen Audienzen und Grußbotschaften des Papstes aufgeführt werden. Der Informationsgehalt ist meistens dürftig. Das Amt lag bis zum Konzil noch im Vatikan selbst und nicht wie heute in einem vatikanischen Palast am Ende der Via della Conciliazione unmittelbar gegenüber dem Anfang des Petersplatzes.

Ermanzia verliebte sich in diesen Luciano Casimirri, 1950 heirateten die beiden in einer kleinen Kapelle im Vatikan, die extra für diese Zeremonie geöffnet wurde. Der Papst verordnete den Mitarbeitern im Pressesaal einen freien Tag, damit sie an der Hochzeit des bald zum zweiten Mann des Presseamtes aufsteigenden Casimirri teilnehmen konnten. Die Trauung nahm der Substitut im Staatssekretariat vor, Casimirris Chef, da der Pressesaal direkt dem Staatssekretariat unterstellt ist. Dieser Substitut ist der eigentliche Geschäftsführer des Heiligen Stuhls oder auch dessen Innenminister. Er hieß damals Giovanni Battista Montini. 22 Jahre später bestieg er als Paul VI. den Papstthron. Er taufte auch die drei Kinder des Ehepaares, zwei Söhne und eine Tochter. Zur Trauung brachte er ein Bild des amtierenden Papstes, Pius XII., mit dessen persönlicher Widmung in einem silbernen Rahmen mit.

Als Kind hatte Ermanzia manchen Blick durch die Schlüssellöcher des Heiligen Stuhls werfen können. Sie sah, wie die deutsche Haushälterin von Papst Pius XII., Schwester Pasqualina, ein wahrer Hausdrachen, den Papst gängelte. Wie sie an der weißen Soutane zog, um ihn daran zu erinnern, daß er schon zu lange geredet habe. Ermanzia sah, wie der gute Papst Johannes XXIII. sich eitel über Beifall freute. »Der war hochintelligent. Man täusche sich nicht. Er war aber eitel und suchte geradezu den Applaus.« Als einen gehemmten, vielleicht sogar schüchternen Menschen erlebte sie Paul VI., den Papst, den sie am meisten schätzt.

Hat ihre Erziehung im Vatikan Ermanzia Labella religiöser, frommer, weltfremder oder verklemmter gemacht oder sie wesentlich anders geprägt als Gleichaltrige, die außerhalb der Leoninischen Mauern des Kirchenstaates geprägt wurden? Die Antwort ist unerwartet deutlich: Nein, auf keinen Fall. Streng erzogen wurden damals alle Kinder. Prüde waren im Vergleich zu heute auch alle. »Vielleicht wurden wir sogar liberaler erzogen, weil im Vatikan im Gegensatz zu manchen Vorstellungen keineswegs nur den ganzen Tag über von Gott geredet wird. Der Vatikan ist so weltlich, daß auch seine Kinder durchaus von dieser Welt sind.«

Indoktrination hat Ermanzia bei sich nicht feststellen können, dagegen in der Schule ihrer Kinder. Sie wurden von linken Lehrern in einer Art und Weise einseitig unterrichtet, daß sogar eine streng religiöse Schule daneben als Ausgeburt des Freigeistes erscheint.

Ermanzia weiß, wovon sie so spricht. Sie war Lehrerin. Aber sie und ihr Mann tragen auch ein »ganz schweres Kreuz«. Ihr ältester Sohn, Alessio, wurde vom Elternhaus humanistisch-idealistisch erzogen und in der Schule marxistisch umgepolt. Nur so kann jedenfalls die Mutter erklären, wie es zu ihrer schwersten Stunde kommen konnte. Das war 1982, und im Fernsehen wurde bekanntgegeben, daß eben dieser Alessio wegen Mordes gesucht wurde. Er war einer der Entführer des ehemaligen Ministerpräsidenten Aldo Moro. Bei dem Überfall wurden fünf Polizisten erschossen. Alessio war bei den Roten Brigaden und lebte vier Jahre lang bei seinen Eltern, als wäre nichts geschehen. Danach tauchte er unter, zumal er schon 1980 mit den Roten Brigaden gebrochen hatte.

Heute lebt er mit Frau und zwei Kindern in Nicaragua, der letzte noch freie Terrorist der Roten Brigaden. Die Mutter verurteilt die Tat. Das Verhalten ihres Sohnes, der darin heute selbst die größte Dummheit seines Lebens sieht, kann sie nur durch die Manipulation einer jungen Generation erklären, die idealistische Ziele wollte und im Terrorismus endete. Wenn das vatikanische Ambiente dabei eine Rolle gespielt hat, dann allenfalls das, was der Sohn daheim aus Erzählungen über Korruption, Neid und Intrigen mitbekommen hatte. In der italienischen Gesellschaft ging es genauso zu. Es war zum Dreinschlagen. Alessio Casimirri, der Enkel aus dem Vatikan, tat es auf verbrecherische Weise.

# III

*Verschwörung gegen den Vatikan*

## DIE MACHT BRÖCKELT

# Die Spione

*Geheimnisse, die nur der Beichtstuhl kennt*

»Das war der Geheimdienst des Papstes.« Selten so gelacht. Der Gesprächspartner gab sich wissend und versprach in Andeutungen große Enthüllungen. Angeblich wußte er alles über den Papstattentäter, den Türken Ali Agca, der am 13. Mai 1981 Papst Johannes Paul II. mit zwei Pistolenschüssen auf dem Petersplatz so schwer verletzt hat, daß sich der Wojtyla-Papst nie mehr ganz erholen sollte. Der kleine Hinweis auf den päpstlichen Geheimdienst entwertete die ganze Geheimniskrämerei als Bluff und Angeberei.

Zwielichtige Informanten und Nachrichtenhändler gehören nun mal zu einer Institution, die sich gern mit Geheimniskrämerei umgibt, obwohl das einzige Geheimnis, das kein CIA, kein KGB und kein Möchtegernspion und auch kein sonstiger Agent aufdecken kann, das Geheimnis des Glaubens ist. Weil aber dieses Geheimnis letzten Endes hinter allem steht, womit sich die Kirche äußert, tun sich besonders glaubensferne Interpreten schwer, mit der Institution Kirche umzugehen. Überinterpretation ist die Regel.

Der Papst hat vieles, aber beispielsweise keinen Geheimdienst, wie ihn sich Klein-Erna so vorstellt. Er hat etwas viel Wichtigeres, das man böswillig als den wirksamsten Geheimdienst der ganzen Welt bezeichnen kann. Er kann, theoretisch jedenfalls, in das Seelenleben von fast einer Milliarde Menschen hineinblicken. Das Mittel heißt Beichtstuhl. Der Beichtvater erfährt die intimsten Dinge aus dem Leben seiner Gemeinde. Er ist der bestinformierte Mensch in einer Stadt, wenn die Mehrheit katholisch ist und die wiederum nicht zu den laxen Zeitgenossen gehört, die nicht mehr zur Beichte gehen.

Der effizienteste Geheimdienst, den man sich überhaupt denken kann. Daran ändert auch das Beichtgeheimnis nichts, das den bußfertigen Sünder deckt und den Pfarrer bei drohender Höllenqual oder zumindest Amtsverlust zum absoluten Schweigen verpflichtet. Das hindert ihn aber nicht, sein Wissen zu nutzen. Er kann ein politisches, gesellschaftliches oder Sittengemälde seines Sprengels zeichnen und seinem vorgesetzten Bischof liefern. Der muß mindestens alle fünf Jahre einmal zum Grab des Apostels Petrus, dem ad-limina-Besuch, nach Rom pilgern, um dem Papst und seiner Kurie Rede und Antwort zu stehen. Bei Gefahr im Verzug geht es natürlich schneller.

»In katholischen Ländern weiß die Kirche noch immer am besten, was die Menschen denken«, wissen Kurienmitarbeiter, die man auf den Beitrag von Papst Johannes Paul II. zum Sturz des Kommunismus anspricht. »Sein Beichtstuhlnetz hat es Kirche und Papst ermöglicht, genau einzuschätzen, wie weit sie in Polen der Gewerkschaft Solidarität helfen und ihren Protest fördern konnten. Die Basis im Volk war der Kirche kein Geheimnis«, versicherte ein polnischer Journalist.

Auf diese Weise erschien Sensationsautoren der Sturz des sowjetischen Imperiums ganz einfach. Mit Gottes Hilfe und der des amerikanischen Geheimdienstes CIA brach die kommunistische Welt in sich zusammen. Auf diesen kurzen Nenner brachten es die beiden Reporter Carl Bernstein (USA) und Marco Politi (Italien).

In der Praxis funktionierte es nach ihrer in ihrem Buch »Seine Heiligkeit« entwickelten Rekonstruktion so: Der CIA spionierte die sowjetischen Schwächen, Schwierigkeiten und Pläne aus. Der Papst bezog Basisinformationen von dem »besten Spionagenetz, das man sich denken kann, den Pfarrern mit dem Ohr am Volk«.

Papst und CIA setzten sich an den apostolischen Mahagoni-Schreibtisch im Vatikan, beteten und beschlossen praktische Konsequenzen. Die Amerikaner setzten Moskau mit Nachrüstung und Drohungen unter Druck. Sie finanzierten mit Millionen Dollar die Streiks der Gewerkschaft »Solidarität« des Lech Walesa. Dem Papst zeigten sie sich erkenntlich durch die Kürzung von staatlichen Programmen für Geburtenkontrolle. In Lateinamerika bekämpfte der CIA schließlich noch die Rom und Washington gleichermaßen lästigen linken Befreiungstheologen.

So simpel gestrickt ist also das Bild, das der Watergate-Enthüller Bernstein und der italienische Vatikankorrespondent Marco Politi von einer unheiligen Allianz des CIA mit Papst Johannes Paul II. zeichneten. Noch mehr phantastische Enthüllungen klingen im Untertitel ihres Buches »Johannes Paul II. und die verheimlichte Geschichte unserer Zeit« an. Schon Papst Paul VI. habe Erzbischof Karol Wojtyla zum Nachfolger bestimmt. Er habe maßgeblich die »Pillenenzyklika« 1968 verfaßt. Die Autoren entdeckten eine Schwäche für Frauen und die Mutter Gottes, weil Wojtylas Mutter früh gestorben sei.

Die Sowjets seien von vornherein überzeugt gewesen, daß US-Sicherheitsberater Zbigniew Brzezinski die Wahl des Polen arrangiert habe. Präsident Ronald Reagan habe sich mit strenggläubigen Katholiken umgeben. CIA-Chef William Casey und sein damaliger Stellvertreter Robert Gates beteten mit dem Papst. Sonderbeauftragter Vernon Walters erklärte dem Kirchenoberhaupt Satellitenfotos und ließ sich Rosenkränze weihen.

Gates bestätigte zwar Kontakte zum Papst, aber nicht die Zusammenarbeit. »Wir hatten nur dieselben Ziele«, sagte er der »New York Times«. Das wußte auch schon Michail Gorbatschow. 1992 schrieb er, daß »ohne die gewaltige politische Rolle des Papstes die Ereignisse im Osten undenkbar gewesen wären«. Den CIA erwähnte er nicht. Fantapolitica sagen die Italiener dazu. Besser wäre noch: Fantavaticana.

Ganz so dumm, wie die beiden Autoren die Moskauer erscheinen lassen, waren sie bei Gott nicht. Sicherlich hatten sie Spione im Vatikan, die den Namen nicht verdienten. Wenn man die jetzt zugänglichen Geheimdienstakten bei der Gauck-Behörde einsieht, kommt einem manchmal wirklich das kalte Schaudern oder ein Lachanfall. Die Vatikanspione hatten soviel Ahnung von der Kirche, daß es niemand gewundert hätte, wenn sie jeden Ministranten für einen Bischof gehalten hätten. In manchen streng geheimen Berichten standen als vertraulich aus besonders geschützten, aber sehr zuverlässigen Quellen bezogen Nachrichten, die weit weniger sagten, als was Tag für Tag in jeder beliebigen Zeitung zu lesen war.

Umgekehrt witterte wenigstens ein offensichtlich besser informierter und analytisch begabterer Ostmitarbeiter im Vatikanumfeld schon früh künftige Entwicklungen. Der Kreml hatte zumindest schon Anfang der 70er Jahre, als das Ende von Papst Paul VI. abzusehen war, Hinweise erhalten, die eine historische Wende bei der nächsten Papstwahl erwarten ließen. Der geheime Informant aus Rom spekulierte nicht völlig unbegründet, daß der nächste Papst der für zugänglich und moderat geltende Sergio Pignedoli sei, da das Profil der künftigen Aufgaben der Kirche genau auf ihn zutreffe. Kardinalstaatssekretär Wijo (wie Villot in einer russischen Quelle geschrieben wurde) habe sogar schon geheime Anweisungen des alten Paul VI. gehabt, die Pignedoli favorisierten. Tatsächlich teilten viele römische Beobachter diese Einschätzung.

In einem KGB/Stasi-Geheimpapier werden aber auch schon zu dieser Zeit zwei ausländische Namen genannt: der Berliner Bischof Alfred Kardinal Bengsch und der Erzbischof von Krakau, Karol Wojtyla. Bengsch wurde von vornherein eher als Angstkandidat des Ostens erwähnt, der kaum eine Chance habe, wohl aber Wojtyla. »Insgesamt«, so analysierten die Sicherheitsorgane der UdSSR 1975, »erscheint es empfehlenswert, daß ein Italiener die Nachfolge von Papst Paul VI. antritt.« In einem anderen Bericht desselben Jahres hat der Agent schon »Grund zu der Annahme, daß der zukünftige Papst auch kein Italiener zu sein braucht«.

Selbstgefällig (oder unsicher) folgern die Ostinterpreten 1975, daß die Kardinäle beim nächsten Konklave einen so wichtigen Faktor »wie die Beziehungen des Vatikans zu den sozialistischen Ländern in Betracht ziehen«. Dann sei nicht ausgeschlossen, »daß folgende Persönlichkeiten der katholischen Kirche nichtitalienischer Abstammung Nachfolger des römischen Papstes werden können«: Karol Wojtyla, Alfred Bengsch und schließlich Franz König, Erzbischof von Wien und in Ostkontakten besonders erfahrener Vorposten der katholischen Kirche. Der römische Informant bittet den Geheimdienst zugleich um »Ihre Meinung bezüglich einer Möglichkeit der Durchführung von Maßnahmen (ihrer Richtung, Unterstützung oder Kompromittierung) hinsichtlich der genannten Kardinäle, die Anspruch auf den päpstlichen Stuhl erheben«. Zu dieser Zeit gingen die Kommunisten noch davon aus, daß die katholische Kirche eine Anpassung an die heutige Welt beschlossen hatte, weil ihre »entschieden antikommunistische Linie unweigerlich zu einem Einflußverlust unter den Massen führte«.

Daß dann zunächst alles auf Albino Luciani hinauslief, kam den Kreml-Herren, sollten sie diese Vorberichte tatsächlich zu Gesicht bekommen haben, durchaus zupaß. Deshalb klingen übrigens die dem Wiener Erzbischof Franz Kardinal König unterstellten Befürchtungen einer Desinformationspolitik des KGB beim Tod von Papst Johannes Paul I. reichlich weit hergeholt. Darüber aber an anderer Stelle.

Jedenfalls scheinen auf den Vatikan Spione unterschiedlichster, meist minderer Qualität angesetzt worden zu sein. Einer meldete gar streng geheim, daß es im Vatikan seit 1966 einen Stadtrat gebe, der alle drei Jahre gewählt werde. Abenteuerlich. In der »Kaderbesetzung«, wie die Ostagenten ihren Auftraggebern die Kurienspitze zu erklären versuchten, entdeckten sie sogar noch zu Zeiten des polnischen Papstes eine Päpstliche Kommission für gesellschaftliche Traditionen, die bisher sonst nirgends gefunden wurde.

Papst Johannes Pauls II. »große Restauration« vermutete ein Spion, der so tat, als hätte er direkten Zugang zum Staatssekretariat, hinter der Berufung einer außerordentlichen Bischofssynode, zu der nur die Vorsitzenden der nationalen Bischofskonferenzen geladen würden. »Damit sind aufmüpfige Bischöfe schon ferngehalten.« Der Verfasser kannte die Vorsitzenden der Bischofskonferenz nun wirklich nicht und genauso wenig die Bischofssynode. Aufmüpfig waren sie nicht mehr und nicht weniger als der Durchschnitt aller Bischöfe, manche Persönlichkeiten an der Spitze, wie etwa der Deutsche Karl Lehmann, riskierten immer wieder eine kritische Position gegenüber der Kurie.

Der Papst selbst interessierte natürlich die Ostspione besonders. Geradezu versessen schienen sie auf unbekannte Seiten des

Papstes, der aus ihrer Kälte kam. So beschrieb einer Johannes Paul II. als einen »listigen und hochgebildeten Mann« mit vielen Sprachkenntnissen, der aber »die Ehrbezeugungen liebt, die ihm während der Predigten in den Kirchen erwiesen werden«. Offensichtlich hat der Vatikanspion nie etwas von Liturgie verstanden, obwohl doch seine Dienstherren protokollarischen Ehrerbietungen keineswegs abgeneigt waren und er so Verständnis für Riten hätte haben müssen. Da es den Atheisten im Osten schwerfiel, zu verstehen, daß ein junger Mann Priester werden konnte, hielt sich ein Geheimdienstbericht besonders damit auf. Der neue Papst habe, so konnte er in den Zeitungen lesen, unter dem Pseudonym Andrzej Jawien Gedichte geschrieben. Daraus schloß der KGB haarscharf, der Papst habe als sensible Seele nach einer unglücklichen Liebe den Priesterberuf gewählt. Der sowjetische Geheimdienst auf einer Linie mit der westlichen Klatschpresse.

In der katholischen Hierarchie fanden sich die östlichen Beobachter noch weniger zurecht. Das ist verständlich, hätte aber leicht abgestellt werden können durch einen gelegentlichen Anruf bei den italienischen kommunistischen Genossen. Dort arbeiteten mehrere hervorragende Kenner des Vatikans. Denen wäre sicher nicht so ein Unsinn eingefallen wie die Nachricht, daß Erzbischof Agostino Casaroli entmachtet werde, weil er zum Kardinal ernannt werde: »Diese Ernennung ist mit dem Verlust der Ministerposten verbunden.« Im Gegenteil, lieber Spion, gerade Minister (Präfekten) werden mit der Kardinalswürde ausgezeichnet. Bei solchen Fehlinformationen wundert es auch nicht, daß der Substitut im Staatssekretariat, Erzbischof Giovanni Benelli, in östlicher Sicht und in unfreiwilliger Anerkennung seiner tatsächlichen Macht zum Staatssekretär aufgewertet wurde.

Bis heute schließen die Kurienoberen aus, daß es sich bei den Informanten der östlichen Geheimdienste um Top-Leute aus der Vatikanspitze gehandelt haben könne, obwohl oder gerade weil in einem Geheimpapier der Stasi darauf hingewiesen wurde, daß im Vorzimmer des Papstes der polnische Prälat Julius Paetz arbeitete. Der war zwar nicht im Vorzimmer, hatte aber als polnischer Landsmann des Papstes leichteren Zugang zu ihm als andere in ähnlicher Position. Er blieb deshalb im Verdacht, für den Osten spioniert zu haben.

Einen bezeichnenden, aber eher kleinen Fall lieferte der umtriebige und als sympathischer Pater geschilderte deutsche Benediktiner Eugen Brammertz. Erst nach dessen Tod wurde entdeckt, daß er für den Osten spioniert hatte, obwohl einige Vertraute, darunter deutsche Vatikanmitarbeiter, eingeweiht waren, zumindest über die Tatsache der Spionage, möglicherweise nicht über den Umfang.

Unauffällig hatte sich der aus sowjetischer Kriegsgefangenschaft entlassene Benediktiner, der fließend Russisch sprach, im Vatikan eingeschlichen, beim »Osservatore Romano« oder bei der Katholischen Nachrichtenagentur, wo er auch Mitarbeiter warb. Als Berater und Übersetzer machte er sich nützlich. Das Ziel seiner Neugier: die Ostpolitik Papst Pauls VI. und seines »Außenministers« Agostino Casaroli.

Der Benediktiner stand lange unter Verdacht, jener »polnische« Geheimdienstmann gewesen zu sein, der Berichte von der Papstaudienz des damaligen Bundeskanzlers Willy Brandt an den Osten verriet. Die Berliner Gauck-Behörde veröffentlichte darüber eine 260seitige Akte.

Angeblich stammten die Berichte von einem polnischen Bischof in Rom. Die polnische Regierung schließt dies aus, hüllte sich später aber in merkwürdiges Schweigen, weil sie offenbar das Verhältnis zwischen Staat und Kirche nicht belasten wollte. So jedenfalls wurden recherchierende Journalisten 1996 und 1997 in Warschau reichlich unwirsch abgewimmelt. In der Tat lebten in der fraglichen Spionagezeit in Rom nur drei polnische Prälaten, die nach dem Urteil von Vatikaninsidern aber nicht in Frage kommen.

Der Maulwurf aus dem Benediktinerkloster erschien da schon wahrscheinlicher und allen am bequemsten. Er war tot und konnte sich nicht mehr wehren. Woher er die Texte bekam, blieb offen. In den 70er Jahren gab es in Rom eine Reihe von Informanten, die »Geheimpapiere« gegen Geld anboten, darunter auch jener Eduardo Prettner-Cippico, den der Historiker und Vatikankenner Hansjakob Stehle in der »Zeit« als eine Quelle nannte.

Der 1983 gestorbene Cippico pflegte Beziehungen zu Vatikankollegen. Er selbst durfte nicht in den Kirchenstaat. Er war wegen Schiebereien und Frauengeschichten gefeuert worden.

Als »phantasiereiche Rekonstruktion« bezeichnete Vatikansprecher Joaquin Navarro-Valls die »Dokumente« über die Ausspionierung der Papstgespräche mit Willy Brandt. Das Dementi stimmt bedingt. Der deutsche Kirchenhistoriker und Rektor des Kollegs am Campo Santo im Vatikan, Professor Erwin Gatz, hat die Gauck-Papiere mit den vatikanischen Protokollen verglichen und seinen Befund der Kurie mitgeteilt. Danach stimmten die »Geheimberichte« inhaltlich mit den Kurienaufzeichnungen überein, aber nicht textlich. »Sie entsprechen nicht der Begrifflichkeit von Papst Paul VI.«, versicherte ein Insider. Schließlich seien die Texte aus einem italienischen oder deutschen Original entnommen und mehrfach übersetzt worden, zumindest in die russische Amtssprache der Ostspione und daraus ins Deutsche.

Die Kommunisten taten sich sowieso schwer mit den vatikanischen Besonderheiten. Da fiel es gar nicht auf, daß laut Geheimbericht bei der Papstaudienz für Brandt der deutsche Botschafter Rolf Lahr zugegen gewesen sein soll. Der war aber beim Quirinal, also in Italien, akkreditiert. Brandt wurde von dem deutschen Botschafter beim Heiligen Stuhl, Hans Berger, begleitet, einem erklärten Gegner der Ostpolitik. Willy Brandt fand entgegen Bergers Hoffnung Unterstützung des Papstes für seine Ostpolitik in der Audienz 1970. Laut Stasi-Akten »konstatierte der Papst dagegen Meinungsverschiedenheiten mit den westlichen Verbündeten«.

Problematisch an der ganzen Affäre: es gab keine Gesprächsprotokolle, sondern nur Zusammenfassungen. Aus diesen wiederum geht hervor, daß der Spion entweder nur unzulänglich informiert war, also mit Zweithandware handelte, oder aber von einer Dummheit geplagt sein mußte, die an solcher Stelle nicht vermutet werden dürfte. Zwischen Papst und Kanzler wurde nämlich eine Reihe heikler Fragen im deutsch-deutschen Verhältnis besprochen, darunter die wieder zu errichtenden Diözesen und damit die definitive Trennung der DDR-Kirchenprovinzen (Administraturen) von ihren westlichen Mutterbistümern. Sogar die Errichtung des Bistums Magdeburg war schon in der Schublade von Vatikan-Außenminister Casaroli. Sie scheiterte an westdeutschem Bischofswiderstand in einer Allianz mit dem Berliner Bengsch und dem Krakauer Wojtyla. Dessen Wort hatte damals in ostpolitischen Fragen bereits Gewicht. Von all diesen für den Osten brisanten Gesprächsinhalten berichtete der angebliche Spion aber nichts. Entweder er hatte sie nicht erkannt oder er hatte nur Bruchteile des Gesprächs indirekt erfahren oder alles erfunden.

Das päpstliche Machtnetz funktioniert aber nicht nur über den Beichtstuhl und damit den Einfluß auf die Seelen. Die päpstlichen Diplomaten versorgen die Kirchenzentrale kontinuierlich mit Informationen aus ihren Ländern. Der Nuntius ist der päpstliche Botschafter und Chef einer gewöhnlich sehr kleinen Vertretung, weil die meisten Kleinarbeiten staatlicher diplomatischer und konsularischer Vertretungen bei ihm nicht anfallen. Er stellt keine Aufenthaltsgenehmigungen aus, braucht keine Visa in Pässe zu stempeln und hat überhaupt mit dem normalen Volk so gut wie nichts zu tun. Dafür pflegt er intensive Kontakte zu allen politischen Kräften und beaufsichtigt mehr oder weniger indiskret die Bischöfe. Er ist des Papstes Ohr und Arm gegenüber den Staaten und apostolisch ein Unding und nur mit dem Machtanspruch des Heiligen Stuhls zu erklären.

Ein wesentlicher Faktor der Machtausübung ist die Abhängigkeit des Personals von seinem Brötchengeber. Das weiß nicht nur jeder Angestellte, der gerne den Arbeitsplatz wechseln würde, wenn es eine Alternative gäbe. Noch schlimmer trifft es die katholischen Priester. Durch den Zölibat, die amtlich vorgeschriebene Ehelosigkeit, sind sie zwar die Verpflichtung gegenüber Familien los, immerhin noch ein Vorteil des Amtes. Aber wehe, wenn es ihnen einfallen sollte, den Beruf zu wechseln.

Was kann schon ein Pfarrer, das er auch in einem anderen Beruf verwenden könnte? So gut wie nichts, und der Bedarf an pastoralen Führungspersönlichkeiten mit Seelsorgeerfahrung ist außerhalb der Kirchen extrem gering. Seitdem das Interesse an der Kirche in den Medien abgenommen hat, ist nicht einmal mehr größerer Bedarf an Journalisten, die sich in den Kirchen auskennen, was früher für manchen Pfarrer oder »abgebrochenen« Theologen, die noch vor der Priesterweihe den Beruf wechselten, eine berufliche Alternative mit ausreichendem Auskommen war. Der persönliche Konflikt des einzelnen stabilisiert den ganzen Kirchenapparat und seine Macht.

# Die Richter

*Kein Unrecht ist unmöglich, auch nicht
eine Scheidung*

Die Taschendiebe lauern überall hier zwischen dem Corso Vittorio Emanuele und der Piazza di Campo dei Fiori, dem römischen Blumenmarkt, wo man das beste Obst und Gemüse frisch kaufen kann. Ein mächtiger, wuchtig-abweisender Palast steht in der Nachbarschaft an einem kleinen Platz und lädt nicht gerade zum Besuchen ein. Er strömt Macht aus. Hier residierte einst die Kanzlei der Päpste des alten, 1870 unter dem Ansturm der italienischen Einigungstruppen untergegangenen Kirchenstaates. Die Cancelleria beherbergt heute die päpstlichen Gerichte, darunter die durch Skandale in der Regenbogenpresse besonders ins Zwielicht geratene Sacra Rota Romana.

Sie verdankt ihren Namen Rota (Rad, Runde) dem runden Fußbodenmosaik, das den alten Gerichtssaal ziert. Das Rund soll aber auch signalisieren, daß es hier keine Fronten gibt von Pro und Contra. Banaler ausgedrückt verbirgt sich hinter der Heiligen Römischen Runde das erstinstanzliche Gericht für innerkirchliche Streitfälle. Zu den häufigsten Entscheidungen gehören Urteile darüber, ob eine katholische Ehe für gültig oder ungültig erklärt werden kann.

Eigentlich kennt die katholische Kirche keine Ehescheidung. Das Sakrament der Ehe ist heilig und unantastbar. Da läßt die kirchliche Lehrautorität keinen Zweifel aufkommen. Doch in den Maschen des Gesetzes bleibt nicht jede gescheiterte Ehe hängen. Die Löcher sind weit genug, um doch von einer Art Scheidung sprechen zu können, zumindest wirken sich die kirchlichen Bestimmungen heute oft so aus.

Wie funktioniert also eine Nichtigkeitserklärung einer Ehe? Erstens muß klar bewiesen werden, daß sie kirchenrechtlich eigentlich nie bestanden hat. Das wäre dann am leichtesten zu belegen, wenn die Ehe nie vollzogen worden ist. So argumentierte die bigotte ehemalige italienische Parlamentspräsidentin Irene Pivetti und bekam als nachträglichen kirchenrechtlichen Beweis ihrer verheirateten Jungfräulichkeit die Annullierung.

Bei Caroline von Monaco war das schon etwas schwerer. Niemand wollte ihr abnehmen, daß sie mit ihrem ersten Ehemann, dem Lebemann Philippe Junot, keinen Geschlechtsverkehr gehabt hatte. Diese Ehe war sicherlich »vollzogen«. Bei katholischen Fürstenhäusern wurde aber schon aus dynastischen Gründen darauf geachtet, daß sie stets im Einklang mit der Kirchenleitung Nachwuchs zeugten. Immerhin hat Heinrich VIII. von England gerade mit seinem wilden Eheleben die Abspaltung der englischen Katholiken zur anglikanischen Kirche provoziert. Soviel Sprengkraft liegt heute zwar in keiner gescheiterten Ehe mehr. Das Fürstentum Monaco wird nicht nach 700jähriger Geschichte an Frankreich fallen, wenn des Fürsten Kinder keinen katholisch gezeugten Nachwuchs haben, vielmehr, wenn der Nachwuchs ganz ausbleibt und das Geschlecht damit ausstirbt.

Für Caroline wurde dennoch der Weg zur katholisch-kirchlichen Zweitehe mit dem später tödlich verunglückten Casiraghi freigemacht, weil bei der ersten Ehe alle Voraussetzungen für eine sakramental katholische Verbindung fehlten. So lassen sich zumindest die auch öffentlich vertretenen Ansichten des Lebemanns Junot interpretieren.

Was für Caroline recht ist, gilt für den katholischen Jedermann ebenso. Wer auf Nummer Sicher für eine eventuelle Scheidung bzw. Annullierung durch die Kirche zwecks neuer Heirat gehen will, lasse vor der Trauung mindestens zwei Zeugen wissen, daß er eigentlich nur eine Ehe auf Probe eingehen wolle. Zwei Zeugen müssen vernommen haben, daß zumindest einer der beiden Brautleute nicht von der Ehe »bis daß der Tod Euch scheide« überzeugt sei. Alternativ kann er auch die Absicht kundtun, keineswegs eine katholische Ehe mit katholischer Kindererziehung führen zu wollen.

Derartige Vorbehalte reichen, wenn sie nachweisbar sind, der römischen Kirche aus, um die ernsthafte Absicht zu bezweifeln, daß es sich wirklich um eine katholische Ehe gehandelt habe, wenn sie scheitert. Bei ernsthaftem Nachweis dieser Mängel steht einer Annullierung nichts im Weg außer einer mitunter auf mehrere tausend Mark auflaufenden kirchlichen Prozedur. Doch da hat schon aus Gründen der Verwaltungsvereinfachung Kardinal Ratzinger im Sommer 1997 angekündigt, daß künftig mehr Ehen von den jeweiligen Bischöfen am Wohnort der Eheleute für nichtig erklärt werden können. Das ist schon bisher möglich gewesen, aber vielleicht war es zu wenig bekannt, daß in aller Stille in allen deutschen Bistümern längst für nichtig erklärt wird, was ehelich nie zusammengepaßt hat. Der Hinweis aus Rom sollte wohl mehr daran erinnern, daß nicht alle Verfahren in den langen Weg der vatikanischen Bürokratie münden müssen. Lediglich katholischen Herrscherhäusern wird der Gang nach Rom nicht erspart.

Die kirchliche Rechtsprechung beschäftigt sich weitaus mehr mit heikleren innerkirchlichen Fällen. Die drei Gerichtsinstanzen an der Cancelleria, die Rota, die Signatur und der Großpönitentiar als letzte Bußinstanz, lassen sich mit Verwaltungsgerichten vergleichen, die beispielsweise zwischen zwei streitenden Kurienministerien schlichten müssen. Da geht es vor allem um Kompetenzprobleme, aber auch beispielsweise um Klagen gegen Kirchenausschluß. Wer beispielsweise wegen Leugnens von Dogmen exkommuniziert wird, kann gegen das Urteil bei der Rota Berufung einlegen. Das klingt zwar wie ein ordentlicher Rechtsweg. Die Aussichten, auf diese Weise wieder in die Gemeinschaft der Kirchenmitglieder aufgenommen zu werden, sind aber denkbar gering. Deshalb sind diese Fälle auch extrem selten.

Ganz und gar ideologischen Grundsätzen folgt hingegen ein ganz anderer Prozeß, der um die Wahrheit. Der wird bezeichnenderweise nicht von kirchlichen Gerichten geführt, zumal Wahrheit gar nicht so einfach zu definieren ist, schon gar nicht von Juristen. Was ist wahr im ewigen Sinn und als solches von der menschlichen Kreatur wahrnehmbar? Juristen haben da nichts zu suchen. Es geht um Gotteserkenntnis. Dazu gibt es in Rom eine klare Instanz: die Kongregation für die Glaubenslehre, so etwas

wie die Grundsatzabteilung mit höchstrichterlicher Befugnis. Er-
mittlerin, Anklägerin, Legislative, Verfassungsgericht und Urteils-
vollstreckerin in einem.

Daraus leitet sich auch ab, daß ihr Chef, der sich Präfekt nennt,
zu den mächtigsten Männern in der katholischen Kirche zählt.
Ohne ihn läuft nicht viel, gegen ihn schon gar nichts. Das weiß
sogar der Papst, der stets dafür sorgt, daß an diesem Platz ein
Mann sitzt, dem er ideologisch oder kirchlich ausgedrückt dogmatisch absolut vertrauen kann: also eher etwas konservativer als
vorausschauend fortschrittlich. Das haben die Hüter der Wahrheit, die Glaubenswächter so an sich. Das ist ihre zweite Natur. So
ist auch der Mann gebaut, der schon in der vierten fünfjährigen
Amtszeit über die Reinheit des katholischen Glaubens wacht:
Kardinal Joseph Ratzinger, Jahrgang 1927, gebürtiger Oberbayer,
vormals vier Jahre lang Erzbischof von Münschen und Freising,
davor relativ aufgeschlossener Hochschullehrer.

Die Kurienministerien oder Dikasterien heißen nicht umsonst
Räte oder Kongregationen. Dahinter verbirgt sich, daß sie zwar
alle einen Präfekten oder Präsidenten als Chef, sozusagen Minister, haben, und einen Sekretär, also Geschäftsführer. Das Füh-
rungsorgan ist aber nicht auf einen Mann zugeschnitten. Kongregation und Rat meinen Gremien von mehreren Mitgliedern. In
der Kurie sind das gewöhnlich ein Dutzend Kardinäle und
Bischöfe, viele sogar residierende Bischöfe in der ganzen Welt, die
regelmäßig zu Sitzungen des Leitungsgremiums in Rom zusam-
mentreten und kollektiv entscheiden. Der Präfekt als Chef des
Apparates bestimmt natürlich die Richtlinien. Zudem sitzt er
gleichzeitig in anderen Kongregationen und Räten und weiß so
auf dem kürzesten Dienstweg, was dort anhängig ist. Die Kurie ist
also nicht eine Regierung mit über zwanzig Ministerien, die unter
der Regie des Staatssekretärs (Ministerpräsident) dem absoluten
Monarchen (Papst) zu Diensten ist. Sie ist intern verfilzt und ver-
woben wie kein anderer Regierungsapparat dieser Welt. Eifer-
süchteleien nicht ausgeschlossen. Unterschiedliche Einflüsse der
einzelnen Präfekten und Präsidenten hängen wiederum davon ab,
wieweit bekannt ist, ob einer nicht nur das Wohlwollen des Papstes genießt, sondern auch häufig sein Ohr hat. Bei Ratzinger ist

dies der Fall. Mindestens einmal die Woche, am Freitag, hat er Termin beim Chef.

»Ohne Ratzingers Rat entscheidet der Papst nichts«, wissen die Kurienmitarbeiter. Das wissen noch mehr die Bischöfe und Theologen in der ganzen katholischen Welt, die in Lehrstreitereien um Ratzinger nicht herumkommen, bei geringem Fortschrittsverdacht auch gleich bei ihm scheitern.

Lehrauseinandersetzungen gibt es heute kaum noch zwischen Bischöfen und dem Vatikan. Der Episkopat, die Gesamtheit der Bischöfe, ist in zwei Jahrzehnten Wojtylaschen Pontifikats gleichgeschaltet worden, was im übrigen ja auch das Recht des Papstes ist: die eigenen Leute überall durchzusetzen, wo eine Vakanz sich auftut. Ob das immer der Kirche dient, ist eine ganz andere Frage. Unter Paul VI. war jedenfalls die Vielfalt und Toleranz innerhalb der katholischen Kirche größer.

Streit um die richtige Auslegung der Lehre gibt es vor allem mit jenen, die beruflich nichts anderes zu tun haben: den Theologen. Da lagen jahrelang die deutschen Professoren wiederum mit an der Spitze. Sie können es sich auch am ehesten leisten, Rom zu widersprechen, ohne die eigene Existenz zu gefährden.

Die Gründe gehen weit in die Geschichte zurück, eigentlich bis zur Reformation des Martin Luther. In ihrer Folge bekannten sich viele deutsche Fürsten zum neuen Bekenntnis und zwangen nach gültigem Recht auch ihre Untertanen, dem Landesvater in die neue Kirche zu folgen. Alles wurde protestantisch, wenn der Fürst es wollte. Auch die katholischen Universitäten. Das dauerte einige Jahrhunderte an, bis nach der Neugliederung des deutschen Reiches nach dem Wiener Kongreß von 1815 konfessionell gemischte Länder entstanden mit Ansprüchen beider Großkirchen. Durfte etwa auch bei den Katholiken der Staat wie bei den evangelischen Landeskirchen bestimmen, wer Religionsunterricht gab? 1848 bestimmten die deutschen Bischöfe, daß die katholische Lehre in Schule und Universität nur lehren darf, wer dazu die kirchenamtliche Erlaubnis bekommen hatte, die »missio canonica«. Die Regelung wurde in Konkordaten zwischen Staat und Heiligem Stuhl festgeschrieben und gilt bis heute.

Katholische Theologieprofessoren sind staatliche Beamte an

ihrer jeweiligen Universität. Der Staat zahlt ihre recht ansehnlichen Gehälter und sichert damit eine in keinem anderen Land der Welt so unabhängige Position der kirchlichen Lehre. Was Kirche und Staat aber nicht absichern können, ist die ewige Treue zu der einmal für richtig erkannten Lehrmeinung. Wer will es einem Professor verdenken, wenn er neue Erkenntnisse nicht für sich behält, sondern an seine Studenten weitergibt? Das galt besonders in der Zeit nach dem Zweiten Vatikanischen Konzil, das überall in der katholischen Kirche neue Hoffnungen weckte und manchen Theologen glauben ließ, er dürfe jetzt frei seine Lehrmeinung äußern. Das Konzil als Startschuß für die katholischen 68er Aufmüpfigen.

Doch eine solche Verunsicherung der Gläubigen durch die theologischen Rebellen wollte der Vatikan auf keinen Fall hinnehmen. Was in Kreisen von Experten mit mindestens zwölf Semestern Theologie pro Kopf noch debattiert werden darf, ist nach römisch autoritärer Fürsorge nicht für den kleinen Mann geeignet. Also darf der normale Katholik mit seinen sowieso verschwindenden Katechismuskenntnissen davon am besten gar nichts erfahren.

Der berühmteste, der diese römische Kontrolle zu spüren bekam, heißt Hans Küng, ist Schweizer und lehrte bis 1996 an der Universität Tübingen. 1970 wurde der unabhängige Kopf weltbekannt durch sein Buch »Unfehlbar? Eine Anfrage«. Die kollegiale Stimmung des Konzils hatte in ihm den Eindruck erweckt, daß die Zeit reif sei, die dogmatische Unfehlbarkeit des Papstes öffentlich in Frage zu stellen.

Nun war Küng nicht erst durch diese disziplinlosen Zweifel am obersten Hirten den römischen Glaubenswächtern aufgefallen. Zuerst ein Buch über die Kirche und danach mehrere Bände, die im Gegensatz zum pastoralen Tremolo amtlicher Predigten den Suchenden wirklich halfen, Christ zu sein und an Gott zu glauben (so in kleiner Abwandlung seine berühmtesten Titel). Sie überzeugten Rom, daß der Mann den Boden der kirchlichen Rechtgläubigkeit verlassen habe. Ihm mußte der Prozeß gemacht werden.

In dem Prozeß wurde im Gegensatz zu weltlichen Verfahren

dem Angeklagten keine Akteneinsicht gewährt. Er erfuhr nur die Anklage und wurde aufgefordert zu widerrufen. Die Verfahren endeten bei reulosen Beschuldigten zwar nicht wie in den frühen Zeiten der Inquisition mit der Verbrennung des Opfers und seiner Werke. Küng verlor 1979 nur die kirchliche Lehrbefugnis und durfte fortan nicht mehr amtlich katholische Studenten ausbilden, wenn diese später als Pfarrer oder mit kirchlichem Segen als Lehrer tätig werden wollten.

Doch dank Konkordat war Küng ja nun leider Beamter und konnte nicht einfach in die Wüste geschickt werden wie in anderen, vor allem katholischen Ländern. Die Universität schuf deshalb für Küng einen von der offiziellen katholischen Fakultät unabhängigen Lehrstuhl, den für ökumenische Theologie, und Küng baute darauf sein eigenes ökumenisches Institut und widmete sich fortan der kirchenübergreifenden Forschung. Sie führte ihn zu seiner weit größeren Lebensaufgabe, der Entwicklung eines Weltethos, das ein allen Menschen und Religionen gemeinsames ethisches Handeln herausdestillierte und in politische Orientierung umzusetzen versucht.

Das Kriegsbeil zwischen ihm und Rom könnte auch längst begraben werden, wenn es nicht persönliche Abneigungen zwischen den beiden ehemaligen Professorenkollegen Küng und Ratzinger gäbe. Einflußreiche Kurienmitglieder, die nicht unbedingt zu Ratzingers Freunden zählen, haben entdeckt, daß es neue Fronten in dem weltweiten Kampf um die Seelen im nächsten Jahrtausend gibt und daß Frieden zwischen den großen Religionen immer mehr im Interesse des Friedens überhaupt ein absolutes Muß geworden ist. Da Küng noch immer katholischer Priester ist und er auf diesem neuen Gebiet des interreligiösen Dialogs durch vielfältige Kontakte mit Vertretern der anderen Religionen reichliche Erfahrungen in der vordersten Linie gesammelt hat, wären seine Dienste der Kirchenführung durchaus willkommen. Solange aber Ratzinger amtiert, sieht selbst das Staatssekretariat in Rom schwarz.

Statt die großen Zukunftsaufgaben anzugehen, streitet sich die Glaubenskongregation lieber mit den täglichen Beharrlichkeiten herum und verfolgt die Meinungsäußerungen vor allem jener

Theologen, die sich besonders viel Gehör in den Massenmedien zu verschaffen wissen. Sie machen sich zu den Wortführern der Nöte vieler Katholiken, wenn es um Sexualethik, Geburtenkontrolle, Abtreibung, Scheidung oder Zölibat und seine Folgen für priesterlose Gemeinden geht. Dabei muß selbst Ratzinger einräumen, daß eine Reihe von Fragen keineswegs wesentlich zum Glauben gehören, sondern aus der Kirchengeschichte erklärt werden. Und damit als zeitbedingt auch wieder anders gelöst werden könnten.

Nicht immer entdeckt in diesen Fällen die Glaubenskongregation gleich die Abweichler. Insider wissen, daß Ratzinger nicht froh ist über seine Rolle als »Wadenbeißer« des Papstes. In vielen Fällen würde er gerne einen ruhigeren Verlauf der Diskussionen abwarten, da ist er noch ein Gefolgsmann von Papst Paul VI., dessen großes Verdienst gerade war, daß er die stürmischen Reformdebatten nach dem Konzil aushielt und nicht gleich abwürgte, wie es Wojtyla dann getan hat.

Zu seinem Leidwesen wird Ratzinger aber von einem Heer von katholischen Denunzianten eingedeckt. »Gerade die konservativsten Kirchenkreise schreiben am eifrigsten nach Rom, um angebliche Häretiker oder Kritiker anzuschwärzen«, bestätigte ein italienischer Prälat, der das deutsche Denunziantentum in der Glaubenskongregation aus der Nähe kennt und zutiefst verabscheut.

Ist die Frage aber schon mal auf dem Schreibtisch des Präfekten der Glaubenskongregation gelandet, muß sie auch weiter verfolgt werden. Dafür sorgen schon die besorgten Nachfragen und Drohbriefe aus der deutschen Provinz, von denen sich Ratzinger in seinem pingeligen Pflichtbewußtsein nicht freizuhalten vermag. Statt sich gegen sie zu verwahren, geht er ihnen beamtenmäßig nach. Die amerikanische und französische Denunziantenszene soll den deutschen Anschwärzern allerdings kaum nachstehen, schildert zumindest der Jesuit Reese in seinem Vatikan-Insiderbuch. In Amerika tobt ein Glaubenskrieg mit Sekten und einer lautstarken reaktionären Katholikenschicht, die sich bis zu Morddrohungen gegen Abtreibungsärzte höchst unchristlich als Verächter des menschlichen Lebens gebärden, wenn es dann mal auf der Welt

ist. In Frankreich haben die Traditionalisten des inzwischen verstorbenen »rebellischen« Erzbischofs Marcel Lefebvre durch die
politische Rechte in der Nationalen Front des Jean-Marie Le Pen
Auftrieb erhalten.

Über 500 katholische Theologen aus den deutschsprachigen
Ländern lösten 1983 eine Flut von Verfahren mit ihrer sogenannten »Kölner Erklärung« gegen die kirchliche Repression aus. Die
Kongregation kam kaum mehr nach, allen Vorwürfen nachzuge-
hen. Sie pickte sich die prominentesten heraus. Die anderen wurden stiller bestraft. Mit der Sympathie für die »Kölner« beendete
die Kurie den beruflichen Aufstieg. Das bekannteste Opfer ist der
Mainzer Bischof Karl Lehmann, selbst Hochschulprofessor und
einer der aufgeschlossensten deutschen Oberhirten. Er wurde
zwar Vorsitzender der deutschen Bischofskonferenz. Den Kardi-
nalshut aber bekommt er nicht, zumindest so lange nicht, wie
Ratzinger in Rom etwas zu sagen hat. Daran ändern auch die
wohlwollenden Zeilen der Frankfurter Allgemeinen Zeitung
nichts, die nach dem Konsistorium vom Februar 1998 versicherte, Rom schätze Lehmann sehr wohl. Dennoch wurde er auch
diesmal bei der Purpurvergabe übergangen. Hinter dem FAZ-Bei-
trag stand deren kluger römischer Kopf, Heinz-Joachim Fischer,
ein treuer Anhänger Ratzingers und, so vermutet man in der Kurie, auch dessen Sprachrohr für Deutschland.

Der Prozeß gegen einen Theologen beginnt in Rom wie in allen
Bürokratien mit einer Akte. Briefe, Klageschriften, Bücher, Zeit-
schriftenartikel und Vorträge werden fein säuberlich gesammelt
und nach lehramtlichen Sündenfällen durchforstet. Laut Ratzinger kommen viele Briefe »von typischen Katholiken, die sich Sorgen um ihren Glauben machen« und dann nichts Besseres wissen,
als zu denunzieren.

Hat das Dossier schließlich einen klagereifen Umfang angenommen, berät eine Expertengruppe der Glaubenskongregation über
die Anklageerhebung. Kommt die Herrenrunde zu dem Ergebnis,
daß Gefahr im Verzug sei und schnell gehandelt werden müsse,
weil der Beschuldigte zuviel Einfluß in der Öffentlichkeit habe,
kann die Runde eine Art vorläufige Verurteilung aussprechen. Sie
wird dem Bischof übermittelt, in dessen Bistum der Sünder arbei-

tet, damit er den bis dahin ahnungslosen Übeltäter nicht etwa anhört. Nein, er muß ihn auf vatikanischen Wunsch gleich auffordern, seine dem Lehramt widersprechende Meinung zu verwerfen. Ist nicht soviel Gefahr im Verzug, geht das Dossier einen bürokratischeren Gang, aber immer noch ohne den Beschuldigten einzuweihen. Zwei Fachleute werden beauftragt, die Sünden weiter zu studieren. Anstelle des Täters wird ein Nichtmitglied der Kongregation beauftragt, die Position des Beschuldigten zu durchdenken und Argumente für seine Haltung beizubringen. Er muß dabei nicht einmal mit dem Angeklagten sprechen. Er darf es aber immerhin. Üblich ist, daß der Beschuldigte aber auch bei diesem Stand möglichst nichts erfährt, außer er hat beste Verbindungen zur Kurie und bekommt Wind von dem Verfahren.

Schließlich stellt ein Berater der Kongregation einen Bericht mit allem Für und Wider zusammen und informiert den Sekretär des Ministeriums, der dafür sorgt, daß alle Mitglieder des Untersuchungsausschusses unterrichtet werden. Der Ausschuß wiederum fällt nach Anhörung des Berichterstatters in Vertretung des Täters ein Urteil. Dieses Urteil wird dann dem Berichterstatter, der paradoxerweise als Anwalt des Täters gilt, den dieser aber nicht einmal zu kennen braucht, übermittelt. Denselben Text erhalten die Mitglieder der Kongregation. Sie fällt unter dem Vorsitz des Präfekten das abschließende Urteil. Das wird bei einem der regulären wöchentlichen Treffen des Präfekten mit dem Papst dem Kirchenoberhaupt zum Absegnen übergeben.

Ist auch der Papst überzeugt, daß es sich um Irrlehren handelt, dann darf die Glaubenskongregation höchstrichterlich dem Sünder schreiben, um ihm die Verurteilung mitzuteilen und ihn zur Rücknahme der Irrlehre aufzufordern. In 15 Jahren ist das nach Ratzingers eigenen Angaben siebenmal geschehen: Die Opfer sind der französische Dominikanerpater Jacques Pohier im Jahr 1978, Hans Küng 1979, der holländische Dominikaner Edward Schillebeeckx 1979, der brasilianische Franziskaner Leonardo Boff 1985, der Amerikaner Charles Curran 1986, der indische Jesuit Luis Maria Bermejo 1988 und der srilankische Pater der Oblaten der Unbefleckten Empfängnis, der über 70jährige Tissa Balasuriya, 1997.

Curran versicherte: »Ich wurde nie darüber informiert, wer mich angezeigt hat. Ich habe nie die Möglichkeit gehabt, meine Meinung zu vertreten. Die Kongregation war Ankläger und Verteidiger in einem.« Küng und die anderen haben dieselben Erfahrungen hinter sich. Der jüngste Fall hat aber anscheinend Ratzinger bewogen, teilweise das Verfahren zu reformieren. Er beauftragte eine fünfköpfige Kommission, die schlimmsten Spuren der Inquisition zu beseitigen. Es kam im Sommer 1997 eine interne Dienstanweisung heraus, die als wichtigste Neuerung vorsieht, daß der Beschuldigte schon bei der ersten Anzeige oder bei Eröffnung eines Verfahrens über alle Vorwürfe konkret unterrichtet wird. Er soll künftig auch die Möglichkeit erhalten, darauf direkt zu antworten und sich zu verteidigen.

Unter Zeitdruck kam die Kongregation durch Balasuriya. Der wurde am 2. Januar 1997 aus der Gemeinschaft der Kirche ausgeschlossen, also exkommuniziert. Die Ratzinger-Behörde hatte ihn dazu verurteilt. Der Papst stimmte zu. Kardinalstaatssekretär Angelo Sodano teilte es ihm schriftlich mit. Doch Balasuriya reagierte anders als erwartet. Er widersprach der Exkommunizierung und legte bei der Rota Beschwerde ein. Die wies natürlich alles umgehend zurück. Es gibt nun mal in der katholischen Kirche keine Instanz, die dem Papst amtlich die Stirn bieten würde. Der nach heutigen Bestimmungen mit der höchsten Kirchenstrafe belegte Theologe gab immer noch nicht auf. Er, der in Asien höchstes Ansehen genießt, wo die Kirche so gut wie nichts zu sagen hat, veröffentlichte die Prozeßakten als Buch.

Seither kann jeder nachlesen, wie die Kirche mit ihren modernen Häretikern umgeht, selbst wenn die Häresie, also der Irrglaube, nicht einmal korrekt nachgewiesen ist. Das ist nämlich die schlimmste Erkenntnis aus der Akte Balasuriya. Sie bestätigt alle Kritik, wonach die römischen Glaubenswächter nur nach rückwärts schauen und weder die theologische Forschung der Gegenwart berücksichtigen noch sich darüber Gedanken machen, ob eventuell die abendländische Darstellung des Glaubens in Asien überhaupt verstanden wird, wo die Zeit der religiösen Kolonialisierung längst vorbei ist.

Der Pariser Verlag »Golias« veröffentlichte die französische

Version der dokumentarischen Abrechnung im Juni. Im August wurde die Prozeß-Reform bekannt. Nach dieser Darstellung lag Balasuriyas Exkommunizierung seit dem 15. Mai 1996 »in der Luft«. Damals hatte ihm die Glaubenskongregation ein »Glaubensbekenntnis« zugestellt, das er als Unterwerfung und Rücknahme seiner Thesen hätte unterschreiben sollen. Der Pater lehnte dies ab, obwohl ihm gleichzeitig angedroht wurde, seine Bezeichnung als katholischer Theologe zu verlieren und automatisch exkommuniziert zu werden.

Dieses Ultimatum verletzte nach seiner Überzeugung das Kirchenrecht und »meine Rechte als Katholik und menschliches Wesen, nachdem seit vier Jahren jeder Dialog verweigert wurde«. Zigfach habe er an alle kirchliche Autoritäten geschrieben und sich bereit erklärt, öffentlich vor einem angemessenen kirchlichen Gericht seine Meinung zu korrigieren, wenn man ihm Irrtümer nachweisen konnte.

Es ging nur um ein Buch, »Maria und die menschliche Befreiung« (Mary and Human Liberation). Es wurde 1990 mit einer Auflage von gerade mal 600 Exemplaren veröffentlicht. Drei Jahre lang beanstandete niemand etwas. Erst Anfang 1993 wurde der Ordensmann vor die Bischöfe von Sri Lanka zitiert. Sie lasen ihm vor, daß sein Buch verboten werden solle. Zu diesem Ergebnis sei eine Untersuchungskommission gekommen, von der er weder etwas wußte, noch je unter anderem Vorwand von einem Mitglied befragt worden wäre. Gleichzeitig drohten ihm die Bischöfe Disziplinarmaßnahmen an, damit er künftig keine »unreifen und verantwortungslosen theologischen Gedanken mehr vertreten kann«.

Diese kindischen Gedanken oder Irrlehren bestanden aus einer »zweifelhaften« Interpretation der Erbsünde, einer kritischen Befragung des göttlichen Charakters von Jesus Christus als Erlöser und der Mariendogmen. Bibelkritische Fragen zu diesen beiden Themen gehören zur Herausforderung moderner Theologie. Vermutlich gravierender war jedoch die Kritik an der Unfehlbarkeit des Papstes und Balasuriyas Unterstützung der Weihe von Frauen zu Priestern.

Im Juli 1994 erhielten er und die Bischöfe Sri Lankas ein Schrei-

ben der Glaubenskongregation, in dem »einige Anmerkungen«
zu Irrtümern gemacht wurden und den Nachfolgern der Apostel
im Bischofsamt klargemacht wurde, daß in diesen Fragen sie
nichts, Rom aber alles zu entscheiden habe. Der Pater antwortete
guten Glaubens mit einem 55seitigen Dokument, in dem er alle
angezweifelten Thesen analysierte und nach eigener Überzeugung
ausreichend belegte. Im Oktober kam nur eine lapidare Antwort
aus Rom: »unbefriedigend«.

Beigefügt hatte die Glaubenskongregation ein Glaubensbekenntnis, das extra für ihn entworfen wurde, anonym. Der Verfasser zeichnete nicht. Tissa Balasuriya konterte unerwartet und
überzeugt, die Ratzinger-Behörde so ausmanövrieren zu können.
Er schickte nicht dieses willkürliche Glaubensbekenntnis nach
Rom zurück, sondern eines, das Papst Paul VI. im Geist des Zweiten Vatikanischen Konzils verfaßt hatte. Es deckte nach der Überzeugung des Paters sich mit seinen Thesen. Er sah deshalb keinen
Grund, ein hausgemachtes Bekenntnis zu unterschreiben, wenn er
sich auf den Konzilspapst berufen würde.

Das reichte Ratzinger aber nicht, was nicht nur dem asiatischen
Ordensmann bös aufstieß. Einige Bischöfe Sri Lankas wollten lieber im Lande selbst ein Verfahren eröffnen, weil sie sich mit ihrem
prominenten Mitbruder aus eigenem Interesse lieber selbst einigen wollten. Er galt als einer der wichtigsten Gesprächspartner im
Dialog mit den anderen Religionen, die in Asien viel stärker als
die katholische Kirche sind. Und er schien mit seiner Theologie
Brücken zu diesen gebaut zu haben, die nun unter römischer
Ignoranz wieder abgerissen wurden. Doch Ratzinger untersagte
auch diesen bischöflichen Vermittlungsversuch. Am 7. Dezember
1996 informierte der päpstliche Nuntius in Colombo, Osvaldo
Padilla, den Pater, daß die Exkommunizierung unterwegs sei,
nachdem er das Ratzinger-Bekenntnis nicht akzeptiert habe. Tatsächlich ließ Ratzinger am 8. Dezember den Ausschluß verkünden, erlitt aber etwas mehr als ein Jahr später eine empfindliche
Schlappe. Die Exkommunizierung wurde Anfang 1998 wieder
zurückgenommen. Balasuriyas Kirchenausschluß war beendet.
Rom ging schnell zur Tagesordnung über. Man wollte die am
18. Mai eröffnete Asiensynode im Vatikan nicht belasten.

Ein klärender Dialog hat mit dem Glaubenswächter nie stattgefunden. Tissa Balasuriyas Leidensgenosse Leonardo Boff stellte fest, daß auch er »ohne Recht auf Gegendarstellung verurteilt wurde. Dieses Vorgehen steht im Einklang mit dem Machtverständnis des Vatikans. Das ist ein autoritäres und totalitäres System.«

Was Boff und alle die anderen von römischer Ungnade betroffenen Theologen skeptisch gegenüber Ratzingers Reformen stimmt, ist die Erfahrung, daß mehr Transparenz zwar wünschenswert ist, aber nicht ausreicht. Selbst wenn man sie angehört hätte, würden alle Prozesse an einem Webfehler kranken, den kein weltliches Gericht sich erlauben dürfte. Das Gericht wählt nur Sachverständige aus, von denen es sicher ist, daß sie auf seiner Linie liegen. So hütet Rom die eigenen Glaubensvorstellungen selbstgefällig gegen jede Infragestellung, selbst gegenüber den dazu berufenen internationalen Fachleuten, den Theologen.

Hans Küng sieht damit nur eines bestätigt: »Die Inquisition feiert fröhliche Urständ«, obwohl die Glaubenskongregation alles tut, um ja nicht mit der mittelalterlichen Scheiterhaufenjustiz verglichen zu werden. Jeder Journalist, der nur schreibt, die Kongregation sei aus der Inquisition hervorgegangen, muß sich als vorurteilsvoller, unseriöser Stimmungsmacher behandeln lassen. Angesichts der Tatsachen haben die meisten gelernt, damit zu leben.

Einer der weltweit angesehensten Moraltheologen, der hochbetagte Bernhard Häring, urteilte über das römische Rechtsverständnis am schärfsten: »Meine Ehre wurde mehr beleidigt, als die Glaubenskongregation meine Arbeiten untersuchte, als bei Prozessen, in denen ich von den Nazis viermal vor Gericht gestellt wurde.« Ihn tröstet es wenig, eher im Gegenteil, wenn Ratzinger versichert, er prüfe jeden Tag sein Gewissen. »Doch nur Gott, unser Herr, kann letzten Endes urteilen.«

# Die Heiligen

## *Noch ist der Himmel italienisch*

Moderne Heilige braucht die Kirche. Also sprach Papst Johannes Paul II. und wies seine zuständige Abteilung, die Kongregation für die Heiligsprechungen, an, dafür zu sorgen, daß künftig mehr Zeitgenossen zu der Ehre der Altäre erhoben würden. Das heißt, daß die katholische Kirche sich von mittelalterlichen Vorstellungen des heiligen Lebens einer heiligen Persönlichkeit verabschieden soll, damit die Menschen sich an Persönlichkeiten, die nicht schon vierhundert Jahre tot sind, messen können.

Der Heilige als Vorbild und damit personifizierte Lebenshilfe für den orientierungslosen Menschen der Moderne, ein wunderschönes Vorhaben mit großen Hindernissen, an erster Stelle der Auftraggeber selbst. Er konnte der Versuchung nicht widerstehen, seine Abteilung für die Beispielhaften nach eigenem Gutdünken zur Promotion persönlicher Interessen zu gebrauchen. Dabei hätte er doch am besten dem Rat des über 80jährigen französischen Armenpfarrers und Obdachlosenseelsorgers Abbé Pierre folgen können. Der wäre gewiß ein Heiliger. Nur hat er zur Voraussetzung zur amtlichen Bescheinigung seines Heiligseins noch kein Wunder außer seinem Lebenswerk vollbracht. Das wird noch immer erwartet, bevor die Katholiken zu ihm im Gebet flehen dürfen, um Beistand oder Fürsprache zu erbitten.

Abbé Pierre hat nicht Wunder gewirkt. Er hat nur Menschen praktisch aus sozialer Not geholfen, indem er ihnen ein Dach über dem Kopf verschaffte. Er meint, daß es ausdrücklicher Heiligsprechungen überhaupt nicht bedarf. »Eine Mutter, die liebevoll ihre Familie versorgt, ist für mich eine große Heilige.«

Diese überzeugende Lebenserfahrung ist dem Papst zu wenig. Trotz der Suche nach Heiligen, die dem heutigen Menschen als Vorbild dienen könnten, verfällt er bei seinen wichtigsten Promotionen in den amtlich anerkannten höheren Stand der Gnade in alte Schablonen zurück. Wie wird man unter seinem Pontifikat noch Heiliger? Wie überhaupt?

Der Blick auf die Statistik verrät es, da sogar die Jenseitigkeit amtlich statistisch erfaßt wird, und nirgends steht die sonst für solche spekulative Vorhaben einschränkende Formel »ohne Gewähr«. Nach vatikanamtlicher Zählung sind die meisten Heiligen Italiener. Sie stehen sozusagen wegen ihres römischen Heimvorteils an erster Stelle. Amerikanische Katholiken klagten bereits in Rom, daß der Himmel überwiegend italienisch bevölkert ist, aber kaum ein Amerikaner darunter zu finden sei. Der Jesuitenpater Kurt Peter Gumpel weiß sie zu trösten. »Wenn die sich an die neue Form der Heiligen gewöhnt haben, wird es nicht mehr lange dauern, bis auch aus den USA eine nennenswerte Zahl von Heiligen kommen wird.«

Pater Gumpel muß es wissen. Erstens glaubt der aus Berlin stammende Jesuit an Wunder, und zweitens hat der an der Päpstlichen Eliteuniversität Gregoriana lehrende Professor gewichtige Gründe. Er ist ein Spitzenbeamter im Vatikan und sozusagen Sachbearbeiter für Heiligsprechungen. Amtlich heißt er Relator in der Kongregation für die Heiligsprechungen.

Er arbeitet in einem schmucklosen Palast an der Piazza Pio XII gegenüber dem Petersplatz. Dort ist etwas von der legendären Form der Heiligsprechungen leider verlorengegangen. Stritten sich vor Jahrzehnten noch der Befürworter der Heiligsprechung und der Gegner, der Advokat des Teufels, wie er populär genannt wurde, so tagen heute endlos lange Untersuchungskommissionen und prüfen und prüfen und prüfen. Gumpel beispielsweise sammelt und sichtet das gesamte Material, das über einen Kandidaten zu bekommen ist. Nach jahrelanger Arbeit muß er schließlich eine Empfehlung aussprechen, die nicht immer mit Freude und froher Erwartung gefällt wird. »Sehen Sie, da kommen Ärzte zu dem Ergebnis, daß eine unerklärbare Heilung zwar alle Kriterien für ein Wunder erfüllt. Sie ist plötzlich, vollständig und bleibend. Aber die Ärzte schränken ein: mit den heutigen Erkenntnissen nicht zu erklären.«

Ein Wunder, so betont Gumpel, muß aber auf jeden Fall sein. »Ohne Wunder wird niemand heilig.« Tot muß er schließlich auch noch sein. Sollte jemand auf die Idee kommen, seine Heiligsprechung zu Lebzeiten zielstrebig zu planen, dann muß er schon sehr von seiner Bedeutung in der Menschheitsgeschichte überzeugt sein, da er zumindest zuerst einmal sich damit abfinden muß, zeitlebens keinen solchen sakralen Ruhm erlangen zu können. Bei soviel Ehrgeiz dürfte es auch danach noch schwerfallen. Ausnahmen bestätigen die Regel. Darüber aber später.

Zurück zum Ermittlungsrichter oder Staatsanwalt, wie Gumpels Rolle am einfachsten zu übertragen ist. Er sucht nach den Wundern und stößt dabei auf irdische Grenzen. Es fehlt an Experten, die sich für diese Beweisführungen zur Verfügung stellen. »Manche Ärzte scheuen sich trotz der absoluten Geheimhaltung, für eine Heiligsprechung zu arbeiten. Sie haben Angst, von Kollegen für bigott gehalten zu werden.«

Manchmal muß der Jenseitsjurist bei Fachpersonal von anderen Konfessionen um Beistand bitten. Sogar jüdische Mediziner werden angefragt. Sie sind der römischen Kongregation besonders willkommen, weil sie religiösen Fragen gegenüber offen sind und weil ihr Urteil auch bei den kritischsten Katholiken in solch einer heiklen Frage über jeden Verdacht erhaben ist. Was soll einen jüdischen Arzt bewegen, über ein Wunder eines heiligmäßigen Katholiken falsches Zeugnis abzulegen? Nichts.

Nur um Gottes Lohn gibt kein Arzt ein Gutachten ab. Heiligsprechungen sind teuer, so teuer, daß man durchaus behaupten kann, am ehesten kämen halt doch noch Reiche in den Himmel. Sie selbst brauchen in ihrem Leben zwar nicht vermögend gewesen zu sein. Aber nach dem Tod käme es schon gelegen, wenn betuchte Gönner sich der Sache annehmen, und sei es ein Orden oder ein Bistum, das noch dringend nach einem diözesanen Lokalheiligen sucht. In vielen Ländern der Dritten Welt ist dies bis heute noch der Fall. Die Suche nach einem Geldgeber endet nicht so oft erfolgreich, wie die jungen Kirchen sich wünschen. »In armen Ländern gibt es noch immer sehr wenige Heilige, weil die dortigen Kirchen sich die Kosten nicht leisten können«, bilanziert Gumpel nüchtern.

Papst Johannes Paul II. hat dem zwar mit römischer Unterstützung etwas abgeholfen. Bei seinen bereits über 80 Auslandsreisen stehen regelmäßig Heiligsprechungen auf der Tagesordnung. Häufig sind es jedoch problemlose, eindeutige Fälle, die keine großen Recherchen erfordern. Der Papst spricht noch immer am liebsten Märtyrer heilig, möglichst in Gruppen. In den ersten zehn Amtsjahren kam er damit bereits auf 285 Selige (erste Stufe) und 252 Heilige. Sein Vorvorgänger Paul VI. war da zurückhaltender. Er brachte es nur auf 38 Selige und 72 Heilige.

Die seitherige Entwicklung beklagte der deutsche Glaubenswächter in Rom, Kardinal Joseph Ratzinger, einmal in einer Fastenpredigt in der italienischen Provinz. Er sprach von einem Heiligenboom, mußte aber später einen Rückzieher machen. Wie in solchen Fällen üblich, beschuldigte er die Berichterstatter. Er hatte nicht daran gedacht, daß es selbst in der entlegensten Provinz Journalisten gibt, die sich ein unbedacht geäußertes und enthüllendes Wort der Wahrheit nicht entgehen lassen. Ratzinger warf ihnen vor, sie hätten falsch interpretiert. Der Affront gegen die römische Kurie war aber nicht mehr aufzuhalten.

Die Inflation unter Johannes Paul II. kann man beklagen oder im Interesse einer höheren Gerechtigkeit begrüßen, weil schließlich jeder Kirchenbezirk ein Recht auf seinen Heiligen haben soll. Mit ihnen läßt sich ja auch die kirchliche Botschaft hervorragend, weil personalisiert vermitteln, Personality-Stories, das weiß jeder Journalist und jeder Zeitungsleser, kommen am besten an. Wenn die Kirche nur mehr solcher Geschichten liefern könnte! Sie würde damit vielleicht der allgemein beklagten negativen Berichterstattung abhelfen: Gutes, Beispielhaftes, Vorbilder sind gefragt. Doch ist es schon schwierig, heute noch unumstrittene Wunder nachzuweisen, dann wankt erst recht der Boden der päpstlichen Ermittler, wenn sie den Wunsch des Heiligen Vaters erfüllen sollen, zeitgemäße Heilige zu finden, die ein unumstritten beispielhaftes christliches Leben geführt haben.

Ausnahmsweise hat das Kirchenvolk da sogar ein Wörtchen mitzureden. Denn seine Praxis steht am Anfang des langen Weges zu den Altären. Die Heiligenbürokratie setzt erst ein, wenn im Volk eine allgemeine, verbreitete und anerkannte, nachprüfbare Devotion für einen Verstorbenen zu beobachten ist. Das darf keine momentane Erregung des trauernden Hinterbliebenenvolkes sein. Nein, diese Verehrung muß mindestens fünf Jahre nach dem Tod noch anhalten, eher sich noch verstärken. Früher als fünf Jahre nach der Beerdigung helfen auch noch so dringende Bittbriefe an die römische Kongregation nicht weiter. Die Sperrfrist ist verbindlich. Man will schließlich auch mit dem Faktor Zeit sichergehen, keinen Falschen promoviert zu haben.

Dann beginnt zunächst einmal der zuständige Bischof das eigentliche Verfahren. Er verkündet seinen Schäfchen, daß er beabsichtige, den allseits verehrten Soundso heiligsprechen zu lassen. Die allgemeine Bekanntmachung soll jedoch nicht nur infomieren. Sie dient sozusagen der Fahndung. Jeder ist aufgerufen, sich als Zeuge zu melden, wenn er etwas über den Kandidaten weiß, auch wenn es etwas Schlechtes sein sollte.

Das eingehende Material wird in den Ordinariaten, den Behörden der Bischöfe, von Fachleuten ausgewertet. Sie befragen bereits die Zeugen und legen ein Dossier an, das nach Rom geschickt wird, wenn die Absender überzeugt sind, alle Voraussetzungen für eine Heiligsprechung erfüllt zu haben. In Rom haben seit Eingang des Antrags die Mitarbeiter der Heiligsprechungskongregation ebenfalls zu ermitteln begonnen. Was sich da so leicht liest wie ein Bericht aus den täglichen Gerichtsakten, dauert mitunter Jahrzehnte. Viele Fälle laufen parallel, viele stagnieren, weil entweder vergeblich auf die entscheidenden Aussagen gewartet wird oder das Interesse an dem Betroffenen durch andere Ereignisse erlahmt ist.

Sind die Vorermittlungen abgeschlossen und erscheint dem ersten Anschein nach eine Selig- oder Heiligsprechung möglich, beginnt der eigentliche Prozeß. Er wird möglichst nahe am Tatort geführt. Ein Delegierter des Bischofs, in dessen Diözese der Kandidat gelebt hat, ein Prälat, der als Notar fungiert, und ein »juristischer Promoter«, so etwas wie ein Anwalt der Verteidigung, fragen im Schnitt 40 bis 50 Zeugen so gründlich aus, als ginge es in einem Strafprozeß um Leben und Tod. Nichts anderes als die Wahrheit zählt, vor allem die Wahrheit über gute Taten.

Die drei schicken am Ende ein Dossier nach Rom, von dem sie überzeugt sind, daß es ausreicht für die zunächst anstehende Seligsprechung. In der Kongregation stöhnen dann Pater Gumpel oder andere nicht selten über zu geringe und zu wenig abgerundete Zeugenaussagen. Nichts ist ihm widerwärtiger als unzulängliche Aktenlagen. Das kann sogar bei einem Umfang von tausend Seiten der Fall sein.

Ein Sachbearbeiter, der Relator, formuliert endlich sein Urteil und überreicht es seinem Abteilungsleiter, dem Relator Generalis, sozusagen dem Generalbundesanwalt. Der berät innerhalb von zwei Wochen mit acht Konsultoren, die dann abstimmen. Bei Zweidrittelmehrheit ist alles klar. Dieses Geschworenengericht hat das wichtigste Urteil gefällt. Es wird dem Präfekten, seinem obersten Amtschef, dem Leiter der Kongregation, übergeben. Der bespricht in einer Vollversammlung seiner Kongregation aus zwei Dutzend Kardinälen und Bischöfen den Kasus und läßt darüber erneut abstimmen.

Ob dabei häufiger ein Nein herauskommt, bleibt Geheimnis der hohen Würdenträger. Es ist jedoch kaum anzunehmen. Dennoch ist damit der neue Selige oder Heilige noch nicht gekürt. Das letzte Wort hat auch hier der Papst. Der darf sich so lange mit dem Urteil und seiner Begründung beschäftigen, wie er es für richtig hält. Er kann die Akte auch im Schrank verschwinden lassen und nie mehr darauf zurückkommen. Er kann aber auch den Kardinälen in einer Vollversammlung (Konsistorium) feierlich seine Zustimmung verkünden und einen Tag festlegen lassen, an dem die Seligsprechung in einem Gottesdienst zelebriert und rechtsgültig wird.

Die Arbeit der Heiligengerichte endet damit noch nicht. Mitunter ruht sie im speziellen Fall aber Jahrzehnte. Die Ermittler warten ab, ob ihr Urteil sich als richtig erwiesen hat. Die Seligsprechung ist die erste Stufe zur Heiligsprechung. Man könnte auch sagen: eine Heiligsprechung auf Bewährung. Bestätigt der Geehrte, daß er zu Recht von den Gläubigen verehrt werden darf, durch ein weiteres Wunder, dann ist der Weg zur Heiligsprechung nach demselben Vorgehen frei. Das erforderliche Wunder muß auf jeden Fall nach der Seligsprechung geschehen sein. Nach

Gumpels Erfahrung scheitern an dieser Voraussetzung viele Heiligsprechungen.

Auf jeden Fall ist viel Zeit erforderlich, bis alle Voraussetzungen erfüllt sind. Das quält beispielsweise zur Zeit besonders viele Italiener. Immerhin pilgern jährlich drei Millionen Menschen von der ganzen Apenninhalbinsel in den äußersten Süden, den Gargano in Apulien, um in San Giovanni Rotondo zu einem Kapuzinerpater zu beten, der 1968 über 80jährig gestorben ist. Pater Pio soll die Wundmale Christi getragen und schon während seines Lebens wundersame Heilungen bewirkt haben. Nach dem Tod meldeten sich bislang über hundert Zeugen, die ihm eine unerklärliche Genesung zuschreiben.

Die Apulier träumen schon vom italienischen Lourdes des 21. Jahrhunderts, das den südfranzösischen Marienwallfahrtsort glatt in den Schatten stellen soll. Der Devotionalienhandel blüht bereits, obwohl Padre Pio noch nicht heiliggesprochen ist. Ende 1997 war aber immerhin die erste Stufe, die Seligsprechung, erreicht. Kritiker meinen sowieso, daß sein größtes Wunder gewesen sei, daß in dem armseligen Ort ein großes Krankenhaus gebaut wurde. In der Tat ist das im italienischen Süden manchmal schon ein echtes Miracolo, ein nur mit himmlischer Macht zustande gekommenes Ereignis.

Selbst Ex-Ministerpräsident Giulio Andreotti soll an Pios Grab schon gebetet haben. Über seine Motive spekulierten die Zeitungen: Will er um göttlichen Beistand in seinen Mafia-Prozessen bitten oder bat er den Verstorbenen nur nachträglich um Verzeihung? Padre Pio hat zeitlebens den römischen Politiker bekämpft, weil er ihm zu wenig konservativ und schon gar nicht monarchistisch war wie der fromme Mann aus Apulien. Karol Wojtyla schließlich besuchte den zum Heiligtum schon vor der Heiligsprechung hochstilisierten Wallfahrtsort schon als Erzbischof von Krakau. Hat es vielleicht seine Wahl zum Papst beeinflußt?

Das Verfahren soll eigentlich frei von fremden Einflüssen sein. Zwar gibt es den Teufelsadvokaten seit einer Reform 1983 nicht mehr. Der Relator muß aber nach beiden Seiten prüfen und ermitteln. Dafür muß er mehrere Sprachen beherrschen, um nicht an einem linguistischen Hindernis einen Heiligen vorzeitig scheitern zu lassen. Um auf Nummer Sicher zu gehen, wurde früher sein Gutachten gedruckt und schön gebunden präsentiert. Auch hier ist mehr sachliche Einfachheit in den Vatikan eingekehrt. Heute reichen Fotokopien.

Das alles schließt nicht aus, daß persönliche Vorlieben eine gewaltige Rolle bei diesen Prozessen spielen. Die Macht eines Ordens, die besonderen Interessen eines Papstes können die Kurienbürokraten schon zur Beschleunigung anspornen oder aber zur schleppenden Behandlung und spitzfindigeren Argumentation veranlassen. Wenn beispielsweise der von vielen Katholiken hochverehrte Papst Johannes XXIII. noch immer nicht seliggesprochen wurde, kann es durchaus daran liegen, daß sein Jahrhundertwerk, die Einberufung des Zweiten Vatikanischen Konzils, den heutigen Kurienherren alles andere als eine selige oder gar heilige Tat erscheint. Da hilft nicht einmal die italienische Herkunft, zumal Papst Roncallis Lobby nicht so straff organisiert ist wie etwa die eines Ordens. Der konservative Block, der den Konzilspapst zum Dank für sein Aggiornamento nicht auch noch heiligsprechen will, hat, folgt man vatikanischen Gerüchten, selbst beim polnischen Papst einen Rückhalt.

Abgesehen von der Nationalität zählt ein weiterer Umstand statistisch gesehen am meisten. Anerkannte Heilige werden am ehesten Leute mit einer militanten und penetranten Pressure-Group. Die Lobby der Heiligen heißt Orden. Das sind nicht die Auszeichnungen, die man sich bei feierlichen Anlässen ans Revers steckt. Es sind die Orden als kirchliche Gemeinschaften. Der Dominikaner-Orden, der Franziskaner-Orden, die Jesuiten, die Kapuziner, die Salesianer. Eine Million Katholiken, das ist ein Promille, gehört einem Orden oder, wie es seit 1983 amtlich heißt, einem Institut des gottgeweihten Lebens an. 75 Prozent sind Frauen.

Die Gründer dieser Orden und deren prominente Nachfahren haben die besten Aussichten zur Heiligkeit. Der Papst selbst läßt sich als Heiligkeit anreden, auch wenn er amtlich nicht heiliggesprochen wurde und in der Geschichte einige das krasse Gegenteil waren. Der letzte heiliggesprochene Papst ist Pius X., gestorben 1914 und 1954 »zu der Ehre der Altäre erhoben«. Seither steht im Päpstlichen Jahrbuch ein S. (für Santo) vor seinem Namen. Ein B. für Beato (selig) findet sich zuletzt bei Innozenz XI., gestorben 1689. Zwischen ihm und Pius X. gab es amtlich weder selige noch heilige Päpste.

Die besten Voraussetzungen bringen also jene für eine Idee oder einen Auftrag besonders engagierten Männer und – wir sind in der katholischen Kirche – etwas weniger Frauen mit, die eine Ordensgemeinschaft gründen, für sie besondere Taten vollbringen oder in ihrem Dienst für ihre Ideale ums Leben kommen. Ein Martyrium führt am schnellsten zum Erfolg. Märtyrer brauchen nicht einmal Wunder zu bewirken.

Einer, der sich gerade auf dem Weg zur Heiligkeit befindet, ist ein Spanier (eine Nation, die fast mit den Italienern in der Heiligenfülle konkurrieren kann). Er hat vor 70 Jahren das Werk Gottes, besser bekannt unter der inzwischen zum internationalen Gotteskampfnamen gewordenen lateinischen Bezeichnung Opus Dei, gegründet. Kaum war er tot, wurde er schon seliggesprochen, die erste Stufe bei der offiziellen Heiligungsprozedur.

An seinem Werdegang läßt sich ablesen, wie der Christenmensch zum Heiligen wird. Er hatte eine starke Lobby. Er hat einen erfolgreichen Orden gegründet, der alles daransetzt, daß sein Gründervater auch bald zum Heiligen ernannt werde, damit die Mitglieder so schnell wie möglich nicht in eine x-beliebige Jesus- oder Petrus- oder Johanneskirche gehen müssen, sondern ihr Knie vor dem Altar beugen dürfen, der im Gotteshaus mit dem Namen ihres verehrten Gründers steht.

Eigentlich müßte es nebensächlich sein, wie die Kirche heißt, in der gebetet wird. Aber da irrt sich der Leser. Die katholische Kirche lehrt nicht nur aus der Heiligen Schrift. Sie ist eine Kirche der Tradition, wie schon den Grundschülern im Religionsunterricht klargemacht wird. Schrift und mündliche Überlieferung liefern das Korsett zur katholischen Konfession. Mal mehr das eine, mal mehr das andere gewichtet, was die Verständigung mit den anderen Christen mal schwerer, mal leichter macht. Der Umgang mit den Heiligen ist eines der Hindernisse, weil die größte Heilige, die Muttergottes, gerade bei Papst Johannes Paul II. manchmal schwer einzuordnen ist. Er erweckt regelmäßig den Eindruck, daß sie für die Katholiken wichtiger sei als der Religionsstifter und nach christlichem Glauben Sohn Gottes, Jesus Christus selbst. Im Mai 1997 bezeugte der Papst ganz besonders diese verrutschte Hierarchie. Italienische Zeitungen notierten erstaunt aus dem Vatikan, daß der Papst den katholischen Glauben umgeschrieben habe. Er hatte Maria bestätigt, als erste den auferstandenen Leib Christi leibhaftig gesehen zu haben. Papsttreue Opportunisten rund um St. Peter beeilten sich zu versichern, daß dies keineswegs eine schiefe Optik sei, sondern der Papst in der Überlieferung der Kirche stehe. Die Gläubigen seien doch schon immer davon ausgegangen, daß es so gewesen sei, wie der Papst jetzt sage.

Da haben wir sie wieder, diese mündliche Überlieferung oder Tradition der Katholiken. Notfalls ist mit ihr und dem Dunkel der Jahrhunderte alten Kirchengeschichte alles zu rechtfertigen, was sich Päpste und Theologen zurechtgelegt haben. Belege gibt es in der zweitausendjährigen Geschichte für und gegen alles. Da drängt es sich geradezu auf, daß jede bedeutende Gruppe in der Kirche die eigenen Argumente mit einem Hausheiligen untermauern kann. So natürlich auch die erfolgreichste derzeitige Miliz des Papstes, das Opus Dei des Josemaría Escrivá de Balaguer.

Seine Seligsprechung ging in die Geschichte ein. Nicht nur die unüberschaubare Masse von Menschen, die im Mai 1992 aus der ganzen Welt mit Sonderzügen, 2500 Bussen, Kreuzfahrtschiffen und Charterflügen nach Rom gekommen waren. Beobachter stellten den größten Ansturm auf den Petersplatz seit der ersten Pilgerwelle zum neuen Papst fest. Der konservativste Flügel der Kurie feierte den Tag als wahrhaft seliges Ereignis. Noch nie seit den längst vergangenen Zeiten des Thomas Becket, der schon 26 Monate nach seinem Tod zur Ehre der Altäre erhoben wurde – er wurde allerdings 1170 im Dom von Canterbury ermordet –, wurde ein Christenmensch nahezu postwendend nach dem Tod seliggesprochen wie dieser Spanier Josemaría Escrivá de Balaguer. Er war erst 1975 im Alter von 73 Jahren am Firmensitz seiner Organisation, in der Villa Tevere in der vornehmen Viale Bruno Bozzi in Rom, gestorben.

Einer seiner schärfsten Kritiker, der in der Schweiz lebende

Kanadier Robert Hutchison, hatte dafür nur eine einzige Erklärung: »Er war nicht einmal Bischof, doch er besaß mehr Macht als die meisten Kardinäle.« Vor allem aber: er und sein Opus Dei nutzten die Macht rücksichtslos. Und sie setzten Geld ein, viel Geld, das dem Vatikan mehr als einmal aus der Klemme geholfen hat.

Das Opus Dei hatte generalstabsmäßig die Seligsprechung vorbereitet. Seine Mitglieder rührten nicht etwa die Werbetrommel. Sie versorgten alle beteiligten Stellen in den Diözesen, wo Escrivá gewirkt hatte, und natürlich die Kurie mit Material. Im Vatikan hatte das Werk bereits ein dichtes Netz von Freunden der Freunde der Freunde. In Rom war Escrivá gestorben, und es traf sich deshalb besonders günstig, daß mit Kardinal Ugo Poletti ein Opus-Dei-Anhänger als Bischof und Stellvertreter des Papstes in der Ewigen Stadt amtierte. Beim Opus Dei schien man geradezu adventskalendermäßig die Tage abgezählt zu haben, bis die fünfjährige Sperrfrist abgelaufen war. Vorsichtshalber, um ja nichts zu verpassen, beantragte Don Alvaro del Portillo, der neue Leiter des Werkes, schon fünf Monate vorher die Seligsprechung, damit sie pünktlich zum Gedenktag eingeleitet werden konnte, natürlich bei Freund Poletti. Portillo konnte neben den diversen, recht umstrittenen Schriftwerken des Gründers, der allgemein als Vater angesprochen wurde, 6000 Bittgesuche von Prominenz aus der ganzen Welt vorlegen, darunter 69 Kardinäle. Das nennt man Manpower für einen Heiligen.

Es fehlte allerdings eine wichtige Voraussetzung: zwei Wunder sollte Escrivá bewirkt haben. Daran führte kein Weg vorbei. Für die Seligsprechung reichte immerhin schon eines. Die Opus-Männer mobilisierten dazu für ein Honorar, das vermutlich über den 750 Mark liegt, die gewöhnlich für ein erstes Wundergutachten bezahlt werden, spanische Ärzte. Sie sollten aus Berichten von angeblich über tausend Wundern durch Escrivás Vermittlung das passende wählen. Der Fall der Karmeliterin Concepción Boullón Rubio empfahl sich am ehesten. Sie soll unerklärlich und auf Dauer von schwerer Krankheit geheilt worden sein.

Das Opus jubelte und sein in der Heiligsprechungskongregation aktives Mitglied Flavio Capucci beantragte optimistisch die Seligsprechung. Da sickerte durch, daß mindestens zwei von neun

Relatoren, also den Richtern, die Einstellung des Verfahrens beantragt hatten. Capucci brachte Gott und die Welt, vor allem aber die konservativsten Kardinäle auf, um jeglichen Zweifel an der Heiligkeit des Opus-Gründers zu zerstreuen.

Das amerikanische Nachrichtenmagazin »Newsweek« ließ sich nicht beeindrucken und wies zum Ärger der Gotteswerker nach, daß ihr Gründer gewiß nicht von der Art Mann war, dem man seine Seele anvertrauen könne. Die Kongregation knickte dennoch ein und befürwortete aufgrund einer wundersamen Heilung Escrivás Seligsprechung. Später berichteten Bekannte der wundersam geheilten Kronzeugin, sie hätten gar nicht gewußt, daß die Ordensschwester je krank gewesen sei.

Sage da noch einer, die Kirche kenne keine Dankbarkeit. Eine bessere Spendenquittung als die Seligsprechung gibt es nun mal in der römisch-katholischen Kirche nur noch in Form der Heiligsprechung. Die scheint sich allerdings zu verzögern. Keine Seligsprechung hat in der jüngeren Kirchengeschichte der Glaubwürdigkeit dieser Art der Glaubensverbreitung mehr geschadet als die des Franco-Freundes und Gesinnungsdiktators Josemaría Escrivá de Balaguer.

# Die Helferinnen

## Der Teufel in Person – Wie die Kirche
## die Frauen verliert

Auf dem Tisch steht eine brennende Kerze. Eine zarte, asketisch wirkende Frau serviert schwarzen Kaffee und selbstgebackenen Apfelstrudel. Mit warmer Stimme beginnt sie zu erzählen, was sie denselben Besuchern vor drei Jahren noch nicht offenbaren wollte. Jetzt, Mitte der 90er Jahre, treibt sie Angst vor dem Vergessen.

Ludmila Javorová aus Brünn ist eine trotz des später von Rom proklamierten kirchlichen Verbots gültig geweihte katholische Priesterin. Sie war die Generalvikarin des 1988 gestorbenen Brünner Geheimbischofs Felix Davidek. Die Gäste, denen sie dies anvertraut, kommen vom Wiener Kirchenmagazin »Kirche intern«.

Sie will reden, damit ihr Opfer nicht umsonst sei. Denn sie und vermutlich ein Dutzend weiterer Frauen erleiden heute das schlimme Schicksal, von der Kirche, der sie unter Lebensgefahr in der kommunistischen Verfolgung in der Tschechoslowakei gedient haben, vergessen zu werden. Die 1996 gerade 65jährige arbeitet unerkannt als Lehrerin. Die katholischen Priesterinnen werden von ihrer Kirche übergangen, totgeschwiegen, als hätte es sie nie gegeben, weil es sie kirchlich nicht geben darf. Sie waren aber zusammen mit vermutlich 150 bis 200 verheirateten katholischen Priestern das Rückgrat der Seelsorge in der kommunistisch beherrschten Tschechoslowakei. Ohne sie hätte die Kirche im Untergrund nicht überleben können. Ihr Priesterleben begann in der Not der frühen 70er Jahre. Eine Synode der vom Staat verbotenen Kirche beschloß, Frauen weihen zu lassen.

Einer der Hauptgründe war nach Ludmila Javorovás Darstellung, daß in den Gefängnissen viele Frauen, auch Nonnen, ohne priesterlichen Beistand gestorben waren. Frauen-Priesterinnen mußten Beichte hören und Messen zelebrieren, um wenigstens ein Mindestmaß von Priesterdienst zu sichern. »Ich mußte immer damit rechnen, verhaftet zu werden.«

Ohne sie hätte es weder Seelsorge, noch Sakramentenspendung, noch religiöse Unterweisung, noch Trost im Glauben auf Dauer gegeben. In der Tschechoslowakei war schließlich die Kirchenverfolgung die schlimmste im ganzen Ostblock, zumal vielfach mit der katholischen Kirche auch historische Rechnungen beglichen wurden. Sie zu zerschlagen, sollte den letzten Rest von Bindung an die westliche, mitteleuropäische und vor allem deutsche Kultur zerstören. Der Vatikan wußte all dies. Er billigte es und ließ zu, was er unter geordneten Verhältnissen nie genehmigt hätte: verheiratete Priester und Frauen, die priesterliche Funktionen ausübten. Als auch in Prag und Preßburg die Wende eintraf, wurde Rom vermutlich von diesem Erbe noch mehr überrascht als die meisten Menschen, die das Ende des Kommunismus nicht so schnell herbeikommen gesehen hatten. Den Heiligen Stuhl traf es noch brutaler, und zwar dort, wo es nicht um einen Berg materieller Probleme ging, wie in der Wirtschaft der zugrunde gerichteten Staaten. Rom wurde eiskalt von der Infragestellung einiger Fundamente des kirchlichen Machtapparates erwischt. Die Männerkirche war gefährdet. Man mußte schnell handeln, bevor ein Flächenbrand ausbrach, wenn das Schicksal dieser Frauen allgemein bekannt würde. Zölibat und Verweigerung des Priesteramtes für Frauen wären nicht mehr zu halten gewesen.

Für die verheirateten Pfarrer fand Rom Lösungen, beispielsweise als Priester der mit der Papstkirche unierten Orthodoxen, die verheiratete Pfarrer kennen, wenn sie nicht ins Bischofsamt streben. Um die Frauen, die in der Zeit der Verfolgung gebraucht wurden, kümmert sich niemand mehr. Heute leidet Frau Javorová wie damals. Das Dilemma: All diese Frauen sind im Glauben erzkonservative Katholikinnen, die, wie es ein Wiener Kirchenkenner ausdrückte, »prophetisch eine Auseinandersetzung vom Zaun gebrochen haben, die die heutige Kirche überfordert«.

Ihr gesamtes Leben, von dem sie noch vieles verschweigt, hat Ludmila Javorová mit 65 Jahren in einem Brief Papst Johannes Paul II. erzählt. Ohne Antwort. Der Papst schrieb zwar in einem Apostolischen Brief an alle Frauen dieser Welt, wie sehr sie mit den Männern gleichgestellt seien und alles andere nicht mit der Bibel zu vereinbaren sei. Doch für seine »eigenen« Frauen im lebensgefährlichen Kirchendienst unter einem von Haß getriebenen kommunistischen Regime hat er nichts übrig. Sie passen nicht in sein Kirchenschema. Sie könnten, gäbe man ihnen nach, einige zeitliche Mauern der römischen Kirche einbrechen lassen. Soweit will Papst Johannes Paul II. die Menschenrechte lieber nur predigen als anwenden.

Frauen, so eine katholische Binsenweisheit aus der Vorkonzilszeit, haben in der Kirche »nur eine dienende Funktion«. Das bedeutete Jahrzehnte lang: Kinder, Kirche, Küche, in der Kirche wiederum wie daheim: sie putzen, schmücken und zieren. Zu sagen hatten sie nichts. Das höchste, was sie amtlich inzwischen erreicht haben, ist, daß sie als Mädchen am Altar dienen dürfen. Ministranten, die Meßdiener, dürfen weiblich sein. Der Vatikan sieht es nicht gern. Doch selbst der Papst hat bei Besuchen in seinen römischen Pfarrgemeinden, deren Bischof er ja in erster und ursprünglicher Definition ist, die Mädchen im Ministrantenrock gütig angelächelt und keines vom Altar weggeschickt.

Frauen, so befand ein einsichtiger Kurienmonsignore, »könnten eigentlich alles, was die Männer auch in der Kirche erledigen. Aber nun waren die zwölf Apostel halt nur Männer.« Das wiederum wird von vielen Theologen als einseitige Interpretation bewertet, weil nicht unabdingbar logisch geschlossen werden muß, daß Frauen keine Rolle in der Urkirche gespielt haben, nur weil sie nicht extra erwähnt wurden.

Wie heuchlerisch die ganze Argumentation ist, demonstriert Papst Johannes Paul II. regelmäßig, ohne daß es weiter auffällt. Einen der schlimmsten Rückschläge der jüngsten Zeit in der Modernisierung der katholischen Kirche löste die Instruktion über die Mitarbeit der Laien Ende 1997 aus (siehe Kapitel: »Die Laien«). Im vorletzten Absatz heißt es: »Die Jungfrau Maria, Mutter der Kirche, deren Fürbitte wir dieses Dokument anvertrauen, möge allen helfen, dessen Absichten zu verstehen und für die treue Anwendung, die auf eine größere apostolische Fruchtbarkeit hinzielt, alle Kräfte aufzubringen.« Mit anderen Worten: Der Papst und über ein Dutzend mitunterzeichnende Kardinäle und Erzbischöfe scheuen sich nicht, Maria, die zweifelsfrei eine Frau war, quasi als Hohepriesterin anzurufen. Sie soll dann richten, was das männliche Bodenpersonal alles falsch gemacht hat. Aber Priesterin dürfte sie in der heutigen katholischen Kirche nicht werden.

Mit diesem eigentlich nur noch mit einem ausgeprägten Sinn für Schizophrenie zu erklärenden Widerspruch könnte die moderne Marienforschung mit einem Angriff aus einer Ecke aufräumen, von der es gerade die Traditionalisten in Rom am wenigsten erwarten. Am Ende könnte die Einsicht stehen, daß ohne Maria es gar keine christliche Kirche gegeben hätte. Sie war, sofern die Quellen zuverlässig sind, nicht die jammernde Mutter nach der Hinrichtung ihres Sohnes. Sie war die Frau, die die deprimierte, scheinbar um die Erlösung gebrachte Apostelschaft aufrichtete und zusammenhielt.

So sieht es jedenfalls die heutige Mariologie, die sich ähnlich wie in der Jesusforschung bemüht, Legenden und Erzählungen wegzuräumen, die über Jahrhunderte den christlichen Glauben denaturiert haben. Die historische Maria wird gesucht, ebenso wie der historische Jesus die Menschen weit über die Kirchen hinaus mehr fasziniert als der ewig neu interpretierte Kirchenstifter.

Zuerst suchten die Mariologen in den Evangelien. Sie sagen denkbar wenig über Maria. Dennoch könnte in deren Erzählung eine Sprengkraft liegen, die bisher bewußt verdrängt worden ist. Man lese die Bibel mal ohne kirchliche Absichten. Dann ergibt sich das Bild eines perfekten Skandals. In der patriarchalischen altjüdischen Gesellschaft heiratet ein schwangeres Mädchen, gerade dem Teenageralter entwachsen, noch ganz schnell einen wesentlich älteren, für damalige Verhältnisse einen alten Mann. Den Vater des Kindes kennt es nicht. Es sei sogar noch Jungfrau und habe vom »Heiligen Geist empfangen«, eine infame Verrücktheit.

Maria, um die es sich da handelt, hat das Heil oder eher das Unheil, das ihr ein Engel ankündigt, keineswegs nur freudig begrüßt. Von der duldsamen Magd und unterwürfigen Frau, die nur Ja und Amen sagt, kann keine Rede sein, auch wenn die Männergesellschaft in der Christenheit es gerne so gesehen hätte. Die Theologen lassen dieses überkommene Bild heute nicht mehr gelten. Maria sei eine ganz andere, eine noch heute vorbildlich moderne, emanzipierte junge Frau gewesen:

Maria hörte die Ankündigung dessen, was auf sie zukommen soll, und fragte nach. Sie redete sich nicht heraus mit dem Hinweis, zuerst Vater oder Verlobten oder Bruder befragen zu müssen, ob sie etwas gegen eine solch seltsame Schwangerschaft hätten. Sie fragt gleich den Engel, wie das denn so vor sich gehen solle und ob es überhaupt möglich sei. Erst auf die beruhigende Versicherung des Engels stimmt sie aus eigener Entscheidung und völlig unabhängig zu, eine für damalige Verhältnisse unglaubliche Frechheit einer Frau.

Wie alt war Maria damals? War sie schön, wie sie später als Himmelskönigin gepriesen und gemalt wurde, oder nicht? Welche sonstige Eigenschaften hatte sie? Nichts ist darüber bekannt oder belegt. Die historische Maria verschwimmt in Vermutungen und nachträglichen Interpretationen. Die wenigen halbwegs gesicherten Fakten reichen jedoch den modernen Theologen aus, um ein völlig neues »historisches Bild« der Mutter Jesu zu zeichnen und eine Provokation der von Männern beherrschten Kirchen dazu.

Ein neuer Trend in der Betrachtung der »Muttergottes«, die nichts mit dem süßlichen Gipsmadonnenbild berühmter Wallfahrtsstätten und frommer Traktate zu tun hat. »Die sollten wir so schnell wie möglich vergessen«, fordert der Mariologe Salvatore Perrella von der päpstlichen Marianischen Hochschule in Rom, wo ein Dutzend Professoren 350 Studenten aus aller Welt mit den wissenschaftlichen Erkenntnissen über Maria vertraut machen. Ihre Maria ist nicht die himmelblau ummantelte Madonna der Legenden und ihrer kitschigen Abziehbilder.

»Maria war genau genommen eine emanzipierte Frau«, konstatiert der Regensburger Mariologe und Deutschlands angesehenster Marienexperte Wolfgang Beinert. Er kann sich vorstellen, daß eine künftige Frauenbewegung sich ohne Bigotterie Maria auf die Fahnen ihrer Demonstrationen zugunsten der Gleichberechtigung schreibt. Da über Maria relativ wenig historisches Material überliefert sei, stehe sie für alle Deutungen offen. Man wende sich der Deutung zu, weil sie Bedeutung hat. Das Neue Testament will eigentlich nur über Jesus erzählen. Das kann es aber nicht, ohne Maria zu erwähnen.

Beinert kommt schließlich in einem Gespräch mit mir auf den entscheidenden Punkt. Ich frage ihn: Welche Rolle kann Maria in der Gesellschaft spielen? Viele meinen ja, daß auf sie die Unterdrückung der Frau in der Kirche zurückzuführen sei? Beinerts Antwort: Jein. Ja und Nein. Ja insofern, als ein bestimmtes Marienbild zur Abwertung der Frau beigetragen hat. Maria war als Jungfrau und Mutter apostrophiert. Das kann keine Frau gleichzeitig sein. Entweder oder. Wenn man so Maria der normalen Frau gegenüberstellt, dann ist das ein unerreichbares Bild. Und Nein: Die Heilsgeschichte wird von einer Frau und nicht von einem Mann in der repräsentativen Rolle für die ganze Menschheit geprägt. Bei der Menschwerdung Christi war die Stellungnahme dieser Frau entscheidend. Gott macht das Schicksal der Menschheit von einer Frau abhängig und nicht von einem Mann.

Der Münchner Theologe und ehemalige Inhaber des angesehenen Romano-Guardini-Lehrstuhls, der über 80jährige Eugen Biser, sieht gar eine neue Romantik in ihrem Namen heraufziehen. »Immer wenn die Menschen nach einer neuen Identität suchen, projizieren sie ihre Wünsche und Vorstellungen in eine idealisierte Persönlichkeit.« Es entstehen Kunstfiguren, die sich über Jahrhunderte hinweg verfestigen. Sie haben nichts mit der Wirklichkeit zu tun, leisten aber gewaltige Dienste gegen Sorgen und Nöte, zum Trost und zur Beruhigung von Generationen.

»Heute stecken wir wieder in einer solchen Zeit. Leider ohne die früheren Begleiterscheinungen. Romantik ging stets einher mit einer enormen künstlerischen Entfaltung. Da ist heute Ebbe«, bedauert Biser. Die früher blühende Bilderprache gibt es trotz dieser scheinbaren Fruchtlosigkeit. Sie äußert sich nicht in der Schaffenskraft der großen romantischen Maler und Komponisten. Die Massenmedien liefern sie heute schneller und vergänglicher. Für Biser beweist dies ein Beispiel ganz besonders. »Denken wir an Lady Diana.« So wie sie heute dargestellt und sogar verehrt wird, hat sie nie gelebt, hat es sie nie gegeben. Eine künstliche Gestalt, die ebenso alles aufnimmt, was die Legenden in Jahrhunderten um Maria gestrickt haben. Es fehlen nur noch die Wunder. Aber wer weiß? Diana eine moderne Madonna? Mehrere Besucher haben im St.-James-Palast, als sie sich in die Kondolenzbücher eintragen wollten, eine Diana-Erscheinung gesehen am Rand eines Gemäldes von Edward Bower, das König Charles I. darstellt. Der Psychoanalytiker Anthony Taylor von der Warwick-Universität: »Die Menschen sehen auf Diana wie auf eine weltliche Jungfrau Maria. In katholischen Ländern erschien Maria immer in Krisenzeiten.« Psychoanalytiker Oliver James erklärt einleuchtend das Phänomen: »In großem Schmerz kommt es schon einmal vor, daß man das Gesicht des Verstorbenen überall zu sehen glaubt und fest von dessen Realität überzeugt ist.«

Frommeren Gemütern klingt es gotteslästerlich, Lady Diana in einem Atemzug mit einer möglichen Renaissance der Marienverehrung zu erwähnen. Das Phänomen ist aber identisch. Die Distanz der Wissenschaft ist es ebenfalls. Den Mariologen schmeckt der Vergleich nicht. Er hilft aber, das seit den ersten Jahrhunderten überfrachtete und bis zur völligen Deformation verzerrte Bild ihrer Hauptfigur zu läutern.

Wer den Diana-Kult richtig analysiert, wird auch den Marienkult gerechter beurteilen und entrümpeln können: Diana ist, so ein moderner römischer Mystiker von der Gemeinschaft Sant'Egidio, eine »zeitgemäße Heilige. Sie hat den Vorteil, man kann bei ihr alles abladen und sie verlangt nicht einmal etwas, ganz wie die traditionelle Mutterfigur Maria.« Solch eine Erwartungshaltung entspricht der konsumistischen Gesellschaft. Dafür steht die echte Maria längst nicht mehr, auch wenn sie in der populären Frömmigkeit mit Abstand vor Gottes Sohn und allen Heiligen die begehrteste Trösterin ist.

Der Diana-Kult blüht in derselben Zeit auf, in der sich die »wunderbaren Marienerscheinungen« in der ganzen Welt vervielfachen. Die vergangenen zwei Jahrzehnte können schon jetzt in die Geschichte als neue Blütezeit der Marienerscheinungen eingehen. Die Kirchengeschichtler hatten geglaubt, daß mit dem kirchlichen Dogma von der leibhaftigen Aufnahme Marias in den Himmel 1950 das goldene Zeitalter der Marienverehrung vorerst vorbei sei, für die Wunderorte wie Lourdes, Fatima und Guadelupe stehen.

Den Reigen prominenter Erscheinungen zum Ende dieses Jahrhunderts eröffnete Medjugorje im Süden Bosniens. 1981 erschien Maria zwei Kindern auf einem Feld. Seither reißt der Strom von hilfesuchenden Menschen nicht mehr ab. Seit 1989 pilgern Tausende von Gläubigen in den Norden der Philippinen, um auf einem »Erscheinungshügel« bei Agoo auf die erneute Erscheinung Marias zu warten, wie sie einem zwölf Jahre alten Buben sich gezeigt haben soll.

In der amerikanischen Stadt Marlboro soll die Jungfrau angeblich jeden Monat einmal einem Mann namens Joseph Januszkiewicz erscheinen. Die Stadt sieht sich ohnmächtig einem stetig anschwellenden Andrang von Gebetstouristen gegenüber.

In dem Dorf Gradina hundert Kilometer östlich von Zagreb sahen spielende Kinder auf einer Wiese eine Viertelstunde lang »die Jungfrau Maria in ein blaues, durchsichtiges Kleid gehüllt, den Kopf mit einem Schleier bedeckt«. Andere Anwohner sahen ein grelles Licht und das Zeichen des Kreuzes.

In Pesaro an der italienischen Adria sah eine 23jährige Italienerin während der Hochzeitsmesse in der Kirche eine »himmlische Frau« und verließ den gerade angetrauten untröstlichen Ehemann, um ins Kloster zu gehen. Auf der anderen Stiefelseite in Civitavecchia können bislang Bischof und Behörden nicht definitiv klären, wie 1995 eine gipserne Madonnenfigur Blut weinen konnte.

Im Tessiner Giubiasco wehren sich Gemeinde und der Bischof von Lugano gegen die Marienerscheinung des »Sehers« Pino Casagrande, der 1992 auf einer Alm Maria gesehen haben will. Seither entwickelt sich ein reger illegaler Devotionalienhandel und verschandeln Pilger die Landschaft, die sich trotz der Mahnung der Amtskirche nicht von der Suche nach der Almmadonna abhalten lassen.

Mit derselben Sehnsucht nach einer Marienerscheinung sind in

Costa Rica Dutzende Katholiken im Frühjahr 1996 erblindet. Priester hatten ihnen verkündet, daß an jedem ersten Freitag im Monat in San Miguel de Sarapiqui die Muttergottes im Sonnenlicht erscheine.

Noch kurioser fanden Katholiken in Mexiko-Stadt im Juni 1997 das Ebenbild der Madonna in einer Wasserlache in der U-Bahn. Die Kirche sah »keinerlei theologische Elemente für eine göttliche Erscheinung«. In Clearwater in Florida erkannten Wundergläubige in einem schillernden Bild auf der Glasfassade auf zwei Geschossen eines Bürogebäudes Maria wieder.

Einbildung oder echte Erscheinungen, Realität oder metaphysischer Ausdruck der orientierungslosen Menschheit? Die katholische Kirche, in deren Reihen allein sich solche Mirakel vollziehen, hält sich amtlich zurück. Für sie gilt selbst nach langwierigen Untersuchungen von Wunderheilungen, etwa in Lourdes, daß Maria keine Wunder vollbringe. Sie sei nur die Fürbitterin, die Mittlerin zu dem allein Gnade spendenden Gott.

Das kümmert die Marienanhänger nicht. Zu ihnen gehören nicht nur kindliche Gemüter, obwohl bei den Erscheinungen gerade Kinder eine wichtige Rolle spielen. Von Lourdes über Fatima bis Medjugorje waren es immer Kinder, denen die Muttergottes erschien. Fast fünf Millionen Gläubige aus 157 Ländern, darunter drei Dutzend Bischöfe, haben ihre Unterschrift unter eine Forderung gesetzt, mit der selbst der sonst so marienfromme Papst Johannes Paul II. Probleme hat.

Ihnen genügen die vier bisherigen Mariendogmen nicht: Maria ist Gottesmutter, vom Konzil von Ephesus 431 definiert. Sie ist allzeit Jungfrau, im Taufbekenntnis seit dem 3. Jahrhundert enthalten. Schließlich die Unbefleckte Empfängnis, wonach sie frei von Erbsünde sei (von Pius IX. 1854 dogmatisiert), und die leibliche Aufnahme in den Himmel, die Pius XII. 1950 verbindlich zu glauben vorschrieb.

Die neuen Marienbewunderer, die im Gegensatz zu den Mariologen lieber die Tradition fortschreiben als sie zu bereinigen, wollen Maria gleich neben Jesus als Miterlöserin sehen und berufen sich auf eine Jahrhunderte alte Glaubenspraxis der Kirche. Aus der Dreifaltigkeit, der Trinität von Gott Vater, Sohn und Heiliger

Geist, würde eine Vierfaltigkeit mit Maria, der Mutter des Gottessohnes. Maria würde von der Mittlerin zur eigenständigen Gottheit aufsteigen, die ältesten Ursprünge der weiblichen Gottheit (Mutter Erde) zögen über die Hintertür der Marienfrömmigkeit in den christlichen Himmel ein.

Doch davor hat selbst Johannes Paul II., mit dem großen *M* für Maria im Papstwappen und dem Leitmotiv » Totus tuus « (ganz der Deine) über allem, einen Riegel vorgeschoben. Als die Unterschriftenlisten nach Rom zu strömen begannen, setzte er eine Theologenkommission ein, die richtige Antwort zu finden. Sie begab sich an die päpstlichste aller derzeit päpstlichen Hochstätten des Marienkultes, ins polnische Tschenstochau, und beriet über das fünfte Mariendogma.

Der Neapolitaner Perrella war dabei. Er durfte im Sommer 1997 nach einer Titelgeschichte des amerikanischen Magazins Newsweek die Antwort der Kirchenführung im Vatikanblatt Osservatore Romano vortragen: ein eindeutiges Nein. Maria sei schließlich selbst erlöst worden und so zum Urbild der Kirche geworden. Als Erlöste könne sie nicht Erlöserin sein, nur ein Werkzeug der Erlösung. Perrella: Maria ist nur mit Blick auf Christus zu verstehen. Wir müssen zurückfinden zu der Maria, wie sie war, zur geschichtlichen Maria, zur Frau aus Nazareth, zur Frau des Glaubens und nicht zur Maria unserer Bedürfnisse. » Auf jeden Fall ist jene Ikone der lieben, süßen Madonna der Gipsfiguren zu zerstören. Diese Bilder verfälschen das humane wie spirituelle Bild Marias und zeichnen eine Figur, die es gar nicht gibt. Die geschichtliche Persönlichkeit ist weder die Männer-Maria der Vergangenheit, noch kann sie eine Maria der Zukunft sein, die nur von Frauen beansprucht wird. Beides sind Zerrbilder. «

Indirekt gibt Perrella den deutschen Theologen Biser und Beinert recht. Auch er geht von einer Zeit des Umbruchs aus, in der Maria Konjunktur bekommt: » Nach der jahrelangen Gott-ist-tot-Diskussion spüren wir heute eine große Sehnsucht nach den Ursprüngen. Maria ist eng mit dieser Sehnsucht verbunden. «

Selbst der Kronzeuge der neuen Marianisten, Papst Pius XII., der noch die leibliche Aufnahme in den Himmel dogmatisierte, habe den Titel Miterlöserin systematisch vermieden. Eine Aufwertung sei unangemessen und widerspreche auch der dogmatischen Konstitution des Zweiten Vatikanischen Konzils Lumen Gentium, Licht der Welt, einer Art Verfassungsartikel der katholischen Kirche. Darin wird nur die Mitwirkung Marias am Heilswerk Christi definiert. Mehr nicht, ließ der Vatikan durch Perrellas Artikel festhalten.

Inzwischen ist es auch wieder still geworden um die Gottmaria-Betreiber. Einige in der Öffentlichkeit zitierte Förderer fühlen sich nach dem römischen Rüffel fehlinterpretiert. Kritische Theologen vermuten in dem Versuch traditioneller Katholiken, die Muttergottes zur Göttin aufzuwerten, eine ganz andere Zielrichtung. Ihnen gehe es nicht um ein neues Marienbild, sondern darum, auch in dieser tief in der Volksfrömmigkeit verwurzelten, typisch katholischen Religiosität das Rad der Kirchengeschichte vor das Konzil zurückzudrehen. Maria werde als Schutzpatronin der innerkirchlichen Restauration mißbraucht.

Den Verdacht will auch Professor Beinert nicht von der Hand weisen. Für ihn ist gerade der Marienkult, wie er von den Traditionalisten praktiziert wird, ein Mittel, sich von den anderen Konfessionen abzusetzen. »Was man für sich allein hat, betont man um so mehr, um sich damit zu identifizieren und von den anderen zu unterscheiden.«

Die anderen sind die Protestanten, denen der katholische Marienkult schon fast wie Götzendienst vorkommt, auch wenn, wie Beinert beobachtet, sich auch dort ein Wandel abzeichnet. Immerhin erkennen auch die Lutheraner die zwei ersten Mariendogmen, die der frühen Kirche, an. Gerade unter den weiblichen Mariologen finden sich mehrere Protestanten, darunter die evangelische Theologin Dorothee Sölle. Für sie liegt das Geheimnis Marias in der Botschaft, »daß diese Welt nicht nur die unheilvolle Bühne einer absurden Tragödie ist, in der Sieger und Besiegte immer die gleichen sind, sondern ein Ort der Hoffnung, die das Leben beschützt und das Unwahrscheinliche, das wir Barmherzigkeit nennen, wahr werden läßt«.

Den größten Durchbruch zu einem völlig neuen Marienbild schafften ausgerechnet die Frauen, auf deren Rücken die alte Vorstellung von Maria, der gehorsam dienenden Magd, der unterwürfigen Leidensperson, der Dulderin ausgetragen wurde, auch wenn sie in mindestens vier teilweise sich gegenseitig ausschließende Richtungen gespalten sind. Die älteste hat bereits resigniert. Sie ging von einer These aus, wonach Maria nie frauenbefreiend wirken könne, da sie von männlichen Denkmustern geprägt sei.

Die zweite Gruppe liegt im Trend der Miterlöser: Nur die weibliche Gottheit könne helfen, daß der Mensch zu sich selber findet. Maria sei als Göttin Quelle alles Lebendigen, da sie jungfräulich, also ohne Zutun eines Mannes, neues Leben hervorbringen kann. Immerhin kehrt sich diese Gruppe gegen das patriarchalische Kirchengefüge. Es müsse mit der Mariengöttin überwunden werden, damit die in den Frauen wohnenden Kräfte nicht weiter blockiert würden.

Mehrere evangelische Theologinnen, darunter Dorothee Sölle, gehen davon aus, daß Marias Bedeutung weniger auf der historischen Gestalt als vielmehr auf der Symbolik gründe, die sich um sie gerankt hat. Mit der Aufnahme Marias in den Himmel werde der weibliche Körper endlich von allen Erniedrigungen befreit, in die ihn die christlich-jüdische Kultur gestoßen hat. Eigenständig leben bedeutet Befreiung. Wenn Maria als Symbol in seinem ganzen Aussagereichtum wiederentdeckt werde, könne sie befreiend für alle Frauen wirken, als Befreiung aus männlicher Unterdrückung und Bevormundung. Aus einem ganzheitlichen Gottesbild könne ein humaneres Bild von der Kirche entstehen.

Die Mehrheit der Theologinnen ist mit den männlichen Mariologen einer Meinung: Die Gestalt Marias, wie sie im Neuen Testament geschildert wird, hat im Mittelpunkt zu stehen. Marias Rolle als Ausgleich für mangelnde Weiblichkeit in der Kirche und Defizit an Menschlichkeit bei Jesus schwindet, weil heute auch die Menschlichkeit Jesu wieder stärker bedacht wird.

Gegen den von den überholten Marienbildern gespeisten klerikalen Machokult formieren sich die seltsamsten Koalitionen. Die römische Anthropologin Ida Magli steht da in Reih und Glied mit dem psychoanalysierenden Ex-Priester Eugen Drewermann: Sie erkennen im Marienbild der katholischen Kirche Projektionen der Phantasien von Männern in ein Frauenbild, das so rein von aller Sünde ist, daß es ihnen keine Angst vor der gefürchteten weiblichen Sexualität macht: »Die Sublimierung der verklemmten männlichen Sexualität durch eine himmlisch reine Frau.«

Nicht wenige katholische Pfarrer kultivieren mit diesem Marienbild ihre krankhafte Verachtung normaler Sexualität. Die Anthropologin sieht sie sehend in die Falle tappen, weil an all diesen Interpretationen nichts mehr haltbar sei. Auch hier habe die Naturwissenschaft der Männerkirche den Boden unter den Füßen weggezogen. Sie habe es nur noch nicht realisiert.

Als das klassisch reine Marienbild entstand, war noch nichts davon bekannt, welche Rolle bei der Menschwerdung Mann und Frau spielen. Die weibliche Eizelle wurde erst 1827 entdeckt. Die Folgen für das katholische Frauenbild zeichnen sich erst jetzt ab, dank der noch jungen Feministischen Theologie. Maria mit dem Ei des Erlösers, das nach christlichem Glauben vom Heiligen Geist befruchtet wurde, birgt eine geradezu männermordende Botschaft: Man braucht die Kerle gar nicht. Das ganze Machogehabe ist aufgeplusterte Wichtigtuerei. Die Menschheit braucht sie nicht, um erlöst zu werden.

Theologisch gesprochen: die Kirche braucht nur Gott – und nichts dazwischen. Eine gefährliche These für den Bestand der Klerisei. Frauen am Altar sind aus dieser Sicht keine Frage. Sie zu verhindern ist unbiblisch und allenfalls noch ein Rückzugsgefecht einer völlig verunsicherten Patriarchenwelt. Der Macho mit dem goldenen Madonnenfigürchen am Hals eine der Lächerlichkeit preisgegebene aussterbende Rasse? Soweit wird es nicht kommen. Aber die Feministische Theologie rüttelt gewaltig an der Männerdomäne und das ausgerechnet mit jenem Bild, das an Sanft- und Demut nicht zu überbieten ist, dem Marias, dem neu entdeckten Traum der emanzipierten Frau.

Die katholische Männergesellschaft geht sowieso nicht so sehr auf Christus zurück, sondern auf seinen wichtigsten Evangelisierer, Paulus, der als griechisch geprägter Saulus sich zum Jesusbekenner so sehr gewandelt hat, daß seine Vorstellungen heute das Bild der Kirche noch immer mehr prägen, als die nur mit großem Zeitabstand niedergeschriebenen Evangelien es Jesus selbst zuschreiben. »Eigentlich«, so ist aus der Fülle von Jesus-Büchern der jüngsten Zeit abzulesen (täglich erscheint weltweit ein neues), »müßten wir nicht Christen heißen, sonder Paulaner.« Die Frauen spüren es am meisten.

Da wurde von einer völlig unerwarteten Seite die Rolle der Frauen in der katholischen Kirche aufgewertet. Der mit zu diesem Zeitpunkt 53 Jahren relativ junge kongolesische Bischof Ernest Kombo aus Owando schug in der im Vatikan über die Orden beratenden Bischofssynode vor, künftig auch Frauen zu Kardinälen zu ernennen.

Papst Johannes Paul II. senkte irritiert das Haupt. Doch der keineswegs im Rufe einer Speerspitze der Moderne stehende über 80jährige Kurienkardinal Silvio Oddi sekundierte. Er hat keine Zweifel: »Heute würde sich die Kirche vielleicht lächerlich machen, wenn sie Frauen ins Heilige Kollegium ziehen ließe. Im Moment ist alles noch Phanta-Ecclesiologie. Doch für die Zukunft ist alles möglich. Kein Gesetz schließt das weibliche Geschlecht vom Kardinalspurpur aus.«

Glaubenswächter Joseph Ratzinger sieht das allerdings ganz anders. Frauen als Priester? »Da steht die Frage dahinter: Was ist das Priesteramt eigentlich? Warum sollen wir uns zu einer Doublette der evangelischen Christenheit machen? Die Erfahrungen mit den weiblichen Priestern in der anglikanischen Kirche haben zu der Erkenntnis geführt, daß Ordination keine Lösung ist. Ordination ist Einordnung und Unterordnung, und genau das wollen wir nicht«, dozierte der Professor.

Gewiß läßt sich das katholische Priestertum nicht einfach feminisieren, obwohl die Amtskirche dies anscheinend befürchtet. Siehe das Beispiel der Europäischen Union, wo deutsche Bischöfe sich ängstigen, daß Frauen vor dem Europa-Gerichtshof erfolgreich klagen könnten und als Pfarrerinnen eingestellt werden müßten. Gedient wäre, wenn es realistisch wäre, den Frauen damit aber nicht. Die katholische Pfarrerinnen wäre sicherlich ein spektakulärer Erfolg. Er würde aber, wie auch in den anderen christlichen Kirchen, die Diskriminierung der Frau nur an einer einzigen, wenn auch bedeutenden Stelle beenden.

Das wissen auch jene Frauen, die in Italien zur konkreten Tat gegen das Kirchenoberhaupt aufrufen. »Gebt dem frauenfeindlichen Papst kein Geld mehr, verweigert der katholischen Kirche die acht Promille eurer Einkommenssteuer«, forderten 15 italienische Schriftstellerinnen und Journalistinnen der Gruppe »Controparola« (Widerspruch). Sie können sich nicht mehr mit der katholischen Kirche des Papstes Johannes Paul II. identifizieren.

Die »Controparola«-Frauen wurden zu dem Protest durch ein Schreiben Johannes Pauls II. an den Erzbischof von Sarajevo, Vinke Puljić, provoziert. In diesem Brief hatte Karol Wojtyla alle von Serben vergewaltigten Frauen in Bosnien/Herzegowina ermahnt, auf keinen Fall abzutreiben, sondern den ihnen zugefügten »Akt der Gewalt in einen Akt der Liebe und der Annahme« des in ihnen keimenden neuen Lebens zu verwandeln.

»Selbst in einer derart schmerzlichen Situation«, schrieb der polnische Pontifex, »ist zu unterscheiden zwischen dem Akt der Gewalt, verübt von vernunft- und gewissenlosen Männern, und der Realität des neuen menschlichen Wesens, das – wie auch immer – ins Leben gerufen wurde.«

Die empörten Frauen vermissen »jeden Sinn für menschliche Solidarität mit den bosnischen Frauen«. Papst Wojtyla habe mit keinem Wort seiner Abscheu gegenüber den serbischen »Schindern« Ausdruck verliehen, mit keiner Silbe den Opfern der »ethnischen Säuberung« sein Mitgefühl bekundet.

»Für den Papst war das einzig Wichtige die Ermahnung, nicht abzutreiben. Aber uns beleidigt auch die Tatsache, daß in vielen Fällen schwieriger Schwangerschaften und Entbindungen die Kirche stets gegen das Leben der Mutter entschied. Man sieht weiter in der Frau nur ein Instrument der Fortpflanzung.«

Selbst ein italienischer Kirchenmann bezog in dieser Frage öffentlich gegen den Vatikan Stellung. Der Kapuzinerpater Aldo Bergamaschi aus Reggio Emilia warf der Kurie vor, mit zweierlei Maß zu messen. Auf der einen Seite würden die von Serben vergewaltigten Frauen aufgefordert, ihre so gezeugten Kinder anzunehmen. Auf der anderen Seite habe die Kirche in einer nicht fernen Vergangenheit bei vergewaltigten Missionsschwestern (gemeint ist Afrika) die Abtreibung und bei gefährdeten Nonnen die Einnahme der Verhütungspille legitimiert.

Vom Vatikan kam prompt ein entschiedenes Dementi: Nie sei

es Nonnen erlaubt worden, Verhütungsmittel zu nehmen oder gar abzutreiben.

Während auch in anderen Teilen der Welt kritische Reaktionen auf das Papst-Schreiben an Puljić laut wurden, war dem italienischen Star-Regisseur Franco Zeffirelli (Opernverfilmungen, » Die Bibel «) das Wojtyla-Wort gegen die Abtreibung sogar noch » viel zu sanft «. Als » unehelicher Sohn, d. h. Kind einer nicht erfolgten Abtreibung « verlangte er, Frauen, die abtreiben, künftig mit dem Tode zu bestrafen.

Das freilich ging selbst dem gewiß nicht im Rufe eines » Progressisten « stehenden Kardinalerzbischof Giacomo Biffi von Bologna zu weit. » Man kann nicht ein Verbrechen mit einem anderen Verbrechen, Gewalt mit Gewalt beantworten «, wies er den eifernden Filmemacher zurecht.

Hatten die deutschen Bischöfe das nicht gelesen, als sie im Frühjahr 1997 nach Rom reisten, um zu verhindern, daß der Vatikan ihnen die weitere Beteiligung an der Beratung von Schwangeren, die abtreiben wollen, untersagt? Hardliner Johannes Dyba hatte Rom schon richtig interpretiert, als er die Bescheinigung für Beratungen, die für eine legale Abtreibung erforderlich sind, als » Lizenz zum Töten « verteufelte. Wenige Monate später wurde klargestellt, Rom sieht in jeder Beratung von abtreibungswilligen Frauen ein Mitwirken an der Abtreibung selbst. Ein Kurienbischof und Ratzinger-Gegner blieb ohne Gehör. Er hatte in Übereinstimmung mit den deutschen Bischöfen um den Mainzer Karl Lehmann argumentiert, daß nachweislich durch die Schwangerenberatung auch Leben gerettet wurden. Nicht jede Frau holte sich bei den Beratungsstellen eine Lizenz zum Töten. Doch es ist Gewohnheit der römischen Sittenwächter, grundsätzlich das Schlimmste zu unterstellen, gerade bei Frauen.

Unter neuerlichem Druck von außen setzte sich indes in einer sechsteiligen Serie auf Seite 1 der vatikanische » Osservatore Romano « mit dem seit Jahrzehnten das Kirchenvolk bewegenden Problem der Priesterweihe von Frauen auseinander. Anlaß dafür war die von der Generalsynode der Kirche von England beschlossene Zulassung von Frauen zum Priesteramt bei den Anglikanern.

In seiner Untersuchung bestätigte das Vatikan-Blatt wortreich den harten Standpunkt, den die katholische Kirche schon 1976 mit der von der Kongregation für die Glaubenslehre im Auftrage Pauls VI. herausgegebenen Erklärung »Inter Insigniores« festgeschrieben hatte: Obwohl im Neuen Testament kein direktes Verbot der Zulassung von Frauen zum Priesteramt enthalten ist, könne die Kirche keine Frauen als Priester zulassen, denn Christus habe bei der Einsetzung der Eucharistie den Priesterdienst deutlich an den Mann gebunden und auch keine einzige Frau ins Apostelkollegium berufen.

Der Beschluß der anglikanischen Generalsynode schaffe zweifellos neue »ernste Probleme« für den katholisch-anglikanischen Dialog und damit für die ökumenische Bewegung, räumte Vatikansprecher Joaquín Navarro-Valls mit der ihm eigenen Zurückhaltung wenigstens ein.

Das erste dieser »ernsten Probleme« wird nicht von »progressistischen« katholischen Frauen, sondern von den konservativsten männlichen Vertretern der anglikanischen Kirche provoziert: Ein Dutzend anglikanischer Bischöfe, um die hundert Priester und eine kleine Gruppe Gläubiger haben aus Protest gegen die Zulassung der Frauen als Pfarrerinnen durch ihre Synode um Aufnahme in die katholische Kirche ersucht.

Gerade mit der angelsächsischen Welt hat man in Rom übrigens seit einiger Zeit zunehmend auch noch andere Sorgen, bei denen das Weibliche eine wichtige Rolle spielt. Es geht diesmal aber nicht um Frauenfeindlichkeit, ganz im Gegenteil.

So mußte nach Erzbischof Eugene Antonio Marino von Atlanta (USA), der mit 56 Jahren den weiblichen Reizen der Diakonisse Vicki Long erlegen war, und dem irischen Bischof Eamonn Casey von Galway, der zugeben mußte, einen Sohn mit einer Amerikanerin zu haben, jetzt auch Bischof Robert Fortune Sanchez von Santa Fe, zwei Jahre lang Sekretär der nordamerikanischen Bischofskonferenz, Liebesverhältnisse mit nacheinander fünf Frauen öffentlich beichten. Er wurde vom Papst durch einen anderen Bischof abgelöst.

Richard Sipe von der Johns Hopkins University meinte nach einer einschlägigen Untersuchung: ein Drittel aller Priester in den USA sei »sexuell aktiv«.

Cherchez la femme könnte auch manches kirchliche Problem lösen. Das wurde in einer Bischofssynode im Vatikan amtlich bestätigt: 244 Bischöfe und Kardinäle berieten vier Wochen lang hinter verschlossenen Türen im Vatikan über »Das gottgeweihte Leben und seine Sendung in Kirche und Welt«. Um die Krise der Orden sollte es in erster Linie gehen. Doch die Synodalväter stießen immer wieder auf das Thema Nummer eins, die Rolle der Frau.

Papst Johannes Paul II. hatte zwar noch rechtzeitig vor Synodenbeginn die Weihe von Frauen zu Priesterinnen kategorisch abgelehnt. Doch das Thema war damit nicht vom Tisch. Dafür sorgten 56 eingeladene Expertinnen, vor allem aus den rund 3000 weiblichen Ordensgemeinschaften. Ihre Frage: Warum, bitte schön, werden Frauen systematisch von der Kirchenleitung ausgeschlossen?

Die Antwort der Synode bleibt geheim. Ihre Vorschläge gehen nur an den Papst. Der kann davon aufgreifen, was ihm beliebt. Zumindest Anregungen zur Reform der Orden dürften sich aber bald in einem päpstlichen Dokument wiederfinden. Die meisten Orden leiden unter Auszehrung. Einen Lichtblick erkannten die Bischöfe bei den kontemplativen Gemeinschaften. Zur Weltflucht in die Meditation sind die geschlossenen Klöster noch immer eine überzeugende Alternative, mit steigender Tendenz.

Skepsis ist dagegen angebracht über eine größere Öffnung der für die Frauen geschlagenen Bresche in der Männerkirche. Zwar räumte der Augsburger Bischof, der Benediktinerpater Viktor Josef Dammertz, »Handlungsbedarf« ein. Seinen Kölner Kollegen, Erzbischof Joachim Kardinal Meisner, befällt aber schon Unbehagen. Meisner wurde gefragt, ob er sich vorstellen könne, daß künftig bei einem Wasserrohrbruch im geschlossenen Frauenkloster ein Klempner auch ohne Erlaubnis des Bischofs die Leitung reparieren dürfe. Der Rat des Kardinals: »Es wäre besser, wenn es eine Klempnerin wäre.«

Es muß nicht so verkrampft sein. In anderen nicht minder christlichen Kirchen gibt es Frauen in allen Ämtern. Zur ersten evangelischen Bischöfin in Deutschland wurde 1990 Maria Jepsen, 48, aus Bad Segeberg, Pastorin seit 1972 in Meldorf und Leck, gewählt.

Aber nicht nur in der evangelischen und in der anglikanischen Kirche gibt es Priesterinnen. Die vom päpstlichen Machtanspruch 1870 aus der römischen Kirche getriebenen Altkatholiken, sozusagen die orthodoxen Altgläubigen, zeichneten zwei Frauen in Deutschland mit der Priesterwürde aus. Beide nicht gerade Frauen, die in der kirchlichen Männerwelt als Emanzen disqualifiziert würden. Etwa Regina Pickel. Die junge Frau aus Andernach hatte mit 17 ins Kloster gehen wollen. Sie war als Vierjährige an Kinderlähmung erkrankt. »Meine Schulkameraden lehnten mich ab, mein Pfarrer akzeptierte mich. Deshalb wollte ich Nonne werden. Aber als ich bei Augustinern, Benediktinern und Dominikanern anklopfte, sagten die mir, daß nichts zu machen sei: Ich sei keine unversehrte Braut Christi.«

Das Tor ins Kloster blieb Regina Pickel verschlossen, weil katholische Ordensleute von christlicher Nächstenliebe nur das verstehen wollten, was in ihren Paragraphenwerken nachzulesen war. Frau Pickel wurde Sonderschullehrerin und schloß ein Theologie-Fernstudium an.

Am Pfinstmontag 1996 wird Regina Pickel-Bossau in der Christuskirche in Konstanz zur weltweit ersten altkatholischen Priesterin geweiht. Die Zeremonie mit weißem Mantel und roter Stola schockierte den Rechtsaußen des katholischen Episkopats in Deutschland. Der Bischof von Fulda, Johannes Dyba, wandte sich umgehend gegen Priesterinnen: »Die Altkatholiken zeigen damit wieder einmal, daß sie weder alt noch katholisch sind. Wer bei solchem Etikettenschwindel auf katholische Abfälle hofft, belastet in bedauerlicher Weise das ökumenische Klima.«

Joachim Vobbe, der einzige deutsche Altkatholiken-Bischof, kann sich dagegen eine Frau mit Stab und Mitra als Nachfolgerin vorstellen. Der Gottesmann machte nie ein Hehl daraus, daß er sich Kolleginnen wünscht – auch gegen den Widerstand polnischer und amerikanischer Altkatholiken. Das Lieblingsbibelwort vieler Theologen aus dem Korintherbrief: »Die Frauen sollen in der Kirche schweigen« hält er für fehlinterpretiert: »Mit keinem Wort Jesu läßt sich belegen, daß Frauen keine Priesterinnen sein dürfen, nur weil sie Frauen sind.«

Dennoch taten sich auch die Altkatholiken mit der Frauenordination schwer. 25 Jahre diskutierten sie. Immerhin, als der Vatikan darüber räsonnierte, ob sich Ministrantinnen am Tisch des Herren ziemen, rangen sich die Altkatholiken 1988 zur Diakoninnenweihe durch.

Angela Berlis war die erste. 33jährig wurde sie nun mit Regina Pickel-Bossau an Pfingsten 1996 zur Priesterin geweiht: »Es war auf Dauer nicht einzusehen, warum ich als Diakonin taufen und predigen, aber nicht die Kranken salben durfte, die ich vorher betreut hatte.«

In ihrer Zeit als Pfarrverweserin in Holland war sie akzeptiert. »Sich von der Kirche als letzter Männerbastion zu verabschieden und Frauen die gleiche Kompetenz zuzutrauen fällt vielen weniger emanzipierten Frauen schwer. Aber Frauen können mehr als Kirchen putzen oder für den Monsignore Kaffee kochen.«

Sprüche wie »Frau am Altar, muß das sein?« kennt auch Regina Pickel-Bossau gut. Als sie 1991 von der katholischen zur altkatholischen Kirche konvertierte, weil »ich es satt hatte, nur über Würstchen auf Gemeindefesten zu entscheiden«, wurde sie verstoßen: »Freunde wandten sich ab, meiner Mutter sagte man, ich falle vom wahren Glauben ab.«

Bei den Altkatholiken (200000 Mitglieder in ganz Europa, weltweit vier Millionen) fühlte sich die Rollstuhlfahrerin sofort heimisch: »Meine Behinderung war nie ein Thema. Als ich dem Bischof sagte, daß ich beim Gottesdienst nicht lange stehen kann, sagte er: ›Dann setzen Sie sich doch einfach. Da hat Jesus sicher nichts dagegen.‹«

Der Heilige Geist vermutlich auch nicht. Denn dieser zur pfingstlichen Priesterinnenweihe pünktlich erwartete »heilige Wind und Atem« ist, so Angela Berlis, »mindestens genauso weiblich wie männlich«. Damit schließt sie auch jene sexuellen Verklemmungen aus, die der römisch-katholischen Kirche so viele Probleme bereiten. Bischof Vobbe: »Unsere Pfarrer dürfen heiraten, jeder lebt seine Sexualität in Eigenverantwortung, die Pille ist erlaubt.«

Der Erzbischof von Bologna, Kardinal Giacomo Biffi, witterte ob der Frauenweihe einen allgemeinen Sittenverfall. Wehmütig erinnerte er sich an die schöne Jugendzeit. Früher seien »die Jungen nicht in die Diskothek gegangen, sondern haben im Pfarrsaal diskutiert«, redete der Oberhirte aus dem »roten Bologna« katholischen Pfadfindern ein, nachdem heute so schlimme Dinge geschehen seien wie die Priesterweihe von Frauen.

Für Biffi war das ein Verrat an Gottes Gebot. »Das ist eine Frage, in der ich nicht den geringsten Zweifel hege. Man muß die Kirche nehmen, wie Christus sie geschaffen hat, und nicht, wie sie uns gefällt.« Frauen am Altar, das ist für Biffi »wie die heilige Messe mit Coca-Cola und Kräcker statt mit Wein und Brot«.

Am Samstag zuvor, kurz vor 18.00 Uhr, war in der Kathedrale von Bristol die 39jährige Angela Berners Wilson zitternd vor Erregung auf die Knie gefallen. Bischof Barry Rogerson legte ihr weihend die Hand auf. Die Diakonin war die erste Priesterin der anglikanischen Church of England.

31 weitere folgten an diesem Tag. 33 hätten es insgesamt sein sollen. Doch eine konnte die Priesterweihe diesmal noch nicht erhalten. Sie war hochschwanger. Eine zweite erwartet die Niederkunft im Sommer. Neue Probleme in einer 460 Jahre alten Kirche, von der »Rom« bisher geglaubt hatte, sie stünde der katholischen am nächsten.

Ihr aus dem Herzen sprach Francis Bown, Priester aus Bristol. Er machte seinem Zorn auf spektakuläre Weise Luft: Im Stadtzentrum mietete er eine Plakatwand, auf der Passanten lesen konnten: »Die Kirche von England wurde heute ermordet«. Vor der Kathedrale versammelten sich jedoch auch zahlreiche Katholiken und Methodisten, die die Frauenordination für ihre Kirchen forderten. »Wir beten besonders für jene, die diesen Tag als Trauertag betrachten«, sagte Bischof Rogerson während der Zeremonie. »Möge Gott uns vereinigt lassen.«

Kurz vor der ersten Frauenordination hatte der Primas der anglikanischen Kirche, George Carey, die Gläubigen am Samstag noch einmal zur Einheit aufgerufen. Auch wer Frauen im Priesteramt ablehne, könne weiter mit gutem Gewissen Mitglied der anglikanischen Kirche sein, sagte der Erzbischof von Canterbury in einem Interview des Rundfunksenders BBC. Es sei immer noch dieselbe Kirche.

Das wiederum will die Papstkirche nicht glauben, wohl aber Careys Analyse, daß die Frauenordination eine »entscheidende

Etappe« in der Geschichte der Kirche sei. Aus Protest erkannten 700 Priester öffentlich die Autorität des Vatikans an und beantragten den Übertritt zum Katholizismus. Der Vatikan erklärte sich zu ihrer Aufnahme bereit, hat damit aber ein neues Frauenproblem. Bisher gilt, daß konvertierte verheiratete Pfarrer ihre Ehe weiterführen dürfen. Verheiratete katholische Pfarrer gibt es also bereits auf Umwegen. Nichts ist unmöglich.

Der Exodus in Richtung Rom hielt sich danach dennoch in engen Grenzen. Manchen Anglikanern dämmert, daß das Thema Priesterinnen auch bei den römischen Katholiken nicht auf Ewigkeit so tabu sein werde. Die gerade geweihte Priesterin Caroline Davis sicherte denn auch gleich »Beistand für die römisch-katholischen Schwestern beim Kampf« zu.

Der richtet sich vor allem gegen den Papst. Dieser schloß das Thema, wie er glaubte, ein für allemal mit einem apostolischen Brief »Ordinatio Sacerdotalis« (Priesterweihe) ab. Er schrieb über die »ausschließlich Männern vorbehaltene Priesterweihe«, daß an dieser für die katholische Kirche so wichtigen Frage kein Zweifel bestehen dürfe. Es liege nicht in der Macht der Kirche, auch Frauen die Priesterweihe zu ermöglichen. Johannes Paul II. bedauerte, daß die in der Kirchentradition überlieferte und gelehrte Ordinationsdoktrin ungeachtet ihrer Klarheit immer wieder von unterschiedlicher Seite als »zur Diskussion stehend« hingestellt wurde.

Manches hat sich trotz dieser unhistorischen Papstsicht doch bewegt. Immerhin, so erinnerte die Turiner Zeitung »La Stampa«, predigte der Kirchenvater Johannes Chrysostomos (344 bis 407) noch: »Wenn ihr eine Frau seht, denkt nicht, ihr hättet ein menschliches Wesen vor euch, sondern den Teufel in Person.«

Der Rektor der kirchlichen Eliteuniversität, der Gregoriana in Rom, Giuseppe Pittau, bilanzierte lakonisch: »Die Priesterinnen können helfen, Klarheit zu schaffen.« Die katholische Kirche muß sich aber beeilen, die Augen zu öffnen. Die Bilanz könnte sonst so aussehen, wie einsichtige Pfarrer schon jetzt befürchten: »Im 19. Jahrhundert hat die katholische Kirche die Arbeiterschaft verloren. Das zwanzigste endet mit dem Verlust der Frauen.«

# Die Brüder

*Die Angst der Kurie vor der dritten Konfession*

Drei deutsche Bischöfe reisten im Frühjahr 1996 besorgt nach Rom. Ihr Ziel: Fragen zum Papstbesuch in Deutschland zu klären. Es ging um die Ökumene, das Gespräch mit den getrennten Brüdern und Schwestern der evangelischen Kirche. In Rom angekommen, trafen der Erzbischof von Berlin, Kardinal Georg Maximilian Sterzinsky, der Paderborner Erzbischof Johannes Joachim Degenhardt und der Vorsitzende der Deutschen Bischofskonferenz, der Mainzer Bischof Karl Lehmann, den Mitstreiter in gemeinsamer Sache, den mächtigen Glaubenswächter Kurienkardinal Joseph Ratzinger. Zu viert gingen sie zu Johannes Paul II. Danach war der Papst überzeugt, eine historische Tat besser zu unterlassen.

Wer ihn bei dem Treffen oder vielleicht gar erst danach, als die deutschen Bischöfe schon auf dem Heimweg waren, von dem erhofften Schritt endgültig abgehalten hat, ist nicht bekannt. Nach einiger Aufregung in Deutschland, in der die hiesigen Bischöfe ihre Unschuld beteuerten, blieb der Schwarze Peter an Kurienkardinal Joseph Ratzinger hängen, mit einiger Wahrscheinlichkeit. Um was ging es?

Auf dem Schreibtisch des Papstes aus dem erzkatholischen Polen lag ein Deutschlandplan, den er bei seinem dritten Besuch, dem ersten im wiedervereinten Deutschland, verwirklichen wollte. Unterschriftsreif. Zwei seiner wichtigsten Behörden hatten ihn ausgearbeitet, sein eigenes Staatssekretariat und der Einheitsrat, der für die Gespräche mit den anderen christlichen Kirchen zuständig ist, also vor allem mit den evangelischen.

Nicht nach Berlin und Paderborn, sondern auf die Wartburg, nach Wittenberg oder wenigstens nach Erfurt hatte das Oberhaupt der katholischen Kirche reisen wollen. Im Lutherjahr zum 450. Todestag des Reformators wollte der Papst beseitigen, was den meisten Christen längst ein Ärgernis geworden ist. In einer Hochburg des Luthertums, auf der Wartburg, wollte er den Bann gegen Luther, die Exkommunikation und damit den damaligen Ausschluß des Reformators aus der Kirche aufheben. Auf der Wartburg hatte Martin Luther das Neue Testament übersetzt. Seine Zufluchtsstätte wurde ein symbolischer Ort des deutschen Protestantismus.

Ein einmaliges Zeichen der Ökumene wäre es gewesen, wenn der Papst hier den Bann gelöst hätte. Auch wenn dieser Akt in der Praxis die christlichen Kirchen nicht vereinigen würde, hätte er aber die Einheit doch wesentlich vorantreiben können.

»Die Zeit ist nicht reif«, schallte es dem Papst aus Deutschland entgegen. »Um Gottes willen, doch nicht auf der Wartburg, der Hochburg des Protestantismus. Wird der Papst noch evangelisch?« ängstigte sich ein Berater der deutschen Oberhirten. Der Präfekt der Glaubenskongregation, Joseph Ratzinger, senkte den Daumen über die hochfliegenden Pläne des Papstes.

Karol Wojtyla mied Lutherland und reiste nach Paderborn. Statt an historischer Luther-Stätte setzte er im kaum bekannten Johann-Adam-Möhler-Institut für Ökumenik ein bescheideneres Zeichen. Leitmotiv der dritten Deutschlandreise des Papstes: »Einig in der Hoffnung«. Wenig. Die Hoffnungen auf einen spontanen Alleingang wurden enttäuscht. Die Reise wurde relativ bescheiden aufgenommen, auch wenn der politische Teil bemerkenswert ausfiel. Zum ersten Mal passierte ein Papst das Brandenburger Tor und dann noch jener Papst, der selbst nach Aussagen der kommunistischen Gegenseite wesentlich zur Öffnung des einstmals Eisernen Vorhangs beigetragen hat.

Der konservative Teil der Kurie hatte über den drängenden Rat für die Einheit der Christen gesiegt. Der Rat, der unter dem deutschen Kardinal Augustin Bea nach dem Zweiten Vatikanischen Konzil (1962–65) ein Motor der Ökumene wurde, hatte den Vorschlag ausgearbeitet und bei weltlichen wie kirchlichen Institutionen in Deutschlands Osten schon vorgefühlt. Das Echo war durchweg positiv. Erst als die Vorbehalte der westlichen Bischöfe und des Glaubenswächters Ratzinger bekannt wurden, ging die evangelische Seite auf Distanz. Sie wollte nicht auch noch durch die Bestätigung der Pläne die katholischen Gesprächspartner desavouieren. Man nahm zurück, sprach von Mißverständnissen und dementierte vehement, daß die katholischen Bischöfe überhaupt zu so etwas fähig gewesen seien.

Die Bischofskonferenz in Bonn und der Pressesaal in Rom, das für Journalisten zuständige Büro für Public Relations, wiesen erwartungsgemäß alles als pure Phantasie, »reine Erfindung«, zurück. Der Ton machte allerdings den Unterschied. Die Art und Weise, wie die Sala Stampa im Vatikan dementierte, mußte richtig gelesen werden. Der Papst, so die Aussage, habe nie den Lutherbann aufheben wollen. Das sei schließlich auch nicht nötig, da Luther ja längst gestorben sei und deshalb alles keinen Sinn mache.

Luthers Tod ist nicht unbekannt geblieben, selbst Katholiken haben davon erfahren. Dazu bedurfte es nicht der römischen Aufklärung. Das Dementi, das von der italienischen Presse bereitwillig verbreitet wurde, machte keinen Sinn. Heilige werden schließlich auch erst nach dem Tod gekürt, um Zeichen zu setzen. Um dieses Zeichen ging es. Es wäre ein historisches Signal gewesen für den Ernst der katholischen Bemühungen um die definitive Versöhnung mit den vom Zweiten Vatikanischen Konzil so definierten »getrennten Brüdern«. Die Kirche legt doch sonst soviel Wert auf Zeichen. Luther war in der Tat tot, aber die aus seiner Rebellion erstandenen evangelischen Kirchen lebten. Der Bann war damit eben nicht bedeutungslos, auch wenn Rom weismachen wollte, er hinge nur an der Person des Reformators.

Alles in allem ein dummes Argument, das mehr über die unökumenische Haltung sagte, als daß es wirklich einen Tatbestand hätte widerlegen können. Dabei hätte der Papst durchaus Gründe anführen können, die Lösung des Bannes noch etwas aufzuschieben. Die Fortschritte der offiziellen Beratungen zwischen der katholischen Kirche und dem evangelischen Ökumenischen Rat der Kirchen in Genf haben einen Punkt der Lehrannäherung erreicht derart, daß eine gemeinsame Erklärung näherrückt. Das könnte der Augenblick für eine große päpstliche Geste sein.

Die Schlappe hatten die Chefökumeniker in Rom jedenfalls nicht erwartet, auch wenn die Ratsmitarbeiter wußten, daß der Papst ohne Ratzingers Segen in dieser Frage nichts unternehmen würde. Die Verlierer ärgerten sich nicht nur über ihren Rückschlag. Sie fürchteten, die kleinmütigen deutschen Bedenkenträger im Bischofsamt könnten sogar eine Vision des Papstes stören. »Du wirst die Kirche ins dritte Jahrtausend führen«, hatte ihm der polnische Primas Stefan Wyszynski 1981 auf dem Sterbebett prophezeit.

Der derzeit in Italien am meisten verehrte zeitgenössische Priester, der wunderheilende Pater Pio aus Apulien, gestorben 1968, soll in einer Erleuchtung den letzten Papst dieses Jahrhunderts als Einiger der Christenheit gesehen haben.

Vielleicht hängt die Papst-Vision von der Vereinigung der Kirchen auch mit dem nicht enthüllten Geheimnis der Marienerscheinung von Fatima in Portugal aus dem Jahr 1917 zusammen. Maria von Fatima wird als »Königin des Rosenkranzes« verehrt. Im Unterschied zu vielen Vorgängern betet der polnische Papst täglich den Rosenkranz vor einer Fatima-Statue. In seinem Papstwappen prangt ein großes »M« für Maria.

Die Hoffnung auf einen Alleingang des Papstes beim Deutschlandbesuch haben die gescheiterten Ökumeniker dann schon vor dem Beginn aufgegeben, obwohl Überraschungen nicht auszuschließen waren. Einige Mitreisende aus dem Laientroß packten abergläubisch ihre Glücksbringer ein. Jener Kurienerzbischof aber reiste auch mit, dessen Namen im Vatikanambiente »innominabile« ist, der nicht genannt werden darf, weil er Pech bringe.

»Immer wenn er dabei ist, passiert was. Einmal blieb der Kardinalstaatssekretär im Aufzug stecken. Ein anderes Mal schneite es beim Rückflug in Rom so stark, daß wir in Neapel landen und mit dem Zug heimfahren mußten«, weiß ein Papstbegleiter aus dem Troß der Laien. Den Namen will er aber nicht verraten.

»Ganz klar, der Papst möchte die Christenheit einigen, um sie so auf die große Herausforderung des nächsten Jahrhunderts vorzubereiten. Das ist die Auseinandersetzung mit den anderen

Weltreligionen – vor allem dem Islam.« Darin ist sich Jesuiten-pater Johannes Günter Gerhartz sicher. Der Hamburger ist Rektor des römischen Priesterkollegs Germanicum et Hungaricum, einst Kaderschmiede der deutschen Bischöfe (Absolventen: der einstige, viel zu früh verstorbene Münchner Erzbischof und Kardinal Julius Döpfner und Hans Küng). Gerhartz war ein Jahrzehnt lang Generalsekretär des Jesuitenordens mit Sitz gleich neben dem Vatikan.

Das Dilemma: Johannes Paul II. will die Einheit mit den anderen christlichen Kirchen. Er ist sogar bereit, »über das Papstamt zu sprechen, wenn es ein Hindernis sein sollte«, wie er selbst in der Enzyklika »Ut unum sint« versicherte.

Die deutschen Einwände gegen die Luther-Initiative beweisen, was am meisten dagegensteht: Noch nie waren die Katholiken untereinander so zerstritten.

Früher galt: »Roma locuta, causa finita« – Rom hat gesprochen, die Sache ist erledigt. Heute fängt dann oft der Ärger erst an. Oder man tröstet sich mit der Hoffnung auf den nächsten Papst.

In Rom breitete sich deshalb in den 90er Jahren schon eine Stimmung aus, die an die letzten Jahre unter Paul VI. (gestorben 1978) erinnert. Fine regno, Endphase der Regierungszeit des Papstes. Der Papst selbst scheint sich darum so gut wie nicht zu kümmern. Eisern hält er trotz des bei jeder Fernsehübertragung mehr sichtbaren physischen Verfalls an seinen Jubelplänen für das Jahr 2000 fest. Jedoch nicht nur die inneren Spannungen seiner eigenen Kirche und gesundheitliche Probleme durchkreuzen regelmäßig die hochfliegenden Pläne.

Juni 1997. Wien rüstete sich zum größten Kirchenereignis seit fast tausend Jahren. Die lateinische Kirche Roms trennte sich im großen abendländischen Schisma von der orthodoxen von Konstantinopel. Im Jahr 1054 war das große Auseinanderbrechen besiegelt. Papst und Patriarch blieben sich mehr aus politischen Machtansprüchen als aus religiösen oder dogmatischen Unterschieden bis zum Zweiten Vatikanischen Konzil spinnefeind. Die Verwüstungen der von Europa ausgehenden Kreuzzüge mit verheerenden Zerstörungen in ganz Kleinasien, vor allem aber in

Konstantinopel, brannten tiefe Wunden in das kollektive Gedächtnis der Orthodoxen.

Der Besuch von Papst Paul VI. beim Patriarchen Athenagoras und die Umarmung der beiden war deshalb mehr als nur eine Versöhnungsgeste zweier Kirchenoberhäupter. Die brüderliche Umarmung symbolisierte einen Neuanfang, auch wenn die Morgenröte inzwischen von wolkenverhangenem Grau verdrängt worden ist. Im Wien des Sommers 1997 sollte ein neuer Aufschwung wieder mit symbolischen Gesten versucht werden. Zum ersten Mal überhaupt wollten sich drei Patriarchen vor aller Welt versöhnen, der des Abendlandes (der Papst), der griechischorthodoxe in der Person von Bartolomäus von Konstantinopel (Istanbul) und der russische Patriarch Alexej.

Eine Woche vorher platzte der Termin. Schuld soll allein der russische Patriarch gewesen sein, der von sich aus am siebten Jahrestag seiner Erhebung zum Oberhaupt aller orthodoxen Russen den Verzicht auf die Begegnung mitteilen ließ. Seine Synode, die Versammlung aller Bischöfe (Metropoliten) der russisch-orthodoxen Kirche, soll ihn zur Absage gezwungen haben.

Die größte Sensation seit dem Zweiten Vatikanum fiel aus, vordergründig wegen der internen Probleme der Orthodoxen. Das hinderte allerdings mehrere ihrer Kirchenführer nicht an der Reise nach Österreich. In Wirklichkeit war Alexejs Absage nur die logische Folge gegenseitigen Mißtrauens, das nach dem Untergang der Sowjetunion sich erst richtig austoben konnte. Rom sah in der neuen Freiheit der Russen die Chance zur eigenen Missio. Die Orthodoxen wollten dagegen die neue Religiosität, die durch das Land zog, nach altem Schema nutzen. Die Popen träumten wieder von einer Staatskirche nach dem Vorbild der Zarenzeit.

» Der Wettbewerb um die Jahrzehnte lang atheistisch aufgewachsenen Menschen ist voll im Gang«, kommentierte ein römischer Beobachter. »War etwas anderes zu erwarten, als daß der Papst aus Polen nun die Früchte seines Beitrags zum Sturz der Kommunisten auch in der ehemaligen Sowjetunion für die katholische Kirche ernten will?«

Nein. Es war nicht zu erwarten, weil trotz aller Versöhnungsgesten die Konfessionen fast feindselig in jenen Ländern rivalisieren, die nie die Chance hatten, in einer freiheitlichen Gesellschaft Toleranz zu üben. Im Westen fürchten sich inzwischen die Bischöfe vor einer dritten Konfession, den Christen, denen die Bekenntnisgegensätze schnuppe sind und die Ökumene einfach praktizieren, weil ihnen die Lehrstreitigkeiten mittelalterlich vorkommen. Die normative Kraft dieser alltäglichen Erfahrung fehlt im Osten völlig. Der Druck der Verfolgung erstickte die innerkirchliche Erneuerung. Die Russen paßten sich staatstragend an die Sowjetmacht an und verfolgten selber jene orthodoxen Christen, die nicht mitmachten, darunter die mit Rom verbundene ukrainische Orthodoxie.

Viele Priester der russisch-orthodoxen Kirche waren KGB-Mitglieder. Patriarch Alexej selbst wurde vom Geheimdienst unter dem Decknamen Drosdow, Drossel, geführt. Nach der Wende riß die jüngste Vergangenheit noch tiefere Gräben auf. Bischof Walentin vom Wallfahrtsort Susdal fiel vom Patriarchen ab und beschuldigte die Kirche, nichts anderes zu tun als die kriminelle Minderheit des neuen Rußland auch. »Das Moskauer Patriarchat kümmert sich nicht um die Wiedergeburt Rußlands und der Orthodoxie. Es will nur Geschäfte machen. Es verkauft Alkohol und handelt mit Erdöl.«

Der Vorwurf taucht immer wieder in kritischen Veröffentlichungen auf, weil offensichtlich Kirchenleute der Versuchung nicht widerstehen können, die über Jahrzehnte gepflegte Verfilzung mit dem Staat für ganz andere Vorteile zu nutzen, als sie frommen Männern zusteht. Immerhin räumte ihnen der Staat Steuerfreiheit beim Handel ein, damit sie sich finanzieren können. Daß die Einnahmen aus Geschäften mit Zigaretten, Wodka und Benzin stammten, erinnerte an die römische Weisheit, daß Geld nicht stinke.

Die unterdrückten Gegensätze zwischen einzelnen Kirchen wurden zusätzlich durch den neuen Nationalismus in den Nachfolgestaaten der Sowjetunion gefördert. Epizentrum des religiösen Bebens ist die Ukraine und dort die Stadt Lemberg, wo polnische Katholiken, mit Rom unierte Orthodoxe und mit Moskau verbundene Orthodoxe einen Grabenkrieg führen. Der Einsatz ist gewaltig. Es geht um riesigen Grundbesitz und Immobilien. Allein im kleinen baltischen Staat Estland offenbarte der Kirchenkampf einen Streit um 150 Kirchen und 3000 Hektar Land. Die Orthodoxen Estlands wollten nicht nur als unabhängige Staatsbürger nichts mehr von Moskau wissen, sondern auch als Gläubige sich lieber dem Ökumenischen Patriarchen, so sein Name, von Konstantinopel unterstellen. Das Moskauer Patriarchat listete den Verlust entsprechend auf. Doch der estnische Staat ließ per Gesetz die Trennung rechtlich absichern und sprach der landeseigenen Kirche allen Besitz zu.

Diese Auseinandersetzungen spiegeln sich auch in der katholischen Kirche wider. Als aufgrund der Forderungen des Zweiten Vatikanischen Konzils die Ökumene institutionalisiert werden sollte, stritten sich mehrere Kurienämter über die Zuständigkeit. Das Sekretariat für die Einheit der Christen unter dem reformfreudigen deutschen Jesuiten Augustin Bea mußte sich gegen mächtige Kurienbehörden durchsetzen, darunter das Heilige Offizium, die Glaubenskongregation, damals noch unter der diktatorischen Fuchtel des ultrakonservativen Kardinals Alfredo Ottaviani, der sich als Carabiniere Gottes verstand. Eifersüchtig verteidigte die Kongregation für die Ostkirchen ihre Kompetenzen, obwohl sie die orthodoxen Kirchen, die den Primat des Papstes anerkennen, nur gängelte. Ein Dialog, von dem beide Seiten profitieren könnten, fand nicht statt. Rom diktierte, zumal die Konservativen in jedem Schritt auf die nichtkatholischen Kirchen zu schon die Auflösung des alleinseligmachenden katholischen Glaubens sahen.

Die unierten Ostkirchen wiederum hätten am liebsten allein mit der lokalen Konkurrenz gesprochen, damit sich nicht viel bewege. Mißtrauen gehört zum Alltag der Ökumene, bis heute.

Einer der streitbarsten Unierten, der ein Leben lang nach tragfähigen Verbindungen suchte, ist der frühere Erzbischof der griechisch-melkitischen Katholiken, einer zum byzantinischen (östlichen) Ritus gehörenden Nahostkirche, die die Oberhoheit des Papstes anerkennt. Der 1912 in Kairo geborene und heute in Beirut lebende Elias Zoghby war als Bischof voll stimmberechtigtes Mitglied des Konzils. Er meinte, die Gegensätze mit einer doppelten Kirchenangehörigkeit ähnlich einer doppelten Staatsangehörigkeit lösen zu können, und scheiterte.

Zoghbys »doppelte Kommunion« zerbrach an der römischen Macht, die sonst sich so gerne auf Tradition beruft, aber gerade beim größten ökumenischen Hindernis, beim Vorrang des Papstes, lieber die Kirchengeschichte vergißt. Selbst Kardinal Ratzinger gab zu, daß es in Zukunft auch eine ganz andere Form des päpstlichen Primates geben kann. Ratzinger erkannte, daß »jeder, der sich mit katholischer Theologie befaßt, die Art und Weise, wie sich der Primat im 19. und 20. Jahrhundert darstellte, nicht unbedingt als die einzig mögliche erkennt, die allen Christen aufgezwungen werden kann... Was ein Jahrtausend lang möglich war (im ersten vor der Kirchenspaltung), kann nicht heute aus christlicher Sicht unmöglich sein.«

Zoghby stimmt dem voll zu und unterstreicht nahezu mit denselben Worten, die auch Papst Johannes Paul II. gebraucht, daß das Papstamt ausschließlich ein Dienst sei. Einer der Titel des Papstes, der vom Titel Stellvertreter Gottes auf Erden in den Hintergrund gedrängt wurde, lautet: Diener der Diener Gottes, ein krasser Gegensatz zur Macht des Papstes.

Diese wird gewöhnlich mit dem Unfehlbarkeitsanspruch gleichgesetzt. Mit ihm könnten sich aber auch andere Konfessionen arrangieren, wenn er in seinem ursprünglichen Ziel verstanden würde. Es geht ja nicht darum, daß der Papst so zwischen Tür und Angel eine Meinung äußert, die sich dann als unfehlbar erweisen soll. Dazu sind feste Formen und klar definierte Lehrsätze vorgesehen, die dann feierlich »ex cathedra« verkündet werden. Nicht einmal ein päpstliches Lehrschreiben, eine Enzyklika, darf Unfehlbarkeit beanspruchen, allenfalls Gehorsam. Papst Johannes Paul II. neigt zwar zu autoritär verbindlichen Erklärungen, ein Dogma hat er dennoch nicht verkündet. Es würde nicht nur ihn, sondern auch alle seine Nachfolger binden, zumindest wenn man der kirchlichen Lehre vom Dogma folgt.

Die Unfehlbarkeit ist nicht vom Himmel gefallen. Schon eher drückte sie ein letztes Aufbäumen des autoritären Kirchenregimes aus gegen die Konsequenzen der Französischen Revolution und der amerikanischen Unabhängigkeit. Das Papstregime sicherte seine Macht, wie es glaubte, rechtzeitig gegen die aufkommenden Demokratien ab. Das wäre ihm aber nicht gelungen, wenn nicht die Kirche Jahrhunderte in der Gewißheit gelebt hätte, daß sie unfehlbar sei. Formuliert wurden unfehlbare Sätze früher von Konzil und Papst. Das Oberhaupt wurde in die Meinung der Kirche eingebettet und stellte sich nur als deren Sprachrohr dar, als oberster Verkünder. Spitzfindige Theologen bastelten daraus im Umkehrschluß, daß, wenn die Kirche unfehlbar sei, auch ihr Oberhaupt nicht fehlbar sei, also sich nicht irren könne.

Einsichtige Päpste könnten der katholischen Tradition entsprechend ihre Unfehlbarkeit sanft einschlafen lassen. So schreibt die Kirche seit Jahrhunderten ihre Sündenfälle um. Man weiß, daß man sich um 180 Grad drehen muß, aber man läßt sich so lange Zeit, daß es keinem auffällt. Das ist echt katholische Langzeitperspektive. Doch diese Zeit bleibt heute nicht mehr, nicht einmal in lateineuropäischen Kirchen, die sowieso mit der Amtskirche leichter umgehen als die paragraphengetreuen Nordeuropäer, speziell die Deutschen.

Den wesentlichsten Unterscheid zwischen römischer und der deutschen Mentalität verdeutlicht ein Gleichnis. Alle Gesetze sind wie ein Maschennetz. Die einen sehen davon nur die Maschen, in denen sie hängenbleiben, die anderen nur die Löcher, durch die sie schlüpfen können. Lebensnahe Römer setzen alles daran, diese Maschen so auszuweiten, daß die Fäden kaum mehr wahrgenommen werden.

Das funktioniert in der Kirchenpraxis geradezu wunderbar. Und trägt gewaltig zum Vorwurf der Heuchelei bei, jedenfalls nördlich der Alpen. Dort ist solche Lebenskunst als unmoralisch verpönt, wenn die Kirche sich ganz und gar nicht so verhält, wie sie anderen predigt.

Nach dieser Abschweifung in eigene Erfahrungen in und um Rom drängt sich die Frage auf, ob so eine Evolution auch beim Papstprimat denkbar wäre. Da bangt es auch den schlitzohrigsten Römer, denn der Primat des Papstes äußert sich nicht nur in einer von Zoghby als »Besessenheit, die alle Orthodoxen aufregt« beschriebenen Lehraufsicht. In ihr könnten die Orthodoxen sogar ein Zeichen der Einheit sehen, wenn sparsam damit umgegangen wird. Sie äußert sich im Jurisdiktionsprimat.

Hinter dem kirchenjuristischen Wortungetüm verbirgt sich die simple Tatsache, daß der Papst sich selbst zum absoluten Diktator erheben ließ. Er hat juristisch, also rechtlich, Hoheit über die ganze Kirche, über jeden und alles, er kann heuern und feuern, Menschen und Lehren, Ideen und materielle Werte. Im Kirchenrecht wird ihm die absolut freie Verfügungsgewalt über alles, was zur katholischen Kirche gehört und was sie ist, unterstellt.

Man muß das zweimal lesen, um zu begreifen, was sich Rom angemaßt hat. Nur wenn dies voll bewußt ist, wird klar, daß es in der Ökumene nicht um das Verständnis von Amtspriestertum und Sakramenten, um Zölibat und Menschenrechte geht. Es geht um einen göttlichen Absolutheitsanspruch eines Menschen, der mit jedem anderen Schicksal spielen darf.» Gott würfelt nicht«, sagen Evolutionstheoretiker, um den tieferen Sinn der Evolution griffig zu erklären. Man könnte zynisch ergänzen: Der Papst darf es.

Das haben die meisten Katholiken verdrängt. Viele haben es schon bei der Verkündigung 1870 nicht nachvollzogen. Nichtkatholische Christen werden diesen Anspruch nie teilen können. Der Papst hat sich zu weit von der einstigen Rolle entfernt, die ihn als ersten unter gleichen definierte und in der er ein Zeichen der Einheit über die ganze Christenheit setzen könnte.

Diese Christenheit geht möglicherweise inzwischen ihren eigenen Weg. Sie kümmert sich nicht mehr um das oberste oder weniger obere Lehramt. Die Christen aller Konfessionen legen sich ihr eigenes Glaubensbekenntnis zurecht. Die Angst vor der daraus entstehenden dritten Konfession, der Konfession der Individualisten, treibt die Kurie um. Diese Konfession entgleitet allen Kirchenoberen. Ihr Credo ist daraus entstanden, daß sie die feinen Lehrunterschiede nicht mehr nachvollziehen können.

Tatsächlich gibt es fast nur noch untergeordnete Lehrunterschiede, etwa Luthers Rechtfertigungslehre und die Rolle der Kirche bei der Erlösung des einzelnen. Rom betont stärker die Rolle der Kirche. Die evangelische Kirche betont, der Sünder werde allein durch Gnade und den Glauben erlöst. Die Katholiken zählen sieben Sakramente als wirksame Gnadenzeichen – Taufe, Buße

(Beichte), Eucharistie (Abendmahl, Wandlung von Brot und Wein in Leib und Blut Christi), Firmung (ev. Konfirmation), Weihe (Priesterweihe), Ehe (keine Scheidung möglich), Krankensalbung (populär: Letzte Ölung). Die Protestanten lassen nur zwei gelten: Taufe und Abendmahl, da beide auf Christus zurückgehen.

Dem katholischen Amtspriestertum mit besonderer Weihe, das nur Männern vorbehalten ist, setzen die Protestanten das allgemeine Priestertum entgegen.

Die ganze Christenheit verehrt Maria als Gottesmutter. In der katholischen Kirche ist sie jedoch ein wesentliches Element der Volksfrömmigkeit. Die leibliche Aufnahme in den Himmel und unbefleckte (sündenlose) Empfängnis sind zwar Dogmen, aber auch unter Katholiken umstritten. Doch auch die Protestanten wehren sich nicht gegen eine biblisch begründete Marienverehrung, auch wenn ihnen die besondere Heiligenverehrung fremd ist. Lohnt das noch Glaubensstreiterein?

Der Vatikan meint auch: nein. Er hat nur noch nicht die Kurve gefunden. Immerhin sieht er Protestanten und Katholiken an der Schwelle zu einer ökumenischen Entwicklung. Der Vorsitzende des Päpstlichen Rates zur Förderung der Einheit der Christen, Kardinal Edward Cassidy, warnte aber im Sommer 1997 vor dem Lutherischen Weltbund in Hongkong gleich wieder vor übereilten Schritten ... Wieder die Angst vor der individuellen Gewissensentscheidung.

# Die Vaterfiguren

*Abgekanzelt wie Schulbuben, oder das schwere*
*Los, ein Bischof zu sein*

Die Herren waren nicht begeistert. Der Ärger stand den drei Bischöfen ins Gesicht geschrieben. Bischof Karl Lehmann aus Mainz, Erzbischof Oskar Saier aus Freiburg und Bischof Walter Kasper aus Rottenburg-Stuttgart flogen aus Rom nach Hause. In der Zentrale hatten sie eine Abreibung erhalten, als wären sie Ministranten gewesen, die von ihrem Dorfpfarrer in der Sakristei beim heimlichen Trinken von Meßwein überrascht und geohrfeigt worden waren.

»Wie dumme Jungen kamen wir uns vor«, klagte später einer von ihnen dem Südwestfunk-Kirchenredakteur Jürgen Hoeren. Der notierte es im kritischen österreichischen Fachblatt »Kirche intern«.

Der so weltgewandt sich gebende Kurienkardinal Joseph Ratzinger aus Oberbayern hatte mal wieder die Krallen gezeigt. Am 4. April 1997 zitierte er die drei Bischöfe sowie die beiden Kardinäle Joachim Meisner aus Köln und Friedrich Wetter aus München nach Rom. Sie sollten ihre Haltung im Streit um die Schwangerenberatung erläutern. Es ging darum, daß in Deutschland werdende Mütter nur abtreiben konnten, wenn sie zuvor ausgiebig über die Rechtslage und die Folgen, juristische wie persönliche, beraten wurden. Mit dem Beratungsschein in der Tasche konnten sie, falls die Frist nicht verstrichen war, ärztlich abtreiben lassen, ohne bestraft zu werden.

Der Rechtsausleger der deutschen Bischöfe, Erzbischof Johannes Dyba aus Fulda, verdammte diese Scheine als »Lizenz zum Töten« und lehnte eine Teilnahme seiner Diözese an den Beratungen kategorisch ab. Sein Gesinnungsfreund Ratzinger ließ ebensowenig wie er gelten, daß die Kirche aus seelsorglichem Auftrag heraus auf jeden Fall mit den Schwangeren sprechen müßte. Seelsorge spielt ausgerechnet bei jenen Bischöfen eine untergeordnete Rolle, die sich als besonders konservativ gebärden und damit eigentlich aufgeschlossener für die klassische Priesterrolle sein müßten als die progressiven. Doch auch hier stimmt die Bezeichnung nicht immer. Konservativ in der katholischen Kirche meint meistens reaktionär, auf jeden Fall aber dogmatisch verbohrt. Der einzelne Mensch spielt immer eine untergeordnete Rolle, wenn seine Hirten lieber an die Konservierung eines Systems denken.

Der Fünferclub hoffte auf ein klärendes Gespräch in der römischen Glaubenskongregation ihres Landsmannes Ratzinger, obwohl sie immer noch eher ihrer Herkunft als Heilige Inquisition gerecht wird denn als Wahrerin des orthodoxen Glaubens. Die Inquisition wird dann schon mal in amtlichen kirchlichen Darstellungen schöngefärbt. Es sei bei dem Hexenwahn des zwölften Jahrhunderts nicht in erster Linie darum gegangen, Verdächtige auf den Scheiterhaufen zu bringen, sondern darum, wenigstens den wilden Verfolgungswahn der hysterischen Kirchenmassen durch eine rechtliche Basis einzudämmen. Das Rechtsempfinden muß in der Kirche von damals noch weit hinter den zu jener Zeit verfügbaren Rechtsvorstellungen zurückgeblieben sein, wenn man die Inquisition als Beispiel mittelalterlicher Rechtssicherheit verteidigt.

Sei es wie es will, die heutige Glaubenskongregation als Rechtsnachfolgerin in ungebrochener Tradition hält sich an die Vorstellung, die Wahrheit und nur die reine Glaubenswahrheit zu besitzen, zu hüten und zu verteidigen. Dazu braucht man natürlich Rechtsgelehrte, damit ja nicht der Eindruck entsteht, es könne juristisch nicht mit rechten Dingen zugehen. Den deutschen Bischöfen wurde deshalb bei ihrer Einbestellung der Dekan der Rota Romana vorgesetzt. Das ist jenes kirchliche Gericht in Rom, das berühmt-berüchtigt wurde durch Nichtigkeitserklärungen von prominenten Ehen, wie der der Prinzessin von Monaco, Caroline Casiraghi, geschiedene Junot und geborene Grimaldi. (Siehe das Kapitel »Die Richter«.)

Der Rota-Richter überraschte die deutschen Bischöfe durch Unkenntnis. Der Experte hatte, anders als es sich eigentlich für einen Richter gehört, die Eingaben der deutschen Bischöfe, die sie zur Rechtfertigung ihrer jeweiligen Position vorher nach Rom geschickt hatten, entweder gar nicht zur Kenntnis genommen oder einfach ignoriert. Einen der Bischöfe beschlich das dumpfe Gefühl: »Es war, als hätten wir all unser Material in eine black box geschickt. Es war in einem anonymen schwarzen Loch ungelesen verschwunden.«

Fünf Stunden lang wurden die angeklagten deutschen Bischöfe mit einem Redeschwall überzogen, den ihr Vorsitzender, der Mainzer Lehmann, zwar mit zehn Zwischenrufen unterbrechen wollte. Allein es fruchtete nichts. Am Ende fühlten sich die fünf Oberhirten trotz ihrer sonstigen Gegensätze einhellig wie »dumme Schuljungen«, die in Dogmatik, Ethik und Moral sowie in Kirchenrecht Nachhilfeunterricht benötigten. Da spielte es auch keine Rolle mehr, daß Lehmann und Kasper einst Professoren-Kollegen ihres jetzigen Oberlehrers Ratzinger waren. Vergeblich hatten sie gehofft, so heißt es in dem »Intern«-Bericht, gerade bei Ratzinger Vertrauen zu finden, der doch immerhin vor seinem Umzug nach Rom vier Jahre lang Münchner Erzbischof war und damit doch mit Menschen aus Fleisch und Blut und nicht nur mit trockenen Akten zu tun hatte. Viel von menschlicher Wärme und Nähe ist bei dem als nachtragend und berechnend kalt geltenden Ratzinger nicht geblieben. Das kollegiale Du war zwar zwischen ihnen noch in Gebrauch, aber es schien den rauhen Ton eher noch schmerzlicher zu verstärken, als wenn sie zum distanzierenden Sie zurückgekehrt wären.

Am Ende erkannten die Bischöfe, daß Rom nicht hören will, sondern nur noch befiehlt. Abgekanzelt erinnerten sich Saier und Nachbar Kasper auf der Heimreise an das auch von ihnen mitunterzeichnete Papier über die Zulassung der wiederverheirateten Geschiedenen zur Heiligen Kommunion, das auch nur Ärger mit der römischen Kurie eingebracht hat. Der Kreis von geschiedenen Katholiken wird ständig größer. Sie fühlen sich trotz sonstiger Kirchentreue alleingelassen, weil Rom vor Prinzipienreiterei die Seelsorge aus dem Blick verloren hat. Dabei spielt Heuchelei eine gewaltige Rolle, denn Ehescheidung gibt es in der katholischen Kirche fast nur in der Theorie nicht, was im Kapitel über die päpstliche Gerichtsbarkeit belegt wird.

Für einige Stunden erfüllte neuer Mannesmut die Oberhirten, je näher sie der Heimat kamen. Sie mobilisierten ihre Kollegen im Bischofsamt und verlangten nun ihrerseits eine Vollversammlung in Rom mit dem Papst, um dem direkt ihre seelsorglichen Ziele zu erläutern. Das Treffen fand dann auch wenige Wochen später einen ganzen Dienstag lang statt. Es bewies aber nur, wie wenig heute von der Kollegialität der Bischöfe übriggeblieben ist. Bischöfe sind Befehlsempfänger eines absolutistischen Monarchen und derjenigen, die in seinem Namen sprechen, als hätte es keine Apostel neben Petrus und den Aufbruch des Zweiten Vatikanischen Konzils (1962–1965) nie gegeben, das auch die Bischöfe als Nachfolger der Apostel aufwerten wollte. Verglichen mit dem biblischen Stammbaum der Bischöfe sind die Kardinäle Verwaltungsbeamte, die mit dem Christentum nichts zu tun haben und für die Rettung der Menschheit, die das Evangelium verheißt, absolut nicht gebraucht werden.

Beim Vatikanum II gelang es zum ersten Mal seit fast hundert Jahren, die Allmacht der römischen Kirchenzentrale, der Kurie und ihrer Machthaber, zu brechen. Doch schon in den ersten folgenden Jahren, nachdem die erste Bischofssynode als Mitverantwortungsgremium der Bischöfe mit dem Papst vorbei war, beschlich den Schweizer Jesuiten und Konzilskommentator Mario von Galli die böse Ahnung, daß es mit den demokratischen Gehversuchen nicht weit gehen werde. »Die Kraft des Episkopats ist mit dem Konzil verbraucht. Jetzt müssen wir mindestens eine weitere Bischofsgeneration abwarten, bis sie zu einem neuen Anlauf fähig sind.« Seither träumen viele aufgeschlossene Katholiken von einem dritten Vatikanischen Konzil, damit das zweite endlich konsequent verwirklicht werde. Doch statt des dritten Konzils kam Wojtyla. Die Zeitgeschichte – oder als Gläubiger könnte man auch sagen, Gottes Wille – hatte andere Prioritäten gesetzt. Das kommunistische »Reich des Bösen« mußte zuerst gestürzt werden.

Auf der Strecke blieben die Ansätze zu einer brüderlichen Kirche aus Oberhirten, die sich genauso wie der Papst auf die Apostel berufen und unter denen der Urvater des Papstes, Petrus, keineswegs die vorbildlichste Rolle gespielt hatte, wenn man an seinen Christus-Verrat denkt. Doch das sind in römischer Sicht unzulässige Gehässigkeiten gegen den Papst.

Zum Mut werden katholische Pfarrer nicht erzogen, nur zum Gehorsam. Noch immer wachsen sie auf in der Überzeugung, etwas Besonderes zu sein, als sei heute der Pfarrer neben dem Bürgermeister noch immer die Nummer eins der Honoratiorenliste in Stadt und Land. Auf dem Dorf mag das noch der Form nach zutreffen. Die Wirklichkeit ist aber überall sonst weit davon entfernt. Der Pfarrer ist heute eine arme Person, die häufig isoliert außerhalb der bürgerlichen Gesellschaft steht, zumindest außerhalb der modernen Industriegesellschaft. Das soziale Ansehen hat sich im Verhältnis zu vor 50 Jahren geradezu umgekehrt. Wer wird denn noch Pfarrer, seitdem es kaum noch heile katholische und möglichst kinderreiche Familien gibt? Die Krise des Priesterberufes überträgt sich auf die Aufsteiger, die Bischöfe, die sozusagen die Gebietsdirektoren des globalen Unternehmens katholische Kirche mit knapp einer Milliarde Mitgliedern und 440000 hauptberuflichen Funktionären, Priestern, Ordensleuten und Bischöfen sind. Und wie in allen streng hierarchisch gegliederten Organisationen bringt Ein- und Unterordnen mehr als Unabhängigkeit oder gar Querdenken und Handeln, »kein Anreiz für die Besten«, resümierte ein kurialer Personaloberer.

»Die Bischöfe von heute sind durchweg Nullen.« Das Urteil stammt von einem Monsignore, der täglich mit den Exzellenzen, wie sie sich anreden lassen, zu tun hat. Er hat auch einen Prälatenwitz parat: »Was unterscheidet einen Bischof von einem Priester? Nichts. Die Bischöfe wissen es nur nicht.« Der Fisch stinkt, wie der Volksmund weiß, vom Kopf her. Das meint auch der Prälat. »Wir haben keine Krise der Priesterberufungen. Wir haben eine Krise der Bischöfe«, bilanziert er und geht sogar so weit, daß er meint, ein guter Seelsorger strebe alles an, nur nicht das Bischofsamt, wo er sich nur bücken und beugen müsse. »Beim Kniefall zur Bischofsweihe liegt der Kandidat kaum auf dem Boden, da ist ihm schon das Rückgrat gebrochen.«

Systemimmanent passen sich Bischöfe lieber Rom an, als gegen die Zentrale aufzumucken. Bischof Lehmann hat das am eigenen Leib schmerzlich erfahren. Der geschickte Moderator in der ideologischen Mitte wurde zwar zum Vorsitzenden der Deutschen Bischofskonferenz gewählt. Doch einige Zeichen von Unabhängigkeit wurden in Rom übel genommen. Lehmann bekam die dem Vorsitzenden der neben der amerikanischen bedeutendsten Bischofskonferenz zustehende Kardinalswürde nicht, obwohl sogar sein Vorgänger auf dem Mainzer Bischofsstuhl, Hermann Volk, ohne Präsidentenamt Kardinal war.

Als die Bischöfe 1965 vom Konzil als der einzigen Vollversammlung aller Oberhirten in diesem Jahrhundert wieder nach Hause reisten, beseelte viele die Erwartung, daß es mit dem römischen Zentralismus endlich vorbei sei. Papst Paul VI. hatte die Einrichtung einer Bischofssynode zugesagt. Auf weltliche Vorstellungen übertragen war das so etwas wie ein kleiner Parteitag zwischen den großen Parteikongressen, wo nicht alle Amtsträger, sondern nur ein Kreis von über 200 Delegierten in regelmäßigen Abständen über die wichtigsten aktuellen Themen berieten. Manche beschlich aber schon damals die Ahnung, daß die Kurie ihre Niederlage beim Konzil nicht wegstecken würde. In den 60er Jahren regierten in den Diözesen noch Männer, die den Zweiten Weltkrieg überstanden hatten und mitunter im vordersten Kampf gegen diktatorische Regime erfuhren, was Mut und Glaubenstreue heißt. Das waren keine leichten Opfer für kuriale Intrigen. Das waren Männer auf Bischofsthronen, wie der Kölner Joseph Frings oder der Münchner Julius Döpfner.

Die Sorgen sollten sich schon unter Papst Paul VI. nach den ersten Synoden als berechtigt herausstellen. Der Patriarch des katholisch-melkitischen Ritus aus dem Nahen Osten, Maximos IV., hatte zwar ein überzeugendes Modell für die Synode vorgelegt. Rom war aber nicht bereit, ihm zu folgen und der Bischofsversammlung die gesetzgeberische Kompetenz in nichtdogmatischen Fragen zuzubilligen, wie es Synoden in der Patriarchenkirche besitzen und wie es bei den orthodoxen Kirchen üblich ist, die immerhin tausend Jahre lang bis zum großen Schisma 1054 mit der lateinischen Kirche eins waren.

Etwas Demokratie durften die Bischöfe zunächst wenigstens spielen. Zur Vorbereitung der ersten Synodensitzung 1967 schickten sie zwar nur ihre Konferenzvorsitzenden nach Rom. Die erste ordentliche Bischofssynode 1969 bestand aber schon aus gewählten Delegierten, paternalistisch Synodalväter genannt, aus allen nationalen Bischofskonferenzen. Hinzu kamen allerdings die Abgesandten der Orden und vom Papst ernannte Delegierte und die satte Macht seiner Minister, der Chefs der Kuriendikasterien. Die Geschäftsordnung trug den Stempel »geheim«. Nichts war öffentlich. Unterrichtung der Öffentlichkeit widersprach der Mentalität der Kurie, als dürfe das Kirchenvolk wohlweislich grundsätzlich nur mit fertigen Entscheidungen konfrontiert werden. Es könnte sonst die Orientierung verlieren. »Über Gottes Willen kann man nicht abstimmen«, kanzelte mich ein Prälat auf eine entsprechende Frage ab. Nur, wer sagt denn, daß gerade diese Bischöfe da und dieser Papst Gottes Willen erkannt haben? Woher nehmen sie nur diese Gewißheit, daß nur sie Gottes Willen erkennen können? Da hielt ich es lieber mit dem Tübinger Professor Hans Küng, der vor Formulierungen der Wahrheit warnte. Sollte der Heilige Geist der menschlichen Erkenntnisfähigkeit nur beistehen, wenn sie mit bischöflicher und päpstlicher Soutane ummantelt ist? Die Kirchengeschichte lehrt das Gegenteil.

Jedenfalls erfuhren die Medien so gut wie nie, was sich in der Synodenaula und noch weniger, was sich in den Arbeitskreisen abspielte, in jenen Circuli minori, die sich zwischen der Vollversammlung zur Eröffnung der abschließenden Plenarsitzung nach Sprachen bildeten. In diesen Sprachgruppen konnten die Synodalväter wenigstens miteinander in der Muttersprache reden und die eigentlichen Sachdebatten führen. Viel scheint es nicht gefruchtet zu haben. Die amtlich bestellten und täglich zum Schweigen gebrieften Pressesprecher trugen selten etwas aus lebhaften Debatten vor. Sie berichteten über Statements, die schon am stillen Schreibtisch daheim vorformuliert waren und von keiner noch so heftigen Auseinandersetzung in Frage gestellt werden konnten. Für kontroverse Diskussionen bis zu einem echten Kompromiß, so übereinstimmend Synodale im Rückblick, blieb viel zu wenig

Zeit. Die Pressesprecher durften nicht einmal ohne Rückfragen mitteilen, was sie wußten.

Wollen wir die Kritik nicht übertreiben. Immerhin müssen auch Bischöfe demokratische Auseinandersetzungen erst lernen. Parlamentarismus war nun nicht gerade eine kirchliche Erfindung, obwohl es in der Urkirche demokratischer zuging als in den 68er Jahren unter rebellischen Studenten mit ihrer Basisdemokratie. Die Gemeindenvorsteher, die Presbyter, wurden damals noch vom Volk gewählt, ebenso wie die Bischöfe. Das verlor sich erst nach dem vierten Jahrhundert, als die Christen Mitglieder der Staatskirche von den Gnaden des römischen Kaisers wurden. Als dessen Reich im Barbarenansturm unterging, setzte sich die sich herausbildende Papstkirche einfach auf die ererbten weltlichen Strukturen. Die altrömischen Gewänder, die jetzt nur noch zu den Messen getragen werden, die Verwaltungs- und Ämterbezeichnungen wie »Diözese« beweisen es bis heute, auch wenn eineinhalb Jahrtausende darüber hinweggegangen sind und die Wurzeln verdeckt haben.

Die Hoffnungen waren dennoch gerechtfertigt, daß im engen Rahmen der Synoden tragfähige Mehrheitsbeschlüsse herauskämen. Etwa als über die Zulassung verheirateter Männer zum Priesteramt gesprochen wurde. Papst Paul VI. hatte bereits einem brasilianischen Bischof versprochen, mindestens zwei sogenannte viri probati, also erprobte Männer, die theologisch ausgebildet, aber verheiratet waren, zu Priestern zu weihen. Der Bischof hatte sich gefreut, nach der Heimreise die beiden zu weihen, damit die Priesternot etwas geringer werde. Doch die Synode fürchtete anscheinend das Zeichen gegen den Zölibat mehr als der Teufel das Weihwasser und flüchtete sich in Ausreden.

Deutlich wurde diese Angst, an historischen, aber keineswegs glaubenswesentlichen Kirchenfundamenten zu rütteln, am Abstimmungsergebnis. Eine knappe Mehrheit sprach sich gegen die Weihe der Verheirateten aus. Wieder kehrte ein Bischof enttäuscht aus Rom nach Hause zurück.

Mich stürzte der Beschluß damals in journalistische Gewissenskonflikte. Erstens hatte ich von der Zusage an die Viri probati aus zuverlässiger Quelle erfahren und sah mich scheinbar widerlegt.

Zweitens hatte ich als Ergebnis der Synode kein eindeutiges Ja zum Zölibat, der zwangsweisen Ehelosigkeit der katholischen Pfarrer, gemeldet. Eine Konkurrenzagentur berichtete dagegen klipp und klar von einer eindeutigen Abstimmungsniederlage für die Reformer. Sie hat später recht behalten, weil der Papst das Votum der Synode gegen die Weihe Verheirateter auslegte. Bei der Abstimmung erschienen die Aussagen aber nicht so eindeutig.

Denn die Manipulation ist in die Abstimmung eingebaut, damit der Papst, dem sowieso alles zur freien Verwendung vorgelegt werden mußte, tun und lassen konnte, was ihm beliebte. Er konnte und kann sich immer auf die Mehrheitsbeschlüsse seiner Synoden verlassen, egal was die Teilnehmer auch beschließen. Das ermöglicht ihm eine kleine Besonderheit synodaler Resolutionen. Die Teilnehmer dürfen nämlich ihr Ja oder Nein einschränken oder erweitern. Iuxta modum heißt das dort auf Lateinisch. Statt ja, ja, nein, nein sieht die Geschäftsordnung ein Ja aber und ein Nein aber vor. In der Fußnote kann also ein Ja durch Bedingungen nahezu ins Gegenteil verkehrt werden und umgekehrt. Die Journalisten verjuxen bald diese Praxis mit dem Spott: »Wen juckt der Modum«.

Einer definierte die Ohnmacht der Bischöfe als eine »Versammlung von Vaterfiguren, die glauben, in der Gesamtheit eine Mutter zu sein«. Der Vater dieser Mutter sitzt aber in Rom und hat einen ganzen Apparat zur Verfügung, um die Bischöfe spüren zu lassen, daß sie eben nur Figuren sind.

Die einzige vom Zweiten Vatikanischen Konzil hinterlassene Institution, die einem demokratischen Parlament nahe kommt, ist die nationale Bischofskonferenz. Bis zum Konzil waren es weltweit nur informelle Treffen der Bischöfe eines Landes oder einer Region. In Deutschland wurden diese Versammlungen als Fuldaer Bischofskonferenz seit 1867 regelmäßig gehalten. Ihre Beschlüsse waren jedoch unverbindlich. Sie gewannen erst rechtliche Kraft, wenn der jeweilige Diözesanbischof sie in seinem Bistum, seinem sogenannten Jurisdiktionsbezirk, auch erließ. Heute ist die Deutsche Bischofskonferenz eine Rechtsperson und hat unter dem Namen des Verbandes der Deutschen Dözesen eine eigene Organisation.

Aus der Zeit der alten Fuldaer Bischofskonferenz stammt auch die Formel, mit der viele Hirtenbriefe begannen: »Die am Grabe des Heiligen Bonifatius versammelten Bischöfe …« Das Grab des Missionars der Deutschen, des als Märtyrer gestorbenen Bischofs Bonifatius, liegt in Fulda. Daher findet mindestens eine der beiden alljährlichen Vollversammlungen der deutschen Bischöfe auch in Fulda statt.

Diese Vollversammlungen verlaufen zwar stets brüderlich, glaubt man den offiziellen Darstellungen, als wäre es eine Schande, wenn zugegeben würde, daß auch Bischöfe Menschen sind, die sich für ihre gegensätzliche Meinung stark machen. Eine gepflegte Streitkultur ist keine Sünde. Mich warnte einmal ein evangelischer Kollege anläßlich einer protestantischen Synode, als der kämpferische und mit allen Wassern eines erfüllten Manneslebens gewaschene Altbischof Martin Niemöller ans Podium trat, mit den Worten: »Paß auf, wenn dort von Brüdern gesprochen wird, dann ist es wie unter Parteifreunden. Sagen sie Freund, meinen sie Feind und wetzen die Messer.« Das Beispiel ist übertragbar und soll keineswegs unökumenisch und unchristlich von katholischen Mißständen ablenken.

Bischofskonferenzen können im Rahmen ihrer nationalen Zuständigkeit verbindliche Beschlüsse fassen. So heißt es. Aber von Rom müssen sie trotzdem abgesegnet werden, vor allem, wenn es sich um die sogenannten Durchführungsbestimmungen römischer Dekrete handelt. Der Aufpasser aus der Kurie sitzt sowieso immer dabei. Der päpstliche Nuntius ist von Amts wegen Beobachter der Bischofskonferenzen. Man könnte auch Oberaufseher sagen.

Manchmal entwickeln die Konferenzen unerwartete Freiheit, wenn es die Umstände erlauben. Das war 1970 in Deutschland der Fall. So weit muß ich schon zurückgreifen, um ein authentisches, persönliches Erlebnis schildern zu können. Außerdem hat der Gebrauch der Freiheit eines Christenmenschen unter den deutschen Bischöfen in den Zeiten des Papstes Johannes Paul II. erheblich nachgelassen.

Damals war der ökumenische Aufbruch noch ungebrochen und voller optimistischer Hoffnung. Das Zweite Vatikanische

Konzil hatte die Einrichtung eines Ministeriums, des Sekretariats für die Einheit der Christen, beschlossen und es einem der eifrigsten und überzeugendsten Ökumeniker anvertraut, dem aus Südbaden stammenden Kurienkardinal Augustin Bea. Das »Einheitssekretariat« drängte darauf, besonders ärgerliche Hindernisse bei der Annäherung der christlichen Kirchen zu beseitigen. Dazu gehörten die für den nichtkatholischen Partner unwürdigen Vorschriften bei der Schließung einer konfessionellen Mischehe.

Die noch immer in der Überzeugung der alleinseligmachenden Kirche lebende katholische Kirche tat so, als wäre eine Ehe eines Katholiken mit einem protestantischen Partner der Abfall vom christlichen Glauben. Wer dieses Risiko einging, mußte nicht nur über die Gefährdung seines Glaubens aufgeklärt werden, sondern auch von Rom eine Erlaubnis einholen. Sie wurde nur mit der Auflage genehmigt, daß die Kinder katholisch erzogen würden. Erst diese Dispens, so heißt dieser Freibrief zur gemischt-konfessionellen Ehe, erlaubte es dem katholischen Pfarrer, das junge Paar zu trauen. Andernfalls wäre die Ehe ein wildes Konkubinat, also gar nicht existent.

Paul VI. wählte 1970 die Form eines Lehrschreibens »aus eigenem Antrieb«, Motu proprio, wiewohl er erheblich angetrieben wurde, zumal das Problem im nominell fast hundertprozentig katholischen Italien keine Rolle spielte. (Die Pförtnersfrau in unserem Haus in Rom fragte mich einmal, ob ich katholisch sei. Auf meine bejahende Antwort reagierte sie sichtlich enttäuscht. Sie hätte so gern einmal einen Protestanten gesehen. Worin sie sich von Katholiken sichtlich unterscheiden sollten, konnte sie mir auch nicht erklären.)

Dieses Motu proprio Matrimoniae mixtae kam nun durch nicht näher zu beschreibende Beziehungen mehrere Wochen vor dem für die Veröffentlichung geplanten Termin in meine Hände. Ich las es durch und verstand eigentlich nur eines: nichts Neues drin. Für einen Nachrichtenredakteur wäre dies auf den ersten Blick also keine Meldung wert gewesen. Ich entschied mich dennoch gegen den Rat meiner Vorgesetzten für eine breit angelegte Berichterstattung mit einem objektiv richtigen, für die Urheber vernichtend negativen Trend: Keine Erleichterungen für Mischehen bringt das neue Mischehenrecht der katholischen Kirche. So etwa lautete der Leadsatz, mit dem Nachrichten beginnen. Ein in Tübingen lehrender Kirchenrechtler bestärkte mich am Telefon in dieser Einschätzung. Er stand dann allerdings später nicht zu seinem Urteil, als er auf römischen Druck von seinem Bischof Carl Joseph Leiprecht zur Rechenschaft gezogen wurde. Stattdessen verwies er auf mich und meine journalistische Ahnungslosigkeit. Nicht die Botschaft war von Übel, sondern der Überbringer sollte büßen, eine antike Erfahrung, die von Journalisten unfreiwillig, aber regelmäßig hochgehalten wird.

Die Meldung, von der Deutschen Presse-Agentur verbreitet, bestimmte damals die ersten Seiten der meisten deutschen Zeitungen. Die Unterlassung von Reformen war der Aufreger an dieser Geschichte. In Deutschland hatte man gehofft, daß im modernen ökumenischen Geist die katholische Kirche ganz auf ihre Dispenspraxis verzichte. Sie verlagerte aber nur die Instanzen. Der Pfarrer, an den sich ein konfessionsgemischtes Paar wendet, muß seither nicht mehr in Rom – bei ewigen postalischen Wegen – um Erlaubnis bitten, sondern darf sich an den Diözesanbischof wenden. Für mich war das weder eine inhaltliche Entlastung noch eine ökumenische Öffnung, als die die Kurie die Verwaltungsvereinfachung an die Öffentlichkeit verkaufen wollte. Wäre die italienische Post nicht so unzuverlässig, wäre mir persönlich sogar eine weit entfernte Instanz, die im Einzelfall weniger persönlich voreingenommen urteilt, lieber als der Bischof am Ort.

Einen Sturm der künstlichen Entrüstung entfachte die Deutsche Bischofskonferenz. Der damalige Chefredakteur der dpa wurde von Konferenzsekretär Karl Forster nach München zitiert, wo der Geschäftsführer der Bischofskonferenz nichts anderes als meine Entlassung erreichen wollte. Die Kirche träumte noch immer von inquisitorischer Allmacht. Im Flugzeug nach München, wohin er tatsächlich reiste, las mein Chef eine Notiz in der Süddeutschen Zeitung, die die unerklärten Absichten der Bischöfe im voraus enthüllte. Meine Entlassung, die angeblich nie ernstlich erwogen worden sei, stand nicht mehr auf der Tagesordnung. Sie hätte dem Ruf der dpa ebenso wie dem der Kirche geschadet. Dafür durfte ich dann ein langes Interview mit dem Konferenzpräsidenten Kardinal Döpfner führen über die Durchführungsbestimmungen des römischen Dekrets.

Das Interview wurde wenig beachtet, weil es den negativen Eindruck der grundsätzlichen Sturheit Roms nicht beseitigen konnte. Dafür faßten aber die deutschen Bischöfe die Durchführungsbestimmungen so ökumenisch, daß sie zu den aufgeschlossensten in der ganzen katholischen Welt gehören. Als ich später bei einer evangelischen Synode in Stuttgart dem Katholika-Referenten der Evangelischen Kirche in Deutschland (EKD) vorgestellt wurde, blickte der mich dankbar an und meinte: »Manchmal scheint der Heilige Geist sogar Journalisten zu gebrauchen.«

Ohne die korrekte Veröffentlichung der tatsächlichen römischen Absichten und das negative Echo darauf hätten die deutschen Bischöfe kein Druckmittel gehabt, das hierzulande heiße Eisen der Mischehen ohne weiteren Schaden für die zwischenkirchlichen Beziehungen anzufassen.

Ganz anderer Meinung war die Kurie. Sie wollte ursprünglich in einer internationalen Pressekonferenz die Neuregelung der Zuständigkeit als Durchbruch im Mischehenrecht feiern. Die vorzeitige Publikation verdarb die Propagandaabsicht. Der damalige zweite Mann der heute von Kardinal Ratzinger geleiteten Glaubenskongregation, der belgische Dominikanerpater und Erzbischof Jérôme Hamer, eilte persönlich in das römische Büro meiner Nachrichtenagentur, um dort zu erfahren, wer mir das Dokument zugesteckt hatte, das ich so falsch beschrieben hätte, obwohl ich daraus die wichtigsten Bestimmungen in deutschem Originaltext wörtlich verbreiten ließ, damit jede Redaktion sich ein eigenes Bild machen konnte.

Hamer erfuhr nichts, zumal das römische Büro davon nichts wußte. Ich selbst hatte sicherheitshalber die Unterlagen des Chefredakteurs verbrannt, denn ich wurde bereits an meinem Wohnort in Stuttgart von »braven« Katholiken als Nestbeschmutzer telefonisch beschimpft. Drei Jahre später wurde ich Italien-Korrespondent in Rom mit dem zusätzlichen Auftrag, mich besonders um den Vatikan zu kümmern.

Noch einige Jahre später, als ich längst nicht mehr in Rom war und aus wohltuender Distanz in Paris das kirchliche Leben beobachtete, erzählte mir ein Kurienprälat, daß meine Berichte geradezu zu genau die Wahrheit wiedergegeben hätten.»Es war nur eine Verwaltungsvereinfachung. Die Kurie wurde mit Dispensanträgen überschwemmt und sah ein, daß sie diese bürokratische Arbeit problemlos an die Diözesen verlagern konnte.« Porto wurde damit auch noch gespart. So banal geht es manchmal in der Kirche zu, wenn sie vorgibt, eherne Grundsätze zu verteidigen, und den Zweifler mit wüsten Dementis bloßstellen will. Darin hat sich nach meinen Erfahrungen bis heute nichts geändert.

Immerhin bleibt für mich die Erfahrung, daß unbeirrt korrekte Information sich langfristig bestätigt und sogar etwas bewegen kann, mehr als ein subjektiver Leitartikel, selbst wenn er noch so gut argumentiert. Ein Trost für viele anonyme Nachrichtenjournalisten, die bei Agenturen ihre täglichen Meldungen abfassen und im öffentlichen Ansehen im Schatten der brillierenden Leitartikler häufig als Journalisten zweiter Kategorie behandelt werden. Kopf hoch, Kollegen! Die Leitartikler lesen auch nur Meldungen, die zu schreiben sie gewöhnlich nicht imstande sind. Sie geben vor, daß die nüchterne Kürze der gebräuchlichsten Kommunikationsform in den Massenmedien die vermeintliche Tiefgründigkeit der Kommentatoren nicht erreicht. In Wirklichkeit wären die meisten vom Anspruch an Klarheit und Einfachheit sprachlich überfordert.

Die katholischen Bischöfe in Deutschland durften also relativ fortschrittliche »Durchführungsbestimmungen« zum Mischehendekret verabschieden. Dafür gibt es noch einen zweiten Grund. Die Mischehenfrage ist keine zentrale römische Angelegenheit, weil sie sich auf wenige Länder konzentriert, eben die mit einer nennenswerten evangelischen Bevölkerung. In den traditionell katholischen Ländern spielt sie keine Rolle, wie überhaupt das ökumenische Gespräch mit anderen Christen in den römischen Köpfen sehr, sehr weit weg ist.

In anderen Fragen werden die Bischöfe von Rom ganz anders ans Gängelband genommen, nicht nur die deutschen. Ein Musterbeispiel lieferte Anfang der 90er Jahre Frankreich. Erzbischof Joseph Duval von Rouen schwante schon Böses, als er einen

Anruf aus Rom bekam. Der Personalchef war am Apparat. »Geht nicht so weit!« bat der Vorsitzende der französischen Bischofskonferenz den aus Benin (Afrika) stammenden Kurienkardinal Bernardin Gantin, damals 74 und als Präfekt der Bischofskongregation Dienstvorgesetzter der Oberhirten in Rom. Doch die römische Kurie hatte längst beschlossen, daß sie in Kauf nehmen wollte, was Duval ahnungsvoll mit einer Lage beschrieb, die »kaum zu bewältigen ist«.

Rom schickte den Bischof von Evreux (Normandie), Jacques Gaillot, nicht mehr junge 59 Jahre alt, in die Wüste. Seither ist die katholische Welt in Frankreich nicht mehr in Ordnung. Gaillot wurde nicht einfach versetzt. Ihm wurde die untergegangene Diözese Parthenia in Mauretanien übertragen. Gaillot behielt den Bischofstitel, aber war ohne Gemeinde. Parthenia ist vor eineinhalb Jahrtausenden unter dem Ansturm des Islam vernichtet worden.

Zum Zeichen, daß die römische Kirche nie auf etwas verzichtet, auch wenn es Jahrtausende dauern sollte, ernennt sie Bischöfe ohne eigene Diözesen zu »Titularbischöfen« von untergegangenen Bistümern. Sämtliche Weihbischöfe haben solche Phantomdiözesen, die oft nur aus etlichen Quadratkilometern Wüstensand bestehen. Gaillot schuf darauf eine neue virtuelle Diözese. Er ging mit Parthenia ins Internet, wo die ganze Welt mit ihm per Computer kommunizieren kann.

Roms Schachzug gegen Gaillot war raffiniert ausgekungelt. Die Welt blickte auf den Papst, den in Manila gerade geschätzte vier Millionen Katholiken umjubelten. Die größte Versammlung in der Geschichte der Christenheit sollte die Absetzung des »Bischofs jener Menschen, die nicht in die Kirche gehen« (Gaillot über sich) überstrahlen.

Die Kurie hatte den Coup in Abwesenheit des Chefs klammheimlich durchziehen wollen und sich verkalkuliert. Unerheblich bleibt, ob der Papst mit dem Skandal verschont bleiben sollte, weil er ihn mißbilligte, oder weil es besser war, die Drecksarbeit zu erledigen, wenn er irgendwo in der Welt einen seiner Massenerfolge feierte. Die »älteste Tochter der Kirche« (Johannes Paul II. zu Frankreich am Anfang seines Pontifikats) begehrte jedenfalls auf. Zu Tausenden demonstrierten Gläubige und Ungläubige für den populären Bischof, dem unbequeme Ansichten, aber keine Glaubenssünde nachgesagt werden konnten.

Die Kirchenzeitung »La Vie« ermittelte, daß 64 Prozent der Franzosen (76,3 Prozent katholisch) die Maßnahme nicht billigten. »L'EXPRESS« folgerte, die französische Kirche »erträgt immer weniger die Ukasse des Heiligen Stuhls«.

Plötzlich vom Himmel gefallen ist die Affäre nicht. 1982 war der Bibelwissenschaftler Gaillot zum Bischof von Evreux berufen worden. Das Bistum Evreux hat 513 000 Einwohner und 366 000 Katholiken, Kommunisten und Rechtsradikale geben in der Öffentlichkeit den Ton an, nach der Affäre Gaillot noch mehr als zuvor. Der damalige Präsident der Bischofskonferenz, Jean Vilnet, lobte Gaillot als kultivierten Mann mit großen menschlichen Qualitäten. Ein Jahr später erntete er nur noch die Kritik seiner Mitbrüder im Bischofsamt.

Gaillot entfaltete zu sehr die gerühmten humanen Qualitäten und verletzte undisziplinierbar den Korpsgeist der Bischöfe. In dem sozial schwierigen Evreux (starke Nationale Front, kommunistischer Bürgermeister, viele Einwanderer) wollte er sich »wie Jesus« um die Randgruppen kümmern. Dabei wurde er zum »roten Bischof« und ein Medienstar, der mit seiner Kritik am Kirchenapparat gern zitiert wurde.

Gaillot scheute sich nicht, einem Männermagazin ein Interview zu geben und in einer frivolen Fernsehsendung mitzumachen. Er empfahl Kondome gegen Aids und forderte das Ende des Zölibats.

Alles Gründe für eine Flut von Beschwerden traditionalistischer Katholiken in Rom. »Die römischen Büros«, so »Le Monde«, »hörten nur zu gern auf die konservativen Sirenen.« Das ultrarechte Opus Dei soll die Fäden gezogen haben. Frankreichs Bischöfe befürchteten eine Kirchenspaltung und einen Massenaustritt der Gläubigen, was in Frankreich nicht so augenfällig wäre wie in Deutschland. Es gibt keine eingeschriebenen Mitglieder der öffentlich-rechtlichen Anstalt katholische Kirche. Das Mitgliedersystem ist unbekannt. Die Taufe reicht. Danach unterscheiden sich die Franzosen selbst, wenn sie gefragt werden, in Katholik und praktizierender Katholik. Auch so läßt sich die innere Emigration weiter Teile der katholischen Kirche beschreiben.

Dabei unterscheiden sich die französischen Bischöfe in wesentlichen Punkten von ihren deutschen Mitbrüdern. Sie sind arm. Als ich einmal ein Gespräch mit dem Bischof von Saint Denis im Norden von Paris führen wollte, vereinbarte er ein Treffen in seinem Ordinariat. Das war ein Flachbau, der mehr einer Baubaracke und nicht im entferntesten einem deutschen Bischofspalais glich. Der Bischof kam am Steuer seines Renault 4 zum Interview. Dennoch wollte er um keinen Preis mit den wohlhabenden deutschen Amtsbrüdern tauschen. Er fühlte sich als überzeugenderer Nachfolger der Apostel.

Wo der Papst nicht so hart wie gegen Gaillot durchgreifen kann, straft er den Querdenker durch Mißachtung. Davon waren schon prominente Bischöfe und Kardinäle betroffen. So ließ Papst Pius X. (1903 bis 1914) den Erzbischof von Mailand, Andrea Ferrari, bei einem Besuch in Rom aus dem Vatikan entfernen, weil der Mailänder nach Ansicht des Papstes zu modernistische Ideen vertrat. Erzbischof und Papst wurden inzwischen heiliggesprochen. Wenigstens im Jenseits können sie sich nicht mehr ausweichen.

Pius XII. vergaß den Streit nie, den er als Kardinalstaatssekretär mit seinem Apostolischen Delegierten in den USA, Amleto Cicognani, hatte. Als Papst ließ er den Erzbischof in den USA schmoren. Cicognani mußte 27 Jahre im diplomatischen Außendienst bleiben, bevor er in Rom wieder willkommen war, unter dem nächsten Papst Johannes XXIII. Der machte ihn dann zum Ausgleich selbst zu seinem Kardinalstaatssekretär, also seinem Premierminister.

Der 1993 im Alter von 89 Jahren gestorbene frühere Erzbischof von Brüssel und Mechelen, Kardinal Leo Suenens, war am Hof von Paul VI. nicht mehr willkommen, obwohl der Belgier zu den führendsten Reformern gehörte und einer der vier Moderatoren des Zweiten Vatikanischen Konzils war. Suenens (und der Münchner Kardinal Julius Döpfner) gehörte zu jener Theologenkommission, die den Papst in der Frage der Pillenenzyklika beraten sollte. Sie stimmte mit knapper Mehrheit gegen das Pillenverbot. Paul VI. hielt sich nicht daran. Und Suenens erleichterte sein Gewissen dadurch, daß er das streng geheime Ergebnis der Kommissionsabstimmung bekanntgab. Die Kurie geriet außer sich über einen solchen Ungehorsam. Leo Suenens bekam fortan keine Audienz beim Papst mehr.

# Die Laien

*Indische Weisheit auf katholisch:*
*nichts hören, nichts sehen, nichts sagen, nur dienen*

Laien sind nach allgemeinem Sprachgebrauch Menschen, die von einer bestimmten Sache nichts verstehen. Allenfalls wird ihnen eine gewisse Liebhaberei zugestanden, ein ernsthaftes Bemühen, das aus dem blutigen Laien im besten Fall einen engagierten Amateur, also Liebhaber macht, der jedoch nur selten an Profiqualitäten heranreicht. Nirgends trifft dies mehr zu als in der katholischen Kirche, auch wenn das Lehramt eine ganz andere Definition für ihre Amateure hat. Die Laien sind das Volk, das Kirchenvolk, das ohne höhere Weihen in erster Linie zu gehorchen hat.

Geführt wird dieses Volk von Menschen mit höheren Weihen, von Priestern, vor allem aber von Bischöfen und dem Papst. Deren Professionalität ist dank der Weihen so überragend, daß der inbrünstigste Liebhaber-Amateur der Kirche vor ihm auf die Knie fällt und nichts anderes als dessen Worte hören will. Zu sagen hat er sowieso nichts und sehen/blicken darf er nur nach oben. Dienen ist die vornehmste Pflicht des Laien in der Kirche – und zahlen. Das darf er immer und ohne Murren. Murren wäre schließlich Auflehnung gegen die Profis und damit gegen Gott, in dessen Namen sie allein als die Initiierten, die Wissenden, handeln. Die indische Weisheit von den drei Affen eben auf katholisch.

Wenn es dann eines Tages doch geschehen sollte, daß ein Laie professionelle Ansprüche stellt, sündigt er schwer und muß dafür büßen. Wenn er ungestraft davonkäme, wäre das eine Revolution. Genau diese hatten einige hoffnungsvolle Laien vor über

dreißig Jahren doch tatsächlich erwartet, als 1965 in Rom das
Zweite Vatikanische Konzil beendet und die Kirchentore weit zur
Welt aufgestoßen wurden. So jedenfalls glaubten es diejenigen,
die damals gewöhnlich noch in großer Zahl von außen nach
innen durch diese Tore schritten. Sie versammelten sich in Synoden, diskutierten und verabschiedeten Entschließungen. Der Vater in Rom, der Papst, damals Paul
VI., sah die Resolutionsfreudigkeit nicht immer mit ebensolcher
Freude. Es gehörte aber zu seiner Größe, daß er die aufmüpfige
Herde gewähren ließ. Er weckte Hoffnungen auf Veränderungen,
die er selbst zwar nicht mehr erfüllen konnte. Reformstau gab es
in den letzten Jahren seines 1978 endenden Pontifikats. Dann
kam der Papst aus der versteinerten Kirche Polens und drehte das
Rad zwar nicht gleich zurück. Er hielt es nur an. Immer weniger
Laien strömten seither von außen nach innen durch die weit geöffneten Kirchentore, bis auch sie den Eindruck gewannen, daß
die Kirche die Tore am liebsten schließen möchte, um den weiteren Andrang zu beenden. Drinnen sollte es klein, fein und gehorsam zugehen. Man wollte unter sich bleiben. Da störten jene
Kirchgänger nur, die gern mehr zu sagen hätten als der Hochwürdige Herr Pfarrer, der schon längst diese Anrede allenfalls noch im
Selbstgespräch zu hören bekommt.

Nur gab es noch immer eine Menge guter Katholiken, die diesen Schrumpfungsprozeß nicht wahrhaben wollten. Sie glaubten,
sie könnten ihre Frömmigkeit in der katholischen Kirche nach
eigener Façon leben. Rom, so eine alte Spruchweisheit, ist weit
weg. Die andere Weisheit heißt aber: Alle Wege führen nach Rom.
Schlimmer noch die umgekehrte Logik: In der katholischen Kirche kommen sie von dort.

Die Erkenntnis wurde verdrängt, daß in Zeiten der Massenkommunikation das kirchliche Nischendasein immer schwerer
wird, weil es fromme Denunzianten in Massen gibt, die entweder
intrigant den nächsten Bischof mit Beschwerden eindecken oder
die Presse ebenso scheinheilig auf echte oder vermeintliche Skandale, sprich Ketzereien, hinweisen. Abweichler, Experimentierer
oder einfach unabhängig handelnde Katholiken ließen auf diese
Weise bald in Rom die Alarmglocken schrillen. Und Rom ent-

deckte, daß auch für überzeugte Katholiken nicht alle Wege in den Vatikan führen.

Ordnung mußte wieder her. Und im Unterschied zu seinem Vorgänger Paul VI. wollte Johannes Paul II. nicht in die Geschichte eingehen als der Papst, der Vielfalt und multiple Entwicklung zugelassen hat. Er reiste zwar um die ganze Welt und hätte mehr als jeder Vorgänger die Vielgestalt auch in der Kirche und zu ihrem Segen wahrnehmen sollen. Er tat es nicht. Er predigte schließlich immer nur. Zuhören war nicht seine Stärke. Deshalb nahm er auch nicht wahr, daß päpstliche Ukasse heute keine Ordnung mehr schaffen. Das wird er oder sein Nachfolger vermutlich erst realisieren, wenn irgendwann einmal der Ukas wegen Unzustellbarkeit zurückkommt, weil der Adressat von der kirchlichen Post nicht mehr erreichbar ist. Unbekannt verzogen, abgemeldet, weil die lästigen Postwurfsendungen aus Rom nicht mehr seinen Briefkasten verstopfen sollten.

Ob der Absender dann erkennt, daß er selbst Schuld an dieser schleichenden Entfernung hat? Hier endet die Parabel und kommt die rauhe Wirklichkeit im Klartext zu Wort. Bei der Lektüre der Kommentare zu seinem jüngsten Rundbrief über die Mitarbeit der Laien müßte der Papst eigentlich aufgewacht sein. Selbst in katholischen Zeitungen, die schon aus Abonnenteninteressen antikirchliche Kritik meiden, konnte der katholische Leser Aufmüpfiges lesen:

Der »Trierische Volksfreund« stellte beispielsweise fest: »Dem Alltag dieser Welt weit enthoben und zugleich in die Sorgen um den Bestand der eigenen Denksysteme verstrickt – so präsentieren sich die strengen alten Männer im Vatikan mit ihrer neuesten Botschaft an das Kirchenvolk. Was sie zur Verantwortung der Laien in der Kirche zu sagen haben, das atmet den schweren, klammen Hauch vorkonziliarer Zeit, der die Katholiken der Gegenwart schon allzu lange nicht so frei atmen läßt, wie es ihnen als Kinder Gottes zukäme... aber: der Vatikan wird sich schwertun mit seiner Angst. Die richtige und gute ›Anpassung‹ an die Welt ist nämlich erstens nicht mehr zu stoppen und zweitens nur in einem gänzlich anderen Klima zu verwirklichen – dem des Vertrauens nämlich.«

Das wiederum, so weiß der Romkenner, ist in der katholischen Kirche wie in allen absoluten Systemen nur ein leeres Wort. Das spürt auch die »Aachener Zeitung« und kommentiert: »Diejenigen deutschen Katholiken, die in all den Jahren heftiger innerkirchlicher Diskussion vermittelt haben, die ganz bewußt in ihrer Kirche, bei ihren Bischöfen und Priestern geblieben sind, die Enttäuschungen in Kauf genommen und sich mit kleinsten Schritten zufriedengegeben haben, die erhalten jetzt zum Dank eine schallende Ohrfeige. Es hat überhaupt keinen Sinn, die wiederholten Demarchen aus dem Vatikan kleinzureden, zu beschwichtigen nach dem Motto: Rom meint es nicht so. Die Einheit der Kirche wird nicht von der Basis, sondern zunehmend von ihrer Spitze in Frage gestellt. Wir sind an einem Punkt, der Abwarten und Ausflüchte nicht länger zuläßt. Ein reinigendes Gewitter tut not. Danach kann man wieder freier atmen.«

Die »Augsburger Allgemeine«: »So vehement haben die deutschen Katholiken dem Vatikan schon lange nicht mehr widersprochen. Die kirchlichen Laienverbände rufen offen zum Widerstand auf. Er ist bitter notwendig. Ernstlich gefährdet scheint das gute Miteinander von Klerus und engagierten Gläubigen in Deutschland.«

»Die Entfremdung zwischen den deutschen Katholiken und dem Vatikan hat einen neuen Höhepunkt erreicht«, stellte selbst die von Hause aus zurückhaltende Deutsche Presse-Agentur fest, als sie die ungewöhnlich scharfen und schnellen Reaktionen zusammenfaßte, die schon gleich nach der Veröffentlichung der »Instruktion zu einigen Fragen über die Mitarbeit der Laien am Dienst der Priester« bekannt wurden.

Richtig vermerkte dpa auch, daß der unverfängliche wie sperrige Titel des päpstlichen Papiers die innerkirchliche Brisanz nicht ahnen ließ. Man konnte die Instruktion auch streng kirchenrechtlich lesen. Dann wäre sie wirklich ganz harmlos, weil sie nur feststellte, was rechtlich gültig ist. Das Problem lag allerdings darin, daß das Recht um Jahrzehnte nachhinkt und die Lebendigkeit einer Gemeinschaft, auf die alle Institutionen stolz wären, nur nicht die katholische Kirche, von dem Kirchenrecht längst nicht erfaßt, sondern unterdrückt wird.

Im Kern geht es darum, die Mitarbeit der Laien in den Kirchengemeinden wieder einzuschränken, um die – nach Vatikansicht herausragende – theologische Bedeutung des Klerus in der Funktionärskirche auch im Alltag um so deutlicher zu machen.

Recht unverhohlen kritisiert das Zentralkomitee der Deutschen Katholiken (ZdK) das Dokument als Rückfall in die Zeiten vor dem Zweiten Vatikanischen Konzil. ZdK-Generalsekretär Friedrich Kronenberg wirft dem Vatikan vor, überall dort, wo das Konzil den Laien Ermunterung und Aufforderung zum Mitwirken am Apostolat der Kirche gibt, den » Rückwärtsgang« einzulegen. Kronenberg hält die Instruktion » für ein Produkt der Angst«. Daß bestimmte Gewohnheitsrechte, die in vielen deutschen Gemeinden gang und gäbe sind, vom Vatikan de facto widerrufen werden, bezeichnet Kronenberg als » Aufforderung zum Streit«.

Der Vatikan bekräftigt das Predigtverbot für Laien (bis auf wenige Ausnahmen). Sogar die Praxis der Kommunionhelfer, in jedem Gottesdienst hierzulande längst selbstverständlich, soll stark begrenzt werden. Die ohnehin nur in schwachen Ansätzen vorhandene innerkirchliche Demokratie erhält einen weiteren Dämpfer. Alle » pfarrlichen Räte« müssen vom Gemeindepfarrer geleitet werden. Ob damit die von den Gemeindemitgliedern demokratisch gewählten Pfarrgemeinderäte gemeint sind, ist Interpretationssache.

Gemeinden, die aufgrund des Priestermangels ohne Pfarrer sich quasi selbst verwalten, müssen einen Pfarrer als verantwortlichen Vorgesetzten zugeordnet bekommen. Der Verwaltungsrat bzw. Kirchenvorstand soll nicht mehr verantwortlich sein für die Pfarrgeschäfte – sprich: Finanzen –, sondern der Pfarrer. Das aber dürfte in Deutschland zumindest keine praktischen Folgen haben, da das Staatskirchenrecht diese Dinge anders regelt.

Kirchenkreise ließen geradezu hilflos verlauten, daß der Vatikan die Rolle der Geistlichen wieder stärken möchte. Manche Priester seien angesichts der gewachsenen Laiendienste in eine Identitätskrise geraten. Die Täter und Verantwortlichen für die Glaubenskrise argumentieren damit so, daß sie am Ende noch als die zu bemitleidenden Opfer dastehen sollen, ein Meisterwerk von Wirklichkeitsverlust oder Heuchelei.

Das Gesetz von Ursache und Wirkung scheint in der katholischen Kirche außer Kraft gesetzt zu sein. Das wurde besonders den letzten noch erkennbaren Reformkräften bewußt. Sie betrachten das Dokument als Schlag ins Gesicht. Noch einen Monat zuvor hatte die internationale Bewegung »Wir sind Kirche« in Rom für die Abschaffung des Zölibats, für das Frauenpriestertum, für mehr innerkirchliche Demokratie und stärkere Beteiligung der Laien in der Kirche geworben. Die Kurienoberen konnten darüber nur mitleidig schmunzeln. Das Anti-Laien-Papier lag schon unterschrieben in ihren Schubladen. Gewußt hat es die ganze Kurie, denn immerhin acht Kongregationen und Räte hatten durch jeweils doppelte Unterschrift dem römischen Ordre de moufti ihr ganzes Gewicht verliehen.

Den meisten war die Zurechtweisung der Laien ganz aus dem Herzen geschrieben. Kein anderes Dokument des Vatikans seit über dreißig Jahren verdient mehr und eindeutiger das Adjektiv »reaktionär«. Hier versucht eine um ihre Macht bangende Führungsriege eine Verteidigungslinie auf den Positionen vor dem Konzil zu errichten. Es ist der Geist des Opus Dei, das für sich den strengen Gehorsam und die straffe Ordnung der absolutistischen Kirche praktiziert. Dieses Vorbild soll nun auf die ganze Kirche übertragen werden, damit die katholische Welt wieder in Ordnung komme. Daß die meisten Katholiken diese Ordnung gar nicht wollen, sondern mehr die Frohbotschaft als erlöste Christen leben wollen, kümmert die Herrschaftskirche nicht oder sie versteht das gar nicht.

Wie ein Diktator feiert die Funktionärsschicht auch in der römischen Instruktion zunächst einmal sich selbst: Da ist von der Unersetzbarkeit des Weiheamtes die Rede und davon, daß »eine Gemeinschaft von Gläubigen ihre Leitung nicht von organisatorischen Kriterien aus dem Vereinswesen oder aus der Politik ableiten kann, wenn sie Kirche genannt werden und wahrhaft sein will«. Daß die Kirche ihre ganze Struktur und ihr Herrschaftssystem nicht von Gott bezogen, sondern dem römischen Kaiserreich abgekupfert hat, liegt halt weit im Dunkel der Geschichte.

Nach dieser Einstimmung darf der Katholik wieder etwas hoffen, weil wenigstens Notlagen anerkannt werden. So heißt es weiter:»In bestimmten Gebieten können, bedingt durch den Mangel an geistlichen Amtsträgern, andauernde objektive Situationen der Notwendigkeit und des Nutzens gegeben sein, die die Zulassung von Laien zum Predigtdienst nahelegen.«

Die Predigt in Kirchen und Oratorien kann Laien als »Ersatz« für geistliche Amtsträger oder wegen besonderer nützlicher Gründe, die vom allgemeinen kirchlichen Recht oder der Bischofskonferenz in besonderen Fällen vorgesehen sind, gestattet werden. Sie darf aber nicht einfach als übliches Faktum und auch nicht als authentische Förderung der Laien verstanden werden. Besonders bei der Vorbereitung auf den Empfang der Sakramente »sollen die Katecheten auf die Rolle und Gestalt des Priesters als alleinigen Ausspender der göttlichen Geheimnisse, auf die man sich vorbereitet, aufmerksam machen«.

Solche Hoffnungen auf Laienpredigt mit gewissen formalen Vorbehalten enden dann aber schon bei der Homilie.»Die Bibelauslegung ist als herausragende Form der Predigt Teil der Liturgie selbst. Daher muß die Homilie während der Eucharistiefeier dem geistlichen Amtsträger, Priester oder Diakon, vorbehalten sein. Ausgeschlossen sind Laien, auch wenn sie in irgendwelchen Gemeinschaften oder Vereinigungen Aufgaben als ›Pastoralassistenten‹ oder Katecheten erfüllen. Es geht nämlich nicht um eine eventuell bessere Gabe der Darstellung oder ein größeres theologisches Wissen, sondern vielmehr um eine demjenigen vorbehaltene Aufgabe, der mit dem Weihesakrament ausgestattet wurde.«

Deshalb ist nicht einmal der Diözesanbischof bevollmächtigt, von dieser Norm zu dispensieren. Es handelt sich nämlich nicht um eine bloß disziplinäre Verfügung, sondern um ein Gesetz, das die Aufgaben des Lehrens und Heiligens betrifft, die untereinander eng verbunden sind.

Das wiederum ist nur den geweihten Funktionären vorbehalten, ob sie es können oder nicht. Deshalb wundert es auch nicht, daß »das Amt des Pfarrers nur einem Priester gültig anvertraut werden kann, auch in Fällen objektiven Priestermangels«. Weihe deckt alle Dummheit zu!

Der diözesane und der pfarrliche »Pastoralrat« sowie der

pfarrliche »Vermögensverwaltungsrat«, denen auch Laien angehören, haben nur beratendes Stimmrecht; sie können in keiner Weise zu Entscheidungsorganen werden. Für solche Aufgaben können nur jene Gläubigen gewählt werden, die den von den kanonischen Normen bestimmten Erfordernissen entsprechen. Nicht einmal über das Geld dürfen die Laien verantwortlich entscheiden, obwohl die Skandale um kirchliche Vermögen und die Vatikanbank die begrenzten Fähigkeiten der Hochwürdigen Herren offengelegt haben.

Vorsichtshalber stellt die Instruktion auch gleich klar, was bei Mißachtung geschieht: Der Vorsitz der pfarrlichen Räte steht dem Pfarrer zu. Daher sind Entscheidungen, die von einem nicht unter dem Vorsitz des Pfarrers oder gegen ihn versammelten Rat gefällt wurden, ungültig und deshalb als nichtig zu betrachten.

Ein schwerer Mißbrauch ist es dann natürlich auch, wenn Laien gleichsam den »Vorsitz« bei der Eucharistiefeier übernehmen und dem Priester nur das Minimum belassen, um deren Gültigkeit zu garantieren.

Auf derselben Linie liegt der offensichtliche Verstoß gegen die Kleiderordnung, »falls jemand, der das Weihesakrament nicht empfangen hat, bei liturgischen Feiern Paramente verwendet, die Priestern und Diakonen vorbehalten sind, wie Stola, Meßgewand oder Kasel, Dalmatik«.

Schon der bloße Anschein von Verwirrung, die durch abweichendes liturgisches Verhalten entstehen kann, ist zu vermeiden. Wie die geistlichen Amtsträger an ihre Pflicht zu erinnern sind, alle vorgeschriebenen sakralen Paramente anzuziehen, so können Laien nicht tragen, was ihnen nicht zusteht.

Um Verwirrung zu vermeiden zwischen sakramentalen Feiern unter dem Vorsitz eines Priesters oder Diakons und anderen von Laien geleiteten liturgischen Handlungen, ist es notwendig, daß dafür klar unterschiedliche Formulierungen verwendet werden.

Um keine Verwirrung zu stiften, sind einige Praktiken zu vermeiden und abzuschaffen, die seit einiger Zeit in manchen Teilkirchen aufgekommen sind, wie etwa:
– der Kommunionempfang der Kommunionspender, als ob sie Konzelebranten wären;

– bei der Erneuerung der Bereitschaftserklärung zum priesterlichen Dienst in der Chrisam-Messe am Gründonnerstag auch solche Gläubige einbeziehen, die ihre Ordensgelübde erneuern oder die Beauftragung als außerordentliche Kommunionspender erhalten;

– der gewohnheitsmäßige Einsatz von außerordentlichen Kommunionspendern in der heiligen Messe unter willkürlicher Ausweitung des Begriffs der »zahlreichen Teilnahme«.

Das Wort Verwirrung taucht aufdringlich häufig in dem Text auf. Offensichtlich fürchtet Rom um den Geisteszustand der Katholiken oder hält sie für blöd. Oder auch das Gegenteil: Vielleicht spüren die Mannen um den Papst, daß die Katholiken gar nicht so dumm sind, um nicht zu entdecken, wie wenig das Funktionärswesen der katholischen Kirche noch mit dem Evangelium zu tun hat.

Das Ganze wurde aus dem Vatikan am 15. August 1997, am Hochfest der Aufnahme Mariens in den Himmel, datiert und besonders der Muttergottes anempfohlen, die in ihrer irdischen Existenz allerdings weder Funktionärin, schon gar nicht Priesterin war. Das kümmerte aber die prominente Riege der fast vollständig unterzeichnenden Kurienhierarchie nicht, nämlich:

Kongregation für den Klerus, Darío Castrillón Hoyos, Pro-Präfekt, und Crescenzio Sepe, Sekretär

Päpstlicher Rat für die Laien, James Francis Stafford, Präsident, und Stanislaw Rylko, Sekretär

Kongregation für die Glaubenslehre, Joseph Card. Ratzinger, Präfekt, und Tarcisio Bertone SDB, Sekretär

Kongregation für den Gottesdienst und die Sakramentenordnung, Jorge Arturo Medina Estévez, Pro-Präfekt, und Geraldo Majella Agnelo, Sekretär

Kongregation für die Bischöfe, Bernardin Card. Gantin, Präfekt, und Jorge María Mejía, Sekretär

Kongregation für die Evangelisierung der Völker, Jozef Card. Tomko, Präfekt, und Giuseppe Uhac, Sekretär

Kongregation für die Institute des geweihten Lebens und für die Gesellschaften des apostolischen Lebens, Eduardo Card. Martínez Somalo, Präfekt, und Piergiorgio Silvano Nesti CP, Sekretär

Päpstlicher Rat für die Interpretation von Gesetzestexten, Julián Herranz, Präsident, und Bruno Bertagna, Sekretär. Der Papst hat nicht unterschrieben. Er fehlt aber natürlich nicht. Er hat die Instruktion am 13. August 1997 »in forma specifica« approbiert und deren Promulgation angeordnet.

Da war es wenigstens ein kleiner Lichtblick, daß unter all den schweigenden und um ihre davonlaufenden Schäflein bangenden Bischöfen wenigstens einer aufstand und die römischen Dinge beim Namen nannte. Der ehemalige Innsbrucker Bischof Reinold Stecher schwang sich – allerdings erst nach der Pensionierung – zum deutlichsten Protest gegen den Papst und seine Herrschaft auf. In einem vertraulichen Schreiben, das aber nicht unbeabsichtigt öffentlich bekannt wurde, kritisierte er die »harte Herrschaft« des Vatikans und dessen Einstellung zur Mitarbeit von Laien und zum Zölibat. »Es reut mich nicht, die Dinge noch einmal deutlich formuliert zu haben«, schrieb der 75jährige Altbischof und erntete auf seine ungewöhnlich scharfe Kritik an der autoritären Linie von Papst und Kurie »sehr viele zustimmende Briefe von Pfarrern«. Er hoffe, daß sein Brief »ein Nachdenken auslöst«.

»Nicht Barmherzigkeit, nur demokratischer Wandel löst die Probleme der Kirche«, echote die liberale Wiener Zeitung »Der Standard« auf den Brief. »Der Wunsch nach einem gütigen Papst klingt wie der Wunsch ans Christkind.« Nach Darstellung der »Salzburger Nachrichten« »sehen die Römer ganz recht, daß das hierarchisch-klerikale System von Kirche zusammenbricht. Aus Sicht das Vatikans ist das eine Katastrophe.« Stecher sei ein »Mutmacher«, der »das neue Pflänzchen, das längst in den Pfarren keimt« retten könne.

Die Bewegung der kritischen Katholiken fragte: »Wo bleibt das Gottvertrauen der übrigen Bischöfe? Nur der Heilige Geist – und nicht der Papst – wird die Kirche in das nächste Jahrtausend führen.«

# Dritter Exkurs: Das Jubiläum

*Glanz und Elend – Ablaß und Korruption*

Auch Papst Johannes Paul II. hatte einen Traum. Er wäre sogar höchst realistisch gewesen, hätte der Türke Ali Agca den Papst bei einem Attentat am 13. Mai 1981 nicht lebensgefährlich verletzt. Seither bangt der Papst, ob er den Traum sich wirklich erfüllen kann. Er glaubt jedenfalls fest daran, denn kein Minderer als der polnische Primas Kardinal Josef Wyszynski hat ihm zur Papstwahl prophezeit:»Du wirst die Kirche in das dritte Jahrtausend führen.«

Johannes Paul II. tut alles, um dieses Ziel zu erreichen. In einer Enzyklika, einem lehramtlichen Rundschreiben, formulierte er bereits das Programm. Eine solche Enzyklika richtet sich eigentlich nur als Rundbrief (Zyklus) an die Bischöfe, ist aber unterhalb der feierlichen Verkündigung eines zum Glauben verpflichtenden Dogmas die bedeutendste Form der päpstlichen Lehräußerung. Die darin behandelten Themen sind also wichtig. Das Rundschreiben heißt Tertio Millennio Adveniente und meint die Vorbereitung auf das bevorstehende dritte Jahrtausend.

Am liebsten würde der Papst auf dem Berg Sinai oder wenigstens in Jerusalem die Jahrtausendwende feiern im Kreis der anderen Christgläubigen und der zwei weiteren Eingott-Religionen, des Judentums und des Islams. Ob eine der heiligen Stätten im Nahen Osten zum Jubeljahr der Kirchengründung verfügbar ist, hängt von den Unwägbarkeiten der politischen Unstabilität in der Krisenregion ab. Im Augenblick sieht es eher so aus, daß der Papst die Jubilierer nur in seiner eigenen Stadt Rom empfangen kann. Trotz seiner angeschlagenen Gesundheit hofft er jedenfalls, das Heilige Jubeljahr noch feiern zu können.

Die Vorbereitungen laufen auf Hochtouren. Stadt und Parteien streiten sich, wie der Pilgerstrom zu leiten und die Pilger zu beherbergen beziehungsweise geschäftstüchtig zu nutzen sind, damit die hohen Investitionen der Stadt wieder hereinkommen. Das gilt in Rom seit den Anfängen der Heiligen Jahre. Ohne diese Jubeljahre sähe Rom vermutlich ganz anders aus. Ohne sie hätte es vielleicht sogar die Reformation nicht gegeben. Die Heiligen Jahre und ihr Mißbrauch stehen am Anfang der Erneuerung des Stadtbildes von Rom und lieferten die schlimmsten Gründe für Martin Luthers Kampf gegen die römische Korruption, damals genannt Ablaßhandel.

Rom, so befand der Papst, »ist nur Rom durch den römischen Pontifex«. Deutlicher als es der Urrömer Eugenio Pacelli, später Pius XII., 1939 in einem Vortrag italienischen Studenten einhämmerte, hat es seither niemand mehr formuliert. Dabei leidet die italienische Hauptstadt unter dieser besitzanzeigenden Mahnung bis heute. Möglicherweise noch mehr als je zuvor.

Nicht einmal die Olympischen Spiele oder die Fußballweltmeisterschaft haben die römische Stadtverwaltung dort so belastet, wo es richtig weh tut, am Geldbeutel, wie es voraussichtlich das christliche Jubeljahr 2000 drücken wird. Täglich werden 157000 Besucher in der Ewigen Stadt erwartet. 3000 Autobusse sollen sie ausspucken.

Die Horrorvision erschreckt selbst Jubelfreunde und nicht nur die kleine Minderheit der auch in Rom anzutreffenden Pfaffenfresser. Wird aus Rom, dem klassischen Haupt der Welt (caput mundi), ein »Roma kaputt mundi«? So jedenfalls sah eine Mailänder Zeitschrift schon die Konturen des kaputten Roms. Der Präsident des Mailänder Rizzoli-Verlages und frühere Kulturminister Alberto Ronchey stellte lakonisch fest: »Das Jubiläumsjahr 2000 wurde im Vatikan zu Lasten der italienischen Regierung und der Stadt Rom proklamiert.«

Die bösen Ahnungen können die Kirche nicht schrecken. Sie gehören zum Heiligen Jahr wie das Amen in die Kirche. Die Existenz dieser Jubeljahre hat bereits so angefangen. Es war immer

Angst vor dem Neuen, die man nur dadurch unterdrücken konnte, daß in einem »Gnadenjahr« das Alte abgestoßen und Buße verrichtet wurde. Den Anlaß dazu sah aber keineswegs die Kirchenführung. Die empfand diese Bedürfnisse kaum. Die Heiligen Jahre sind eine der wenigen Einrichtungen der katholischen Kirche, die auf Volkes Willen zurückgehen, auch wenn die Kirchenleitung daraus für sich das Beste zu machen wußte.

Sie begannen mit Weltuntergangsstimmung. Eine aufgewühlte Menge drängte zum Petersdom und forderte vom Papst, der damals noch einige Kilometer weiter weg im Lateranpalast saß, einen besonderen Gnadenerlaß. Das Jahr 1300 stand vor der Tür, und angesichts der Jahrhundertwende erfaßte die Menge Furcht vor dem Unheil drohenden Neuen. Schnell wollten sich die aufgewühlten Gläubigen von jeder Sündenlast befreien und möglichst mit einem Pinselstrich alle Sünden tilgen. Tumulte und Gedränge auf den Stufen zu der alten Petersbasilika wurden beängstigend. Tagelang wollten sie nicht aufhören.

Papst Bonifatius VIII. ließ in den Kirchenbüchern nachsehen, ob es für die Jahrhundertwende einen Anlaß gab zu besonderen Ablässen. Der Ablaß ist kein Sündenerlaß. Die Sünden werden durch die Beichte und die Lossprechung des Beichtvaters vergeben. Doch das reicht nicht. Der Freisprechung muß ein Werk tätiger Reue folgen. Der Beichtvater legt deshalb dem einsichtigen Sünder eine Buße auf. Sie entspricht der Schwere der Sünde und verkürzt nach dem Tod das Fegefeuer. Ins Paradies kommt man erst, so die populäre Vorstellung, wenn die Buße abgetragen oder abgearbeitet ist. Diese zeitlichen Strafen konnten statt im Fegefeuer durch fromme Taten auf Erden verkürzt oder ganz gelöscht werden: der Ablaß.

Wer also einen vollkommenen Ablaß erhalten wollte, um mit reinster Seele weiterleben zu können, mußte schon eine Pilgerreise unternehmen. Der Papst definierte beispielsweise, daß bei einem Besuch einer Wallfahrtsstätte unter Verrichtung einer bestimmten Anzahl von Gebeten und Meßbesuchen ein Ablaß von einem Jahr gegeben werde. Oder er gewährte ihn für gute Werke, zu denen auch bald wohltätige Spenden gehörten. Der Anfang der kirchlichen Korruption.

Vor der Nacht des kommenden Jahrhunderts wollte also im Jahr 1299 eine hysterisch verwirrte Menschenmenge noch alles tun, um ihre Seelen vor der Verdammnis zu bewahren. Papst Bonifatius kündigte schließlich Weihnachten 1299 eine solche Tilgungsaktion an, und am 22. Februar 1300, dem Tag von Petri Stuhlfeier, wie er noch heute populär heißt, dem Tag, an dem die Kirche der Lehrautorität des Heiligen Stuhls gedenkt, veröffentlichte er eine Bulle, ein feierliches Dekret. »Abhandlung zum Hundertsten« hieß das Dekret. Es stellte fest, zum 1300. Jahrestag der Fleischwerdung Gottes bestehe in Rom und sonstwo ein großer Hunger nach Sühne und Vergebung, die allen gegeben werde, die in diesem Jahr die Basilika der Apostelfürsten besuchen.

Der Papst konnte sich dabei nicht auf eine kirchliche Tradition berufen, aber, so fanden seine Berater heraus, auf religiöses Allgemeingut. Jubeljahr kommt nach verschiedenen Ableitungen auf jeden Fall aus dem Jüdischen und meinte vermutlich zunächst das Sabbatjahr, das alle sieben Jahre stattfinden sollte. Die Erde wurde nicht bestellt, um ihr Ruhe und Erholung zu gönnen, Schulden wurden vergeben und Unrecht beseitigt. Sozusagen ein religiös begründeter regelmäßiger Neuanfang der ganzen Gesellschaft bei Null oder quasi. Später hat sich dies leider nicht erhalten. Da wurden Neuanfänge immer erst nach Kriegen gefunden. Bonifatius VIII. war auch nicht allzusehr vom Sinn seiner Sühneaktion überzeugt. Einem allgemeinen Bedürfnis folgend legte er erträgliche Bedingungen fest. Jeder sollte einen vollständigen Ablaß erhalten, der innerhalb einer bestimmten Frist, die unterschied, ob einer in Rom lebte oder von weit her angereist kam, vier Basiliken besuchte und dort betete. Zuvor mußte er seine Sünden beichten und bereuen. Die Strafen oder Bußen wurden ihm dann für alles erlassen, was er auf dem Kerbholz hatte.

Der Papst blickte nicht so ängstlich in die Zukunft. Er zeigte sich vorsichtshalber nicht ganz so bußfertig und schloß seine Feinde von der barmherzigen Nächstenliebe und Vergebung aus. Das waren die um Einfluß in Rom mit ihm streitende Familie der Colonna und der Neuheide Friedrich II., der als Kaiser von Abend- und Morgenland auf Sizilien residierte und mit den schrecklichen Sarazenen, den Herren über den Nahen Osten, Frieden geschlossen hatte. Sogar deren Kultur wollte er auch noch nach Europa bringen. Wer mit solchen Ideen liebäugelte oder gar Handel mit den Glaubensfeinden trieb, konnte so viel die römischen Kirchentreppen inbrünstig betend beknieen, wie er wollte, er kam nicht in den Genuß eines vollständigen Jubelablasses.

Rom zählte in jenen Jahren gerade mal 20000 Einwohner. Sie hausten in diversen getrennten und sich befehdenden Stadtvierteln. Nach Jahrhunderte langem Zerfall wüteten vor allem in schwül heißen Sommermonaten Epidemien. Papst und Kardinäle zogen sich, kaum hatten sie Ostern in der Hauptstadt der Christenheit gefeiert, aufs Land zurück, nach Anagni, um von dort erst wieder bei gemäßigten Temperaturen im Herbst an den Tiber zurückzukehren.

In der Zwischenzeit strömten im Jahr 1300 mehr Menschen durch die Kirchenportale, als die Kurie je gedacht hatte. Am Ende des ersten Jubeljahres waren zwei Millionen, so schätzte jedenfalls ein als realistisch geschilderter Kardinal, nach Rom gepilgert. Die Furcht vor dem Weltende muß groß gewesen sein. Am Ende ging die Welt dann doch nicht unter, und die Römer konnten in so gefüllte Kassen blicken, daß die Idee nahelag, Jubeljahre zur ständigen Einrichtung zu machen. Der Papst nahm 30000 Golddukaten ein, was ausreichte, um die maroden Kirchen wieder herzurichten und zur Erinnerung außerhalb von Rom eine Festung gegen die Wechselfälle der Zukunft zu bauen, in Castel Giubileo, einem Ort, der unter diesem Namen, Jubiläumsschloß, heute noch besteht.

Fünf Jahre später traten diese Wechselfälle bereits ein. Die Päpste zogen ins Exil nach Avignon an der Rhone, wo sie 45 Jahre später erneut gebeten wurden, ein Jubeljahr auszurufen. Der Zustand der Welt hatte sich nicht gebessert, und statt der ursprünglich angedachten Jubelfeiern zum jeweiligen Jahrhundertwechsel schien es angeraten, schon alle 50 Jahre die Sündenkonten zu löschen.

Zwei Folgen hatte das erste Jubeljahr, die bis heute noch nachwirken. Erstens wurde zum ersten Mal in der Kirchengeschichte der Petersdom ins Zentrum der katholischen Welt gerückt. Bis dahin war die Lateranbasilika St. Johannes die Kirche des Bischofs von Rom und damit seine Kathedrale. Sie ist noch heute die Amtskirche des Papstes als Bischof von Rom. Das Jubeljahr hat so viele Pilger sogar aus England, wie ein Zeitzeuge erstaunt verzeichnete, herbeigeführt, daß an der zentralen Stellung von St. Peter fürderhin kein Zweifel mehr bestand. Nicht einmal das Exil der Päpste an der Rhone änderte daran etwas. Rom blieb das Haupt der Welt und dieses Haupt hieß St. Peter. Schließlich liegt unter dem Petersdom nach allgemeiner Überzeugung auch jener Mann begraben, auf den sich das Papsttum beruft, der Apostel Petrus.

Zweitens wurden vier Basiliken, also Kirchen aus der altrömischen Zeit, zu Pflichtbesuchen für jeden Wallfahrer fast wie Mekka für die Moslems. Alle »vier Kirchen«, wie sie der Einfachheit halber im römischen Volksmund genannt werden, stehen für den wichtigsten Abschnitt der Kirchengeschichte, nämlich das konstantinische Zeitalter. Damit ist die Zeit nach dem Kaiser Konstantin benannt, der sich angeblich im Zeichen des Kreuzes die Hunnen vom Hals halten konte und das Christentum zur Staatsreligion aufwertete. Unter ihm endete die Zeit der Christenverfolgung. Rom durfte den Grundstein dafür legen, daß das Papsttum das römische Kaiserreich überlebte. Einfachheitshalber eignete es sich dessen Verwaltungsstruktur an.

Die vier »Großen Basiliken« wurden in ihrer ersten Version damals gebaut und heißen so, weil sie den römischen Basilikabauten nachempfunden wurden. Je nach Zweck wurden diese großen Versammlungssäle mehr oder weniger kunstvoll ausstaffiert. In der Apsis stand gewöhnlich der Thron des Kaisers oder seines Statthalters, wo in den späteren Kirchen der Hochaltar aufgestellt wurde.

Die vier Großen (Maggiore) sind die Basilika St. Peter, die Sankt Paul vor den Mauern, die Sankt Johannes im Lateran und die Santa Maria Maggiore, die Große Marienkirche. Es gibt noch drei kleinere, die nicht zum Ablaßpflichtprogramm gehören, aber von den Wallfahrern selten ausgelassen werden: Heilig Kreuz von Jerusalem, Sankt Sebastian und Sankt Lorenz vor den Mauern.

Viele zählen auch noch die älteste Marienkirche Roms hinzu, die möglicherweise überhaupt die älteste christliche Kirche in der Hauptstadt der Christenheit ist: die Marienkirche in Trastevere, Santa Maria in Trastevere.

Ein Vatikanbuch über die Pilgerkirchen weist ausdrücklich darauf hin, daß sie entweder auf Wunsch von Kaiser Konstantin gebaut oder in seinem Jahrhundert errichtet wurden, also ab 315. Die erste Petersbasilika wurde in jenem Jahr begonnen, weil der Kaiser für seinen Sieg über Licinius danken wollte. 326 war Kirchweih an der Stelle, wo einst ein altrömischer Zirkus, der des Nero, stand, wo Christen gemartert wurden. Hier soll auch Petrus ermordet worden sein. Der fünfschiffige Bau, der in der Grundfläche kaum bescheidener als der jetzige Petersdom war, hielt über tausend Jahre, bevor er abgerissen und an seiner Stelle der heutige Dom errichtet wurde. Papst Julius II. legte den Grundstein am 8. April 1506 und ließ in das Fundament einen Terrakotta-Behälter einmauern, in dem zwölf für diesen Anlaß geprägte Medaillen eingeschlossen wurden. Eingemauert wurde der Behälter unter einer Marmorplatte mit der Gründungserklärung der katholischen Kirche. Es sind die biblischen Worte von Jesus Christus an Petrus, der später zum ersten Papst erklärt wurde: »Du bist Petrus (der Fels), auf dem ich meine Kirche bauen werde, und die Pforten der Hölle werden sie nicht überwältigen.«

Mit dem besonderen Sinn einer Jahrhunderte alten Institution für Symbole wurde der neue Petersdom, wie wir ihn heute kennen, 1300 Jahre nach der ersten Basilika an dieser Stelle, am 18. November 1626, eingeweiht. Fortan war er die abendländische Basilika schlechthin, die größte Kirche der Christenheit allemal: 22000 Quadratmeter groß, 194 Meter lang und 211,5 Meter breit. Die Kuppel mit 42 Meter Durchmesser und alles in allem 136,5 Meter hoch überragt noch immer alles, was es in Rom sonst noch gibt.

Das wiederum ist nicht zufällig. Die Römer haben sich mit dieser Meisterleistung auch nicht so übernommen, daß sie nichts Höheres mehr zustande gebracht hätten. Nein, die Ewige, die Heilige Stadt Rom verpflichtete sich, nichts zu bauen, was in Sichtweite des Petersdomes diesen überragen könnte. Daran sind schon wolkenkratzerartige Hotelbauten gescheitert ebenso wie die Moschee, die vor wenigen Jahren ganz weit draußen am Stadtrand außer Sichtweite von St. Peter errichtet wurde. Ganz weit unter dem Dom sind in Grabkammern 147 der bisher 264 Päpste beerdigt. In der kirchlichen Männerwelt haben dagegen nur zwei Frauen Platz für die ewige Ruhe im Petersdom, die heilige Mathilde von Canossa und Christina von Schweden, die als konvertierte nordische Heilige diese besondere Ehre verdient hat.

Die Basilika Sankt Paul vor den Mauern dämmert am Stadtrand dahin. Die meisten Pilger zieht es zum Petersdom. Sie finden den Weg seltener vor die Mauern, wenn es nicht gerade kunstinteressierte Rombesucher sind. Sankt Paul hat mehr Aufmerksamkeit verdient. Hier liegt das Grab des Völkerapostels Paulus. Hier besteht bis heute noch eine Benediktinerabtei, deren Abt Bischofsrang hat. Die Benediktiner sind der große abendländische Orden schlechthin. Der Heilige Benedikt von Nursia hat die christliche Ordenstradition begründet. Sein »Bete und Arbeite« war die Lebensregel für das fromme Abendland.

Wie der Name aber schon sagt, liegt Sankt Paul vor den Mauern, der alten römischen Stadtmauer am Ende der Via Ostiense. Die Römer strömen in Scharen an ihr vorbei, wenn sie im Sommer der Drang zum Meer nach Ostia treibt. Die heutige Basilika entspricht leider größtenteils nicht mehr dem Original. Der alte Bau wurde 1823 durch einen Großbrand schwer beschädigt und nach Wiederaufbau und Neugestaltung erst 1928 in der heutigen Form fertiggestellt.

Ängstliche Pilger finden in der fünfschiffigen Basilika, die durch 80 Säulen aufgeteilt ist, einen ganz besonderen Trost. Im Hauptschiff befindet sich eine lange Reihe von Medaillons mit den Abbildungen aller Päpste. Die Legende will, daß der Weltuntergang und das ewige Gericht hereinbrechen, wenn kein Platz mehr für ein Papstmedaillon an der Wand ist. Die Bauherren haben vorgesorgt. Es ist noch so viel übrig, daß das Jüngste Gericht getrost noch etwas warten kann, vom Weltuntergang ganz zu schweigen.

Kirchenrechtlich an erster Selle steht die Lateranbasilika, San Giovanni in Laterano. Den Namen hat sie von einer Lateranfamilie, der der Palast zu Zeiten des Kaisers Konstantin gehörte. Heute residiert dort der Stellvertreter des Stellvertreters, der Kardinalvikar des Papstes für das Bistum Rom. Auf der Seite führt eine Treppe steil in die Höhe. Sie heißt Heilige Treppe. Büßer und Bittsteller steigen Stufe um Stufe auf den Knien betend hinauf. Vor der Kirche öffnet sich ein weitläufiger Platz. Er könnte dem Petersplatz für Großwallfahrten bequem Konkurrenz machen. Allerdings ist er bei weitem nicht so schön, nur eben groß. Die Kirche nützt ihn selten. Dafür rufen Gewerkschaften und linke Parteien ihren Anhang häufiger hierher zu Großdemonstrationen.

Die Basilika war ursprünglich Christus dem Erlöser geweiht und erhielt, warum auch immer dies nicht reichte, die beiden ersten Johannes zu weiteren Patronen, Johannes den Täufer und Johannes den Evangelisten. Vielleicht erschien die Namensänderung den Katholiken überzeugender für die Rolle, die mit der Lateranbasilika und dem Palast verbunden war. In dem Kaiserpalast an dieser Stelle installierte die frühe Kirche unter Kaiser Konstantin ihr erstes religiöses, politisches und administratives Zentrum, im übertragenen Sinne den ersten Vatikan.

Die vierte Großbasilika wurde ebenfalls im vierten Jahrhundert gebaut. Hier soll es mitten im August geschneit haben. An jedem 5. August wird seither in einer Feier daran erinnert. Statt Schnee werden jedoch Rosenblütenblätter gestreut. Von der ersten Kirche Santa Maria della Neve, Maria vom Schnee, ist nichts mehr zu sehen. Hundert Jahre nach dem ersten Bau entstand die Santa Maria Maggiore, die Mutterkirche aller Marienkirchen. Sie erinnert an das erste historische Ereignis, mit dem die Muttergottes als solche anerkannt wurde. Das Konzil von Ephesus 431 verlieh ihr diesen Titel. Es bestätigte einen Marienkult, der bis heute ungebrochen anhält und zu den Besonderheiten katholischer Traditionen mehr gehört als zu allen anderen christlichen Kirchen. Dafür bekam die Marienkirche auch den mit 75 Metern höchsten römischen Kirchturm.

Alle vier Großbasiliken einigt eine Besonderheit, die direkt mit dem Heiligen Jahr zu tun hat. Alle vier haben eine heilige Pforte, die nur alle Jubeljahre geöffnet und am Ende wieder zugemauert wird. Sie soll symbolisieren, daß wer durch diese Pforten geht, sich zum Volk Gottes zählt und ihm Verheißung des Ewigen Lebens zuteil werde. Mißbrauch eingeschlossen. Zum Beginn des Heiligen Jahres schlägt der Papst mit einem silbernen Hammer gegen die Pforte, um sie so symbolisch zu öffnen, bevor Maurer die eigentliche Arbeit verrichten. Die Chroniken sind voll von Erzählungen, wie demütig die Päpste danach als erste durch den Bauschutt den Petersdom betreten haben. Einmal hat sich allerdings ein Kardinal vorgedrängt, um eine Kassette von denen zu klauen, die jeweils mit wertvollen Erinnerungsstücken zum Ende jeden Heiligen Jahres eingemauert werden. Die kräftigen Bauarbeiter konnten ihn jedoch noch schnappen.

Die drei minderen Basiliken, deren Besuch nicht verpflichtend zum vollständigen Ablaß vorgeschrieben ist, spielen in der römischen Lokaltradition eine größere Rolle. Ihre Geschichte ist populär und legendär, mehr als bei den anderen vier. Die Basilika Santa Croce in Gerusalemme, Heilig Kreuz von Jerusalem, geht natürlich auch auf den Kirchengründerkaiser Konstantin zurück. Der Name kündet die wichtigste Reliquie an, ein verehrenswertes Originalstück vom Kreuz, an das Jesus genagelt worden ist. In einer Reliquienkapelle in der Basilika werden nach der Überlieferung drei Stücke vom Kreuz aufbewahrt, einer der Nägel, die seine Hände durchbohrten, und ein Bruchstück von der Tafel INRI vom Kreuz sowie drei Bruchstücke von jener Säule, an der Jesus vor der Kreuzigung ausgepeitscht wurde, zwei Stücke von der Dornenkrone, eines aus der Krippe und eines vom Grab. Schließlich noch ein Stück vom Zeigefinger, mit dem der Apostel Thomas den auferstandenen Jesus berührt hat.

In die Basilika des heiligen Lorenz sollte sich kein Finanzminister wagen. Denn hier hat ein glaubensstarker Kassenwart der jungen christlichen Gemeinde sein Leben geopfert, um den kaiserlichen Steuereintreibern die Kirchenkasse nicht herausrücken zu müssen. Das war der heilige Lorenz. Der Kaiser hieß Valerian, einer der letzten Christenverfolger. Er ließ Lorenz, der als Diakon, also noch nicht Priester, eine wichtige Rolle in der Christengemeinde hatte, wegen seiner Standhaftigkeit enthaupten. Die Kirche entstand um 330 über dem Grab des Märtyrers. Sie wurde bald eine der meistbesuchten Bittstätten, zumal sogar die Mörder von dem Mut ihres Opfers und seinen Anklagen gegen den Kaiser beeindruckt gewesen sein sollen.

San Lorenzo hat für die Römer eine zeitgeschichtliche Bedeutung. In das Viertel um die Kirche warfen die Alliierten am 19. Juli 1943 Bomben ab, obwohl Rom zur offenen Stadt erklärt worden war und damit frei von Kriegshandlungen hätte bleiben sollen. Hinter der Basilika liegt zudem der Campo Verano, Roms Hauptfriedhof.

Die Basilika des heiligen Sebastian war ursprünglich den Aposteln Petrus und Paulus gewidmet, weil auf einem Friedhof in dieser Gegend zunächst die Leichen der beiden Apostel versteckt worden sein sollen. Erst gegen das zehnte Jahrhundet, als die beiden Apostel längst ihre »eigenen« Kirchen hatten, wurde San Sebastiano nur noch dem Heiligen geweiht, der zum Symbol eines Menschen wurde, der alle Schuld auf sich lädt. Er war Offizier der kaiserlichen Prätorianergarde, der kaiserlichen Elitetruppe, und hatte sich trotz Verbots zum Christentum bekannt. Zur Strafe wurde er langsam durch Pfeilschüsse getötet.

Santa Maria in Trastevere, die Marienkirche in einem der ursprünglichsten römischen Viertel auf der anderen Tiberseite, wo das »kleine Volk« lebt, ist die älteste Kirche Roms, die der Muttergottes geweiht wurde. Sie entstand bereits im dritten Jahrhundert in jenem Vietel, wo im alten Rom die Plebs lebte, das gemeine Volk. In diesem quirligen, aber auch abergläubischen Ambiente ist sie bis heute so etwas wie die Mutterkirche der Urrömer, der noantri, die sich von denen gewaltig unterscheiden, die auf dem linken Tiberufer leben. Alljährlich an Maria Himmelfahrt feiern sie das größte Volksfest der Ewigen Stadt. An der Stelle, wo die Kirche gebaut wurde, soll vor Christi Geburt eine Quelle mit einer öligen Flüssigkeit entsprungen sein, um der damals hier lebenden jüdischen Gemeinde die Ankunft des Messias anzuzeigen, die allererste Ankündigung des Christentums überhaupt. So wurde der Erdölfund später jedenfalls interpretiert.

Diese Hauptkirche des römischen Volkes wurde dreimal als Basilikaersatz für die Heiligen Jahre bestimmt, immer anstelle von Sankt Paul vor den Mauern. 1625 zog die Pest durch Süditalien. Den Wallfahrern erschien es zu gefährlich, zur südlich außerhalb der Stadt gelegenen Paulskirche zu pilgern. 1700 versperrte Hochwasser den Pilgerstrom, und 1825 war die Paulsbasilika nach dem verheerenden Brand noch nicht wieder aufgebaut. Diese Probleme stellen sich den Pilgern zum Heiligen Jahr 2000 nicht. Vieles ist aber bis in die Gegenwart so geblieben, wie es bei den ersten Heiligen Jahren schon war. Kein Jubeljahr wurde ausgerufen, ohne daß die Römer nicht ermahnt werden mußten, die Preise nicht zu sehr in die Höhe zu treiben. Ein anderes Mal ließ der Papst als Stadtherr die leichten Mädchen entfernen. Jedes Mal mußten auch Schutztruppen aufgestellt werden, damit die bußfertigen Pilger außer den Sünden nicht auch gleich Hab und Gut verloren.

Um die Sauberkeit war es gerade in den ersten Jahrhunderten der Heiligen Jahre nicht gut bestellt, obwohl Rom 20 000 Einwohner, Neapel dagegen 200 000 zählte. Gemeinsinn gehörte nie zu den Stärken der in Familien zerstrittenen römischen Gesellschaft. Die Heiligen Jahre wurden deshalb von den Päpsten immer als Anlaß zum Großreinemachen der Stadt genommen. Die Vorbereitungen lösten regelrecht Bauwut aus. So entstand anläßlich dieser Sühne- und Jubelfeste das barocke Rom.

Kirche und Stadt haben von jedem dieser Jahre profitiert. Deshalb wurde auch ihr Rhythmus beschleunigt. Zuerst sollte eines alle 100 Jahre gefeiert werden, dann alle 50 und alle 33. Schließlich pendelte sich die Abfolge auf alle 25 Jahre ein. Bei besonderen Nöten wurde auch mal der runde Todestag von Christus als Anlaß gewählt, also 33 plus 1950 Jahre zum Heiligen Jahr 1983.

Da Reisen in früheren Jahrhunderten beschwerlich war, ersannen findige Päpste auch eine Möglichkeit, wie weiter entfernte Christen in den Genuß der vollständigen Ablässe des Heiligen Jahres kommen konnten. Sie durften sie erkaufen. Der Preis kalkulierte sich nach den angenommenen Reisekosten, die eine Romfahrt verschlungen hätte. Der Ablaßhandel begann zu blühen. Er löste Martin Luthers Reformation aus. Zum 2000jährigen Bestehen beim nächsten Jubeljahr also genug Grund für einen reuigen Rückblick auf die letzten tausend Jahre Kirchengeschichte.

# IV

*Bei geschlossenen Türen*

## DIE SUCHE NACH DEM NEUEN PAPST

# Die Kandidaten

## Wie Kardinäle papstwürdige Papabili werden

Kirchenrechtlich sind sie eigentlich nicht erlaubt. Das hindert aber vatikanische Würdenträger nicht daran, über den nächsten Papst zu spekulieren. Die Spekulationen beginnen bei den ersten Krankheitsanzeichen der meist älteren Päpste. Die mehrfachen Einweisungen ins Krankenhaus haben bei Papst Johannes Paul II. praktisch schon nach dem Attentat 1981 die Experten nach dem Nachfolger Ausschau halten lassen. Jeder hat so seine eigene Version parat.

Unter den Deutschen wurde zeitweise Joseph Ratzinger hoch gehandelt. Doch nicht nur deutsches Wunschdenken, das in den Beziehungen zu Rom häufig sehr ausgeprägt ist, trieb die Quoten des konservativen Chefideologen in die Höhe. Mitte der 90er favorisierte ihn einer der großen alten Männer der Kurie. Der bereits 85jährige Kurienkardinal Silvio Oddi pries Ratzinger, was besonderes Gewicht hat, denn Oddi urteilt neutral, weil er selbst für die Papstwahl zu alt ist. In seinem autobiografischen Buch mit dem Titel »Der zärtliche Bluthund Gottes« schreibt der kämpferische Konservative: »Ich würde nur für Ratzinger stimmen.«

Tatsächlich hätte der Kardinal aus dem bayerischen Marktl am Inn große Chancen. Er steuert die Theologie des Papstes. Ihn kennen alle Kardinäle und Bischöfe aus persönlichem Gespräch. Die Bischöfe müssen alle fünf Jahre zu den »Ad limina«-(zu den Schwellen-)Besuchen in die römische Zentrale. Ratzinger ist einer der wenigen, der dort alle empfängt und ihnen zuhört. »Das schlaucht mehr als alles andere, aber es ist für die Kirche wichtig«, zitierte ihn ein Mitarbeiter.

Ratzinger ist aber Jahrgang 1927 und hat zwei Schlaganfälle hinter sich. »Die Angst, bei einem weiteren handlungsunfähig zu werden, läßt ihm keine Ruhe. Statt auf das Petrusamt zu spekulieren, was ihm sowieso fremd wäre, denkt Ratzinger eher an Rücktritt«, versicherte ein Kenner des ranghöchsten Deutschen in der Kurie. Im November 1996 lief seine dritte fünfjährige Amtszeit als Präfekt der Glaubenskongretation ab. Die vierte hat er nur angenommen mit der Einschränkung, daß er sie wohl nicht völlig beenden werde. Als sein Nachfolger ist der Wiener Erzbischof, der fast zwanzig Jahre jüngere Dominikanerpater Christoph Schönborn, im Gespräch.

Kardinal Ratzingers Stern ist danach wieder gesunken, was wiederum zeigt, wie persönliche Vorstellungen in der Kurie dominieren. Vor allem die italienischen Kardinäle nehmen ihm übel, daß er »ihren« Papst Paul VI. angeblich desavouiert habe. Ratzinger hatte bei der Vorstellung seines Buches »Salz der Erde« im Frühjahr 1997 in Rom bedauert, daß bei der Liturgiereform unter dem Konzilspapst zu schnell die alte, lateinische Messe aufgegeben worden sei. »Das hätte er früher sagen können und nicht erst jetzt!« hielten ihm italienische Bischöfe vor. Seine Anhänger konterten, daß Ratzinger damit nur seine längst bekannte Position wiederholt habe. Das stimmt in der Tat. Die Distanzierung von ihm deutete deshalb darauf hin, daß sein Rückhalt in der Kurie je mehr sinkt, je gebrechlicher sein anderes Ich, der Papst selbst, wird.

Noch mehr ärgerte sich sogar der konservative Flügel der italienischen Bischofskonferenz über eine »politische Einmischung« des deutschen Kurienkardinals. Er hatte bei derselben Gelegenheit die Meinung vertreten, daß die Nachfolgepartei der italienischen Kommunisten (KPI), die Linksdemokraten (PDS), heute für einen Katholiken wählbar sei. Davon verstehe der »Deutsche« nichts, hieß es in der italienischen Presse unter Bezug auf einflußreiche Bischöfe.

Ratzinger kümmert sich darum wenig. Seine Macht wird spätestens mit dem Tod von Papst Johannes Paul II. ebenfalls enden, weil mit dem Ableben des Kirchenoberhaupts die meisten Kurienämter, auf jeden Fall die Ministerämter, automatisch erlöschen.

Ratzinger hatte 1997 schon keinen Ehrgeiz mehr, das Amt überhaupt noch weiterzuführen. Schon nach der dritten fünfjährigen Verlängerung wäre ihm, der wahrhaft eine kuriale Blitzkarriere gemacht hat, der Rückzug in sein Hauptfach, Lehre und Forschung in Bayern, lieber gewesen.

Joseph Ratzinger reagierte immer sauer, wenn er auf seine steile Karriere angesprochen wurde. Kaum war der Gendarmen-Sohn aus Marktl am Inn 50jährig zum Erzbischof von München und Freising ernannt worden, zeichnete ihn der Papst schon einen Monat später mit dem Kardinalspurpur aus. Wenig später wurde Ratzinger in Rom schon gefragt, ob er denn bald Präfekt der Glaubenskongregation werden würde. Der Kardinal errötete leicht: »Ich bin doch gerade erst Erzbischof geworden.« Über so etwas Profanes wie Karriere spricht ein Mann der Kirche nicht.

Der Dogmatiker und Erzbischof genoß stets großes Ansehen. Nicht als Seelsorger, sondern als Professor, Lehrer und Zensor, bis heute. In München kam er schnell ins Gespräch als Vorsitzender der Deutschen Bischofskonferenz. Papst Johannes Paul II. machte den Spekulationen ein Ende und holte ihn 1981 tatsächlich als Leiter der Glaubensbehörde, als obersten Wächter über die Reinheit des katholischen Glaubens, in den Vatikan. Die Münchner waren darob nicht so unglücklich, wie die feierlichen Abschiedsszenen glauben machten. Als die Stadt dem prominenten einstigen Mitbürger zum 70. Geburtstag die Ehrenbürgerschaft anbieten wollte, platzte das Vorhaben nicht nur am parteipolitischen Gezänk. »Was hat er denn für München geleistet?« war eine der häufigsten Fragen. Selbst ehemalige Mitarbeiter im Klerus gaben privat zu, daß die seelsorgerischen Erfolge des Theologieprofessors eher bescheiden ausfielen.

Wird dennoch von der Mittelloggia des Petersdoms feierlich verkündet werden: »Habemus Papam, Josephus Ratzinger«? Römische Auguren räumen dem spröden Glaubenshüter die größten Chancen ein. Wenn er nur wollte. Doch Ratzinger will nicht. Der heute 70jährige ist gesundheitlich angeschlagen. Außerdem, so wissen Insider zu berichten, hat ihn der kuriale Betrieb in Rom mürbe gemacht. Er selbst fühlt sich als »Lastesel«, wobei ihm Kritiker in der Kurie vorhalten, er kokettiere damit mehr, als es wirklich ernst zu meinen.»Wenn er wollte, könnte er heute schon aufhören. Aber Ratzinger zieht gerne vieles an sich und mischt sich ein, auch dort, wo es klüger wäre, sich zu enthalten.« So trägt der ängstliche Dogmatiker am schlechten Ruf des Papstes in Deutschland auch einen gehörigen Teil Mitschuld.

Sein Sprung an die höchste Stelle in der Kirche, sozusagen der Gipfel einer irdischen Karriere, würde gewiß die Meinungen noch mehr spalten. Gegen Ratzinger sprechen gleich mehrere Umstände, für die er teilweise gar nichts kann. Ein deutscher Papst ist aus geopolitischen Gründen auf lange Zeit noch nicht akzeptabel. Darauf nehmen selbst Kardinäle im Konklave Rücksicht. Vermutlich würde ein konservativer Chef der Glaubenskongregation von der derzeitigen Mehrheit der Kardinäle als Papst akzeptiert. Sobald sie aber an die Herkunft des Amtsinhabers denken, sacken die Wahlchancen ab. Der deutsche Einfluß war in der Theologie der vergangenen Jahrzehnte gewaltig. Aber deutsche Macht auch noch in der Kurie – das wäre den meisten zuviel des Deutschen.

Papabile, also ein ernstzunehmender Anwärter auf den Stuhl Petri, wäre Ratzinger zwingend, wenn es nur darum ginge, der Kirchentradition zu folgen und einen nahtlosen Übergang von einem Papst zum nächsten zu sichern. Doch im Fall Ratzinger ist das schon Geschichte, bevor es realistisch geworden ist. Auf jeden Fall hat er großen Einfluß, vielleicht sogar ausschlaggebende Bedeutung, wenn sich die Papstwähler in der Sixtinischen Kapelle zum Konklave einschließen lassen, bis der weiße Rauch der verbrannten Stimmzettel aller Welt signalisiert: Habemus Papam.

Der Kardinal aus Bayern kann Kurfürst sein bei der Kür des Nachfolgers des Apostelfürsten (amtlicher Titel). Wer jedoch auf den Stuhl Petri gehoben wird, das ist so offen wie selten zuvor, seit der Pole Wojtyla 1978 überraschend gewählt wurde. Keine der Eminenzen wagt, von einem Wahlkampf zu sprechen, wenn es um »Seine Heiligkeit« geht. Doch Argumente werden für den einen oder anderen angeführt. Kernfrage: Welche Zeichen will das Kardinalskollegium setzen?

Darüber können sich die Kardinäle mehr als je zuvor absprechen. Die Konsistorien, die Johannes Paul II. eingeführt hat, bringen sie häufig zusammen. Viele Kardinäle besuchen sich auch regelmäßig. So haben sich Freundschaften entwickelt, etwa zwischen dem Londoner Kardinal Basil Hume und dem belgischen Primas Godfried Danneels aus Mechelen-Brüssel.

In Rom gibt es noch leichtere Gelegenheiten zum vertraulichen Treffen. Selbst privat haben die Kardinäle nur kurze Wege, um sich beim Espresso zu besprechen. So wohnt Ratzinger beispielsweise in einem dem Vatikan gehörenden Palast gleich gegenüber dem Apostolischen Palast an einem Platz, den die meisten Pilger vor allem als Endstation der Buslinie 64 (Hauptbahnhof – St. Peter) kennen.

Auf den Schildern an der Pforte verrät nichts, wer alles in diesem Palazzo untergebracht ist. Ratzinger tritt morgens gegen 9.00 Uhr mit seiner abgegriffenen Aktentasche aus dem Haus und eilt, wenn ihn nicht deutsche Pilger auf dem Petersplatz erkennen und aufhalten, schnurstracks zum vatikaneigenen Nebeneingang in den Palast des Heiligen Offiziums, den Sitz der Glaubenskongregation, auf der gegenüberliegenden Seite des Petersplatzes. Wenig später geht Pio Laghi, früher erster Nuntius in den USA, hinüber zu seiner Kongregation für die katholische Erziehung, wo er die Oberaufsicht über die katholischen Universitäten führt. Er wohnt im selben Haus wie Ratzinger. Drei weitere Kurienkardinäle logieren ebenfalls hier und gehen in Kardinalszivil ein und aus. Das ist die schwarze Soutane mit purpurroten Einfassungsstreifen. Die purpurne Soutane tragen sie nur bei feierlichen Anlässen.

Sie kennen sich alle gut und wissen, was sie von jedem zu erwarten hätten, wenn er Papst würde. Früher war das ganz anders. Da kamen die Kardinäle so selten nach Rom, daß sie tagelang brauchten, um sich zu orientieren. Es geht ihnen heute wie den weltlichen Botschaftern in der Europäischen Union. Ihre Chefs, die Minister, kommunizieren so häufig miteinander, daß die klassischen Diplomatenaufgaben in den Hintergrund treten. Bei den Kardinälen heißt das, daß einflüsternde Monsignori mit dem Kuriendurchblick weniger Chancen für Intrigen haben.

Das heißt nicht, daß nicht die Kardinäle selbst ihre taktischen Spielchen treiben. Die sind auch einem Purpurträger nicht fremd. Einer der ganz großen Taktiker ist gewiß der von Amts wegen wichtigste Kardinal, der Kardinalstaatssekretär Angelo Sodano. Er gilt als gemäßigt konservativ. Er ist der größte Strippenzieher in der Kurie, weil er als Premierminister des Papstes den Apparat dirigiert. Gefährlich könnte für ihn nur werden, daß er zu sehr mit dem Opus Dei in Verbindung gebracht wird, wenn auch nur als Opportunist. Er würde vermutlich auch nicht in das Profil passen, das im Vatikan für den nächsten Papst bereits Umrisse bekommt. Der Wojtyla-Nachfolger sollte wieder ein bescheidener, weniger universaler Weltreisender sein. Das würde für einen Italiener sprechen, aber nicht für den machtbewußten Kardinalstaatssekretär (der für die deutsche Kirche einen Vorteil hätte: er spricht gut deutsch).

Der Wunschkandidat aller jener, die sich unter Wojtyla zu kurz gekommen sehen, ist auch ein Italiener. Unumstritten steht an erster Stelle der Spekulationen der Mailänder Erzbischof Carlo Maria Martini, der allerdings, o Graus, ein Jesuit ist. Ein Mitglied der Gesellschaft Jesu als Papst wäre eine so große Premiere, intern vielleicht noch mehr als die Wahl eines Polen zum Papst.

Martini ist ein Kardinal – einer von den ganz wenigen –, der in allen Lagern Freunde hat, ein Mann der Einheit und des Ausgleichs, der dringend gebraucht würde, argumentieren seine Anhänger. Er hat aber einen weiteren gewaltigen Nachteil außer seiner Ordenszugehörigkeit. Er sagt, was er denkt. Freunde von ihm sehen deshalb seine Chancen in Wirklichkeit gering, denn »bei ihm weiß jeder ohne Wenn und Aber im voraus, woran er ist«, nämlich an einem Seelsorger, der für die Nöte und Bedürfnisse der modernen Menschen besonders sensibel ist.

Ihm trauen deshalb vor allem aufgeschlossene Katholiken zu, daß er die vom jetzigen Papst starr verteidigte Haltung in Fragen wie Geburtenkontrolle, Frauenpriestertum und Zölibat aufbrechen würde. Gerade als Ordensmann könnte er auch eine Brücke zu den orthodoxen Kirchen schlagen, bei denen nur Bischöfe und Ordensmitglieder zölibatär (ehelos) leben müssen.

DIE KANDIDATEN

Ordenspriester (Dominikaner) und Vertreter der Zukunftskirche in der Dritten Welt, die sich zunehmend weniger um »Rom« kümmert, wäre der Brasilianer Lucas Moreira Neves. Dessen Großvater mütterlicherseits war das Kind afrikanischer Sklaven. Also ein Übergang zu einem späteren schwarzen Papst, etwa dem sieben Jahre jüngeren Francis Arinze. Neves ist aber auch bekannt als strammer Opus-Dei-Gefolgsmann.

Der Nigerianer Arinze könnte schon an der Überlegung scheitern, daß die katholische Kirche für einen schwarzen Papst noch nicht reif ist, zumindest nicht die in Europa. Trotz aller Internationalisierung von Kirche und Kurie wäre das prophetische Zeichen gegen Rassismus und für eine multikulturelle Welt nach meinem Eindruck für die schon jetzt mehr als je zuvor gespaltene Kirche eine zusätzliche Belastung, und zwar gerade für den kirchentreuesten, den konservativen Teil. Die Front der Traditionalisten würde sich in Europa nicht mit einem schwarzen Papst abfinden. Schwarze sind im Traditionsbewußtsein noch immer so etwas wie gerade dem Heidentum entronnene Anfängerchristen.

Ganz nach vorn haben sich der neue Kardinal Miloslav Vlk aus Prag und der Missionsminister des Vatikans, der Slowake Jozef Tomko, geschoben. Doch ob die Mehrheit der Kardinäle ein zweites Mal einem Bischof aus dem ehemaligen Ostblock das oberste Lehr- und Hirtenamt anvertrauen will, ist völlig ungewiß. Tomko hätte von Amts wegen die besten Beziehungen zur Mehrheit der Kardinäle in der Dritten Welt. Er ist als Missionschef zuständig für fast alle Bistümer in der Dritten Welt, der erste Ansprechpartner und sozusagen Dienstvorgesetzte in Rom der Kardinäle aus Asien und Afrika. Doch erstens hat er kein mit Wojtyla vergleichbares Charisma. Zweitens könnte gegen ihn sprechen, daß er zur Kurientriade gehört: das mächtige Dreigestirn aus Sodano, Ratzinger und Tomko. Wer einen Wandel will, stimmt nicht für einen der drei.

Ein Slawe hat nach Wojtyla sowieso schlechte Karten. Die Römer erzählen sich dazu einen Witz: Papst Johannes Paul II. stirbt und kommt natürlich in den Himmel. Bevor er jedoch seinen Platz im Paradies einnimmt, will er noch von Gott Vater wissen, ob es denn wieder einen polnischen Papst geben werde. Gott antwortet: Solange ich lebe, nicht.

Bis zu seinem Tod 1997 war der Erzbischof von Chicago, Bernardin, ebenfalls einer der Anwärter auf den Papstthron. Was politisch gegen einen Deutschen wie Ratzinger spricht, gilt auch für einen Amerikaner. Er wäre noch immer nicht mehrheitsfähig. Er käme aus einer reichen, aber keineswegs einer überzeugenden katholischen Kirche mit gewaltigen internen Spannungen zwischen extrem fortschrittlichen Priestern und ultrakonservativen Gläubigen. Die doppelte weltliche und dann auch noch religiöse Dominanz der Amerikaner schreckt die Bischöfe aus der Dritten Welt ab. Gerade in Lateinamerika, wo amerikanische Sekten der katholischen Kirche mit finanzieller Hilfe aus den USA das Wasser abzugraben suchen, wehrt sie sich gegen den amerikanischen Neokolonialismus. Die US-amerikanischen Kardinäle spielen deshalb im nächsten Konklave eine ganz andere Rolle. Sie gelten als die einflußreichsten Königsmacher. Wer sie auf seiner Seite hat und dazu die Mehrheit der Mitteleuropäer, hat eine der wichtigsten Etappen genommen.

Nicht zu vergessen auch eine andere Kirche, die sich gern darauf beruft, die älteste Tochter Roms zu sein: die gallische von einst, die französische. Neben der deutschen Theologie haben große französische Theologen die Vorbereitungszeit des Zweiten Vatikanischen Konzils geprägt. Henri de Lubac und Yves Congar sind die leuchtendsten Namen. Franzosen gehörten vor und nach dem Konzil zu den einflußreichsten Kurienmitgliedern, vor allem unter dem frankophilen Paul VI., dessen Staatssekretär Jean Villot zuvor Erzbischof von Lyon war.

Heute schieben sich zwei Franzosen in den Kreis der Papabili: der Kurienkardinal Roger Etchegaray und der Pariser Erzbischof Jean-Marie Lustiger. Über den witzeln bereits die Vatikanisten, daß damit zum ersten Mal seit Jesus Christus ein Jude die Führung des Christentums übernehmen würde. Lustiger stammt aus einer jüdischen Familie, die in Auschwitz ums Leben gekommen ist, und hat sich erst als junger Mann zum Katholizismus bekehrt. Seine theologische und pastorale Linie ist der des Papstes aus Polen zum Verwechseln ähnlich, auch wenn er wie der jetzige

Papst draußen in der ganzen Welt mehr Ansehen genießt als in seiner Pariser Erzdiözese.

Hat sich aber bereits die Wunschvorstellung »vorerst kein Nichtitaliener mehr« verfestigt, dann sollte der Blick auf die italienische Kirchenprovinz Aufschluß geben. Ein seelsorglicher, bescheidener und nicht machtbewußter Erzbischof aus Italien könnte nach dem Zeitzeichen Richtung Osten unter dem Papst aus Polen das Signal zum Umbau des Papsttums auf den interreligiösen Dialog mit den großen christlichen Kirchen, aber auch mit den anderen Glaubensgemeinschaften geben. Mit ihnen würde das Papsttum wieder zum italienischen Format zurückkehren und damit universale Ansprüche abbauen. Zwei Kandidaten würden diesem Profil entsprechen: Kardinal Silvano Piovanelli, Erzbischof von Florenz und Jahrgang 1924, und Dionigi Tettamanzi, Jahrgang 1934, Erzbischof von Genua. Traditionell werden auch den Patriarchen von Venedig, heute Marco Cé, Jahrgang 1925, große Chancen eingeräumt. Zwei seiner Vorgänger wurden die Päpste Johannes XXIII. und Johannes Paul I.

# Die Eingeschlossenen

*Absolut frei wählt das Konklave
den absolutesten Monarchen*

Papst Johannes Paul II. hat unfreiwillig ein Sittengemälde der
katholischen Kirche geschrieben. Er hat 1996 festgelegt, wie sein
Nachfolger gewählt werden soll. Die Gebote und Verbote, die er
dabei formulieren ließ, sind nicht erfunden worden, weil ein para-
graphenwütiger Pedant in der Kurie sich austoben wollte. Jede
Bestimmung hat einen historischen Hintergrund, hinter den meisten steht ein Sündenfall. Die schlechten Erfahrungen in Jahrhunderten von Papstwahlen führten die Hand des Verfassers, der
alles, was an Schlechtem schon geschehen ist, auch nicht am Ende
des 20. Jahrhunderts für unmöglich hält und deshalb von vornherein verboten hat.

Die Papstwahl sagt deshalb über die Kirche geschichtlich vieles
aus. Sie enthüllt aber vor allem das Selbstverständnis der Päpste.
Nirgends kommt der Absolutheitsanspruch deutlicher hervor als
in den Bestimmungen für das Konklave – in bester Absicht natürlich.

Der »Heilige Vater« soll frei sein von allen weltlichen Machenschaften, damit ja keiner diese höchste kirchliche Würde emp-
fange, der durch Stimmenkauf, Schmiergeld, Korruption, politischen oder kommerziellen Einfluß oder gar durch einen ganz
banalen Wahlkampf des Amtes nicht würdig erscheint. Das geringe Vertrauen in die Kardinäle ist offensichtlich mit Blick auf
die historischen Erfahrungen mit allen kriminellen Machenschaften, die es gibt, zu erklären. Heute muten sie wie eine unverständ-
liche Bestätigung an, daß alles auch jetzt noch möglich sei.

Die Papstwahlordnung, an die ich mich in diesem Kapitel eng

anlehne, beginnt mit einer Bestätigung des Vorranges des Papstes. Zuerst wird den Wählern erklärt, falls sie es noch nicht wissen sollten, wer da zu wählen sei:»Hirte der gesamten Herde des Herrn ist der Bischof der Kirche von Rom, in der der heilige Apostel Petrus durch höchste Verfügung der göttlichen Vorsehung Christus im Martyrium das höchste Blutzeugnis gegeben hat.«
Scheinbar zur Zerstreuung von Zweifeln, in Wirklichkeit aber nur, um um so kräftiger das bestehende Recht zu unterstreichen, versichert der Papst, daß»das Organ, dem die Aufgabe übertragen ist, für die Wahl des Römischen Papstes zu sorgen, gemäß einer tausendjährigen Praxis aus dem Kardinalskollegium der Heiligen Römischen Kirche besteht. Wenn es tatsächlich Glaubenslehre ist, daß die Vollmacht des Papstes direkt von Christus abgeleitet wird, dessen Stellvertreter er auf Erden ist, so steht auch außer Zweifel, daß diese höchste Gewalt in der Kirche ihm durch die Annahme der rechtmäßig erfolgten Wahl zusammen mit der Bischofsweihe zuteil wird.«
Die Aufgabe, die diesem zur Wahl bestimmten Organ obliegt, ist also sehr gewichtig.»Dementsprechend genau und klar werden auch die Normen sein müssen, die den Hergang regeln, damit die Wahl selbst in einem möglichst würdigen und dem äußerst verantwortungsvollen Amt entsprechenden Rahmen ablaufen kann, das der Gewählte kraft göttlicher Einsetzung mit seiner eigenen Zustimmung auf sich wird nehmen müssen.«
*Wer darf wählen?* Das Kollegium der Wähler des Papstes ist, so schreibt der Papst, einzig aus den Kardinälen der Heiligen Römischen Kirche zusammengesetzt.»In ihnen kommen die beiden Aspekte, die die Gestalt und das Amt des Römischen Papstes charakterisieren, gleichsam in einer wunderbaren Synthese zum Ausdruck: Römisch, weil er identifiziert wird mit der Person des Bischofs der Kirche, die in Rom ist, und daher in enger Beziehung mit dem Klerus dieser Stadt steht, der repräsentiert wird durch die Kardinäle der Presbyteral- und Diakonstitel von Rom, und mit den Kardinalsbischöfen der suburbikarischen Sitze; Pontifex der universalen Kirche, weil er bestellt worden ist, sichtbar den unsichtbaren Hirten zu vertreten, der die gesamte Herde zu den Weiden des ewigen Lebens führt. Die Universalität der Kirche nimmt

in dieser Weise trefflich Gestalt an durch die Zusammensetzung des Kardinalskollegiums selbst, das aus Purpurträgern aller Kontinente besteht.«

*Wer darf nicht wählen?* »Unter den aktuellen historischen Umständen scheint die universale Dimension der Kirche genügend zum Ausdruck gebracht durch das Kollegium der einhundertzwanzig wahlberechtigten Kardinäle, das aus Purpurträgern zusammengesetzt ist, die von allen Teilen der Erde und von den verschiedensten Kulturen kommen. Ich bestätige also diese Höchstzahl von wahlberechtigten Kandidaten und mache gleichzeitig deutlich, daß die Beibehaltung der von meinem Vorgänger Paul VI. aufgestellten Norm, gemäß der alle, die am Beginn der Vakanz des Apostolischen Stuhles schon das achtzigste Lebensjahr vollendet haben, nicht am Konklave teilnehmen, keineswegs ein Zeichen von Geringschätzung darstellen soll. Der Grund dieser Verfügung ist im Willen zu suchen, solch einem verehrungswürdigen Alter nicht noch die zusätzliche Last aufzubürden, die in der Verantwortung besteht, jemanden zu wählen, der die Herde Christi in einer den Erfordernissen der Zeit gemäßen Weise führen muß.«

*Wo wohnen die Papstwähler?* »Insbesondere hielt ich es für zweckmäßig, anzuordnen, daß während der gesamten Zeitdauer der Wahl die Unterbringung der wahlberechtigten Kardinäle und aller, die berufen sind, zum Zweck des geregelten Wahlverlaufs selbst mitzuarbeiten, in geeigneten Räumen des Vatikanstaates erfolgt. Wenn dieser Staat auch klein ist, so ist er doch ausreichend, um innerhalb der Mauern, dank auch der weiter unten angeführten zweckmäßigen Maßnahmen, jene Abgeschiedenheit und folglich jene Sammlung zu garantieren, die solch eine für die gesamte Kirche lebenswichtige Handlung bei den Wählern erfordert.«

*Wo wählen sie?* »In Anbetracht des heiligen Charakters der Handlung und folglich der Angemessenheit, daß sie an einer geeigneten Stätte verlaufen kann, in der sich einerseits die liturgischen Handlungen mit den rechtlichen Formalitäten verbinden sollen, sich so vorzubereiten, um die inneren Eingebungen des Heiligen Geistes aufnehmen zu können, verfüge ich gleichzeitig, daß die Wahl weiterhin in der Sixtinischen Kapelle stattfinden soll, wo alles dazu beiträgt, das Bewußtsein der Gegenwart Gottes zu fördern, vor dessen Angesicht ein jeder eines Tages treten muß, um gerichtet zu werden.«

*Geheimhaltung:* »Des weiteren bestätige ich mit meiner apostolischen Autorität die Pflicht zur strengsten Geheimhaltung bezüglich all dessen, was direkt oder indirekt die Wahlvorgänge anbelangt: dennoch habe ich auch diesbezüglich die betreffenden Normen vereinfachen und auf das Wesentliche beschränken wollen, um Ratlosigkeit und Zweifel und vielleicht auch nachfolgende Gewissenskonflikte derjenigen zu vermeiden, die an der Wahl teilgenommen haben.«

*Wie nicht mehr gewählt wird:* »So erschien es mir zweckmäßig, die Wahl durch Akklamation quasi ex inspiratione nicht beizubehalten, da ich sie nunmehr für ungeeignet halte, die Überlegungen eines Wahlkollegiums zu interpretieren, das zahlenmäßig so erweitert und von seiner Herkunft her so verschieden ist. Gleichermaßen schien es nötig zu sein, die Wahl per compromissum fallenzulassen, nicht nur weil sie schwer zu bewerkstelligen ist, wie sich dies anhand der in der Vergangenheit in dieser Hinsicht schier unentwirrbaren Mengen an erlassenen Normen beweisen läßt, sondern auch, weil sie von Natur aus eine gewisse Umgehung der Verantwortung der Wähler beinhaltet, die in diesem Fall nicht aufgefordert wären, ihr eigenes Votum persönlich zum Ausdruck zu bringen.«

*Nur geheime Wahl:* »Nach reiflicher Überlegung bin ich zum Ergebnis gekommen, daß die einzige Form, mit der die Wähler ihr eigenes Votum für die Papstwahl ausdrücken können, nur die der geheimen Wahl ist. Diese Form bietet tatsächlich die größten Garantien für Klarheit, Geradlinigkeit, Einfachheit, Durchschaubarkeit und vor allem für eine effektive und konstruktive Teilnahme aller einzelnen Kardinäle, die berufen sind, die Wahlversammlung des Nachfolgers Petri zu bilden.«

*Was die Kardinäle nicht dürfen:* »Während der Vakanz des Apostolischen Stuhls hat das Kardinalskollegium keinerlei Vollmacht oder Jurisdiktion bezüglich jener Fragen, die dem Papst zu Lebzeiten oder während der Ausübung der Aufgaben seines Amtes zustehen; diese Fragen müssen alle ausschließlich dem

künftigen Papst vorbehalten bleiben. Deshalb erkläre ich jede
Handlung für ungültig und nichtig, die das Kardinalskollegium in
Ausübung der dem Papst zu seinen Lebzeiten oder während der
Zeit der Ausübung seines Amtes zustehenden Vollmacht oder
Jurisdiktion vornehmen zu müssen glaubte, es sei denn, sie befin-
det sich innerhalb der in dieser Konstitution ausdrücklich ge-
nannten Grenzen.

Während der Vakanz des Apostolischen Stuhles ist die Leitung
der Kirche dem Kardinalskollegium anvertraut, aber nur zur Erledigung der ordentlichen Angelegenheiten oder für jene Fragen,
die keinen Aufschub dulden, sowie für die Vorbereitung alles dessen, was zur Wahl des neuen Papstes erforderlich ist.

Außerdem bestimme ich, daß das Kardinalskollegium in keiner
Weise über die Rechte des Apostolischen Stuhles und der Römischen Kirche verfügen kann; und noch weniger darf es von diesen
Rechten direkt oder indirekt etwas preisgeben, selbst wenn es
dabei um die Beilegung von Streitigkeiten geht oder um die Ahn-
dung von Handlungen, die gegen diese Rechte nach dem Tode
oder dem gültigen Amtsverzicht des Papstes vorgenommen worden sind.

Während der Vakanz des Apostolischen Stuhles dürfen die von
den Päpsten erlassenen Gesetze in keiner Weise korrigiert oder
abgeändert werden; es dürfen auch keine Hinzufügungen oder
Abstriche gemacht werden noch darf von ihnen auch nur teilweise dispensiert werden.

Die Sonderkongregation besteht aus dem Kardinal-Camerlengo der Heiligen Römischen Kirche und aus drei Kardinälen, je
einem aus jeder Ordnung, die durch Los aus den wahlberechtigten Kardinälen bestimmt werden, die bereits in Rom eingetroffen
sind. Das Amt dieser drei Kardinäle, die Assistenten heißen, er-
lischt nach dem dritten Tag, und an ihre Stelle treten, stets durch
Auslosung bestimmt, andere Kardinäle mit gleichlanger Amts-
dauer, auch nach Beginn der Wahl.«

*Die Kleiderordnung und der Wahlablauf:* »Während der Wahlperiode werden die wichtigeren Angelegenheiten, falls erforderlich, von der Versammlung der wahlberechtigten Kardinäle
behandelt; die ordentlichen Angelegenheiten werden hingegen

durchgehend von der Sonderkongregation der Kardinäle bearbeitet. Während der Sedisvakanz tragen die Kardinäle in den General- und Sonderkongregationen den üblichen schwarzen filetierten Talar und die rote Schärpe, dazu die Kalotte, das Pektorale und den Ring.

In den Kardinalskongregationen dürfen die Abstimmungen bei wichtigeren Angelegenheiten nicht mündlich, sondern nur in geheimer Form erfolgen. Die Generalkongregationen, die vor Beginn der Wahl stattfinden und deshalb ›vorbereitende‹ Kongregationen heißen, müssen täglich abgehalten werden, und zwar von dem Tag an, den der Camerlengo der Heiligen Römischen Kirche mit den drei ersten wahlberechtigten Kardinälen aus jeder Ordnung festgesetzt hat; auch an den Tagen, an denen die Trauerfeierlichkeiten für den verstorbenen Papst stattfinden. Dies geschieht in der Absicht, daß der Kardinal-Camerlengo die Auffassung des Kollegiums erkunden und diesem mitteilen kann, was er für notwendig oder angemessen erachtet; daß ferner die einzelnen Kardinäle die Möglichkeit haben, ihre Ansicht bezüglich der auftauchenden Probleme darzulegen, in Zweifelsfällen um Aufklärung zu bitten und Vorschläge zu machen.

Bei den ersten Generalkongregationen ist dafür zu sorgen, daß die einzelnen Kardinäle ein Exemplar dieser Konstitution zur Verfügung haben. Zugleich müssen alle anwesenden Kardinäle den Eid ablegen, die in der Konstitution enthaltenen Vorschriften zu beachten und das Amtsgeheimnis zu wahren. ›Wir Kardinalbischöfe, Kardinalpriester und Kardinaldiakone der Heiligen Römischen Kirche versprechen, verpflichten uns und schwören, daß wir alle zusammen und jeder einzelne von uns genau und gewissenhaft alle Normen beachten werden, die in der Apostolischen Konstitution Universi Dominici Gregis Papst Johannes Pauls II. enthalten ist, und alles streng geheimhalten werden, was sich in irgendeiner Weise auf die Wahl des Papstes bezieht oder was von Natur aus während der Vakanz des Apostolischen Stuhles die Geheimhaltung erfordert.‹

Hierauf soll jeder Kardinal sprechen: ›Und ich, N. Kardinal N., verspreche es, verpflichte mich darauf und schwöre es.‹ Während er die Hand auf das Evangelium legt, füge er hinzu: ›So wahr mir

Gott helfe und die heiligen Evangelien, die ich mit meiner Hand berühre.‹

In einer der unmittelbar folgenden Kongregationen müssen die Kardinäle entsprechend einer vorher aufgestellten Tagesordnung die vordringlichsten Entscheidungen für den Beginn der Wahlhandlungen treffen, d. h.:

– sie sollen den Tag, die Stunde und die Art und Weise bestimmen, wie der Leichnam des verstorbenen Papstes in die Vatikanische Basilika zu überführen ist, um dort zur Verehrung der Gläubigen aufgebahrt zu werden;

– sie sollen alle Vorbereitungen treffen, die für die Trauerfeierlichkeiten des verstorbenen Papstes, die während neun aufeinanderfolgender Tage gehalten werden, notwendig sind, und sollen deren Beginn festlegen, so daß, wenn keine besonderen Gründe vorliegen, die Bestattung zwischen dem vierten und dem sechsten Tag nach dem Tod stattfindet;

– sie sollen die Kommission, die aus dem Kardinal-Camerlengo und den Kardinälen zusammengesetzt ist, die die Ämter des Staatssekretärs und des Präsidenten der Päpstlichen Kommission für den Staat der Vatikanstadt innehatten, ersuchen, rechtzeitig sowohl Räumlichkeiten des Domus Sanctae Marthae für die angemessene Unterbringung der wahlberechtigten Kardinäle sorgen. Gleichzeitig soll sie dafür sorgen, daß alles Nötige zur Vorbereitung der Sixtinischen Kapelle zur Verfügung gestellt wird, damit die Wahlhandlungen mühelos, geordnet und mit einem Höchstmaß an Geheimhaltung gemäß den in dieser Konstitution vorgesehenen Bestimmungen ablaufen können;

– sie sollen zwei in der Lehre, in der Weisheit und in moralischer Autorität beispielhaften Klerikern die Aufgabe anvertrauen, den Kardinälen selber zwei wohlüberlegte Betrachtungen über die Probleme der Kirche in jenem Augenblick und über die erleuchtete Wahl des neuen Papstes zu halten; gleichzeitig sollen sie, unter Beibehaltung der Anordnungen in Nr. 52 dieser Konstitution, den Tag und die Stunde festlegen, an dem ihnen die erste der zwei Betrachtungen gehalten werden soll;

– sie sollen auf Vorschlag der Verwaltung des Apostolischen Stuhles oder, zuständigkeitshalber, des Governatorats des Staates

der Vatikanstadt die benötigten Ausgaben für die Zeit zwischen dem Tod des Papstes und der Wahl des Nachfolgers genehmigen;
– sie sollen die eventuell vorhandenen Dokumente, die der verstorbene Papst dem Kardinalskollegium hinterlassen hat, lesen;
– sie sollen dafür sorgen, daß der Fischerring und das Bleisiegel, mit denen die Apostolischen Schreiben versehen werden, vernichtet werden;
– sie sollen die Zuweisung der Zimmer an die wahlberechtigten Kardinäle durch Los anordnen;
– sie sollen den Tag und die Stunde für den Beginn der Wahlhandlungen festlegen.

Mit dem Tod des Papstes treten alle Leiter der Dikasterien der Römischen Kurie von der Ausübung ihres Amtes zurück, seien es der Kardinalstaatssekretär, die Kardinalpräfekten oder die erzbischöflichen Präsidenten wie auch die Mitglieder derselben Dikasterien. Davon ausgenommen sind der Camerlengo der Heiligen Römischen Kirche und der Großpönitentiar, die auch weiterhin die ordentlichen Angelegenheiten erledigen, hierbei aber dem Kardinalskollegium das unterbreiten, was dem Papst hätte vorgelegt werden müssen.

Der Camerlengo der Heiligen Römischen Kirche soll, sobald er die Nachricht vom Tode des Papstes erhalten hat, im Beisein des Päpstlichen Zeremonienmeisters, der Prälaten sowie des Sekretärs und Kanzlers der Apostolischen Kammer, der die amtliche Todesurkunde auszustellen hat, den Tod des Papstes offiziell feststellen. Der Kardinal-Camerlengo soll außerdem das Arbeitszimmer und die Privatgemächer des verstorbenen Papstes versiegeln sowie verfügen, daß das Personal, das sich gewöhnlich in der Privatwohnung aufhält, bis nach der Bestattung des Papstes dort bleiben kann, wenn die gesamte Wohnung des Papstes versiegelt wird. Ferner soll er den Tod des Papstes dem Kardinalvikar von Rom mitteilen, der seinerseits die Bevölkerung von Rom durch einen eigenen Erlaß hiervon unterrichten wird.

Die Aufgabe des Dekans des Kardinalskollegiums ist es, den Tod des Papstes, sobald er hiervon durch den Camerlengo oder den Präfekten des Päpstlichen Hauses unterrichtet worden ist, allen Kardinälen mitzuteilen sowie diese zu den Kongregationen des Kollegiums zusammenzurufen. Gleichzeitig teilt er den Tod des Papstes dem beim Heiligen Stuhl akkreditierten Diplomatischen Korps und den Staatsoberhäuptern der betreffenden Nationen mit.

Während der Vakanz des Apostolischen Stuhles behalten der Substitut des Staatssekretariats wie auch der Sekretär für die Beziehungen zu den Staaten und die Sekretäre der Dikasterien der Römischen Kurie die Leitung ihrer Ämter bei und sind hierüber dem Kardinalskollegium verantwortlich. Ebensowenig erlöschen während der Sedisvakanz die Ämter und Vollmachten der Päpstlichen Vertreter.

Der Oberste Gerichtshof der Apostolischen Signatur und der Gerichtshof der Römischen Rota behandeln auch während der Vakanz des Apostolischen Stuhles weiterhin die Rechtsfälle entsprechend ihren eigenen Gesetzen.

Nach Ableben des Papstes von Rom halten die Kardinäle die Trauerfeierlichkeiten für seine Seelenruhe an neun aufeinanderfolgenden Tagen. Wenn die Beisetzung in der Vatikanischen Basilika stattfindet, wird das entsprechende amtliche Dokument vom Notar des Kapitels dieser Basilika oder vom Archivkanoniker angefertigt. Danach werden ein Beauftragter des Kardinal-Camerlengo und ein Beauftragter des Präfekten des Päpstlichen Hauses, jeder für sich, die Dokumente abfassen, die die stattgefundene Beisetzung beglaubigen. Wenn der Papst außerhalb Roms sterben sollte, wird es Aufgabe des Kardinalskollegiums sein, alle notwendigen Anordnungen für eine würdige und ehrenvolle Überführung des Leichnams in die Petersbasilika im Vatikan zu treffen.

Niemandem ist es erlaubt, mit irgendeinem Hilfsmittel den Papst auf dem Krankenbett oder nach seinem Ableben zu fotografieren noch mit irgendeinem Instrument seine Worte für eine spätere Wiedergabe aufzunehmen. Wenn jemand nach dem Tode des Papstes zu Dokumentationszwecken Fotografien zu machen wünscht, muß er darum beim Kardinal-Camerlengo der Heiligen Römischen Kirche nachsuchen, der jedoch die Aufnahmen des Papstes nicht zulassen wird, wenn dieser nicht mit den Pontifikalgewändern bekleidet ist. Nach der Bestattung des Papstes und während der Wahl des neuen Papstes soll kein Teil der päpstlichen Privatgemächer bewohnt werden.

Das Recht, den Römischen Papst zu wählen, steht einzig und allein den Kardinälen der Heiligen Römischen Kirche zu mit Ausnahme derer, die vor dem Todestag des Papstes oder vor dem Tag der Vakanz des Apostolischen Stuhles schon das 80. Lebensjahr überschritten haben. Die Höchstzahl der wahlberechtigten Kardinäle darf nicht mehr als 120 betragen. Unbedingt ausgeschlossen ist das aktive Wahlrecht eines anderen kirchlichen Würdenträgers oder die Einmischung einer weltlichen Macht, gleich welchen Ranges und welcher Ordnung sie sein mag.

Sollte es eintreten, daß der Apostolische Stuhl im Verlauf der Feier eines Ökumenischen Konzils oder einer Bischofssynode, die in Rom oder an einem anderen Ort der Welt abgehalten werden, vakant wird, ist die Wahl des neuen Papstes einzig und allein von den in der vorhergehenden Nummer genannten wahlberechtigten Kardinälen und nicht vom Konzil oder der Bischofssynode selbst vorzunehmen. Daher erkläre ich jene Handlungen für nichtig und ungültig, durch die sie etwa vermessenerweise die Normen bezüglich der Wahl oder des Wahlkollegiums abzuändern versuchen sollten. Vielmehr muß das Konzil oder die Bischofssynode, an welchem Punkt sie sich auch immer befinden, sich sofort als ipso iure aufgelöst betrachten, sobald die Nachricht von der Vakanz des Heiligen Stuhles vorliegt. Sie müssen also unverzüglich alle Zusammenkünfte, Versammlungen oder Sitzungen abbrechen und dürfen unter Androhung ihrer Ungültigkeit keine Dekrete oder Canones mehr abfassen oder vorbereiten und auch nicht jene bestätigten veröffentlichen; das Konzil oder die Synode darf aus keinem noch so schwerwiegenden und anerkennenswerten Grund fortgesetzt werden, solange nicht der neue, kanonisch gewählte Papst die Wiederaufnahme oder Fortsetzung verfügt hat.

Ferner bestimme ich, daß die anwesenden wahlberechtigten Kardinäle nach Eintritt der rechtmäßigen Vakanz des Apostolischen Stuhles fünfzehn volle Tage auf die abwesenden warten müssen; allerdings überlasse ich es dem Kardinalskollegium, den Beginn der Wahl, wenn schwerwiegende Gründe vorhanden sind, noch um einige Tage hinauszuschieben. Doch nach Ablauf von höchstens zwanzig Tagen nach Beginn der Sedisvakanz sind alle anwesenden wahlberechtigten Kardinäle gehalten, sich zur Wahl zu begeben.

Das Konklave für die Wahl des Papstes erfolgt innerhalb des Gebietes der Vatikanstadt, in bestimmten Bereichen und Gebäuden, die den Unbefugten verschlossen bleiben, um eine angemessene Unterbringung und einen passenden Aufenthalt der wahlberechtigten Kardinäle und all jener, die rechtmäßig zur Mitarbeit an der regulären Abwicklung der Wahl selbst bestellt sind, zu gewährleisten.

Zum festgelegten Zeitpunkt des Beginns des Vorgangs der Papstwahl müssen alle wahlberechtigten Kardinäle eine geeignete Unterkunft im sogenannten Domus Sanctae Marthae, das erst jüngst in der Vatikanstadt fertiggestellt worden ist, erhalten und bezogen haben.

Wenn aus Gesundheitsgründen ein wahlberechtigter Kardinal eine Pflegeperson auch während der Wahlperiode bei sich haben muß und dies vorher von der zuständigen Kardinalskongregation bestätigt worden ist, dann ist dafür Sorge zu tragen, daß auch dieser Person eine geeignete Unterkunft zugesichert wird.

Vom Augenblick der Festsetzung des Beginns der Wahlhandlungen bis zur öffentlichen Bekanntmachung der erfolgten Wahl des Papstes oder jedenfalls bis zum Zeitpunkt, den der neue Papst festgelegt haben wird, werden die Räumlichkeiten des Domus Sanctae Marthae, insbesondere aber die Sixtinische Kapelle und die für die liturgischen Feiern bestimmten Räume für die nichtautorisierten Personen durch die Autorität des Kardinal-Camerlengo und unter der äußeren Mitwirkung des Substituten des Staatssekretariats geschlossen.

Das gesamte Gebiet der Vatikanstadt und auch die ordentliche Aktivität der Ämter, die ihren Sitz darin haben, müssen für diese Zeitperiode so geregelt werden, daß die Geheimhaltung und der freie Ablauf aller Handlungen, die mit der Wahl des Papstes verbunden sind, garantiert werden. Insbesondere muß dafür Sorge getragen werden, daß die wahlberechtigten Kardinäle auf dem Weg vom Domus Sanctae Marthae zum Apostolischen Palast im Vatikan von niemandem erreicht werden können.

Die wahlberechtigten Kardinäle sollen ab Beginn der Wahlhandlungen bis zur öffentlichen Bekanntmachung der erfolgten Wahl sich jeglicher brieflicher und telefonischer Korrespondenz oder auch jeglicher Kommunikation durch andere Mittel mit Personen, die mit dem Ablauf der Wahl nichts zu tun haben, enthalten. Allen anderen, die nicht unter der folgenden Nummer genannt werden, aber aus gerechtfertigtem Grund sich in der Vatikanstadt befinden, ist es absolut verboten, wenn sie zufällig einem der wahlberechtigten Kardinäle begegnen, unter welcher Form, mit welchen Mitteln oder aus welchem Grund auch immer, mit den Kardinälen ins Gespräch zu kommen.

Um den persönlichen und den amtlichen Anforderungen, die mit dem Wahlverlauf zusammenhängen, entgegenzukommen, müssen die folgenden Personen zur Verfügung stehen und deswegen angemessen in geeigneten Räumen innerhalb der in Nr. 43 dieser Konstitution aufgestellten Grenzen untergebracht werden: der Sekretär des Kardinalskollegiums, der als Sekretär der Wahlversammlung fungiert; der Päpstliche Zeremonienmeister mit zwei Zeremoniaren und zwei Ordensleuten der Päpstlichen Sakristei; ein Kleriker, der vom Kardinaldekan oder vom Kardinal an seiner Statt ausgewählt worden ist, damit er ihm in seinem Amt assistiere. Weiter sollen einige Ordenspriester verschiedener Sprachen für die Beichte zugegegen sein; ferner zwei Ärzte für eventuelle Notfälle.

Alle genannten Personen, die aus welchem Grund und zu welcher Zeit auch immer durch jemand direkt oder indirekt etwas von den zur Wahl gehörenden Handlungen, insbesondere aber was die Wahlgänge anbelangt, erfahren sollten, sind gegenüber jeder Person, die nicht zum Kollegium der wahlberechtigten Kardinäle gehört, zu strenger Geheimhaltung verpflichtet; deswegen müssen sie vor Beginn der Wahlhandlungen gemäß den Modalitäten und der Form, wie sie in der folgenden Nummer angezeigt sind, den Eid leisten: ›Ich, N. N., verspreche und schwöre absolute Geheimhaltung gegenüber allen, die nicht zum Kollegium der wahlberechtigten Kardinäle gehören, und zwar auf ewig, wenn ich nicht eine ausdrückliche Sondererlaubnis des neugewählten Papstes oder seiner Nachfolger erhalte, über alles, was direkt oder indirekt mit der Wahl und den Abstimmungen für die Wahl des Papstes zu tun hat. Ich verspreche und schwöre überdies, daß ich keinerlei Aufnahmegeräte benütze, sei es zur Registrierung von Stimmen oder von Bildern, während der Zeit der Wahl innerhalb des Bereiches der Vatikanstadt, und insbesondere von dem, was direkt oder indirekt irgendwie mit den Wahlhandlungen selber zusammenhängt. Ich erkläre, daß ich diesen Eid in dem Bewußtsein leiste, daß eine Übertretung dessen meiner Person gegenüber zu jenen geistlichen und kanonischen Strafen führen wird, die der zukünftige Papst anzuwenden gedenkt. So wahr mir Gott helfe und diese heiligen Evangelien, die ich mit meiner Hand berühre.‹

Nachdem die Trauerfeierlichkeiten für den verstorbenen Papst vorschriftsmäßig gehalten worden sind und alles vorbereitet worden ist, was zum geordneten Ablauf der Wahl notwendig ist, versammeln sich am festgesetzten Tag – also am 15. Tag nach dem Tode des Papstes, oder, gemäß der Verfügung in Nr. 37 dieser Konstitution, nicht später als am 20. Tag – die wahlberechtigten Kardinäle in der Petersbasilika im Vatikan oder, je nach der Gegebenheit und den Anforderungen der Zeit und des Ortes, an einem anderen Ort, um an einer feierlichen Eucharistie mit der Votivmesse Pro eligendo Papa teilzunehmen. Das soll möglichst zu geeigneter Stunde am Vormittag geschehen, damit am Nachmittag all das stattfinden kann, was in den folgenden Nummern dieser Konstitution vorgeschrieben ist.

Von der Capella Paolina des Apostolischen Palastes aus begeben sich die wahlberechtigten Kardinäle in Chorkleidung in feierlicher Prozession, unter dem Gesang des Veni Creator den Beistand des Heiligen Geistes erflehend, in die Sixtinische Kapelle des Apostolischen Palastes, den Ort und Sitz der Abwicklung der Wahl.

Mit dieser Konstitution bestimme und verfüge ich deshalb, daß alle Handlungen der Papstwahl gemäß den Vorschriften in den folgenden Nummern ausschließlich in der sogenannten Sixtinischen Kapelle des Apostolischen Palastes stattfinden; diese bleibt also ein absolut abgeschlossener Ort bis zur erfolgten Wahl, so daß die strengste Geheimhaltung über all das, was dort direkt oder indirekt in welchem Bezug zur Papstwahl auch immer, geschieht und gesagt wird, sichergestellt ist.

Es sind besonders, auch mit Hilfe zuverlässiger und technisch kompetenter Personen, genaue und strenge Kontrollen vorzunehmen, damit in jenen Räumen nicht auf heimtückische Weise audiovisuelle Hilfsmittel zur Wiedergabe und Übertragung nach außen installiert werden.

Sobald die wahlberechtigten Kardinäle gemäß den Bestimmungen in die Sixtinische Kapelle gelangt sind, legen sie noch in der Gegenwart derjenigen, die am feierlichen Geleit teilgenommen haben, nach der in der nächsten Nummer festgelegten Formel den Eid ab. Der Kardinaldekan oder der ranghöchste und älteste Kardinal liest laut die Eidesformel vor, gemäß der Bestimmung in Nr. 9 dieser Konstitution: Am Ende wird dann jeder einzelne wahlberechtigte Kardinal unter Berührung des heiligen Evangeliums die Eidesformel laut vorlesen.

Nach der Eidesablegung des letzten wahlberechtigten Kardinals gebietet der Päpstliche Zeremonienmeister das extra omnes, und alle nicht zum Konklave Gehörenden müssen die Sixtinische Kapelle verlassen. In der Kapelle bleiben nur der Päpstliche Zeremonienmeister und der bereits erwähnte Kleriker, um den wahlberechtigten Kardinälen die zweite Betrachtung über die schwerwiegende Aufgabe vorzutragen, die ihnen obliegt, und folglich über die Notwendigkeit, mit rechter Gesinnung zum Wohl der universalen Kirche zu handeln.

Gemäß dem in der vorhergehenden Nummer Verfügten trägt der Kardinaldekan oder der ranghöchste und älteste Kardinal folgende Eidesformel vor:

›Wir alle und jeder einzelne wahlberechtigte zu dieser Wahl des Papstes anwesende Kardinal versprechen, verpflichten uns und schwören, uns treu und gewissenhaft an alle Vorschriften zu halten, die in der Apostolischen Konstitution Papst Johannes Pauls II., Universi Dominici Gregis, vom 22. Februar 1996 enthalten sind. Ebenso versprechen wir, verpflichten wir uns und schwören, daß jeder von uns, wenn er durch Gottes Fügung zum Papst gewählt wird, sich bemühen wird, das munus Petrinum des Hirten der Universalkirche in Treue auszuüben und unermüdlich die geistlichen und weltlichen Rechte sowie die Freiheit des Heiligen Stuhles zu wahren und zu verteidigen. Vor allem aber versprechen und schwören wir, in bedingungsloser Treue und mit allen, seien es Kleriker oder Laien, Geheimhaltung über alles zu wahren, was in irgendeiner Weise die Wahl des Papstes betrifft, und was am Wahlort geschieht und direkt oder indirekt die Abstimmungen betrifft; dieses Geheimnis in keiner Weise während oder nach der Wahl des neuen Papstes zu verletzen, außer wenn vom Papst selbst eine ausdrückliche Erlaubnis dazu erteilt worden ist. Gleichermaßen versprechen und schwören wir, niemals eine Einmischung, eine Opposition noch irgendeine andere Form zu unterstützen oder zu begünstigen, wodurch weltliche Autoritäten jeglicher Ordnung und jeglichen Grades oder irgendwelche Gruppen oder Einzelpersonen sich in die Papstwahl einzumischen versuchen sollten.‹

Darauf leisten die einzelnen wahlberechtigten Kardinäle nach ihrer Rangordnung mit der folgenden Formel den Eid: ›Und ich, N. Kardinal N., verspreche, verpflichte mich und schwöre es‹, und sie fügen hinzu, indem sie die Hand auf das Evangelium legen: ›so wahr mir Gott helfe und diese heiligen Evangelien, die ich mit meiner Hand berühre.‹

Nach Beendigung der Gebete, die im entsprechenden Ordo enthalten sind, hören die wahlberechtigten Kardinäle den Kardinaldekan (oder seinen Stellvertreter) an, der dem Kollegium der Wähler insbesondere die Frage stellt, ob nunmehr mit dem Wahlverfahren begonnen werden kann oder ob noch Unklarheiten bezüglich der Normen und der Modalitäten, die in dieser Konstitution festgelegt worden sind, zu klären sind.

Wenn dann nach dem Urteil der Mehrheit der Wähler dem Beginn des Wahlverfahrens nichts mehr im Wege steht, geht man unverzüglich zur Wahl über.

Der Kardinal-Camerlengo und die pro tempore assistierenden drei Kardinäle sind zu sorgfältiger Wachsamkeit verpflichtet, damit die Vertraulichkeit dessen, was in der Sixtinischen Kapelle geschieht, wo die Wahlhandlungen stattfinden, und in den umliegenden Räumlichkeiten, sei es vorher, während und nach diesen Handlungen, in keiner Weise verletzt wird. Ganz besonders werden sie auch unter Zuhilfenahme der Erfahrungen zweier vertrauenswürdiger Techniker darauf achten, daß die Geheimhaltung in den genannten Räumen, insbesondere in der Sixtinischen Kapelle, in der die Wahlhandlungen stattfinden, gesichert ist, indem sie sich vergewissern, daß kein Aufnahme- oder audiovisuelles Sendegerät von wem auch immer in die genannten Räume eingeführt wird.

Wenn ein Verstoß gegen diese Norm begangen und entdeckt werden würde, sollen sich die Täter bewußt sein, daß sie mit schwerwiegenden Strafen nach Ermessen des künftigen Papstes belegt werden.

Solange die Wahlhandlungen andauern, sind die wahlberechtigten Kardinäle angehalten, sich schriftlicher Korrespondenz und Gesprächen, auch per Telefon oder Funk, mit Personen, die nicht rechtens in den reservierten Gebäuden zugelassen sind, zu enthalten. Gleichermaßen dürfen die wahlberechtigten Kardinäle weder Botschaften jedweder Art empfangen noch außerhalb der Vatikanstadt senden, wobei es natürlich verboten ist, daß dort rechtmäßig zugelassene Personen diese Korrespondenz vermitteln. Den wahlberechtigten Kardinälen ist es in besonderer Weise verboten, solange das Wahlverfahren andauert, Zeitungen und Zeitschriften jeglicher Art zu erhalten, wie auch Radio- oder Fernsehsendungen zu verfolgen.

Diejenigen, die in irgendeiner Weise diese Bestimmungen verletzen könnten, sei es durch Wort, Schrift, Zeichen oder dergleichen, müssen dies unbedingt vermeiden, da sie ansonsten die Strafe der Exkommunikation latae sententiae auf sich ziehen würden, die dem Apostolischen Stuhl vorbehalten ist.

Den wahlberechtigten Kardinälen ist es insbesondere verboten, irgendeiner Person direkt oder indirekt Auskunft über die Abstimmungen zu geben, wie auch darüber, was über die Wahl des Papstes in den Zusammenkünften der Kardinäle vor oder während der Zeit der Wahl behandelt oder entschieden worden ist. Überdies verordne ich den wahlberechtigten Kardinälen, graviter onerata ipsorum conscientia, die Geheimhaltung über diese Angelegenheit auch nach der erfolgten Wahl des neuen Papstes zu wahren, eingedenk dessen, daß diese auf keine Weise verletzt werden darf, wenn nicht diesbezüglich eine besondere und ausdrückliche Ermächtigung von Seiten des Papstes selbst erteilt worden ist.

Zum Zweck des Schutzes der wahlberechtigten Kardinäle gegen die Indiskretion anderer und gegen etwaige Bedrohungen, die gegen die Unabhängigkeit ihres Urteils und gegen ihre Entscheidungsfreiheit gerichtet sein könnten, verbiete ich schließlich unter allen Umständen, daß, unter welchem Vorwand auch immer, technische Geräte jedweder Art in die Räumlichkeiten, in denen die Wahlhandlungen stattfinden, eingeführt werden, die zur Aufnahme, Wiedergabe oder Übermittlung von Ton, Bild oder Schrift dienen, oder daß von ihnen, falls solche schon vorhanden sind, Gebrauch gemacht wird.

Nach Abschaffung der sogenannten Wahlverfahren per acclamationem seu inspirationem und per compromissum wird der Papst von nun an einzig und allein per scrutinium gewählt: Ich lege also fest, daß zur gültigen Papstwahl zwei Drittel der Stimmen aller anwesenden Wähler erforderlich sind. Für den Fall, daß die Anzahl der anwesenden Kardinäle nicht genau durch drei geteilt werden kann, ist für die Gültigkeit der Papstwahl eine Stimme mehr erforderlich.

Falls die erste Wahl schon am Nachmittag des ersten Tages stattfindet, wird nur ein Wahlgang durchgeführt; an den folgenden Tagen aber, wenn die Wahl nicht schon beim ersten Wahlgang erfolgt ist, werden zwei Wahlgänge jeweils am Vormittag und am Nachmittag gehalten.

Der Vorgang der Abstimmung vollzieht sich in drei Phasen, deren erste, die man als Vorstufe der Abstimmung bezeichnen kann, folgende Teile umfaßt:

1) die Vorbereitung und Ausgabe der Stimmzettel durch die Zeremoniare, die jedem wahlberechtigten Kardinal wenigstens zwei oder drei davon aushändigen;

2) die Auslosung von drei Wahlhelfern aus der Gesamtzahl der wahlberechtigten Kardinäle, von drei Beauftragten, die die Stimmen der Kranken einsammeln, kurz Infirmarii genannt, und von drei Wahlprüfern; die Auslosung wird öffentlich vom letzten der Kardinaldiakone vorgenommen, der nacheinander die neun Namen deren zieht, die diese Aufgaben wahrnehmen werden;

3) wenn sich bei der Auslosung der Wahlhelfer, der Infirmarii und der Wahlprüfer die Namen von wahlberechtigten Kardinälen ergeben, die wegen Krankheit oder anderweitiger Gründe verhindert sind, diese Dienste zu leisten, sollen an ihrer Stelle die Namen anderer ausgelost werden, die nicht verhindert sind. Die drei zuerst Gezogenen fungieren als Wahlhelfer, die drei nächsten als Infirmarii und die letzten drei als Wahlprüfer.

Für diese Phase der Abstimmung sind folgende Vorschriften zu beachten:

1) der Stimmzettel muß rechteckig sein und soll in der oberen Hälfte, möglichst im Vordruck, die Worte enthalten: Eligo in Summum Pontificem, während die untere Hälfte frei bleiben muß, um hier den Namen des Gewählten zu schreiben; deswegen ist der Zettel so beschaffen, daß er doppelt gefaltet werden kann;

2) die Ausfüllung der Stimmzettel ist von jedem wahlberechtigten Kardinal geheim zu vollziehen, indem er, möglichst in verstellter, aber deutlicher Schrift, den Namen dessen aufschreibt, den er wählt, wobei jedoch nicht mehrere Namen angegeben werden dürfen, da sonst der Stimmzettel ungültig wäre; der Zettel muß dann zweimal gefaltet werden;

3) während der Wahlvorgänge dürfen nur die wahlberechtigten Kardinäle in der Sixtinischen Kapelle sein; deshalb haben der Sekretär des Kardinalskollegiums, der Päpstliche Zeremonienmeister und die Zeremoniare sofort nach Ausgabe der Stimmzettel und noch bevor die Wähler zu schreiben beginnen, den Raum zu verlassen; nachdem sie hinausgegangen sind, schließt der letzte der Kardinaldiakone die Türe, die er jeweils wieder öffnet und schließt, so oft dies erforderlich ist, z. B. wenn die Infirmarii hinausgehen, um die Stimmzettel der Kranken einzusammeln, und in die Kapelle zurückkehren.

Die zweite Phase, die man als den eigentlichen Wahlgang bezeichnen kann, umfaßt:

1) das Einwerfen der Stimmzettel in die dafür bereitgestellte Urne;

2) das Mischen und Zählen der Stimmzettel;

3) die öffentliche Auszählung der Stimmen.

Jeder wahlberechtigte Kardinal bringt den Stimmzettel, nachdem er ihn ausgefüllt und gefaltet hat, nach der Rangordnung und allen sichtbar mit erhobener Hand zum Altar, an dem die Wahlhelfer stehen und auf dem sich eine mit einem Teller bedeckte Urne befindet, um die Zettel aufzunehmen. Dort angekommen, spricht der wahlberechtigte Kardinal mit erhobener Stimme folgende Eidesformel: Ich rufe Christus, der mein Richter sein wird, zum Zeugen an, daß ich den gewählt habe, von dem ich glaube, daß er nach Gottes Willen gewählt werden sollte. Danach legt er den Stimmzettel auf den Teller und gibt ihn in die Urne. Hierauf macht er eine Verneigung zum Altar hin und kehrt an seinen Platz zurück.

Wenn einer der in der Kapelle anwesenden wahlberechtigten Kardinäle sich aus Krankheitsgründen nicht zum Altar begeben kann, begibt sich der letzte der Wahlhelfer zu ihm; jener Wähler übergibt, nachdem er den obengenannten Eid abgelegt hat, dem Wahlhelfer den gefalteten Zettel, dieser bringt ihn, allen sichtbar, zum Altar und legt ihn dann in die Urne.

Sind kranke wahlberechtigte Kardinäle in ihren Zimmern, gehen die drei Infirmarii mit einem Kästchen zu ihnen, das oben eine Öffnung hat, durch die ein gefalteter Stimmzettel eingeworfen werden kann. Ehe die Wahlhelfer das Kästchen den Infirmarii übergeben, öffnen sie es vor aller Augen, damit die übrigen Wähler feststellen können, daß es leer ist; darauf verschließen sie es und legen den Schlüssel auf den Altar. Dann begeben sich die Infirmarii mit dem verschlossenen Kästchen und einer entsprechenden Zahl von Stimmzetteln, die auf einem kleinen Teller liegen, unter vorschriftsmäßiger Begleitung ins Domus Sanctae Marthae zu jedem einzelnen Kranken. Dieser entnimmt einen Stimmzettel, vollzieht die geheime Wahl, faltet den Zettel und wirft ihn durch die Öffnung in das Kästchen, nachdem er zuvor den obengenannten Eid geleistet hat. Ist ein Kranker außerstande zu schreiben, führt einer der drei Infirmarii oder ein anderer vom Kranken beauftragter wahlberechtigter Kardinal die voraufbeschriebenen Handlungen aus, wobei letzterer jedoch zuvor den Eid über die Geheimhaltung in die Hand der Infirmarii zu leisten hat. Danach bringen die Infirmarii das Kästchen in die Kapelle, dieses wird von den Wahlhelfern geöffnet, nachdem die anwesenden Kardinäle ihre Stimme abgegeben haben; daraufhin zählen sie die darin befindlichen Stimmzettel und legen sie, wenn feststeht, daß ihre Zahl der Zahl der Kranken enstpricht, einen nach dem anderen auf den Teller und geben sie mit dessen Hilfe alle zusammen in die Urne. Um den Wahlablauf nicht allzusehr aufzuhalten, können die Infirmarii ihren eigenen Stimmzettel gleich nach dem ersten Kardinal ausfüllen und in die Urne legen, um sich dann in der soeben beschriebenen Weise zum Einsammeln der Stimmen der Kranken zu begeben, während in der Zwischenzeit die anderen Wähler ihre Stimmzettel abgeben.

Haben alle wahlberechtigten Kardinäle ihren Stimmzettel in die Urne gelegt, schüttelt der erste Wahlhelfer diese mehrmals, um die Stimmzettel zu mischen; darauf schreitet der letzte Wahlhelfer sogleich zur Zählung der Stimmzettel, indem er einen nach dem anderen, allen sichtbar, aus der Urne nimmt und sie in einen anderen dafür bereitstehenden leeren Behälter legt. Wenn die Zahl der Stimmzettel nicht mit der Zahl der Wähler übereinstimmt, muß man alle Zettel verbrennen und sogleich einen neuen Wahlgang beginnen; stimmen hingegen die Zettel mit der Zahl der Wähler überein, folgt die öffentliche Auszählung der Stimmen, die folgendermaßen vor sich geht.

Die Wahlhelfer sitzen an einem Tisch vor dem Altar: der erste nimmt einen Stimmzettel, entfaltet ihn, stellt den Namen des Gewählten fest, gibt ihn an den zweiten Wahlhelfer weiter, der seinerseits den Namen des Gewählten einsieht und den Stimmzettel an den dritten weiterreicht, der dann den Namen laut und verständlich vorliest, so daß alle anwesenden Wähler die hier getroffene Entscheidung in eine dafür vorgesehene Liste eintragen können. Auch er selbst notiert den vom Stimmzettel verlesenen Namen. Wenn die Wahlhelfer bei der öffentlichen Auszählung zwei Stimmzettel finden, die so ineinander gefaltet sind, daß beide offensichtlich vom gleichen Wähler stammen, gelten sie als eine einzige Stimme, sofern sie denselben Namen enthalten; falls sie aber verschiedene Namen aufweisen, sind beide ungültig; die Wahl selbst jedoch wird in keinem der beiden Fälle annulliert.

Nach der öffentlichen Auszählung der Stimmzettel zählen die

Wahlhelfer die Stimmen zusammen, die auf die einzelnen Namen entfielen, und vermerken die Ergebnisse auf einem gesonderten Blatt. Der letzte der Wahlhelfer locht, nachdem er die einzelnen Stimmzettel vorgelesen hat, diese mit einer Nadel an der Stelle, wo das Wort Eligo steht, und reiht sie an einer Schnur auf, damit sie sicher aufbewahrt werden können. Wenn alle Namen verlesen sind, werden die Enden der Schnur zu einem Knoten zusammengeknüpft und die so zusammengebundenen Stimmzettel in eine Urne oder seitlich auf den Tisch gelegt.

Darauf folgt die dritte und letzte Phase, die man den Wahlabschluß nennen kann. Er besteht aus

1) der Auswertung der Stimmen;
2) deren Kontrolle;
3) der Verbrennung der Stimmzettel.

Die Wahlhelfer stellen die Summe aller Stimmen fest, die auf jeden einzelnen entfielen, und wenn keiner in jenem Wahlgang zwei Drittel der Stimmen erhalten hat, so ist der Papst noch nicht gewählt worden; hat aber einer zwei Drittel der Stimmen erhalten, ist die kanonisch gültige Wahl des Papstes erfolgt.

Die Wahlprüfer haben in beiden Fällen unabhängig davon, ob es zur Wahlentscheidung kam oder nicht, die Kontrolle der Stimmzettel vorzunehmen und die Niederschrift der Wahlhelfer über das Abstimmungsergebnis zu prüfen, um Gewißheit zu haben, daß diese ihre Aufgabe sorgfältig und gewissenhaft erfüllt haben.

Sofort nach der Prüfung, noch ehe die wahlberechtigten Kardinäle die Sixtinische Kapelle verlassen, müssen alle Stimmzettel von den Wahlhelfern verbrannt werden, wobei ihnen der Sekretär des Kollegiums und die Zeremoniare helfen, die inzwischen von dem letzten der Kardinaldiakone hereingerufen worden sind. Wenn jedoch unmittelbar ein zweiter Wahlgang durchzuführen ist, werden die Stimmzettel der ersten Wahl erst am Schluß zusammen mit denen des zweiten Wahlganges verbrannt.

Allen und jedem einzelnen der wahlberechtigten Kardinäle schreibe ich vor, zur sicheren Wahrung der Geheimhaltung jede Art von Notizen, die sie über das Ergebnis der einzelnen Wahlgänge neben sich liegen haben, dem Kardinal-Camerlengo oder einem der drei assistierenden Kardinäle auszuhändigen. Diese Aufzeichnungen sollen mit den Stimmzetteln verbrannt werden.

Ferner ordne ich an, daß der Kardinal-Camerlengo der Heiligen Römischen Kirche am Ende der Wahl einen Bericht anfertigt, der auch die Zustimmung der drei assistierenden Kardinäle finden muß, worin er das Abstimmungsergebnis jedes Wahlgangs feststellt. Dieser Bericht wird dem Papst übergeben und dann im dafür vorgesehenen Archiv in einem versiegelten Umschlag verschlossen aufbewahrt, der ohne ausdrückliche Erlaubnis des Papstes von niemandem geöffnet werden darf.

Ich schreibe vor, daß – mit Ausnahme des Nachmittags des Einzugs ins Konklave – die wahlberechtigten Kardinäle nach einem ergebnislosen Wahlgang, sei es vormittags oder nachmittags, sofort sich zu einem zweiten zu begeben haben, bei dem sie erneut ihre Stimme abgeben. In diesem zweiten Wahlgang sind alle Modalitäten des ersten zu beachten mit Ausnahme des Eides, den die Wähler nicht von neuem ablegen müssen, wie auch keine neuen Wahlhelfer, Infirmarii und Wahlprüfer zu bestellen sind, so daß zu diesem Zweck ohne irgendeine Wiederholung auch für den zweiten Wahlgang in Geltung bleibt, was beim ersten diesbezüglich festgelegt worden ist.

Im Falle, daß die wahlberechtigten Kardinäle Schwierigkeiten haben sollten, sich über die zu wählende Person zu einigen, werden die Abstimmungen, nachdem diese drei Tage hindurch in der beschriebenen Weise ergebnislos durchgeführt worden sind, höchstens einen Tag unterbrochen, um eine Pause für das Gebet, für ein zwangloses Gespräch unter den Wählern und für eine kurze geistliche Ansprache durch den ranghöchsten Kardinal aus der Ordnung der Diakone zu haben. Darauf werden die Abstimmungen, die in der gleichen Form vorgenommen werden müssen, wieder fortgesetzt. Wenn nach weiteren sieben Wahlgängen keine Wahl erfolgt, wird erneut eine Pause eingelegt zum Gebet, zur gegenseitigen Aussprache und zu ermahnenden Worten durch den ranghöchsten Kardinal aus der Ordnung der Priester. Danach sollen wiederum sieben Abstimmungen durchgeführt werden. Falls auch diese ergebnislos verlaufen, folgt eine neue Pause des Gebets, des Kolloquiums und einer vom ranghöchsten Kardinal aus der Ordnung der Bischöfe gehaltenen Ermunterung. Darauf werden die Abstimmungen in der gleichen Form wiederaufgenommen, die, falls sie nicht zur Wahl führen, sieben sein müssen. Wenn die Abstimmungen auch nach der in der vorangehenden Nummer festgelegten Vorgehensweise nicht zum Erfolg führen, wird der Camerlengo die wahlberechtigten Kardinäle einladen, über den einzuschlagenden Weg ihre Meinung zu bekunden. Darauf wird nach dem weiter verfahren, was die absolute Mehrheit von ihnen beschlossen hat.

Dennoch wird man nicht davon abweichen können, daß zu einer gültigen Wahl entweder die absolute Mehrheit der Stimmen vorhanden sein muß oder daß zwischen den beiden Namen, die in dem unmittelbar vorhergehenden Wahlgang den größten Stimmenanteil erhalten haben, gewählt wird, wobei dann auch in diesem zweiten Fall nur die absolute Mehrheit erforderlich ist.

Wenn eine Wahl in Abweichung von der in dieser Konstitution vorgeschriebenen Form oder unter Nichteinhaltung der von ihr festgesetzten Bedingungen erfolgt sein sollte, ist sie aus diesem selben Grund nichtig und ungültig, ohne daß es einer diesbezüglichen Erklärung bedarf und ohne daß die Wahl deshalb dem Gewählten irgendeinen Rechtsanspruch gibt.

Gesetzt den Fall, daß bei der Wahl des Papstes das Verbrechen der Simonie – Gott bewahre uns davor! – begangen worden sein sollte, beschließe und erkläre ich, daß alle diejenigen, die sich schuldig machen sollten, sich die Exkommunikation latae sententiae zuziehen.

Indem ich auch die Vorschriften meiner Vorgänger bestätige, verbiete ich jedem, auch wenn er die Kardinalswürde besitzt, zu Lebzeiten des Papstes und ohne Beratung mit ihm über die Wahl seines Nachfolgers zu verhandeln oder Wahlversprechen zu machen oder diesbezüglich in heimlichen Privatzusammenkünften Beschlüsse zu fassen.

Auch verbiete ich kraft des heiligen Gehorsams und unter Strafe der Exkommunikation latae sententiae allen und jedem einzelnen der wahlberechtigten Kardinäle, den jetzigen und den künftigen, ebenso dem Sekretär des Kardinalskollegiums und allen anderen, die an der Vorbereitung und an der Durchführung alles dessen, was für die Wahl nötig ist, beteiligt sind, unter welchen Vorwand auch immer, den Auftrag entgegenzunehmen, das Veto- oder das sogenannte Ausschlußrecht vorzuschlagen, sei es auch in Form eines einfachen Wunsches, oder dieses bekanntzugeben, sei es vor dem ganzen versammelten Wählerkollegium, sei es gegenüber einzelnen Wählern, sei es schriftlich oder mündlich, sei es direkt und unmittelbar, sei es indirekt oder durch andere, sei es vor Beginn der Wahl oder während des Wahlverlaufs. Ich möchte, daß dieses Verbot sich auf alle möglichen Einmischungen, Widerstände und Wünsche erstreckt, durch die weltliche Autoritäten jeder Ordnung und jeden Grades oder irgendwelche Gruppen oder Einzelpersonen versuchen sollten, sich in die Papstwahl einzumischen.

Die wahlberechtigten Kardinäle müssen sich außerdem jeder Form von Verhandlungen, Verträgen, Versprechen oder sonstigen Verpflichtungen jeder Art enthalten, die sie binden können, einem oder einigen die Stimme zu geben oder zu verweigern. Käme es tatsächlich dazu, so erkläre ich eine solche Bindung für nichtig und ungültig, auch wenn sie unter Eid eingegangen worden wäre, und niemand soll verpflichtet sein, sich daran zu halten; ich belege ab sofort die Übertreter dieses Verbotes mit der Exkommunikation latae sententiae. Dennoch beabsichtige ich nicht zu verbieten, daß während der Sedisvakanz ein Gedankenaustausch über die Wahl stattfinden kann.

Desgleichen untersage ich den Kardinälen, vor der Wahl Wahlkapitulationen einzugehen, d. h. gemeinsame Abmachungen zu treffen mit dem Versprechen, sie für den Fall einzulösen, daß einer von ihnen zum Pontifikat erhoben würde. Auch solche Versprechungen, sollten sie vorkommen, erkläre ich für nichtig und ungültig, selbst wenn sie unter Eid abgegeben worden wären.

Schließlich ermahne ich die wahlberechtigten Kardinäle eindringlich, sich bei der Wahl des Papstes nicht von Sympathie oder Abneigung leiten zu lassen, sich weder durch Begünstigung noch von den persönlichen Beziehungen zu einem beeinflussen zu lassen, noch sich von der Einwirkung angesehener Persönlichkeiten oder Druck ausübender Gruppen oder vom Einfluß der sozialen Kommunikationsmittel, von Gewalt, Furcht oder vom Verlangen nach Popularität bestimmen zu lassen. Vielmehr sollen sie einzig die Ehre Gottes und das Wohl der Kirche vor Augen haben und ihre Stimme nach Anrufung des göttlichen Beistandes demjenigen auch außerhalb des Kardinalskollegiums geben, den sie vor allen anderen für geeignet halten, die Gesamtkirche zum Segen und Nutzen aller zu leiten.

Ist die Wahl kanonisch vollzogen, so ruft der letzte der Kardinaldiakone den Sekretär des Kardinalskollegiums und den Päpstlichen Zeremonienmeister in den Wahlraum; darauf fragt der Kardinaldekan oder der ranghöchste den Gewählten bezüglich der Annahme der Wahl mit folgenden Worten: Nimmst Du Deine kanonische Wahl zum Papst an? Sobald er die Zustimmung erhalten hat, fragt er ihn: Wie willst du Dich nennen? Daraufhin fertigt der Päpstliche Zeremonienmeister, der als Notar wirkt und zwei Zeremoniare, die in diesem Moment herbeigerufen werden, als Zeugen hat, über die Annahme der Wahl durch den neuen Papst und den von ihm angenommenen Namen ein Schriftstück an.

Mit der Annahme ist der Gewählte, der die Bischofsweihe bereits empfangen hat, unmittelbar Bischof der Kirche von Rom, wahrer Papst und Haupt des Bischofskollegiums; derselbe erhält sogleich die volle und höchste Gewalt über die Universalkirche und kann sie unverzüglich ausüben. Wenn der Gewählte hingegen noch nicht Bischof ist, so soll er sogleich zum Bischof geweiht werden.

Nachdem in der Zwischenzeit die übrigen Formalitäten abgeschlossen sind, die der Ordo rituum conclavis vorschreibt, treten die wahlberechtigten Kardinäle in der festgesetzten Weise hinzu, um dem neugewählten Papst die Huldigung zu erweisen und das Gehorsamsversprechen zu leisten. Hierauf folgt ein gemeinsames Dankgebet, und dann verkündet der erste der Kardinaldiakone dem wartenden Volk die stattgefundene Wahl und den Namen des neuen Papstes, der sofort danach den Apostolischen Segen URBI ET ORBI von der Loggia der Vatikanischen Basilika erteilt.

Wenn der Gewählte noch nicht Bischof ist, erfolgen die Huldigung und die Bekanntgabe erst, nachdem er feierlich zum Bischof geweiht worden ist. Wenn der Gewählte sich außerhalb der Vati-

kanstadt befindet, müssen die im genannten Ordo rituum conclavis enthaltenen Richtlinien beachtet werden.

Das Konklave endet gleich, nachdem der neugewählte Papst
seine Wahl angenommen hat, es sei denn, er verfügt etwas anderes. Von diesem Zeitpunkt an können zum neuen Papst der Substitut des Päpstlichen Staatssekretariats, der Sekretär für die
Beziehungen zu den Staaten, der Präfekt des Päpstlichen Hauses
und jeder vortreten, der mit dem gewählten Papst in diesem
Moment notwendige Angelegenheiten behandeln muß.

Nach der feierlichen Zeremonie des Beginns des Pontifikates
und innerhalb einer angemessenen Zeit ergreift der Papst nach
dem vorgeschriebenen Ritus Besitz von der Patriarchalen Erzbasi-
lika am Lateran.«

# Der Nachfolger

*Das Programm steht: Auch der nächste Papst*
*soll konservativ sein*

Wer oder wie wird der nächte Papst sein? Das konservativ elitäre
Opus Dei rechnet sich beste Chancen für einen der ihren aus. Führende Kurienmitarbeiter sehen diese Gefahr allerdings nicht.
Oder wollen nicht sehen, daß das Opus die ganze Kirchenstruk-
tur durchsetzt hat. Sein Papst wäre ein kämpferischer, reaktionärer Vertreter der Klerokratie, ein Mann von Gesetz und Ordnung,
ein Gegner von Religionsfreiheit und Toleranz. Pessimisten sehen
darin sogar die Rettung der Kirche, weil solch ein Papst ihr wieder Orientierung geben könnte. Fragt sich nur, wer ihm da noch
folgen wird. Aber auch auf diese Fragen wissen die frommen Gotteswerker eine Antwort. Aus ihren Publikationen ist sie herauszu-
filtern. Ihnen ist eine kleine, geordnete, auf Macht basierende
Kirche lieber als ein Dienst für die frohe Botschaft für alle Menschen.

Leicht sind die Befürchtungen vor einem solchen katholischen
Ayatollah nicht zu zerstreuen. Trotz der Vielfalt des Kardinalskollegiums, das den Papst zu wählen hat, kann nicht mehr ausgeschlossen werden, daß ein reaktionärer Kardinal die Mehrheit
erhält, nicht die von zwei Dritteln, aber wenn er und sein Anhang
Beharrungsvermögen zeigen, was anzunehmen ist, dann könnte
es mit der einfachen Mehrheit klappen.

Die wenigsten haben es bemerkt, daß dies in Zukunft möglich
sein wird. Selbst die Süddeutsche Zeitung brachte eine Meldung
vom 23. Februar 1996 auf Seite 1, die das Gegenteil zu versprechen schien. Der Papst, so hieß es, habe eine Apostolische Konstitution über die Vakanz des Apostolischen Stuhles und damit die

Wahl des Papstes von Rom veröffentlicht. Darin regelte er bis ins letzte Detail die künftigen Konklave.

Die Agenturmeldung dazu begann mit dem Satz: »Papst Johannes Paul II. hat die Regeln für die Bestimmung seines Nachfolgers reformiert und festgelegt, daß der neue Papst nur mit Zweidrittelmehrheit der Kardinäle im Konklave gekürt werden kann.« Der Vergleich mit dem Text der Konstitution dementierte schließlich diese Schlußfolgerung als Falschmeldung, zumindest als Halbwahrheit. Der Papst hat das Konklave in einer gefährlichen Reform verändert.

Das war nicht die Zweidrittelmehrheit. Die gibt es für Papstwahlen seit Jahrhunderten, mal plus eine Stimme, mal die reine rechnerische Zweidrittelmehrheit. Sie zwang die Kardinäle, so lange zu wählen, bis sie sich auf einen kaum noch umstrittenen Kandidaten einigten. Die denkbar größte Mehrheit sollte das hohe Amt absichern.

Die ersten Wahlgänge waren deshalb häufig Testwahlen, um zu sehen, wohin die Mehrheit marschierte. Wenn sich nach dem vierten Wahlgang am zweiten Tag herausstellte, daß sich zwei Lager blockierten, begann die Suche nach dem Kompromißkandidaten, der in den kurz darauf folgenden wenigen Gängen meist mehr als die erforderliche Zweidrittelmehrheit zusammenbrachte.

Beim nächsten Mal kann das ganz anders sein und der Opus-Dei-Wunsch liegt dann gar nicht so fern von der Wirklichkeit. Ich wette deshalb, daß die Wahl entweder extrem kurz dauern wird, vielleicht drei Tage, oder sie wird mindestens zwei Wochen beanspruchen.

Die Begründung: Nach dem 33. Wahlgang ohne Zweidrittelmehrheit und eintägigen Pausen nach jeweils sieben vergeblichen Wahlen reicht die absolute Mehrheit, also bei vollzählig 120 Kardinälen wären das 60 plus eine Stimme. Erfahrungsgemäß hält das konservative Lager zusammen wie ein Monolith. Das Opus Dei rechnet sich derzeit 69 Sympathisanten aus. Diese von ihm gesponserte absolute Mehrheit braucht nur mit der festen Absicht ins Konklave zu ziehen und sich bis zum 33. Wahlgangs auf keinen Kompromiß einzulassen. Die Wahl eines Minderheitenpapstes wäre im Vergleich zu den Vorgängern so wahrscheinlich wie noch nie in der jüngeren Geschichte der Papstwahlen. Um das zu verhindern, muß der Heilige Geist, wie beim Konzil schmunzelnd erzählt wurde, noch manchen Sondereinsatz fliegen.

Das alles ist natürlich verbotene Spekulation, denn nach den Konklavevorschriften darf über den nächsten Papst zu Lebzeiten eines Papstes nicht gesprochen werden. So etwas Profanes wie ein Wahlkampf ist natürlich offiziell verpönt, als wäre er unmoralisch. Deshalb darf eigentlich auch die Frage nach den Papabili, nach den aussichtsreichsten Papstkandidaten, gar nicht gestellt werden. Jedenfalls dürfen Papstwähler darüber nicht diskutieren, wenn sie sich ans Kirchenrecht halten. Den Kardinälen ist es untersagt, vor dem Tod des Papstes bei Strafe des Kirchenbanns über den Nachfolger zu reden. So festigt ein absoluter Herrscher, der sich als Stellvertreter Gottes fühlt, seine Macht.

Glücklicherweise liegt die Papierform weit von der Wirklichkeit weg, und in Rom kann der Kundige mit vielen Kardinälen über das nächste Konklave reden, ohne daß auch nur im entferntesten an die Exkommunizierung, den Ausschluß aus der Kirchengemeinde, gedacht würde. Über die früheren Konklaven dürfen die Papstwähler übrigens auch niemandem etwas verraten. Dennoch sind alle Ergebnisse inzwischen bekannt, auch die der Papstwahlen nach dem Krieg, die eigentlich noch dem Geheimnis der vatikanischen Archive anvertraut bleiben müßten. Danach wurden gewählt:

Papst Johannes XXIII.: Der Patriarch von Venedig, Angelo Roncalli, wurde am 28. Oktober 1958 im elften Wahlgang mit 34 von 51 Stimmen gewählt, erreichte also genau die Zweidrittelmehrheit.

Papst Paul VI.: Der Erzbischof von Mailand Giovanni Battista Montini wurde am 21. Juni 1963 im sechsten Wahlgang mit 57 von 80 Stimmen gewählt, drei mehr, als nötig waren.

Papst Johannes Paul I.: Der Patriarch von Venedig, Albino Luciani, wurde am 28. August 1978 mit 101 von 111 Stimmen im vierten Wahlgang gewählt, eine kaum zu überbietende Mehrheit, nachdem sich die beiden Flügel unter den bis dahin allein gehandelten italienischen Kardinälen Guiseppe Siri aus Genua und Giovanni Benelli aus Florenz gegenseitig blockierten. Zum Dank, daß

Benelli schließlich zu Lucianis Vorteil verzichtete und mit seiner Fraktion zum Venezianer wechselte, wollte ihn der als Papst zu seinem Kardinalstaatssekretär machen. Der frühe Tod des Papstes nach einem Monat vereitelte dies.

Papst Johannes Paul II.: Der Erzbischof von Krakau, Karol Wojtyla, wurde am 16. Oktober 1978 im achten Wahlgang mit 99 von 110 Stimmen gewählt. Er hatte schon vereinzelt bei der Luciani-Wahl Stimmen erhalten. Sein großer Papstmacher war der Wiener Erzbischof Franz König, der die deutschen und nordamerikanischen Kardinäle schnell auf seine Seite ziehen konnte.

Die Geheimnisse der Konklaven gibt es also nur in den Tagen während und unmittelbar nach der Papstwahl. Nach und nach sickert der Hergang durch und hat schon wenige Jahre später dem italienischen Vatikanexperten Giancarlo Zizola ermöglicht, über die Konklaven eine umfassende Darstellung zu schreiben.

Vor dem Konklave ist es manchmal schwer, vertrauliche Informationen zu erhalten. Bescheidenheit oder selbstgefälliges Kokettieren verbieten es dem angesprochenen Purpurträger mehr als Verbote, sich zu eigenen Aussichten zu äußern. Schließlich will sich keiner, der sich Chancen ausrechnet, durch unvorsichtige Äußerungen die Karriere verderben.

Einige der angesehensten Kardinäle lehnen es auch rundweg ab, ein Gespräch zu diesem Thema zu führen. Darunter der von den Fortschrittlichen favorisierte Mailänder Erzbischof Carlo Maria Kardinal Martini, ein Jesuit und Bibelwissenschaftler mit ausgeprägt seelsorglichem Verständnis für die Menschen und ihre Nöte.

Die wildesten Gerüchte kursierten schon über die Aussichten eines Schwarzen und die damit verknüpften Hoffnungen der Öffnung der Kirche zur Dritten Welt und den Herausforderungen dort, wo längst die Mehrheit ihrer Gläubigen lebt. Wer die Kardinäle näher betrachtet, kann leicht erkennen, daß Papst Johannes Paul II. eine ausgezeichnete Personalpolitik im eigenen Sinn betrieben hat. Die meisten Kardinäle sind römischer als der Papst aus Polen, weil sie in der Ewigen Stadt ihren theologischen Schliff erhielten und schließlich von diesem Papst nach seinen konservativen Kriterien »erschaffen« wurden.

Nach dem Papst aus Polen ein Papst aus Afrika wäre, so gesehen, schön anzusehen, aber er könnte ebenso alle wieder enttäuschen, die 1978 geglaubt hatten, jetzt breche nicht nur die italienische Papstwelt zusammen, sondern jetzt gehe es endlich mit den in den letzten Regierungsjahren von Papst Paul VI. für den Nachfolger liegengebliebenen Reformen hurtig voran. Wer damals wagte, auf die konservativen Vorstellungen des 58jährigen Karol Wojtyla hinzuweisen, mußte sich, wie es mir nach einem Artikel im linkskatholischen Zweiwochenblatt »Publik-Forum« geschah, als arroganter Deutscher und gar Polenhasser beschimpfen lassen. Ein Jahrzehnt später bescheinigte mir Publik-Forum fast prophetische Gaben, da sich im Rückblick meine Befürchtungen bewahrheitet hatten. Der Artikel von 1978 war übrigens überschrieben mit »Tschenstochau in Rom«. Stimmte es nicht?

Meine kritische Analyse war natürlich nicht prophetisch und auch nicht vom Himmel gefallen oder einer momentanen Eingebung entsprungen. Als ich als Berichterstatter den Namen des neuen Papstes hörte, war ich einer der wenigen, der schon etwas mehr Erinnerung an den Erzbischof von Krakau hatte. Erstens hatte er wiederholt in Bischofssynoden gesprochen, und zweitens lag in meinem Schreibtisch ein kleiner Stapel von Reden dieses Kardinals, sogar auf deutsch. Sie waren gesammelt, übersetzt und interessierten Journalisten zur gefälligen Nutzung regelmäßig zugestellt worden. Absender: die Opus-Dei-Zentrale in Rom.

Aber die katholische Welt war im Freudentaumel über die Wahl des ersten nichtitalienischen Papstes seit den unseligen Zeiten des Papstes Hadrian aus Utrecht 455 Jahre zuvor. Da wirkte schon jetzt das Phänomen Johannes Paul II. Viele schalteten unter diesem Eindruck das Denken ab. Die meisten Fragen hakte ich damals für mich schon ab: Es wird keine Frauen im Priesteramt geben. Es wird keine Erleichterung in den Vorschriften zur Geburtenkontrolle geben. Es wird weniger, wenn überhaupt noch, Laisierungen für Priester geben, geschweige denn eine Änderung des Eheverbots für Pfarrer.

Über all diese Themen hatte sich Karol Wojtyla längst geäußert, und zwar klipp und klar. Der Mann war bei der Papstwahl

58 Jahre alt und somit in einem Alter, in dem man so leicht seine Meinung nicht mehr ändert, schon gar nicht, wenn man zum absolutistischsten Monarchen befördert wird, den es noch gibt. Da verhärtet sich manches eher, als daß die Altersweisheit dem besseren Verständnis für menschliche Not den Weg öffnet.

Wer als Katholik glaubt, daß nichts ohne höheren Sinn geschieht, der fragte sich nach einiger Zeit, welche heilsgeschichtliche Notwendigkeit in diesem Pontifikat stecken konnte. Zehn Jahre nach der Wahl zeichnete sich ein wesentlicher Sinn dieses Papstes für Kirche und Welt ab. Er trug unumstritten – und Michail Gorbatschow bescheinigte es ihm sogar ausdrücklich – zum Zusammenbruch des kommunistischen Machtblockes bei. Die in dunklen Andeutungen von Marien-Prophezeiungen wie dem »Wunder von Fatima« erwartete Bekehrung des Ostens oder schreckliches Elend über der Welt schien bestätigt worden zu sein. Ob das Elend abgewendet ist, läßt sich nicht sagen. Tatsache ist jedenfalls, daß das Reich des Bösen (so Ronald Reagan) untergegangen ist mit päpstlichem Beistand.

In der Perspektive des nächsten Papstes stellt sich die Frage, was könnte die Kardinäle zu ihrer Entscheidung bewegen? Innerkirchliche Machtpolitik? Davor beschütze uns der Heilige Geist, oder möge er wenigstens im nachhinein eine Überraschung bescheren, wie bei der Wahl des lieben, netten und jovialen Angelo Roncalli, der als Johannes XXIII. zu aller Überraschung das Zweite Vatikanische Konzil einberief.

Was stellt sich nach der erfolgreichen Bekämpfung des ausgeprägtesten Kirchenfeindes, des materialistischen Marxismus, als nächste Aufgabe, vielleicht sogar als die zentrale Herausforderung für das nächste Jahrhundert? Darauf gibt es zur Zeit nur eine einzige Antwort: die Ökumene, das Gespräch mit den anderen christlichen Kirchen, und der Dialog mit der zur Zeit fanatisch religiös am aggressivsten auftretenden Glaubensgemeinschaft, den Moslems. Johannes Paul II. hat das Zeichen gesetzt. Wäre es seinen Kräften vergönnt, würde er am liebsten die Christen unter katholischer Führung zuerst einigen und dann mit neuer Glaubwürdigkeit die Auseinandersetzung mit dem Islam suchen.

Die Reihenfolge macht Sinn: Auf dem katholischsten Kontinent, wenn man nach den Statistiken geht, jagen christliche und pseudochristliche Sekten den römischen Kirchen die Mitglieder ab: in Lateinamerika. In Afrika nimmt die Zahl der Gläubigen nur durch kinderreiche Familien zu. Der Islam erobert dagegen mit Staatshilfen ganze Gesellschaften. In Asien kümmert die Kirche mit Ausnahme der Philippinen als kümmerliche Randgruppe dahin.

Je aggressiver der Islam wird, desto mehr sinken die Chancen der Christen, in einer radikal vom Staat durchgesetzten Islamisierung sich zu behaupten. Die Fronten der Kirche brechen in der Tat, und die Heimatreserve in Europa ist längst, wie der Jesuitengeneral Pedro Arrupe einmal gesagt hat, zum Zuschauerbalkon an der großen Kathedrale katholische Kirche geworden. Sie habe es nur noch nicht recht bemerkt. Der Wirklichkeitsverlust scheint anzudauern.

# Ausblick

*Christus hätte eine bessere Kirche verdient*

Demoskopische Erhebungen haben in der katholischen Kirche bislang kein Gewicht. Die autoritäre Kirchenführung reagiert auf den Druck von unten mit dem Gegenteil der Erwartungen. Alles, was nach Demokratie riecht, wird als Empörung gegen den Willen Gottes zurückgewiesen. Deshalb hätte der deutsche Klerus am liebsten weggeschaut, wenn er es nur gekonnt hätte, als sich an der Kirchenbasis eine Art moderner Kreuzzug formierte, der, so Kölns Erzbischof Joachim Kardinal Meisner, der »katholischen Grundüberzeugung« schlechthin »fremd« sei. Jetzt helfe nur noch eins: beten. Zu spät.

Die reformdurstigen Truppen des ersten deutschen »Kirchen-Volks-Begehrens« waren längst zu ihrem Marsch in die 11 000 Gemeinden aufgebrochen. Bewaffnet mit Tausenden Unterschriftenlisten, werben sie unter den 28 Millionen Katholiken dafür, Frauen als Priesterinnen zuzulassen, ein demokratisches Wahlverfahren für Bischöfe einzuführen, verlangen das Ende des Zölibats und fordern »Frohbotschaft statt Drohbotschaft«. Motto der Begehrenden: »Wir sind Kirche«.

Als plakativ und polarisierend verurteilt die Bischofskonferenz – Adressat der Klagen – den stimmgewaltigen Aufschrei von unten. Es handle sich um eine private und damit bedeutungslose Initiative. Ihr Vorsitzender Karl Lehmann »verabscheut« gar »diese Allerweltsthemen und die kirchliche Nabelschau.«

Der Ton hat sich verschärft: Die Bistumsleitungen haben vielerorts angeordnet, den rund 800 Initiativgruppen Kirchenräume als Diskussionsorte zu versperren. »Aus Angst um ihre Macht«, urteilt der 44jährige Hannoveraner Stadtplaner Christian Weisner, der von seinem vollvernetzten Wohnzimmer aus das Volksbegehren in Deutschland organisiert. »Einige Bischöfe reagieren wie Fürsten.« Dabei sind die Forderungen nicht neu. Reformisten und klerikale Fundamentalisten streiten seit Jahren über eine Kurskorrektur. Neu ist aber offenbar nicht nur für den Dresden-Meißener Bischof Joachim Reinelt der »liberalistische Meinungsdruck«, den die erwarteten zwei Millionen Unterzeichner und mehrere Meinungsumfragen entwickeln.

Reinelt reagierte auf das Massenvotum wie die Mehrheit seiner Kollegen und verbot die Ankündigung der Aktion in Gottesdiensten: Das Volksbegehren sei nichts anderes »als das Nachäffen einer demokratischen Methode«. Und wie man wisse, »gibt es in der Kirche keine Demokratie«.

Der Fuldaer Generalvikar Ludwig Schick beließ es ebenfalls nicht bei einer verbalen Absage. Er wies alle Pfarreien an, die Unterstützung »dieses keineswegs förderungswürdigen Vorhabens« zu verweigern. Sein Paderborner Amtskollege Bruno Kresing untersagte der örtlichen Kontaktgruppe des Volksbegehrens, zum Dialog in die katholische Hochschulgemeinde einzuladen.

Die Basis ist insbesondere über die harsche Diskussionsverweigerung vieler Würdenträger entsetzt. Der Kölner Religionspädagoge Klaus Becker empfindet die Reaktion »meiner Kirche als unerwartet schroff. Und von welchem Dialog spricht die Kirche überhaupt? Der findet bisher doch nur mit handverlesenen Laien statt.« Im Bistum Hildesheim, so berichtet die seit zwölf Jahren im Firmungsdienst engagierte Katholikin Christa Hillebrandt, »gibt es nirgendwo Informationen«. Im Gegenteil: »Auf dem Land verbreiten einige Pfarrer regelrecht Angst vor der Aktion.«

Über solch subtile Methoden ist Pfarrer Heribert Duschinski aus dem mecklenburgischen Pasewalk längst hinaus. Als ob mit dem Volksbegehren das Jüngste Gericht über ihn persönlich hereinzubrechen droht, schreckt der Geistliche vor keinem Vergleich zurück: »Dazu gibt es überhaupt keine Diskussion. Das sind ja Methoden wie bei den Kommunisten und Nazis.«

In Wirklichkeit berufen sich die Initiatoren auf ein umstrittenes und konservatives Buch der Kirche: das Rechtsbuch Codex Iuris Canonici. Den dritten Paragraphen des Canons 212 kennen sie längst auswendig, wie ein Schild halten sie ihn ihren Kritikern entgegen:»Entsprechend... ihrer Zuständigkeit und ihrer hervorragenden Stellung haben die Gläubigen das Recht und bisweilen sogar die Pflicht, ihre Meinung zu dem, was das Wohl der Kirche angeht, den geistlichen Hirten mitzuteilen...«

Die Katholische Arbeitnehmer-Bewegung (KAB) unterstützt das Volksbegehren vor allem, weil es»auch denen eine Stimme gibt, die sonst in der Kirche nicht zu Wort kommen«. Margret Pernhorst, Vorsitzende des Diözesankomitees der katholischen Verbände im Bistum Münster, bewertet die Aktion als ein»begrüßenswertes Signal«. Tatsächlich seien viele Gläubige»voller Frust« angesichts des»oft zu steifen Dialogs«, den die Kirche anbiete.

»Etwas Neid« sei»sicher auch im Spiel«, meint Margret Pernhorst, wenn einige Kirchenvertreter jetzt vorschnell die grundsätzlich»richtig gestellten Fragen« ignorieren würden. Denn:»Beim Volksbegehren springt der Funken zu den Gläubigen schon schneller über. Wir müssen uns fragen, warum bei uns viele Menschen nicht mehr bereit sind, den Dialog anzunehmen.«

Die Antwort ist schnell gefunden: Den konkreten und aktuellen Themen der Kirchenstürmer stehen oft schwerfällig klingende Gesprächsofferten gegenüber, wie es das Motto des diesjährigen Münsteraner Diözesanforums beispielhaft belegt:»Mit einer Hoffnung unterwegs«.

Nur: Diese Reise machen immer weniger Gläubige mit.

Das Volksbegehren ist allerdings nicht zuletzt wegen des bequemen Verfahrens populär. Mit dem sicheren Gefühl, mittels der Unterschrift alles Notwendige für die geforderte Reform der Kirche getan zu haben, fällt vielen Interessierten ihr Plazet leicht.

»Natürlich gibt es solche, die sagen: Ich mache mein Kreuz, und wenn sich wirklich was getan hat, dann ruf mich an«, weiß der Paderborner Unterstützer Josef Schopohl. Dies mindere jedoch keineswegs den Erfolg des Volksbegehrens.»Endlich reden wieder viele Menschen über ihre Kirche, von der sie sich schon abgewandt hatten.«

»Aber alle Punkte werden doch schon seit Jahren in der Kirche diskutiert«, betont der Paderborner Bistumssprecher Hermann-Joseph Rick, den vielmehr die »Verdunstung des Glaubens« umtreibt. »Was nutzt der Dialog, wenn der Papst am Ende immer sagt: Gehandelt wird trotzdem nicht«, fragt dagegen Josef Schopohl. Initiativgründer Weisner, den täglich bis zu 400 Briefe erreichen, propagiert Stehvermögen. »Wir werden auch nach dem 12. November immer wieder die Forderungen ansprechen. Wir müssen jetzt aufstehen, damit sich im Jahr 2030 etwas ändert.« Der Blick nach oben versperrt die Sicht nach unten. Sprichwörtlich ist bereits der Witz, den Laienbeobachter während des Zweiten Vatikanischen Konzils machten, als sie über die Öffnung der Kirche zur Welt und deren realistische Erfolgsaussichten befragt wurden. »Ein Bischof ist davon überzeugt, ein richtiges Bild von der Welt zu haben, wenn er einen Bruder hat, der mit jemandem befreundet ist, der einen Arbeiter kennt.«

Wem dies genügt, der braucht sich nicht zu wundern, wenn die sogenannten Kirchenvolksbegehren zuerst in Österreich und dann in der Schweiz zwar keine umwerfend neuen Forderungen erheben, aber den Reformdruck gewaltig verstärken. Wie lange können sich die Kirchenführer dem noch verweigern? Oder gilt meine sarkastische Beobachtung von vor zwanzig Jahren noch immer, daß die Restauration notwendig ist, weil die Kirche von der Französischen Revolution verschont geblieben ist und deshalb mühsam lernen muß, daß das Ancien Regime nicht überleben kann. Erst wenn es völlig gescheitert ist, wird es wirkliche Reformen in der katholischen Kirche geben.

In der Gesellschaft lassen sich die Gegenbewegungen in regelmäßigen Abständen erkennen. Auf eine linke Grundstimmung in der politischen Landschaft folgt bald ein neuer Rechtskurs, heute sagt man dazu main stream, als ausgleichende Gegenbewegung. Wer einen langen Atem hat, kann sich so auf die Gerechtigkeit der Gesellschaft verlassen. Manchmal erlebt man es nur nicht mehr. Der schwache Trost bleibt auch den Katholiken.

Das Erste Vatikanum hat den Papstanspruch so überhöht, daß er auf dem besten Weg ist, sich selbst ad adsurdum zu führen. Papst Johannes Paul II. könnte der letzte Exponent des restaurativen Kurses sein, weil er die Kirche zu einem ungewöhnlichen politischen Erfolgserlebnis geführt hat, dem Zusammenbruch des Kommunismus, aber zugleich die vorkonziliaren Kräfte gestärkt hat, so daß mit dieser antimodernen Kirche immer mehr Gläubige nichts mehr anfangen können. Die Religiosität wächst nach allen Beobachtungen in allen Bevölkerungen. Sie sucht sich jedoch ihre Antworten nicht mehr hinter den Kirchentüren. Die Pfarrhäuser sind heute weder Mittelpunkt normaler Gemeinden noch gesuchte Anlaufstellen für Menschen in Not. In der ganzen Welt laufen der katholischen Kirche die Gläubigen davon. Manche kehren der verfaßten Kirche völlig den Rükken, andere schließen sich neuen Bewegungen oder Sekten an. Vor allem in Lateinamerika, dem rechnerisch noch immer katholischsten Kontinent, missionieren Sekten mit beängstigendem Erfolg. Dort machen protestantische Religionsgemeinschaften dem Papst so starke Konkurrenz, daß sich Verantwortliche in Rom schon ausrechnen, wann das katholische Christentum in Südamerika ähnlich wie in Deutschland allenfalls noch die Hälfte aller Christen stellt.

Sehnsucht nach Religion breitet sich aus. Trotzdem kann die katholische Kirche keinen Zulauf verbuchen. Katholiken erleben eher ein düsteres Bild trotz augenscheinlich zunehmender Gläubigkeit oder besser gesagt Religiosität. Zum Beispiel in Südamerika: Im Hochland von Guatemala tauchen Nachfahren der Mayas in das kalte Wasser des Atitlan-Sees. Ähnlich an den Ufern des Amazonas, wo eine schnelle Abwicklung der Prozedur erforderlich ist – der Piranha-Gefahr wegen. Oder entlang der Pazifikküste, vorausgesetzt, die Wellen schlagen nicht zu hoch. Auf diese und andere Weise wechseln in Lateinamerika stündlich 400 Menschen ihre Religion. In den letzten zwanzig Jahren waren es mehr als 40 Millionen. 500 Jahre nach der Christianisierung Lateinamerikas durch Missionare der katholischen Kirche erobern fundamentalistische Sekten den Halbkontinent. So erfolgreich verläuft die Arbeit dieser Seelenfischer, daß der Begriff »neuer Kreuzzug« die Runde macht.

Das Thema beherrschte die vierte Hauptversammlung der lateinamerikanischen Bischofskonferenz im Oktober 1992 in der do-

minikanischen Hauptstadt Santo Domingo.» Eine unserer größten Herausforderungen«, bekannte Papstsprecher Joaquin Navarro-Valls. Papst Johannes Paul II. verglich diese Fundamentalisten mit » tollwütigen Wölfen.« Als » wankenden Riesen« bezeichnete das New Yorker Nachrichten-Magazin » Time« die katholische Kirche Lateinamerikas. Ähnlich urteilen viele Vertreter der Sekten. Der Argentinier Luis Palau, der dem amerikanischen Evangelisten Billy Graham wortgewaltig nacheifert und riesige Fußballstadien füllt, erinnert an die bereits eroberten Positionen.» Wir lassen uns nicht mehr zurückdrängen.«
In Guatemala stieg der protestantische Bevölkerungsanteil ganz erheblich an. Symptomatisch, daß sowohl der ehemalige Militärdiktator General Efrain Rios Montt als auch der amtierende Präsident Jorge Serrano Blias protestantischen Glaubensgemeinschaften angehören. Serrano darf sich » Messias« nennen.
Die römische Kirche leidet unter einer verhängnisvollen Apathiestimmung. Leer wirken die Kathedralen während der Sonntagsmesse. Die Jugend fehlt.» Jesus Christus hätte eine bessere Kirche verdient«, klagt Bischof Karl Josef Romer aus Brasilien, wo immer mehr Menschen im Voodoo Trost suchen.
Weshalb sie gerade auf jenem Erdteil scharenweise Gläubige verliert, auf dem fast die Hälfte ihrer Mitglieder (400 von 850 Millionen) leben, beschäftigt Soziologen und Politologen. Eine Erklärung finden fast alle Beobachter einleuchtend: die Landflucht. Sie hat eine soziale Entwurzelung verursacht. Gefühle der Einsamkeit, der Verlassenheit und der Anonymität grassieren. Kein Pfarrer betreut die katholischen Krankenhäuser von San Juan. Die Sekten dagegen schicken Laien an die Religionsfront, ein Millionenheer, das in die Wohngebiete pilgert und nicht auf den Besuch der Gottesdienste wartet.
Das gleiche Bild in allen Teilen Lateinamerikas: Freundliche, saubere junge Männer, das Haar kurzgeschoren, Bibel in der Hand, klopfen an die Türen und versprechen ein besseres Seelenheil. Schnell sind kulturelle Klüfte überbrückt. Santiago de Atitlan, ein Indiodorf in Guatemala, ist eine Domäne der Mormonen geworden. Die Missionare leisten Lebenshilfe, verteilen Nah-

rungsmittel, garantieren ärztliche Versorgung, wagen sich gar auf den brisanten Sektor der Geburtenkontrolle. »Wir fördern die Familienplanung«, berichtet Dominikanerpater Hernan Gonzales. »Die katholischen Bischöfe versuchen sie zu verhindern, obgleich sie wissen, daß sich die armen Leute oft keine Kinder mehr leisten können.« »Weltfremd« und »anachronistisch« seien sie geworden. Die »wiedergeborenen Christen« nennen zwei Gründe für den Wechsel: die menschliche Wärme in den (oft kleinen) Religionsgemeinschaften und die sozialen Aufstiegschancen.

Auf der letzten Bischofskonferenz in Santo Domingo appellierte der Papst an die Würdenträger, das Terrain zu verteidigen. »Neue Evangelisierung« heißt die Losung Roms für die Zeit bis zur Jahrhundertwende. Ob der protestantische Kreuzzug damit aufzuhalten ist, bezweifeln manche Bischöfe. Mario Rios Montt etwa, Bruder und politischer Gegner des ehemaligen guatemaltekischen Gewaltherrschers, der einen »furchtbaren Religionskrieg« befürchtet. Eine Einschätzung, die der puertoricanische Evangelist Rafael Torres Ortega teilt. Er kennt den Sieger: »Rom ist ratlos. Rom wird diese Schlacht verlieren.«

Den Grundstein für das römische Waterloo hat einer der mächtigsten Mitstreiter des Papstes höchstpersönlich gelegt. In völliger Verkennung der Entwicklung ist er auch noch stolz darauf, der Präfekt der Glaubenskongregation, der Bayer Joseph Ratzinger. Er war ein Jahrzehnt lang die wichtigste Triebkraft bei der Beseitigung der Befreiungstheologie. Das war ihm alles zu marxistisch, daß katholische Pfarrer sich die materialistische Gesellschaftsanalyse aneigneten und den Menschen durch die Tat und nicht nur durch die Verkündigung einer frohen Botschaft schon im Diesseits helfen wollten.

Die führenden Sprecher der Befreiungstheologen wurden kaltgestellt oder ihrer Ämter enthoben, jüngstes und prominentestes Opfer: Pater Leonardo Boff. Uneinsichtig pries Ratzinger auch noch stolz, daß sich auch in Lateinamerika der Marxismus erledigt habe. Boff war kein Marxist und der entmachtete charismatische Erzbischof Dom Helder Camera war auch keiner. Sie wußten aber, was die Armen brauchten. Ihre Appelle brachen an der starren Mauer ideologischer Engstirnigkeit in Rom zusammen. Auf dem Ruinenfeld, das die Amtskirche hinterlassen hat, machen sich die Sekten breit. Da ändert auch der Hinweis nichts, daß sie angeblich auch politisch mißbraucht würden durch reiche nordamerikanische Geldgeber, die ihre bis jetzt nur schwer durchschaubaren Interessen mit Hilfe der Sekten in Lateinamerika durchsetzen wollen. Was früher die Bananenkonzerne waren, könnten bald die Sekten sein.

In Afrika hat sich die Lage noch nicht so dramatisch gedreht. Der Kontinent ist zum größten Teil so arm, daß Einflüsse von außen noch kein fruchtbares Terrain entdeckt haben – mit einer Ausnahme. Islamische Fundamentalisten sehen hier eine Zukunftschance, die sie, wie im Sudan, auch mit blutigen Mitteln zu wahren suchen. Die Gefahr besteht auch hier, daß Rom das Wort von der Inkulturation der Kirche nur auf den Lippen führt. Gemeint ist die Anpassung der Formen und Aussagen an die vorhandene Kultur. Wer sagt denn, daß unbedingt unser täglich Brot erbetet werden muß, wenn es eigentlich der Reis ist?

Den »Beginn einer Revolution für die ganze Kirche« sah der madegassische Bischof Jean-Guy Rakotondravahatra in der Afrika-Synode im Mai 1994 im Vatikan. Nach wochenlangem Tauziehen, bei dem der Vatikan versuchte, die afrikanischen Bischöfe auf Linie zu halten, verabschiedete das Plenum 64 »Vorschläge«. Johannes Paul II. wird daraus möglicherweise ein Lehrschreiben über die »Inkulturation« der Kirche in Afrika formulieren. Der afrikanische Bischof hat vermutlich zu früh frohlockt. Die Kurie sah den Sinn weiterer päpstlicher Lehräußerungen nur in einer Begrenzung der Inkulturation.

Mit Schrecken erinnerte sie sich an jenen Bischof aus dem Kongo, der amüsiert erzählte, wie ihn seine Diözesanen stets verabschieden: »Und grüßen Sie auch Ihre Frau und Ihre Kinder.« Ein Mann kann in Afrika nur mächtig wirken, wenn er auch Frau und möglichst viele Kinder hat.

So blieben einige Themen in der Synode unerwähnt: Zölibat und Ehefragen, die in Afrika besonders drängen. Andere Vorschläge brechen zwar nicht mit Kernaussagen der katholischen Lehre, ändern aber doch das Verhältnis zu Afrika:

Der Ahnenkult und das Gebet gegen den bösen Geist werden von der Synode akzeptiert. Afrikanische Religionen sollen künftig nicht mehr als heidnischer Götzendienst verdammt werden. In dem offiziell nicht veröffentlichten Dokument werden Afrikas »traditionelle Religionen« als würdige und wichtige Partner eingestuft. Ihre Anhänger verdienen Achtung.

Die Synode erkannte an, daß die bisher als fetischistisch verurteilten Religionen »oft den Lebensstil selbst der überzeugtesten Katholiken bestimmt« hätten. Dem Wunsch der afrikanischen Bischöfe, diese Synode in ihrer Heimat einzuberufen, war der Vatikan dennoch nicht nachgekommen. Er fürchtete fernab von der Zentrale zu viel Eigenständigkeit und zu wenig Kontrolle. Daran änderte auch nichts die versöhnliche Geste, daß der Papst dem nigerianischen Kardinal Arinze erlaubte, die Abschlußmesse am Papstaltar im Petersdom zu feiern.

In Asien hat die katholische Kirche mit Ausnahme der Philippinen nur marginale Spuren hinterlassen. Doch von dort könnte die Herausforderung heraufziehen, die Rom im nächsten Jahrtausend mehr fürchtet als jeden anderen Konflikt: die Konkurrenz des Islam. Die gemäßigten Muslime Asiens im Vergleich zu den von politischem Radikalismus überlagerten Fundamentalisten im Nahen und Mittleren Osten könnten Dialogansätze eröffnen, auf die Rom eigentlich eingehen müßte. Theologen, die sich allerdings darauf einlassen, müssen wie die Befreiungstheologen in Südamerika auch in Asien mit römischem Bannstrahl rechnen.

Rückzugsgefechte auf gesicherte ideologische Positionen dominieren die derzeitige Vatikanlinie. Symbolfigur ist Kardinal Ratzinger. Stehenbleiben bedeutet aber auch in der Kirche Rückschritt, zumal die Kirche keine Schutzzone mehr beanspruchen kann. Die moderne Wissenschaft forscht vernetzt und kennt keine Scheu, religiöse Tabus zu brechen, wenn sie nicht mehr zu halten sind. Geheiligte Grundlagen werden in Frage gestellt. Jesus-Bücher haben Hochkonjunktur. Weltweit kommen täglich vier neue Jesus-Bücher auf den Markt, hat der amerikanische Religionsstatistiker David B. Barret herausgefunden. Seit 1970 gibt es 25 077 Werke, die seinen Namen im Titel führen. Als Gesamtauflage nennt Barret die astronomische Zahl von 1,8 Milliarden Büchern. Die römische Kirche sieht dem hilflos zu und setzt theologische Spitzfindigkeiten und pauschale Urteile dagegen.

Sie erinnert mich an eine Konferenz der Arbeitsgemeinschaft Synode in Frankfurt, die vor der ersten Sitzung der gemeinsamen Synode der deutschen Bistümer 1972 über hundert engagierte Katholiken versammelte, um mit großem Optimismus und der Aufbruchstimmung nach dem Zweiten Vatikanischen Konzil die Erneuerung der Kirche in Deutschland vorzubereiten. Das hieß damals, man diskutierte über »Papers«, Beschlußvorlagen, mit denen man glaubte, die Welt verbessern zu können. Ein junger schwäbischer Kaplan wagte es gar, ein »Jesus-Papier« vorzulegen, und wollte mit den Glaubensbrüdern ganz naiv über diesen Jesus reden. Das wiederum fand ein Theologe im Raum so unerhört, daß er hurtig ans Mikrofon sprang und der versammelten Kompetenz engagierter Katholiken vorhielt, sie sei dazu nicht in der Lage. Ja, ja, wer nicht mindestens zwölf Semester Theologie studiert hat, ist halt zu dumm, um zu wissen, was er glaubt.

Der empörte Theologe hat Karriere gemacht. Er heißt Walter Kasper und ist inzwischen Bischof von Rottenburg-Stuttgart. Er legte, wie es kirchlich so schön hieß, Zeugnis ab von der Arroganz der katholischen Amtskirche, die die Auslegung des Glaubens noch immer als Herrschaftswissen betrachtet. Kasper gab unbewußt das Startzeichen für den großen Marsch aus der Kirche. Die meisten, die sich damals für die Würzburger Synode als progressive Erneuerer eingesetzt hatten, gingen den Weg in die innere Emigration und betrachten Kirche und Glauben in der Zukunft als ihre persönliche Angelegenheit, in die weder Papst noch Bischof etwas hineinzureden haben.

Die katholische Kirche kann dieses verlorene Terrain nur zurückgewinnen, wenn sie radikale Einschnitte riskiert. Die fangen an der Spitze an. Der inzwischen emeritierte ökumenische Theologe Hans Küng fordert dazu ein Drittes Vatikanisches Konzil. »Das zentralistisch-totalitäre römische System hat meines Erachtens keine Zukunft. Es ist für viele Gläubige zu einer unerträglichen Belastung geworden – ein Relikt aus dem Mittelalter. Es hat sich gegenreformatorisch befestigt und antimodern verbarrikadiert«, analysierte er in einem Interview und bescheinigte dem Katholizismus, daß er ein Jahrtausend lang ohne Zentralismus gut gelebt habe »und ist jetzt in eine tiefe Krise geraten: eine Kirche, die an Rom krankt!«

Jetzt sei »Mut zu wahrer Katholizität und nicht der Rückmarsch ins konfessionelle römisch-katholische Ghetto gefordert.« Statt der »Reevangelisierungskampagne« des derzeitigen Papstes, die nur auf eine Reghettoisierungskampagne zur Wiederbelebung des römischen Traditionalismus (Paradebeispiel: Polen) hinauslaufe, verlangte Küng eine zeitgemäße Rückbesinnung. »Auch die traditionellen Gläubigen müssen lernen: Der Geist des Evangeliums ist ein lebendiger Geist! Er ist nicht der Ungeist des Traditionalismus, Autoritarismus und Antimodernismus.«

Das Papsttum will Küng trotz aller Kritik nicht abschaffen. Er interpretiert es im Sinne der ökumenischen Gesprächspartner neu als einen brüderlichen Petrusdienst statt eines Machtpapstes. Doch wie soll der Mann mit der absolutistischen Macht dazu gewonnen werden? Revolutionen wurden schließlich nie mit dem Einverständnis der Tyrannen begonnen. Wie kann also der Papst gezwungen werden, mitzuspielen, wenn man wenigstens mit zweihundertjähriger Verspätung die französische, die bürgerliche Revolution in der Kirche nachholen will?

Der Ausweg, den Absolutismus mit der Guillotine zu lösen, kommt für einen Christen schließlich nicht in Frage. Küng verweist deshalb auf die »Glorious Revolution« in England, wo es zu einer sukzessiven Entwicklung hin zur Demokratie kam – unter Beibehaltung einer Form von Monarchie.

Diese Linie wollte das Zweite Vatikanische Konzil. Der erste Schritt wäre die Kollegialität von Papst und Bischöfen in der Synode gewesen. Die römische Kurie verhinderte dies schon unter Paul VI. und erst recht unter Johannes Paul II. Am Ende seines Pontifikates müßte deshalb so etwas wie eine Debatte über eine künftige Verfassung der katholischen Kirche einsetzen, um von einer unverdächtigen Seite her die Reformen anzugehen. Die Widersprüche zwischen römischem System und moderner Demokratie müssen vom Neuen Testament her aufgehoben werden, vielleicht mit Hilfe eines Dritten Vatikanischen Konzils, das die neue Verfassung dann verbindlich festschreibt.

Die katholische Kirche würde in der Folge zu einer konstitutionellen Monarchie, ein Papst mit Verfassungsgrenzen. Das hält schließlich sogar Kardinal Ratzinger für denkbar. Nach seiner Ansicht wird ein neues Konzil nicht irgendein Wunderheilmittel sein können. Aber: »Ein Konzil schafft gewöhnlich Krisen, die dann natürlich Krisen zum Heile sein sollen.« Das Papsttum werde in seinem Kern bleiben. »Das heißt, daß ein Mensch notwendig ist, der als Nachfolger des heiligen Petrus dasteht und eine personale Letztverantwortung trägt, die kollegial abgestützt ist.«

Papst Johannes XXIII. wollte die katholische Kirche durch ein Aggiornamento, eine Anpassung an die Erfordernisse der Gegenwart, für die Zukunft sichern. Sein Nachfolger Paul VI. führte das Reformkonzil zu Ende, ohne in kuriale Diktiererei zu verfallen. Viele nahmen ihm übel, daß er echte oder vermeintliche Fehlentwicklungen nicht unterband. Die Konservativen fühlten sich zeitweise zum Schweigen verurteilt. Mit Papst Johannes Paul II. gewannen sie wieder die Oberhand. Jetzt gingen die Aufgeschlossenen davon oder in die innere Emigration. Abzusehen war dies schon in den ersten Monaten nach der Wahl des Papstes aus Polen. Der Corriere della Sera brachte es am besten auf den Punkt. In einer Beobachtung faßte er das ganze Dilemma dieses Pontifikats schon ihm Jahr 1979 zusammen. »Zu Tausenden strömten die katholischen Frauen auf den Petersplatz und klatschten dem Papst Beifall, die Pille in der Tasche.«

Die medienwirksamen Auftritte von Papst Johannes Paul II. täuschen. Der Beifall gilt der faszinierenden Persönlichkeit, nicht seiner Lehre. Dort, wo sie der Lebenserfahrung der begeisterten Papstfans widerspricht, wird dessen Lehre mit größter Selbstverständlichkeit und ohne Schuldbewußtsein mißachtet.

Wie viele Wege gibt es zu Gott, fragte Ratzinger und antwortet: So viele, wie es Menschen gibt. 1997 bestätigte eine wissenschaftliche Untersuchung für die Kirchen geradezu erschütternd den Befund: Nicht einmal die Pfarrer glauben heute noch, was sie von der Kanzel predigen. Der evangelische Theologieprofessor Klaus-Peter Jörns konstatierte nach einer Umfrage unter dem Titel »Die neuen Gesichter Gottes«, daß die Vorstellung von Himmel und Hölle offenbar kurz vor dem Verschwinden ist. Jesus Christus halten nur noch 27 Prozent der Gottgläubigen für Gott, bei den Pfarrern sind es gerade noch 63 Prozent. Die Amtsbrüder, die Gottes Lob verkünden sollen, glauben selbst nur zu 88 Prozent an einen persönlichen Gott. In einer Gottesbeziehung fanden gar nur acht Prozent ihr Glück. Noch niemand hat es bisher gewagt, der römischen Kurie dieselben Fragen zu stellen.

Vor allem aber: Noch kein Papst hat es gewagt, eine Antwort auf die religiöse Grundfrage jedes Menschen zu geben: Was ist, wenn er von seiner Freiheit Gebrauch macht und Nein zu Gott sagt? Die beste und weitestgehende Enzyklika muß noch geschrieben werden.

Der Pfarrer der römischen Kirche Santa Maria in Trastevere, Don Vincenzo Paglia, nannte in einem langen Gespräch mit mir über die tieferen Probleme der Kirchenkrise ihr Thema beim Namen: »Über die Freiheit des Menschen ...«

# Quellen und Literatur

**Deutschsprachige Bücher**
Giancarlo Zizola: Der Nachfolger, Patmos, Düsseldorf, 1997
Bernhard Hülsebusch: Vatikan von innen, Styria, Graz Wien Köln, 1997
Werner Raith: Eiszeit im Vatikan, Knesebeck, München, 1993
Egmont R. Koch, Oliver Schröm: Das Geheimnis der Ritter vom Heiligen Grab, Hoffman und Campe, Hamburg, 1995
Stefan Heid: Zölibat in der frühen Kirche, Ferdinand Schöningh, Paderborn, 1997
Peter de Rosa: Gottes erster Diener, Droemer Knaur, 1989
Robert Hutchison: Die heilige Mafia des Papstes, Droemer Knaur, 1996
Juan Arias: Das Rätsel Wojtyla, Edition Tau, 1991
Vittorio Messori: Der »Fall« Opus Dei, MM Verlag, Aachen, 1995
Maria del Carmen Tapia: Hinter der Schwelle. Ein Leben im Opus Dei, Benziger, 1994
Thomas M. Gauly: Katholiken, Machtanspruch und Machtverlust, Bouvier, Bonn, 1991
Luitpold A. Dorn: Paul VI., der einsame Reformer, Styria, Graz, 1989
David A. Yallop: Im Namen Gottes, Droemer Knaur, München, 1984
Franz-Xaver Kaufmann und Arnold Zingerle: Vatikanum II und Modernisierung, Schöningh, Paderborn, 1996
Tad Szulc: Papst Johannes Paul II., dva, Stuttgart, 1996

Gordon Urquhart: Im Namen des Papstes. Die verschwiegenen Truppen des Vatikans, Droemer Knaur, München, 1995
John Cornwell: Wie ein Dieb in der Nacht. Der Tod von Johannes Paul I. Paul Zsolnay, Wien Darmstadt, 1988
Gordon Thomas, Max Morgan-Witts: Der Vatikan, Diana-Verlag, Zürich, 1984
Der Fall Ledl, Ein Bericht. Im Auftrag des Vatikans, Fama, Wien, 1989
Hanspeter Oschwald: Abbé Pierre – Herausforderung für die Etablierten, Herder, Freiburg, 1995
Hanspeter Oschwald: Guilio Andreotti – Aufstieg und Fall eines Mächtigen, Herder, Freiburg, 1996
Peter Hertel: Geheimnisse des Opus Dei, Herder, Freiburg, 1995
Joseph Ratzinger, Peter Seewald: Salz der Erde, dva, Stuttgart, 1996
Hieronymos: Vatikan intern, dva, Stuttgart, 1973
Lexikon für Theologie und Kirche, Herder, Freiburg, 1993 ff.

**Englischsprachige Bücher**
Thomas J. Reese SJ: Inside the Vatican, Harvard University Press, London/Cambridge Massachusetts, 1996
Carl Bernstein, Marco Politi: His Holiness, Doubleday, New York, 1996
Clare Jenkins: A Passion for Priests, Headline Book, London, 1995
Andrew Greeley: Sex – The Catholic Experience, Tabor, Allen, Texas, 1994

**Italienische Bücher**
Niccolo Del Re: Mondo Vaticano, Libreria Editrice Vaticana, 1995
Luigi Accattoli: Quando il Papa chiede perdono, Mondadori, Mailand, 1997
Giancarlo Zizola: Il conclave, Newton Compton Editori, Roma, 1993
Agostino Paravicini Bagliani: Il corpo del Papa, Einaudi, Turin, 1994

F. Gligora/B. Catanzaro: Anni Santi, Libreria Ed. Vaticana, 1996
Benny Lai: Finanze e Finanzieri Vaticani, Mondadori, Mailand, 1979
G. Alberigo e A. Riccardi: Chiesa e papato, Laterza, Roma-Bari, 1990
Lucio Brunelli: Il tenero mastino di Dio – Memorie del Cardinale Silvio Oddi, Progetti Museali Editori, Roma
Pier Carpi: Le profezie di Papa Giovanni, Edizioni Mediterranee, Roma, 1976

**Französische Bücher**
Benny Lai: Les secrets du Vatican, Hachette, Paris, 1983
Jean Chélini: Jean-Paul II au Vatican, La Vie Quotidienne, Hachette, Paris, 1985
Paul Poupard: Le Vatican, Presses Universitaires de France, 1994

PIPER

# Hans Küng
## *Das Christentum*

Wesen und Geschichte. Die religiöse Situation der Zeit. 1056 Seiten. Leinen

Mit dieser historischen Bilanz legt Küng ein grundlegendes Werk vor, das in seiner umfassenden Darstellung des christlichen Denkweges durch die Jahrtausende und seinen Bezug zur Gegenwart eine neue Ebene der Diskussion erreicht. Wer immer sich an dieser Diskussion beteiligen will, er wird an diesem Buch nicht vorbeikommen. Was ist das Christentum? Was ist das wirklich Christliche?

Was hält die so vielfältigen und in sich verschiedenartigen christlichen Kirchen, all die so verschiedenen christlichen Jahrhunderte überhaupt zusammen? Hans Küng unternimmt eine Antwort, indem er kritisch 20 Jahrhunderte Christentum offenlegt.

# Hans Küng
## *Weltethos für Weltpolitik und Weltwirtschaft*

397 Seiten. Gebunden

An der Schwelle zum 21. Jahrhundert stecken die Weltpolitik und die Weltwirtschaft in einer tiefen Krise. Die sozialen, politischen und wirtschaftlichen Hiobsbotschaften mehren sich. Hans Küng unterzieht diese Entwicklungen einer radikalen Kritik. Er zeigt, wie notwendig Weltpolitik und Weltwirtschaft eine ethische Grundorientierung brauchen, die für alle verbindlich ist. Um diese Grundorientierung mit Blick auf eine friedlichere, gerechtere, humanere Welt geht es dem Theologen Hans Küng. Nicht um kluge Rezepte, sondern um konkrete Impulse: die Anwendung von »Projekt Weltethos« auf die Wirklichkeit in Politik und Wirtschaft. Daraus ergeben sich die Themen dieses Buches: Gibt es einen Weg zwischen Realpolitik und Idealpolitik? Eine Weltwirtschaftspolitik zwischen Wohlfahrtsstaat und Kapitalismus pur? Welche Rollen spielen die Religionen in den gegenwärtigen Krisen und Konflikten? Wie soll ein Weltethos verwirklicht werden? Hans Küng liefert mit diesem Buch, was lange kein Denker gewagt hat: einen kühnen Zukunftsentwurf auf der Grundlage eines gemeinsamen Menschheitsethos.

**PIPER**

## Heinz Zahrnt
### *Das Leben Gottes*

Aus einer unendlichen Geschichte. 282 Seiten. Geb.

Hat Gott eine Biographie? Ja, sagt Heinz Zahrnt. Die Bibel ist eine
Folge von Bildern, in denen sich die Entwicklung des Gottesbildes
der Menschen spiegelt, in denen Gott sich also stetig wandelt. Diese
Bilder gilt es nachzuzeichnen.
Heinz Zahrnt hat dies in beeindruckenden Kapiteln getan: von Abra-
ham über Moses bis hin zu Jesus aus Nazareth, Petrus und Paulus.
Die Bilder der Bibel ändern sich; der Gott, der Israel aus Ägypten
herausführt, erscheint als ein anderer als Hiobs Gott oder der Gott
des Neuen Testaments – und doch ergibt sich der eine unwandelbare
Gott daraus, der »Lebenslauf Gottes« in der Bibel. Es ist eine farbi-
ge Biographie, die Heinz Zahrnt hier aufblättert, voll von aufregen-
den Geschichten und dramatischen Wendungen, von Leben und Tod,
von Betrug und Mord, aber auch von Vergebung und Liebe. Eine
faszinierende Lektüre, nicht nur für die, die die Bibel schon kennen
und jetzt in einem neuen Licht sehen werden, sondern auch für alle,
die einen Leitfaden durch das »Buch der Bücher« suchen.

# Bernard Lewis
## *Stern, Kreuz und Halbmond*

2000 Jahre Geschichte des Nahen Ostens. Aus dem Englischen von
Bernd Rullkötter. 520 Seiten. Geb.

Der Nahe Osten ist die Geburtsstätte dreier Weltreligionen und
vieler Kulturen. Bernard Lewis, weltweit eine der führenden Autoritäten auf dem Gebiet, beschreibt die Geschichte dieser besonderen
Region, beginnend mit den Reichen der Römer und der Perser. Er
verfolgt den Aufstieg des Christentums, das 600 Jahre später vom
Islam verdrängt wurde ... Lewis läßt die Lebenswirklichkeit, die die
Geschichte dieser 2000 Jahre so farbig macht, nicht außer acht:
Er beschäftigt sich mit dem Handel, dem Alltagsleben, den Eliten
ebenso wie mit dem »gemeinen Volk«, nicht zu vergessen den unterdrückten Gruppen, wie Sklaven, Frauen, Ungläubige. Er führt uns
bis zur Gegenwart, wo ihn vor allem die brennende Frage beschäftigt, inwieweit die islamische Welt den Westen beeinflußt – und
umgekehrt. Bernard Lewis hat hier die Krönung seiner 40jährigen
Forschungstätigkeit vorgelegt – ein Standardwerk, ein hervorragend
geschriebenes Lesebuch über eine der traditionsmächtigsten und
spannendsten Regionen der Welt.

»Niemand schreibt über die Geschichte des Islam mit mehr Kompetenz, Wissen oder literarischem Charme als Professor Bernard
Lewis.«                                                    The Sunday Times